レコンキスタと国家形成

アラゴン連合王国における王権と教会

阿部俊大

九州大学出版会

はしがき

　ヨーロッパをはじめとするキリスト教文明圏とイスラーム世界の接触は，中世から現代に至るまで，世界を形作る主要な動因の一つであり続けている。
　両者の関係で，まず我々の頭に浮かぶのは，軍事面・政治面での対立であろう。「イスラーム国」やタリバンの活動，イラクやアフガニスタンでの戦争など，近年の欧米とイスラーム系勢力との様々な衝突は，我々の記憶に新しい。世界史の教科書にも，トゥール・ポワティエ間の戦いや十字軍，グラナダの攻防やコンスタンティノープルの攻略，レパントの海戦やウィーン包囲といった，多くの文学・芸術作品の題材ともなる，両者の無数の衝突事例が取り上げられている。
　しかし，両者の関係をただ対立的なものとだけ捉えるのは誤りである。2つの異なる文明が隣り合っていれば，多少の摩擦が生じるのは——残念なことではあるが——いわば当然の事象であり，むしろ両者の経済や文化における交流と相互刺激が，世界史により大きなインパクトを与えてきた。イスラーム世界の行財政制度や文明の形成は，ビザンツ帝国から継承した，ギリシア・ローマ文明の遺産に多くを負っていた。また，ローマ帝国の衰退以降，経済面や文化面で相対的な後進地帯となっていたヨーロッパ（キリスト教文明圏）が，近代に向けて成長を始める際には，イスラーム世界からの刺激が不可欠であった。東方からアラビア数字や製紙法，航海技術や綿花，砂糖や香辛料といった様々な技術や物産を伝え，ヨーロッパの経済的離陸を支えたのも，古代ギリシア・ローマの優れた学問の成果をヨーロッパに伝え，その文化的発展に多大な刺激を与えたのも，イスラーム世界であった[1]。
　さらに，イスラーム世界との接触は，軍事衝突や文化交流といった顕在的な領域に限らず，形成途上にあったヨーロッパの政治体制や社会の性格にも，強い影響を及ぼした。そもそも，地理的にも，両者は長きに渡って混在してきた。現在でこそ，地中海の北岸（ヨーロッパ）がキリスト教文明圏，

南岸（北アフリカ）および東岸（中東）がイスラーム文明圏と，両者は地理的にかなり明確に分かれている[2]。しかし，中世においては，イベリア半島やシチリア島といった地域で長期間イスラーム系の国家が存続し，またそれらの国家が滅びた後も，しばしばイスラーム教徒住民が居住し続けていた。さらに，ヴェネツィアやジェノヴァ，マルセイユといった，北イタリアや南フランスの諸都市でも，イスラーム世界との交易が展開されていた。ヨーロッパ文明の揺籃期には，広い範囲で，イスラーム文明との交流，または混在という局面が存在したのである。

　本書では，このようなイスラーム世界との交流や混在という状況が，揺籃期のキリスト教文明圏の政治・社会体制にどのような影響を与えたのか，その一端を具体的な事例から解明していきたい。そのための題材として，キリスト教文明圏がイスラーム世界と最も長期間に渡って直接的に接触していた，イベリア半島（現在のスペイン・ポルトガル）を取り上げる。具体的には，中世において，キリスト教諸国がイスラーム勢力と対峙し，彼らに対する征服活動——いわゆるレコンキスタ——を展開する中で，また征服後，彼らや新領土を統治する中で，どのような政治・社会体制が形成されたのかを分析し，解明していきたい。

---

[1] 中世ヨーロッパとイスラーム世界の交流に関する著作は，枚挙に暇がない。ここでは，日本語での基礎的な文献を数点挙げるに留めたい。C. H. ハスキンズ（別宮貞徳・朝倉文市訳）『十二世紀ルネサンス』みすず書房，1989 年。D. グタス（山本啓二訳）『ギリシア思想とアラビア文化——初期アッバース朝の翻訳活動——』勁草書房，2002 年。高山博『ヨーロッパとイスラーム世界』山川出版社，2007 年。伊東俊太郎『近代科学の源流』中央公論新社，2007 年。

[2] 20 世紀後半以降，例えばドイツに住むトルコ人移民や，近年西欧諸国へ逃れたシリア人難民などにより，新たな混在状況が生じているが，それは文明圏の拡大や収縮とは次元の異なる話であろう。

目　次

はしがき …………………………………………………………………… i
凡　例 ……………………………………………………………………… ix
関連地図 …………………………………………………………………… xi

序章　問題の所在と研究史 …………………………………………… 3

はじめに——中世スペイン史研究の一般的傾向—— ………………… 3
第1節　中世イベリア半島の政治構造についての研究史 …………… 7
　(1)　レコンキスタと政治構造…7
　(2)　古典的見解…9
　(3)　中間権力への注目…14
　(4)　国王と中間権力の関係——カスティーリャの事例——…20
　(5)　国王と中間権力の関係——アラゴン連合王国の事例——…22
第2節　先行研究の問題点と本書の視角 ……………………………… 26
第3節　史料について …………………………………………………… 31
　(1)　バルセロナ伯（アラゴン連合王国国王）文書…31
　(2)　教会文書：バルセロナ地方…33
　(3)　教会文書：ジローナ地方…33
　(4)　教会文書：トゥルトーザ地方…34
　(5)　教会文書：タラゴーナ地方…35
　(6)　教会会議録…36
　(7)　教皇文書…36
　(8)　入植許可状…37
　(9)　年　代　記…37

（10）聖　人　伝 … *38*

第1章　征服活動に先行するカタルーニャの
　　　　歴史的経緯と地域的特徴 …………………………………… *39*
　　第1節　カタルーニャ以前
　　　　　　――ローマと西ゴート王国による支配（-8世紀初頭）―― ……… *39*
　　第2節　イスラーム勢力による征服と
　　　　　　カロリング朝支配下での地域形成（8-10世紀） ………… *45*
　　第3節　11世紀までの征服活動の停滞とその政治的・社会的影響 …… *51*
　　第4節　バルセロナ伯領における封建化とその特徴 ……………… *57*

第2章　グレゴリウス改革期のバルセロナ伯領における
　　　　統治構造の転換――伯と教会の関係を中心に―― …………… *65*
　　第1節　問題の所在 ……………………………………………………… *65*
　　第2節　グレゴリウス改革開始時におけるバルセロナ伯と教会の関係 … *73*
　　　　（1）諸侯反乱，およびバルセロナ伯と教会の対立 … *73*
　　　　（2）バルセロナ伯と教会の関係の再構築 … *75*
　　第3節　バルセロナ伯と教会の関係の変容 …………………………… *81*
　　　　（1）司教人事 … *81*
　　　　（2）バルセロナ伯の対教会政策の転換 … *84*
　　第4節　バルセロナ伯を巡る国際情勢 ………………………………… *91*
　　結　　論 ………………………………………………………………… *95*

第3章　カタルーニャにおけるグレゴリウス7世，
　　　　ウルバヌス2世の政策とその帰結 ……………………………… *99*
　　　　――地中海におけるローマ教会進出の一事例――
　　第1節　問題の所在 ……………………………………………………… *99*

第2節　グレゴリウス7世とカタルーニャ………………………………*102*
　　　（1）カタルーニャにおけるグレゴリウス7世の活動…*102*
　　　（2）カタルーニャ側の状況…*108*
　　第3節　ウルバヌス2世とカタルーニャ………………………………*111*
　　　（1）カタルーニャにおけるウルバヌス2世の活動…*111*
　　　（2）カタルーニャ側の対応…*116*
　　結　　論……………………………………………………………………*126*

第4章　12世紀におけるバルセロナ伯と司教座の関係の変容…*131*
　　　　　──タラゴーナの事例──

　　はじめに……………………………………………………………………*131*
　　第1節　研　究　史………………………………………………………*133*
　　　（1）12世紀におけるバルセロナ伯と旧カタルーニャの司教座の関係…*133*
　　　（2）12世紀のタラゴーナ大司教座について…*138*
　　第2節　タラゴーナを巡る政治的状況…………………………………*140*
　　　（1）征服政策への移行…*140*
　　　（2）タラゴーナの征服過程と植民の開始…*141*
　　　（3）タラゴーナの支配構造の基盤形成（1140年代-1170年代）…*143*
　　第3節　植民に見るバルセロナ伯とタラゴーナ大司教の関係…………*145*
　　　（1）植民拠点の地理的分布…*145*
　　　（2）共同入植…*148*
　　　（3）伯によるタラゴーナ教会への入植委託…*149*
　　第4節　紛争に見るバルセロナ伯とタラゴーナ大司教の関係…………*151*
　　　（1）タラゴーナ大司教による調停事例…*151*
　　　（2）紛争調停におけるバルセロナ伯とタラゴーナ大司教の協力関係…*152*
　　　（3）ローマ教皇による調停の委任…*155*

第5節　バルセロナ伯による教会依存の背景……………………………………157
　（1）政治的状況…157
　（2）バルセロナ伯領における世俗勢力…158
　（3）バルセロナ伯と教会…159

第6節　教会依存政策の帰結……………………………………………………161
　（1）バルセロナ伯による影響力の低下，および大司教座との紛争…161
　（2）バルセロナ伯による譲歩…162
　（3）13世紀前半におけるバルセロナ伯とタラゴーナ大司教の関係の変容…165

結　　論………………………………………………………………………………166

第5章　辺境地帯における統治構造……………………………………………169
――王権とテンプル騎士修道会の関係――

第1節　アラゴン連合王国とテンプル騎士修道会についての先行研究…169
　（1）カスティーリャとの研究動向の相違…169
　（2）先行研究の問題点…173

第2節　バルセロナ伯による征服とテンプル騎士修道会の所領形成……175
　（1）バルセロナ伯領へのテンプル騎士修道会の招聘と征服活動の進展…175
　（2）トゥルトーザ周辺におけるバルセロナ伯の植民活動…179
　（3）王権による政策の変化と騎士修道会所領の形成…180

第3節　テンプル騎士修道会による統治体制……………………………………186
　（1）テンプル騎士修道会定着以前のトゥルトーザの統治構造…186
　（2）購入後のトゥルトーザにおけるテンプル騎士修道会の経済的権利…188
　（3）領主権購入後のトゥルトーザにおけるテンプル騎士修道会の裁判権…191
　（4）ペラ1世による王権強化政策…195

第4節　アルビジョワ十字軍の影響
　　　　――君主権力の弱体化と騎士修道会の影響力強化――………………198

結　　論………………………………………………………………………………201

第6章　辺境社会の成長過程 …………………………………… 205
　　　──入植者の経済的状況と社会的上昇の可能性──

　はじめに ……………………………………………………………… 205

　第1節　入植活動の政治的・社会的枠組み ……………………… 207
　　（1）バルセロナ伯による植民政策…207
　　（2）入植者の出自…210
　　（3）教会領主による土地・権利の集積と土地経営…215

　第2節　入植者の経済的状況 ……………………………………… 218
　　（1）トゥルトーザ司教座と入植者の保有契約…218
　　（2）テンプル騎士修道会と入植者の保有契約…223
　　（3）タラゴーナ周辺の教会領主と入植者の保有契約…225
　　（4）経済的負担の背景…230

　第3節　入植者の社会的上昇の可能性と具体例 ………………… 233
　　（1）土地集積による社会的上昇…233
　　（2）役職購入による社会的上昇…235

　第4節　教会の役割と社会の安定 ………………………………… 237
　　（1）教会領主による入植者への支援…237
　　（2）教会領主による投資活動…239
　　（3）教会領主による入植指導…240

　結　　論 ……………………………………………………………… 241

第7章　ムデハルとユダヤ人の境遇 ………………………… 247
　　　──異教徒集団の社会的統合プロセス──

　はじめに ……………………………………………………………… 247

　第1節　キリスト教徒による征服と政治的・社会的枠組みの形成期
　　　　　（1148-1182年）………………………………………… 253
　　（1）キリスト教徒側の状況…253

(2) 征服直後のムデハルの状況…*255*

第 2 節　キリスト教社会の安定化とイスラーム教徒住民の状況の変化
　　　　（1182-1213 年）……………………………………………………*260*
　　(1) 土地所有権の安定化…*260*
　　(2) 土地取得文書，保有契約文書の内容の変化…*261*
　　(3) 社会の安定とイスラーム教徒の状況の変容…*262*

第 3 節　ムデハル許容の背景とその限界……………………………………*268*
　　(1) ムデハル許容への背景…*268*
　　(2) 捕虜・奴隷としてのムデハルとキリスト教徒…*269*

第 4 節　ユダヤ教徒の境遇……………………………………………………*271*
　　(1) 入植許可状における規定…*271*
　　(2) 社会的境遇の実情――土地売買・土地経営・シナゴーグの扱い――…*272*

結　　論…………………………………………………………………………*274*

結論と展望……………………………………………………………………*277*

年　　表…………………………………………………………………………*285*
バルセロナ伯系図………………………………………………………………*291*
用　語　集………………………………………………………………………*292*
参考文献…………………………………………………………………………*297*
あとがき…………………………………………………………………………*313*
索　　引…………………………………………………………………………*317*

凡　例

LFM：F. M. Rosell (ed.), *Liber Feudorum Maior*, 2 vols., Barcelona, 1945.
FAC：Th. N. Bisson (ed.), *Fiscal Accounts of Catalonia : under the early count-kings (1151-1213)*, University of California Press, 1984.
ACB：F. Gaspar & J. M. Salrach (dirs.), *Els pergamins de l'Arxiu Comtal de Barcelona de Ramon Borrell a Ramon Berenguer I*, 3 vols., Barcelona, 1999.
RBII-RBIV：I. J. Baiges, G. Feliu & J. Mª. Salrach (dirs.), *Els Pergamins de l'Arxiu Comtal de Barcelona, de Ramon Berenguer II a Ramon Berenguer IV*, 4 vols., Barcelona, 2010.
AII：A. I. Sánchez Casabón (ed.), *Alfonso II Rey de Aragón, Conde de Barcelona y Marques de Provenza. Documentos (1162-1196)*, Zaragoza, 1995.
PI：M. Albira Cabrer (ed.), *Pedro el Católico, Rey de Aragón y Conde de Barcelona (1196-1213): Documentos, Testimonios y Memoria Historica*, Zaragoza, 2010.
JI：A. Huici Miranda & M. D. Cabanes Pecourt (eds.), *Documentos de Jaime I de Aragón*, 4 vols., Zaragoza, 1976-1982.
MEB：M. Pardo (ed.), *Mensa episcopal de Barcelona (878-1299)*, Barcelona, 1994.
DCB：J. Baucells, Á. Fabrega, M. Riu, J. Hernando & C. Batlle (eds.) *Diplomatari de l'Arxiu Capitular de la Catedral Barcelona. Segle XI*, 5 vols., Barcelona, 2006.
CBG：J. M. Marquès (ed.), *Cartoral,dit de Carlemany,del bisbe de Girona (s. IX-XIV)*, 2 vols., Barcelona, 1993.
CSG：R. Martí (ed.), *Col.lecció diplomàtica de la seu de Girona (817-1100)*, Barcelona, 1997.
DCT：A. Virgili (ed.), *Diplomatari de la Catedral de Tortosa (1062-1193)*, Barcelona, 1997 および A. Virgili (ed.), *Diplomatari de la cathedral de Tortosa (1193-1212) : Episcopat de Gombau de Santa Oliva*, Barcelona, 2001.
CTT：L. Pagarolas (ed.), *La Comanda del Temple de Tortosa : primer període (1148-1213)*, Tortosa, 1984.
ETE：L. Pagarolas (ed.), *Els Templers de les terres de l'Ebre (Tortosa) : De Jaume I fins a l'abolició de l'Orde (1213-1312)*, 2 vols., Tarragona, 1999.
CP：J. P. Marquès (ed.), *Cartulari de Poblet*, Barcelona, 1938.
DMSC：J. Patell (ed.), *Diplomatari del monestir de Santa Maria de Santes Creus (975-1225)*, Barcelona, 2005.
CDCTB：J. Mª. Sans i Travé (dir.), *Col.lecció Diplomàtica de la Casa del Temple de Barberà (945-1212)*, Barcelona, 1997.
CPT：G. Gonzalvo (ed.), *Les Constitucions de Pau i Treva de Catalunya (segles XI-XIII)*, Barcelona, 1994.
PS：P. Kehr (ed.), *Papsturkunden in Spanien, Vorarbeiten zur Hispania pontificia : I.*

Katalanien, I. Archivberichte, Berlin, 1926.
DPI : D. Mansilla (ed.), *La documentación pontificia hasta Inocencio III (965-1216)*, Rome, 1955.
CPFC : J. Mª. Font i Rius (ed.), *Cartas de Población y franquicia de Cataluña*, 2 vols. 3 tomos, Madrid-Barcelona, 1969-1983.
GCB : L. Barrau Dihigo & J. Massó Torrents (eds.), *Gesta Comitum Barcinonensium*, Barcelona, 1925.

関連地図

地図1　15世紀におけるアラゴン連合王国の版図

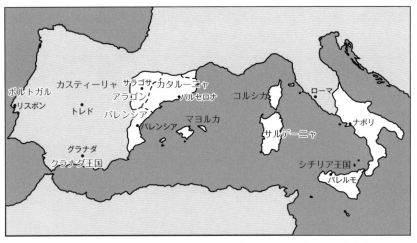

出典）M. VanLandingham, *Transforming the State: King, Court and Political Culture in the Realms of Aragon (1213-1387)*, Brill, 2002, p. xii をもとに作成。

地図2　イベリア半島におけるアラゴン連合王国の構成地域

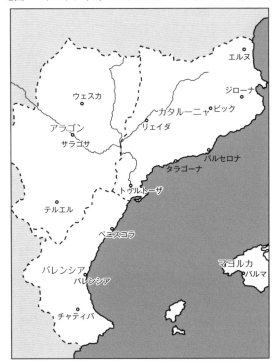

出典）A. J. Forey, *The Templars in the Corona de Aragon*, Oxford University Press, 1973, p. 89 をもとに作成。

地図3　711-1031年のイベリア半島

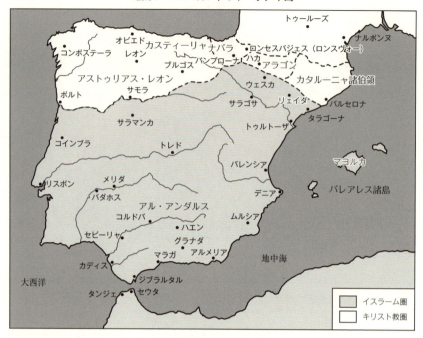

地図4　1065年のイベリア半島

地図5　1214年のイベリア半島

地図6　13世紀半ば-15世紀末のイベリア半島

出典）J. F. O'Callaghan, *A History of Medieval Spain*, Cornell University Press, 1975, pp. 108, 199, 253, 355 をもとに作成。

レコンキスタと国家形成

アラゴン連合王国における王権と教会

序章

問題の所在と研究史

はじめに——中世スペイン史研究の一般的傾向——

「結局のところ,800年に及ぶイスラーム勢力との対峙は,スペインにどのような影響を与えたのか」。この問いに対する思想家や歴史家の回答は実に多様であり,一言でまとめることはほとんど不可能である。しかし,幾つかの傾向を指摘することは可能である。

ラモン・メネンデス゠ピダルなど,19世紀から20世紀前半にかけてのスペインの知識人は,イスラームとの対峙は自国の国民性に負の影響を与えたと主張した。当時,スペインは米西戦争(1898年)において新興国とみなしていたアメリカ合衆国にあっけない敗北を喫し,フィリピンやキューバなど植民地のほとんどを失い,すでに長らくイギリスやフランス,ドイツといった欧州の先進国の後塵を拝していた国際的地位を,さらに低下させていた。この状況下で自国の後進性や弱体を痛感し,政治や社会の変革を求めていた彼ら,いわゆる「98年の世代」の知識人たちは,イスラーム勢力の侵略とそれに起因するキリスト教徒のイベリア半島征服運動,いわゆるレコンキスタが,心性の面でスペイン人に負の影響を与え,スペイン社会が本来歩むべき正常な発展を妨げたという見解を唱えたのである[1]。彼らは,イスラーム勢力との数百年に及ぶ対峙が,軍事を偏重し生産活動を軽視する気風を育て,また教会の特権的な地位の強化を招くなど社会の後進性を加速させたと

---

1) 例として,R. メネンデス゠ピダル(佐々木孝訳)『スペイン精神史序説』法政大学出版局,1974年。また,「98年の世代」ではないが同様の見解を示している例として,J. ビセンス゠ビーベス(小林一宏訳)『スペイン——歴史的省察——』岩波書店,1975年。

主張した。またクラウディオ・サンチェス゠アルボルノスは，イスラームの進攻で滅びた西ゴート王国（415-711年）とフランク王国の類似点を列挙し，イスラームの進攻がなかったら，スペインもフランスのような歩みをたどったであろうという持論を展開している[2]。これらの見解には，スペインの後進性を外的要因に求めようとする当時のスペイン知識人の意識が見て取れる。現在までの歴史研究においても，スペイン学界では，自国の歴史をキリスト教世界の発展という文脈の中で捉え，イスラーム勢力を戦闘し征服する対象である他者として取り上げる傾向が顕著であり，その意味で，イスラーム勢力に対する心理的な距離感が継続している[3]。

他方，外国人研究者は20世紀半ばから，イスラーム文明が西欧世界全体にもたらした，ポジティヴな影響をしばしば強調してきた。代表的な事例では，リチャード゠ウィリアム・サザーンやチャールズ゠ホーマー・ハスキンズが，12世紀ルネサンス——12世紀の西欧における古典古代の文化の復興とその刺激による文化的高揚——の要因として，イベリア半島経由のイスラームの文物がラテン・カトリック世界に与えた影響を指摘している[4]。これらの研究は西欧の発展やイスラームに対する理解を深化させたが，彼ら英米やフランスの研究者の関心は，あくまで西欧全体へのイスラームの影響にあった。それらの研究では，スペインは単なる文化伝播の舞台に過ぎず，スペイン自体の政治や社会は検討の対象となってこなかったのである[5]。

このような両者の見解は，イスラーム勢力の影響に対する評価において対

---

2) C. サンチェス゠アルボルノス（北田よ志子訳）「スペインとイスラム」，『スペインとイスラム——あるヨーロッパ中世——』八千代出版，1988年，1-33頁。
3) 近年，境界地帯などでの両勢力の接触を分析する研究も現れてきている。J. Rodríguez Molina, *La vida de moros y cristianos en la frontera*, Alcalá, 2008. 黒田祐我『レコンキスタの実像——中世後期カスティーリャ・グラナダ間における戦争と平和——』刀水書房，2016年。
4) R. W. サザーン（鈴木利章訳）『ヨーロッパとイスラム世界』岩波書店，1980年。C. H. ハスキンズ（別宮貞徳・朝倉文市訳）『十二世紀ルネサンス』みすず書房，1997年。
5) 近年の例として，M. R. メノカル（足立孝訳）『寛容の文化——ムスリム，ユダヤ人，キリスト教徒の中世スペイン——』名古屋大学出版会，2005年。

照的であったが，その一方で，共通する特徴も有している。すなわち，心性や文化的側面への注目と，政治的側面への相対的な無関心である。幾つかの理由から中世のイベリア半島諸国，特にその政治体制は研究者の関心を集めにくかった。

　第一に，中世のスペインに関しては，王権のもとでイスラーム勢力に対する戦闘や征服活動が断続的に行われていたという状況から，単純に王権が征服王権として他の西欧諸国に比べて強力な権力を保持したと見なされる傾向が根強かった。この認識のため，研究者たちに，中世のイベリア半島諸国の政治体制に関してそれ以上の分析を行おうという意思が生じにくかったのであろう。

　第二に，キリスト教スペインにおいては統一的な政治的制度の形成や発展が遅く，イスラーム勢力に対する征服活動がほぼ終了した中世後期まで持ちこされた。中世イベリア半島では，キリスト教諸王国がイスラーム勢力を征服し，征服地にキリスト教徒住民を入植させつつ，国土，ひいては国家自体を形成していったが，その際，初期中世のゲルマン諸王国や，11世紀のノルマン・シチリア王国のように，被征服者が征服者の支配下に留まり，その統治機構が利用されるようなことはほとんどなかった[6]。イスラーム教徒住民は半島全土に存在したわけではなかった上，居住している地域がキリスト教徒側に征服されたときは，しばしば早期に他の地域に移住した。他方，征服者側も中世盛期に至るまでごく簡素な統治機構しか有しておらず，征服した地域に築かれる制度も，その地域や時期の状況によって多様なものとなった。一般にイスラーム勢力に攻撃される可能性の高い地域ほど，住民の誘致や防衛の観点から，入植者に有利な条件や，それと引き換えの軍事的義務が課されたためである。結局，カスティーリャなどキリスト教側の王国で制度面での統一や発展が進むのは，イベリア半島の大部分がキリスト教勢力の支配下に入った13世紀後半以降であった。

---

6) ノルマン・シチリア王国における統治構造については，高山博『中世地中海世界とシチリア王国』東京大学出版会，1993年。また，代表的なゲルマン国家であるフランク王国については，佐藤彰一『ポスト・ローマ期フランク史の研究』岩波書店，2000年。

第三に，これが最大の理由であろうが，スペインが近世以降，西欧内部にあって後進的国家であったため，近代国家に至る発展のモデルケースと見なされず，中世スペイン諸国の国制に注意を払うという意識が，特に外国人研究者において希薄であった。

　この結果，イスラーム勢力との対峙がイベリア半島に与えた影響について，研究者の関心は政治体制ではなく社会や文化などに——しばしば異国趣味的な観点を伴って——向かうこととなった。そして，イスラーム勢力と対峙していた，中世のイベリア半島諸国における政治体制についての研究は，欧米諸国においてもまた日本においても20世紀後半に至るまで低調となり，もっぱらスペイン人研究者の手に委ねられることとなったのである。20世紀半ばには，フェルナン・ブローデルやピエール・ヴィラールなどの研究が刺激となり，外国人のスペイン史研究者が増加したが，アナール学派に属すか，あるいはその影響を受けていたこれらの研究者の関心も，しばしば社会史や文化史に向けられ，政治的側面には向けられてこなかった[7]。このため，中世のフランスやドイツ，イギリスに関しては，政治史研究が一通り進展した後に社会史，文化史に関する研究が盛んとなったのに対し，スペインに関しては——イタリアで経済史や商業史がまず関心を集めたのと同様に——政治面についての研究に先行して社会史や文化史の研究が進行するという，逆の現象が生じたのである。

　しかし，スペイン内戦のダメージから回復し，スペイン経済が成長に向かい始めた1960年代頃から，スペイン人研究者を中心にスペイン各地の教会所領や都市を対象とした個別の地域研究，また身分研究等が進展し，その成果が蓄積されていった。さらにトゥールーズ大学等のフランス人研究者や英米の研究者は，直接当時の諸国の政治体制を扱ってはいないが，封建的主従制度や領主・農民関係など，中世の西ヨーロッパ世界全体に共通するテーマ

---

7) F. ブローデル（浜名優美訳）『地中海』全5巻，藤原書店，1991-1995年。P. Vilar, *La Catalogne dans l'Espagne moderne : recherches sur les fondements économiques des structures nationales*, Editions de L'E. H. E. S. S., 1962.

を，スペインを素材として分析するようになっていった。このような動きの中で，イスラーム勢力との対峙が単純に王権を強化したという中世イベリア半島諸国の政治体制に関する伝統的な見解は，大きな修正を迫られている。

イベリア半島は，フランス王権の支配下に統合された南仏の諸地域や，また多くの都市国家や教皇領などに分断されたイタリア半島と異なり，地中海世界では例外的に，中世を通じてカスティーリャ王国やポルトガル王国，そしてアラゴン連合王国といった，独自の領域的に統合された諸国家を形成しつつ近世に至った地域である。この地域の諸国の統治構造の解明は，地中海世界の政治的特徴を把握するという点でも極めて重要である。さらにその成果との比較を行うことで，北方ヨーロッパ世界の政治面での歴史的個性もより明確となり，西欧世界全体の発展過程の総合的な理解を深化させることも可能となるであろう。

本書では，中世イベリア半島においてカスティーリャ王国やポルトガル王国と並ぶ国家であり，かつ15世紀末にはカスティーリャ王国と同君連合を形成してスペイン王国の母体となった，アラゴン連合王国に焦点をあて，中世イベリア半島における政治・社会の構造，その形成過程と特色を明らかにしていきたい[8]。

第1節　中世イベリア半島の政治構造についての研究史

(1) レコンキスタと政治構造

レコンキスタの名で知られるイスラーム勢力に対する征服活動と，その後の征服地へのキリスト教徒住民による植民は，アラゴン連合王国を含めた中世イベリア半島の政治・社会構造の形成過程において，本質的な重要性を有

---

8) アラゴン連合王国は，1137年にバルセロナ伯ラモン・バランゲー4世がアラゴン女王ペトロニーラと結婚したことで成立した同君連合国家である。その後，征服活動を通じてマヨルカ王国，バレンシア王国が順次連合王国に加わった。13世紀末以降，シチリア王国，ナポリ王国などイベリア半島外の王国の併合も見られた。政治面・経済面での中心は，現在のカタルーニャ地方にほぼ相当する，バルセロナ伯領にあった。関連地図の地図1，2を参照。

している[9]。

　第一に，異教徒に対する征服と植民の指揮は，キリスト教信仰と結びついて，君主に支配の正当性や権威を強化する可能性をもたらすものであった。中世盛期のイングランドやフランス王国，神聖ローマ帝国では，例えば瘰癧(るいれき)の治癒能力といった奇蹟を行う力や，カール大帝やルイ9世との血統的つながり，ローマ皇帝に由来するキリスト教世界の守護者としての権威など，様々な言説や儀礼を通じて王権の正当化や権威づけが図られていたが，イベリア半島ではイスラームに対するキリスト教徒の指導者という立場が，君主の権威づけに特に大きな影響力を有していた[10]。

　第二に，征服と植民はそれ自体，国土と社会の形成過程であった。キリスト教勢力による征服地では，キリスト教徒の住民による入植活動（再植民）が遂行されたが，その内実は地域や時期の状況に応じて多様であった。実際の政治体制は，当該征服地で誰が主導権を持ち，どのように植民を進め，社会を形成するのか，そして王権がその社会を差配する存在とどのような関係を築くかによって規定された。

　ただし，いずれの点についても，征服と植民活動が政治や社会に与えた影響に関しては，従来，征服活動の中心であったカスティーリャ王国を主に対象として研究が進められ，かつてアラゴン連合王国に属していた地域につい

---

9)「レコンキスタ（Reconquista＝再征服）」という言葉は，19世紀に入ってから使われるようになった学術用語であり，それ自体が「イベリア半島は本来キリスト教徒の支配下に属するべき土地であり，異教徒であるイスラーム教徒に対する征服活動は国土の回復という正当な行為である」という宗教的な歴史観を反映している。関哲行「カスティーリャ王国」，関哲行・立石博高・中塚次郎編『スペイン史1』山川出版社，2008年，142-143頁。近年では，イスラーム教徒に対する征服活動は単なるコンキスタ（conquista＝征服）であるという認識から，スペイン学界ではこの語の使用に慎重な傾向も見られる。とはいえ，中世イベリア半島におけるキリスト教徒のイスラーム教徒との対峙や征服を示す言葉としてこの用語はすでに人口に膾炙しているため，本書では，キリスト教勢力のイスラーム勢力に対する征服活動という意味で，上記の宗教的な歴史観を排してこの語を使用する。

10) M. ブロック（井上泰男・渡邊昌美訳）『王の奇跡』刀水書房，1998年。渡辺節夫『フランスの中世社会――王と貴族たちの軌跡――』吉川弘文館，2006年，118-201頁。

ての研究は長らく乏しかった。そのためここでは,まず,同時代のイベリア半島全体での征服・植民と,その政治体制に与えた影響についての研究動向を分析し,次いでその中に位置づけつつ,アラゴン連合王国の中核地域であったバルセロナ伯領(カタルーニャ)における征服・植民研究の動向を分析していきたい。

(2) 古典的見解

中世のイベリア半島については,20世紀半ばまで,イスラーム勢力に対する戦争や征服の指導者であった王権が一貫して強い権威と権力を有し,かつそれらを強化していったという見方が強かった。16世紀にカスティーリャ王国を中心に,強大な「スペイン帝国」が形成されたことが,このようなイメージを強化していると考えられる[11]。

このような見解を代表する研究者が,サンチェス゠アルボルノスである。彼の主たる研究対象は,レコンキスタが開始された8世紀から10世紀にかけてのアストゥリアス・レオン王国であった。アストゥリアス王国は,イスラーム勢力による西ゴート王国征服の数年後,718年頃にイベリア半島北西部,現在のアストゥリアス州に成立したキリスト教徒の国家である。伝承によれば,イスラーム勢力の追撃を逃れた西ゴート貴族のペラーヨがアストゥリアスの山地に逃れ,現地の有力者たちとともにこの王国を建国したとされる。同王国は,イスラーム勢力が内紛を繰り返し,かつ寒冷なイベリア西北部に強い関心を持たない状況も利用して,次第にイスラーム勢力の影響下にある南方へ向けて進出を開始した。910年にはレオンに遷都してアストゥリアス・レオン王国(あるいは単にレオン王国)となった[12]。また,アストゥリアス・レオン王国東部に形成されたカスティーリャ伯領は,11世紀にはカスティーリャ王国へと発展した[13]。このような事情から,サンチェス゠ア

---

11) 近世のスペインについては,J. H. エリオット(藤田一成訳)『スペイン帝国の興亡 1469-1716』岩波書店,1982年。宮崎和夫「スペイン帝国隆盛の時代」,関哲行・立石博高・中塚次郎編『スペイン史1』,山川出版社,2008年,277-331頁。

12) アストゥリアス王国について,近年の研究の例として,*La época de la monarquía asturiana : Actas del simposio celebrado en Covadonga (8-10 de octubre de 2001)*, Oviedo, 2002. また,これらの諸国については関連地図の地図3-6も参照されたい。

ルボルノスはアストゥリアス王国にカスティーリャ王国の政治体制のルーツがあると考えたのである。

　サンチェス゠アルボルノスは，アストゥリアス王国では王権が西ゴート王権の後継者としての理念を持ち，その公権力的系譜を引いていたと主張した。その上で，王権が新たに確保した土地への入植を進め，自由農民層を形成し，彼らを自己に直属する政治・経済・軍事の強固な権力基盤としたという，いわゆる「自由農民テーゼ」を唱えたのである[14]。この学説が，1960年代まで通説として，その後の時代も含む中世カスティーリャの統治構造に関する見解に多大な影響を与えていた。

　このような考え方は，後にアラゴン連合王国の中核地域となる，カタルーニャ地方についての研究でもおおむね共通していた。この地方は，他のイベリア半島のほとんどの地域と同じく，8世紀初頭にイスラーム勢力に征服された。しかし，その後のカロリング朝フランク王国の遠征により，中心都市であるバルセロナとバルセロナ以北の地域（旧カタルーニャ）は，9世紀初頭にはキリスト教勢力の支配下に復帰した。カロリング朝はこの地域に複数の伯領を置いて統治を試みたが，9世紀後半よりバルセロナ伯家が世襲の君主家系として台頭し，同家を中心に，イスラーム勢力への征服活動が進められた。実際の征服の大部分は12世紀前半に進展したが，征服活動の結果としては1970年代頃まで，同時期のアストゥリアス・レオン王国についての研究と同じく，一貫して君主であるバルセロナ伯の主導権や権力の強化が想定されていた。

---

13) カスティーリャ伯領については，G. Martinez Diez, *El condado de Castilla (711-1038): La historia frente a la leyenda*, 2 vols., Valladolid, 2005. なお，11世紀に成立したカスティーリャ王国は，王家の間の血縁関係などを理由に，レオン王国との合同と分裂を繰り返し，両王国はフェルナンド3世（在位1217-1252年）のもとで最終的に統合された。この間の経緯については，J. J. Todesca, *The Emergence of León-Castile: c. 1065-1500*, Ashgate, 2015.

14) この学説については，邦語でも翻訳や紹介が行われている。一例として，関哲行「サンチェス・アルボルノスの自由小土地所有者テーゼ——南欧封建制研究の展望を含めて——」，『土地制度史学』28-4，1986年，37-47頁。

バルセロナ伯は，イベリア半島では例外的に，カロリング朝に由来する封建的主従制度を利用して 11 世紀に国内の貴族層を統一することができた[15]。12 世紀にはバルセロナ伯ラモン・バランゲー 3 世や同 4 世がタラゴナ，トゥルトーザ，リェイダなどの都市を中心とするカタルーニャ南部（新カタルーニャ）をイスラーム勢力から征服し，そこでキリスト教徒住民の入植活動を主導し，権力基盤となる，広範な自治が認められた都市群を育成した。それらの成果を受け，13 世紀にはジャウマ（ハイメ）1 世，ペラ 2 世（ペドロ 3 世）といった優れた君主が，カタルーニャの枠を越え，バレアレス諸島，バレンシア，さらにはシチリア島などを征服し，また地中海貿易が隆盛を迎えて，カタルーニャ人が政治・経済両面で地中海地域の重要な勢力となっていく，という単線的な発展過程が，カタルーニャ学界における伝統的な認識であった[16]。このような考え方には，カスティーリャ史研究の強い影響を見て取ることができる。

この伝統的見解を代表する研究者が，ホセ＝マリア・フォン＝イ＝リウスである。彼は，リェイダ，トゥルトーザ，タラゴナといった新カタルーニャの主要都市の征服・植民過程を分析し，1940 年代から 60 年代に発表した諸論文の中で，バルセロナ伯による入植許可状の発給などの行為から，伯の主導権下で自治的な都市群が形成されたことを繰り返し主張している[17]。

実際の社会状況に大きく踏み込んだ彼の地域研究の例として，1953 年に著したトゥルトーザについての論文である「キリスト教徒の征服直後のトゥルトーザ地方（1148）」が挙げられる[18]。12 世紀のトゥルトーザはカタルーニャの南端，イスラーム勢力との境界地帯に位置する司教座都市であり，エ

---

15) 1970 年代以降，外国人研究者を中心に，カタルーニャの封建的主従制度が分権化を進める性質のものであったことが指摘されているが，カタルーニャ人研究者の間では，今日でもこの段階をカタルーニャという地域の発展上の一段階と見なし，カタルーニャの封建制度の統合的側面を重視する傾向も根強い。M. Aventin & J. Mª. Salrach, *Història medieval de Catalunya*, Barcelona, 2004, pp. 62-63. 近年の研究の例として，F. Sabaté, *La Feudalitzoción de la Sociedad Catalana*, Barcelona, 2007.
16) カタルーニャの人名・地名に関しては，カタルーニャ語の発音で表記する。ジャウマ 1 世におけるハイメ 1 世のように，カスティーリャ語（スペイン語）での呼称がある程度人口に膾炙している場合には，初出の際にそれを併記する。

ブロ河の河口付近に位置することから，政治・経済・軍事の面でも要衝となる都市であった。この論文の中でフォン＝イ＝リウスは，トゥルトーザにおけるイスラーム勢力との降伏協定や，キリスト教徒入植者への入植許可状，またその後もしばしば入植者とバルセロナ伯やテンプル騎士修道会の間で交わされた協定群などを分析して，トゥルトーザではバルセロナ伯が植民を主導し，領主の恣意的支配は抑制され，都市民に自治的な権利が与えられたと主張した[19]。彼は，同市がバルセロナ伯に征服された翌年，1149年に，早くもバルセロナ伯がトゥルトーザに入植許可状を与えていること，また居住を条件とした多くの土地の譲渡を行っていることから，伯が植民の先頭に立つ存在であったと考えた。彼はまた，入植者に裁判に参加する権利や恣意的な経済的徴収を免除される権利が約束されていること，さらに，入植者集団に各種の用益権が与えられていることを指摘している。また入植者たちが植民の初期から集団として，いわば法人格として文書に登場していることなどを指摘した上で，トゥルトーザでは植民後，早期に住民の自治的組織が形成され，それが新カタルーニャの他の地域や，13世紀に征服されたバレンシアなどでの再植民の先例となっていったことを主張している。彼は，新カタルーニャの社会体制についての伝統的な見解に史料的根拠を与え，再提示したと言える。

このように，君主を中心とした征服地での自治的な都市の建設といった想定において，1960年代までのカタルーニャ学界における征服・植民に対す

---

17) 例として，J. Mª. Font i Rius, "La reconquista de Lleida de y su proyección en el orden jurídico", *Ilerda*, 8 (1949), pp. 5-31 ; Id., "La comarca de Tortosa a raíz de la conquista cristiana (1148). Notas sobre su fisonomía político-social", *Cuadernos de Historia de España*, 19 (1953), pp. 104-128 ; Id., "Entorn de la restauració cristiana de Tarragona. Esquema de la seva ordenació jurídica inicial", *Boletin Arqueológico*, 66 (1966), pp. 83-105. これらの都市の場所は，関連地図の地図1, 2を参照。なお入植許可状は，バルセロナ伯などの支配者が，入植者の集団や入植を実際に組織する人物に対して与えた，土地の贈与や入植者の権利義務を記し，当該集落における社会生活の基本的な枠組みを定めた文書のスペイン学界における一般的呼称である。スペイン語では carta de población, carta puebla などと表記される。

18) Font i Rius, "La comarca de Tortosa", pp. 104-128.

19) Font i Rius, "La comarca de Tortosa", pp. 104-105.

る認識は，同時期のカスティーリャ学界のそれに近いものであった[20]。

このような，異教徒との不断の対峙，征服活動による権威や富の獲得，また比較的コンパクトな支配領域といった諸条件のもとで，君主と彼に結びついた自由農民や自治都市という構図が維持されるという状況は，同じ時代のフランスやドイツといった，領主層の台頭と分権化，また彼らによる農民支配の確立という，いわゆる「封建化」の過程にあった地域とは，一見対照的なものに思われる。

このためか，中世盛期（11-13世紀）のフランスやドイツといった西欧の他の地域を研究対象とする中世史家たちは，当初，イベリア半島を例外的な存在として，彼らの研究上の視野から除外することも多かった。オットー・ブルンナーやハインリヒ・ミッタイスは，彼らの封建社会研究の中で，イベリア半島にはほとんど言及していない。フランソワ=ルイ・ガンスホフも，「ライン=ロワール間」モデルに集中する中で，やはりイベリア半島にはほとんど言及していない。彼は，「各国の封建制」として，フランス・ドイツ・イングランド・スコットランド・イタリア・オランダ・ベルギーの事例を扱い，かつ註の中で「ラテン=オリエント」の欠如を謝罪しているが，イベリア半島については，その註の中ですら言及していない。とはいえ，11世紀のカタルーニャの史料への若干の言及は見られる[21]。

マルク・ブロックの『封建社会』には，イベリア半島の封建制への言及が見られる。とはいえ，その研究でも根拠として利用されているのは主に法文書に限られており，かつ，レオン王国はスカンディナヴィアやガスコーニュと並ぶ不完全封建制地帯であり，カタルーニャも，制度や用語の面でカロリ

---

20) フォン=イ=リウスは，サンチェス=アルボルノスの弟子のルイス=ガルシア・デ・バルデアベジャーノ Luis García de Valdeavellano の教えを受けた人物であり，このような点からも，当時のカタルーニャ学界へのカスティーリャ学界の影響が存在したのであろう。

21) これらのブルンナーやミッタイスらの研究におけるイベリア半島の扱いについては，A. J. Kosto, "What about Spain? Iberia in the Historiography of Medieval European Feudalism", S. Bagge, M. H. Gelting & Th. Lindkvist (eds.), *Feudalism: New Landscapes of Debate*, Brepols, 2011, pp. 135-158.

ングの影響を受けてはいるが，やはり征服や植民といったイベリア固有の状況の影響を受けているとするなど，従来の説と同様の結論が提示されている[22]。

このように20世紀半ば頃までは，スペイン人研究者もスペイン外部の研究者も，中世のイベリア半島では自由農民や自治都市と結びついた強力な君主権が存在していたという，古典的な認識において一致していた[23]。

(3) 中間権力への注目

しかしながら，このような見解については，次第に異論が提示されていく。1965年にはマルセロ・ビヒル＝パスクアルとアブリオ・バルベロ＝デ＝アギレラが，アストゥリアス王国が形成された初期中世の北部カンタブリア山系で，すでに封建化――領主層の形成――の進行が確認されることを指摘し，公権力としての君主像を支える自由農民テーゼに疑問を呈している[24]。またその後のホセ＝アンヘル・ガルシア＝デ＝コルターサルなどの研究により，当初，イスラーム勢力の支配していない無人地帯へのキリスト教徒農民の入植という形で進められたレコンキスタにおいても，それらの地域では自

---

22) M. ブロック（堀米庸三訳）『封建社会』岩波書店，1995年。
23) この点について，「封建制が形成されなかったので，他の西欧諸国のように近代化への道を歩めなかったのだ」と否定的に考えるサンチェス＝アルボルノスのような研究者と，また強力な王権と自由な民というヴィジョンをポジティヴに捉える研究者とが混在していたが，いずれにせよ，いわゆる「封建制」の未発達，という考え方では一致が見られた。
24) また彼らは，そもそもアストゥリアスなどのイベリア半島北西部にはローマや西ゴートの支配が浸透していなかったことを指摘し，イスラーム勢力に対する征服活動は西ゴートの国土回復を目指す運動では無く，国土への侵入者に対する，先住のカンタブリア人・バスク人の素朴な民族的抵抗であり，山地の住民の平野部への進出運動であると主張した。A. Barbero de Aguilera & M. Vigil Pascual, "Sobre los orígenes sociales de la Reconquista: cántabros y vascones desde fines del Imperio Romano hasta la invasión musulmana", *Boletin de la Real Academia de la Historia*, 156 (1965), pp. 271-339. なお，封建化という言葉には，場合により多様な内容が含意される。本書では，領主が罰令権や経済的徴収権を確保して農民を支配する社会体制，領主制の進展という社会経済的意味，また土地を中心とした封の対価として忠誠と奉仕を確保する私人間の主従関係の連鎖による社会の組織化という制度的意味，領主層の形成による支配の分節化という政治的意味のすべてを含む用語として使用する。

由農民層が形成される一方で,次第に在地の有力者や個別の教会による土地集積も進行し,また自由農民の中にも彼らの庇護を求める者が現れて,領主層の成立と彼らの所領形成という事態も並行して進行していたことが確認されている[25]。

折から,1970年代にはイスラーム・スペイン史の研究者であるフランス人研究者ピエール・ギシャールが,イスラーム・スペインとキリスト教諸国の相違点として,封建的主従関係や軍事貴族の有無を指摘した。彼は西地中海における封建制と封建的構造をテーマとした1978年の研究集会で,キリスト教側が軍事貴族中心の社会＝封建社会を形成したのに対し,イスラーム・スペイン社会がそういった軍事的階層を持たず,軍事的に有効に組織されていなかったという社会構造の差異を指摘したのである[26]。彼の研究以降,封建社会,すなわち軍事貴族中心の社会構造の存在が,イスラーム勢力に対してキリスト教諸国が軍事的に優位に立った要因の一つとして受け入れられている[27]。

さらに,同じ1970年代半ばには,10世紀や11世紀に関して豊富な同時代史料,特に封建的主従制度に関する史料を持つカタルーニャの事例から,

---

25) 関「カスティーリャ王国」,147頁。J. A. García de Cortázar, R. Aguirre & C. Díez Herrera, *La formación de la sociedad hispano-cristiana del Cantábrico al Ebro en los siglos VIII a XI : planteamiento de una hipótesis y análisis del caso de Liébana, Asturias de Santillana y Trasmiera*, Santander, 1982. また,初期中世イベリア半島の農村・社会構造についての研究動向は,日本でも近年,足立孝によって紹介された。足立孝「中世初期スペイン農村史における大所領と独立農民」,『史学雑誌』114編8号,2005年,81-100頁。ここでは大土地所有と自由農民が各地で並存しえたことが指摘されている。

26) P. Guichard, "Le problème de l'existence de structures de type «féodale» dans la société d'al-Andalus (L'exemple de la région valencienne)", *Structures féodales et féodalisme dans l'Occident méditerranéen (Xe-XIIIe siècles)*, École française de Rome, 1980, pp. 699-718. 日本では黒田祐我が,広く研究文献を渉猟し,キリスト教スペインとイスラーム・スペインの社会構造に対する認識と研究動向の変遷をまとめている。黒田祐我「アンダルス社会から封建社会へ――農村社会構造研究とレコンキスタの新解釈――」,『史学雑誌』118編10号,2009年,62-86頁。

27) 軍事貴族を中心とした社会構造がキリスト教側の征服を容易にしたというこの見解は,日本では近年,芝修身によって改めて紹介されている。芝修身『真説レコンキスタ――(イスラームＶＳキリスト教)史観をこえて――』書肆心水,2007年。

イベリア半島の封建制や政治構造に関する伝統的な理解の修正を迫る研究が現れた。トゥールーズ大学のピエール・ボナシィが著した『10世紀半ばから11世紀末のカタルーニャ——ある社会の成長と変動——』である。彼はその著書において，カタルーニャではイスラーム勢力に対する征服が本格化する12世紀より前，11世紀半ばに政治・社会の封建化が劇的に進行したという見解を示した。そこではまず，農業生産の増加による人口増加と富の余剰が，イスラーム貨幣の流入や土地売買による農村への貨幣経済の浸透と相まって，社会に貧富の差や富を巡る闘争をもたらし，それまでバルセロナ伯の権力の基盤となっていた自由農民層を解体したことが指摘される。そして，本来は伯の下僚として軍事や裁判に関する権限を保持していた副伯やウィカリウスといった存在が，それらの機能を占有・世襲して領主貴族となり，建設ないし占有・私物化した城を拠点に，農民層を隷属化し，支配するに至った。旧来の公的な秩序と対立するこれらの貴族層は，所領や権益を確保し，拡大するための抗争を展開する中でバルセロナ伯に対しても反乱を起こし，伯はこれらの領主貴族と個別に封建的紐帯を結ぶことで，既得権益を承認する代わりに彼らの忠誠や奉仕を確保するように体制を転換したというのがボナシィの見解である[28]。

　この研究以降，カタルーニャでのイスラーム勢力に対する征服や植民に対する認識にも変化が生じた。ボナシィ自身は，封建的主従制度の導入によって，バルセロナ伯を頂点としたピラミッド型の支配構造がバルセロナ伯領内部で成立したと考えていたが，その後の研究は，12世紀における領主貴族の成長を強調する傾向にある。例えば12世紀前半，バルセロナ伯がイスラーム勢力に対する征服を進めた際も，征服以前からの領土ではむしろ既存の貴族層の権力が強化されたことが指摘されている。ハーヴァード大学のトマス・ビッソンやポンペウ・ファブラ大学のジュゼップ゠マリア・サルラクはこの事態を，イスラーム勢力に対する征服を遂行するにあたって，バルセロナ伯は既存の貴族層の力を借りる必要があり，彼らの農民に対する収奪強

---

28) P. Bonnassie, *La Catalogne du milieu du Xe à la fin du XIe siècle, croissance et mutation d'une société*, 2 vols., Université de Toulouse-Le Mirail, 1975-1976.

化や領主的支配の構築を黙認せざるをえなかったためであると説明している[29]。

これらの研究の結果，イベリア半島各地で，イスラーム勢力に対する征服や植民を通じ，王権だけでなく，領主貴族層も形成され，その力を強化していったことが明らかとなっていった[30]。1970年代末から1980年代にかけては，レオン王国やカスティーリャ王国を研究対象としたサルバドール・デ・モクソやホセ＝マリア・ミンゲスのように，貴族層の領土拡大意欲，また王権の彼らに対する土地分与の必要が，イスラーム勢力に対するキリスト教勢力の征服活動の要因となったと主張する論者も現れている[31]。

また，中世盛期におけるイスラーム勢力圏への征服活動については，近年，国王の戦闘を支えた存在として，都市民兵や騎士修道会の役割が重要視されている。

---

29) Th. N. Bisson, "The problem of feudal monarchy : Aragon, Catalonia and France", *Speculum*, 53（1978）, pp. 460-478 ; Id., "Feudalisme in Twelfth-Century Catalonia", *Structures Féodales et Féodalisme dans l'Occident Méditerranéen（Xe-XIIIe siécles）, Bilan et Perspectives de Recherches* École française de Rome, 1980, pp. 173-192 ; J. Mª. Salrach, *Història de Catalunya*, vol. 2 : *El procés de feudalització（segles III-XII）*, Barcelona, 1987, pp. 410-417.

30)「貴族」という言葉には，時代や地域によって多様な定義が存在しうる。中世盛期までのイベリア半島では，西欧の他の地域よりも社会的流動性が相対的に高かったこともあり，貴族身分は，例えば特定の爵位や称号を持つといったことや，騎士叙任を受けているといった特定の条件に基づいて制度的に定められていたわけではなかった。一般に，数世代にわたって領主として社会的影響力を保持している家系の者が高貴な存在，貴族と見なされた。本書では基本的に貴族という言葉を俗人領主という意味で使用する。この時期のイベリア半島の貴族について，近年では S. Barton, *The aristocracy in twelfth-century León and Castile*, Cambridge University Press, 1997 ; I. Calderón Medina, *Cum magnatibus regni mei : La nobleza y la monarquía leonesas durante los reinados de Fernando II y Alfonso IX（1157-1230）*, CSIC, 2011 ; C. González Míngues, *Poder real y poder nobiliar en la Corona de Castilla（1252-1369）*, Bilbao, 2012.

31) S. de Moxo, *Repoblación y Sociedad en la España Cristiana Medieval*, Madrid, 1979 ; J. Mª. Mínguez, "Antecedentes y primeras manifestaciones del feudalismo Astur-Leones", *En Torno al Feudalismo Hispánico : I Congreso de Estudios Medievales*, Ávila, 1989, pp. 85-120.

12世紀まで，キリスト教勢力による南方への進出は，イスラーム・キリスト教両勢力の中間に存在したほぼ無人の地帯への入植が中心であり，デレク＝ウィリアム・ローマックスの言葉を借りれば，「ヨーロッパの他のところでもあった土地に飢えた農民による荒れ地の開墾に似たもの」に過ぎなかった。しかし，ほぼ11世紀末のトレド攻略（1085年）を境に，南方への進出はイスラーム教徒住民が存在する地域の戦闘行為を通じた奪取を意味するようになり，それ以降の植民は「国王が意識的に行った政治的行為」へと変化したのである。この変化を受け，11世紀末頃から，カスティーリャやレオンでは，国王はイスラーム勢力との辺境地帯において積極的な植民と都市群の建設を展開し，これらの都市は国王から自治的な特権を認められる代わりに，都市民兵を組織して辺境防衛などの軍事的役割を担うこととなった。ジャン・ゴーティエ＝ダルシェやエレナ・ローリー，ジェームズ・パワーズなど，多くの研究者が，貴族とは異なるカスティーリャ固有の政治的勢力としてこれらの都市に注目している[32]。

　またカルロス・デ・アヤラ＝マルティネスをはじめとする研究者は，騎士修道会の役割を重視している。この時期，ローマ教会やクリュニー系修道院，シトー会系修道院のイベリア半島への進出，十字軍運動の展開，また宗教的に厳格なムラービト朝のアフリカからの進出といった事象により，宗教的な面でも変化が生じていた。キリスト教スペインの諸国にとって，イスラーム勢力との対峙は何よりもまず生存圏を拡大するためのものであったが，上記の諸変化を受け，この時期から宗教的機運も高まり，特にカスティーリャでは12世紀後半から独自の騎士修道会が組織されたのである[33]。

---

32) D. W. ローマックス（林邦夫訳）『レコンキスタ――中世スペインの国土回復運動――』刀水書房，1996年，133頁。中世のカスティーリャ王国，またその前身であるレオン王国の都市史研究として，J. Gautier Dalché, *Historia urbana de León y Castilla en la Edad Media (siglos IX-XIII)*, Madrid, 1979. 辺境地帯における動員体制については，E. Lourie, "A Society Organized for War : Medieval Spain", *Past and Present*, 35 (1966), pp. 54-76 ; J. F. Powers, *A Society Organized for War : The Iberian Municipal Militias in the Central Middle Ages, 1000-1284*, University of California Press, 1988. なお，辺境地帯の位置は時期によって変動した。本書が扱う11世紀末から13世紀世紀初頭にかけては，イベリア半島中部を横断して流れるタホ河，またエブロ河の流域が，おおむね辺境地域となっていた。

これらの騎士修道会は，辺境地帯に王権から所領を与えられて，都市民兵とともにイスラーム勢力との戦い，また貴族反乱など国内の反対勢力との戦いに際し，国王を支えるイベリア半島固有の政治的勢力となっていった[34]。

　このように，レコンキスタを通じ，単純にイスラーム勢力との戦闘の指導者として王権が強化されたという伝統的な見解は次第に後退した。かわって1970年代以降，王権と並び，イスラーム勢力との戦闘を通じ，辺境地帯を中心に貴族・騎士修道会・都市といった中間権力がイベリア半島固有の環境の中で形成され，固有の性格を持ちつつ成長していったことが明らかになってきたのである。

　1980年代半ばから，次第にスペイン中世史研究の刷新の中心は，レコンキスタのほとんどが行われた13世紀半ばまでの時期から，カトリック両王以降の近世のスペイン帝国の準備期としての中世後期（14-15世紀）に移っている[35]。これは，レコンキスタが政治体制に与えた影響について，一通り研究の刷新が進行した結果と言えよう。

　それら中世後期の研究においても，イスラームに対する征服活動が停止し

---

33) イベリア半島へのローマ教会の進出や，その他の宗教的展開については，F. J. Fernández Conde, *La religiosidad medieval en España : Plena Edad Media (siglos XI-XIII)*, Gijón, 2005 ; T. Abe, "La reforma gregoriana y Catalunya. Las relaciones entre la Iglesia y el poder secular, siglos XI y XII. De Ramon Berenguer I a Ramon Berenguer III", *Acta Historica et Ar chaeologica Mediaevalia*, 27-28 (2006-2007), pp. 8-35.

34) カスティーリャやレオンなどの騎士修道会については，C. de Ayala Martínez, *Las órdenes militares hispánicas en la Edad Media (siglos XII-XV)*, Madrid, 2007 ; S. Zeno Conedera, *The Ecclesiastical Knights : The Military Orders in Castile, 1150-1330*, Fordham University Press, 2015.

35) フェルナンド3世のセビーリャ征服（1248年）を境に，イベリア半島に残る政治的なイスラーム勢力はグラナダ王国のみとなった。20世紀半ば以降の中世スペイン史に関する研究動向をまとめたものとして，M. A. ラデロ＝ケサダ（尾崎明夫訳）「スペイン中世史研究（1939-1984）への接近」，『立命館文学』524号，1992年，1703-1721頁。また，国制史や経済史，文化史など，スペイン中世史の各分野の研究動向をそれぞれの分野の代表的な研究者たちがまとめた研究集会の論文集として，*La Historia Medieval en España : Un balance historiográfico (1968-1998) : XXV Semana de Estudios Medievales, Estella-Lizarra 14-18 julio 1998*, Pamplona, 1999. 特にカスティーリャ王権については，pp. 175-284, 335-382.

た後,貴族や騎士修道会などの中間権力が経済的欲求をイスラーム地域の征服から王国内部での権益強化に向けたことによる混乱や,また彼らの王権のもとへの統合が重要なテーマとなっている[36]。王権による中間権力の統合や支配については,王権の権威やイデオロギー,行財政制度の整備など様々な面から研究が進められており,近年の中世後期研究にも,1980年代までに進行した,レコンキスタ期の政治体制研究の成果が反映されているのである[37]。

このように,近年では,イスラーム勢力に対する征服や植民の中で君主権力も強化されたが,同時に貴族や教会組織といった中間権力も形成され,ときに西欧の他の地域には見られないほどに発展したことが,アストゥリアス王国やレオン王国,とりわけカスティーリャ王国といった中世におけるイベリア半島諸国の重要な政治的特徴であり,この地域の近世以降の歩みにも多大な影響を与えたことが共通認識となっている。

(4) 国王と中間権力の関係——カスティーリャの事例——

とはいえアストゥリアス王国の系譜を引く中世盛期のカスティーリャ王国やレオン王国,特にカスティーリャ王国では,王権はこれらの領主層を統制し,安定した権力を有していた。貴族層は王権の指揮する征服や植民の中で

---

36) 中世後期には,王国北部の都市が植民活動による人口の流出などで衰退する一方で,貴族や騎士修道会は南部のアンダルシアなどに大所領を得て権力を強化し,彼らの統制が王権にとって大きな課題となった。この時期を扱った概説書として,近年ではT. F. Ruiz, *Spain's Centuries of Crisis : 1300-1474*, Blackwell, 2007. 他方,王権はイスラーム勢力に対する征服がほぼ完成した後,アルフォンソ10世の治世(1252-1284年)から,法や行政制度の面で統合を試みている。日本における研究の例として,関「カスティーリャ王国」,162-165頁。木谷明人「13世紀後半カスティーリャ王国における地方統治制度の生成——アデランタード・マヨールの導入をめぐって——」,『クリオ』23号,2009年,1-15頁。このため,中世後期のカスティーリャでは王権と聖俗領主層の対立や交渉の中で政治が展開した。近年では,それらの領主層や都市の相互関係や内部構造などの分析も進展している。それらの研究の例として,F. Foronda & A. I. Carrasco Manchado (dirs.), *El contrato político en la Corona de Castilla : Cultura y sociedad políticas entre los siglos X al XVI*, Dykinson, 2008.

37) 例として,J. M. Nieto Soria, *Fundamentos ideolóegicos del poder real en Castilla (siglos XIII-XVI)*, Madrid, 1988 ; M. A. Ladero Quesada, *Fiscalidad y poder real en Castilla*, 1252-1369, Madrid, 1993.

形成されたため,王権は貴族に対し強い統制力を有しており,例えば裁判などに際して貴族所領に介入することが可能であった[38]。

貴族の中にはときに王権に反抗する者も現れたが,都市やその民兵,また騎士修道会は,王権によって創設されたものが多いこともあり,一般に王権に協力的であった。さらに,不断に南下する辺境地帯では,自由農民層も継続的に生成されていた。イスラーム勢力と恒常的に対峙するこれらの地域では,武装・騎乗して従軍する経済力と身体能力がある自由農民は,免税特権を持つ民衆騎士となることができた[39]。すなわち,王権は貴族以外にも,民衆騎士や騎士修道会といった軍事面での奉仕者を得ることができたのである。ときには12世紀のアルフォンソ7世（在位1126-1157年）,またアルフォンソ8世（在位1158-1214年）の幼年期のように,有力貴族が国政を壟断するといった事態も生じた。しかしこれらの王はいずれも成人後,民衆騎士層を主力とした都市民兵,また騎士修道会の支援を得て貴族の反抗を制圧し,政権を奪回している[40]。

近世以降もカスティーリャでは貴族や教会が,フランスなど他の西欧の諸国以上に大きな社会的・経済的影響力を保持した。しかしカスティーリャの王権は,所領内での既得権益を認める代わりに大貴族を国政から排除し,教会に対しては高位聖職者の任免権を掌握するなど,両者と対立しない形で中央集権化を推進している[41]。このような近世以降の国内統合も,中世以来の王権の中間権力への統制力を背景としたものということができよう。

---

38) 山田信彦『スペイン法の歴史』彩流社, 1992年, 82-83頁。カスティーリャの領主制については, L. G. de Valdeavellano, *Curso de historia de las instituciones españolas*, Madrid, 1973, pp. 245-256, 362-393, 518-528 ; Mª. C. Quintanilla, *La nobleza señorial en la Coronade Castilla*, Granada, 2008.

39) レオンやカスティーリャの状況については,関「カスティーリャ王国」, 148頁。ローマックス『レコンキスタ』, 136-138頁。

40) アルフォンソ7世の治世については, B. F. Reilly, *The contest of Christian and Muslim Spain 1031-1157 : History of Spain V*, Blackwell, 1992, pp. 140-170, 195-243. アルフォンソ8世の治世については, P. Linehan, *Spain, 1157-1300 : A partible inheritance : History of Spain VI*, Blackwell, 2008, pp. 1-56 ; C. I. Estepa Díez, I. Álvarez Borge & J. Mª. Santamarta Luegos, *Poder real y sociedad : estudios sobre el reinado de Alfonso VIII (1158-1214)*, León, 2011.

このように，イスラーム勢力に対する征服と植民が活発に展開された時期のカスティーリャでは，征服の過程で王権以外にも領主層や都市が生成されたこと，そして彼らはおおむね王権の統制下に置かれていたことが明らかとなっている。

しかし，同時期のカタルーニャでは征服や植民を巡る状況が異なり，政治体制に関する研究動向は，現在まで異なった展開をたどっている。

(5) 国王と中間権力の関係——アラゴン連合王国の事例——

カタルーニャ（バルセロナ伯領）では，アストゥリアス・レオンやカスティーリャと幾つかの点で事情が異なっていた。まず，この地域ではイスラーム勢力に対する本格的な攻勢の開始に先立ち，君主の公権力的性格が崩壊し，領主層の形成と社会の封建化が進展していた。つまり，領主貴族層は君主の指揮する征服戦争の中で形成されたわけではなく，君主が領主貴族に行使しうる権力は，しばしば形式的・限定的なものとなっていた。

次に，騎士修道会も，ローマ教会やフランスに近い地理的環境もあってか，テンプル騎士修道会や聖ヨハネ騎士修道会など，西欧全体や地中海地域全域で活動する騎士修道会が多く，王権と強く結びついた，アラゴン連合王国独自の騎士修道会は成長しなかった。

また，おそらくはローマ文明やカロリング朝の影響が色濃かったことから，この地域では自生的な都市や商工業が北西スペインに比べ，長く存続していた。このため，都市にもカスティーリャのような軍事的・行政的な性格が弱く，より経済的な性格が強かった。都市民は軍役を免除されることが多く，都市民兵があまり存在していなかった。主要な都市も，必ずしも君主の指導下で植民され，成長したわけではなかった。

そして，従来は入植者による自治的体制が想定されていた征服地の統治構

---

41) とはいえ，近世以降も貴族や教会が大きな社会的・経済的影響力を保持し続けたことは，スペインの政治や社会に固有の様相を与えた。また，都市は国王役人の支配下に置かれたが，中世以降軍事的・政治的性格が強く，経済的性格が弱かったことから，一般にその成長は頭打ちとなった。これらの近世以降の特徴については，エリオット『スペイン帝国の興亡』。

造に関しても，バルセロナ伯に対して自立的な教会所領の形成や成長が見られることが強調されるようになっている。1980年代半ば，アントニ・ビルジリが論文「12世紀トゥルトーザの征服，植民と封建化」において，従来のフォン゠イ゠リウスらの主張と対照的な見解を提示したのが，一つの転機であった。彼は，トゥルトーザ司教座に保管されていた証書史料を主たる史料として，トゥルトーザ周辺における封建的所領の形成を主張した[42]。

　まず彼は，入植許可状の内容がそのまま通用したということに疑問を示している。彼は，バルセロナ伯が征服直後に交付した入植許可状には確かに幾つかの経済的負担の免除など入植者にとって有利な内容が記されているが，それは征服直後の人口が不足している状況であったから交付されたものであり，入植が進展していけば遵守されなくなる性質のものであった，と主張した。その上で彼は，トゥルトーザの土地が次第に購入や寄進によって有力者，特に司教座やテンプル騎士修道会などの教会領主によって集積されていったこと，またそれらの土地が交換などの手段によって領主ごとに特定の場所に集中されていったこと等を指摘し，教会領主による土地の一円化が進行したと考えている[43]。さらに彼は，土地の集積と一円化に続き，裁判権や徴税権などバルセロナ伯の持つ諸権利が，バルセロナ伯による都市の領主権譲渡などによって，テンプル騎士修道会や司教座をはじめとする在地の領主たちの間で次第に分割されていったという見解を示した。ここに領主が排他的支配圏を形成して割拠し，住民はそのもとで封建諸税を課されて領主裁判権に服することとなって，旧カタルーニャに類似した領主による支配体制が成立した，というのが彼の主張である[44]。

---

42) A. Virgili, "Conquesta, colonització i feudalització de Tortosa (segle XII)", *Formació i expansió del feudalisme català*, Girona, 1985-1986, pp. 275-289.

43) このような教会領主の成長の背景として，豊富な資金力と，彼らが中世において例外的に，計画的・継続的な企業的経営を行うことができる組織であったことが指摘できよう。

44) A. Virgili, "Les relacions entre la Catedral de Tortosa i els Ordes Religioso-Militars durant el segle XII, segons el 'Cartulari de la Catedral de Tortosa'", *Jornadas sobre els ordres religioso-militars als paisos catalans ss. XII-XIX*, Tarragona, 1994, pp. 67-79 ; Id., "Conquesta, colonització i feudalització", pp. 286-289.

このビルジリの論考は，ボナシィやビッソン，またピエール・ギシャールが参加した研究集会での報告をもとにしたものであり，彼の論考が，上述のイベリア半島全体の社会経済史研究やレコンキスタ研究の成果を受容しつつ発展したものであったことがわかる。ここでは，カタルーニャでもカスティーリャ同様，新たにキリスト教勢力によって征服された辺境地帯に司教座や騎士修道会などの領主層の支配する所領が形成されたことが，研究者の共通認識となっていたことが理解される。

　ただし，カスティーリャでは，騎士修道会や都市が王権のもとで組織され，所領や特権を与えられ，王権の支柱となった。それに対し，カタルーニャでは，征服の進展期にも旧来の領土では領主貴族層の力が伸張し，新たに征服した地域でも，トゥルトーザ周辺地域の事例を見る限り，司教座や騎士修道会などの領主がむしろ自らの主体的行動によって所領を形成し，かつ自治的な都市の育成という王権の政策を阻害していた。この点で，両地域で形成された政治構造には顕著な差違が見出されるのである。

　ビルジリの研究以降，カタルーニャのキリスト教勢力による他の征服地に関しても，教会領主を中心とした分権化を主張する議論が他の研究者によって唱えられた。カタルーニャの教会組織には特に豊富な証書史料群が保管されていたため，教会所領についての研究は早い時期から数多く存在していた[45]。ビルジリが研究を行った同じ時期，1970年代から80年代半ばにかけても，新カタルーニャのテンプル騎士修道会の所領についてアラン・フォレイやラウレア・パガロラスが研究を行っている[46]。またポブレット修道院などのシトー会修道院についてはアグスティ・アルティゼン，ハイメ・サンタカナ＝トルトといった研究者によって研究が進められた[47]。

---

45) カタルーニャでは，10世紀半ばから11世紀末までに，オリジナル史料を中心に1万5000点もの文書が伝来している。P. Bonnassie, "Du Rhône à la Galice : genèse et modalités du régime féodal ", *Structures féodales et féodalisme dans l'Occident méditerranéen (Xe-XIIIe siècles)*, École française de Rome, 1980, pp. 17-84.

46) A. J. Forey, *The Templars in the Corona de Aragón*, Oxford University Press, 1973 ; L. Pagarolas, *La Comanda del Temple de Tortosa : primer període (1148-1213)*, Tortosa, 1984.

ビルジリ以降は，それらの教会所領研究において，教会領主を中心とした社会の封建化と，伯権力に対する彼らの自立性の強さが強調されるようになっている。1994年にはマルティ・ブネットが，12世紀前半にイスラーム勢力から征服された，大司教座都市タラゴーナとその周辺地域について，12世紀後半からタラゴーナ大司教のもとで封建化が進行し，同大司教座による支配が強化されたことを主張している[48]。また，2000年のジュゼップ・セラーノ゠ダウラによる，トゥルトーザを含んだエブロ河下流域の騎士修道会領の研究のように，地域研究においても伯の動向ではなく，教会領主とその支配する住民に集中して分析を行う傾向が強くなっている[49]。

このように，近年の研究傾向では，イスラーム勢力に対する征服とそれに続く植民が最も進展した12世紀において，旧カタルーニャ内部では領主貴族層の権力が強化され，新カタルーニャではテンプル騎士修道会やタラゴーナ大司教などの教会領主がバルセロナ伯に対して自立的な所領を築き，征服地でも分権的な体制が形成されたことが強調されている。

13世紀にアラゴン王（バルセロナ伯）は，イスラーム勢力からバレアレス諸島やバレンシアを征服し，マヨルカ王国やバレンシア王国として連合王国に編入している。しかしこれらの地域に関しても，バレンシア大学のアントニ・フリオやアンリック・ギノをはじめ，単純に王権が強化されたというより，分権的体制が拡大していったと考える傾向が強い。このため，アラゴン連合王国の領土拡大については，征服という言葉にかわり，「封建的拡大 expansión feudal」といった言葉もしばしば使用されるようになっている[50]。

---

47) A. Altisent, *Història de Poblet*, Poblet, 1974 ; J. Santacana Tort, *El Monasterio de Poblet (1151-1181)*, Barcelona, 1974.
48) M. Bonet Donato, "La Feudalització de Tarragona (segle XII)", *Butlletí Arqueològic*, 16 (1994), pp. 211-239.
49) J. Serrano Daura, *Senyoriu i Municipi a la Catalunya Nova (segles XII-XIX)*, 2 tomos, Barcelona, 2000.
50) M. Barceló, G. Feliu, A. Furió, M. Miquel & J. Sobrequés (eds.), *El Feudalisme Comptat i Debatut : Formació i expansió del feudalisme català*, Valencia, 2003. E. Guinot, "The expansion of a European feudal monarchy during the 13th Century : the Catalan-Aragonese Crown and the consequences of the conquest of the kingdoms of Majorca and Valencia", *Catalan Historical Review*, 2 (2009), pp. 33-47.

第2節　先行研究の問題点と本書の視角

　このように，カタルーニャにおける征服と植民，またそこで形成された社会や政治についての研究は，カスティーリャに関する研究と類似した歩みをたどってきた。1980年代頃からの傾向である，辺境地帯を中心に聖俗領主や都市といった中間権力が形成されていき，彼らと王権の関係が政治体制を規定したという見解においても，カタルーニャとカスティーリャに関する研究傾向は共通している。ただし，カスティーリャの場合は，貴族は王権の統制下に置かれ，騎士修道会や都市は王権を軍事面などで支援し，領主層は王権の支配を支える存在となっていた。これに対し，カタルーニャの場合は，辺境地帯（征服地）で形成されたのが君主権力に対して自立的な教会所領群であり，かつそれらが自治的な都市の発展を妨げるなど，君主権力を支えるというより，むしろその支配を阻害する存在であったとされる点が大きく異なっている。さらに，君主がイスラーム勢力に対する征服活動を推進する間に，旧来の領土で君主に対して独立的な領主権力が強化された点でもカスティーリャとは異なっていた。

　とはいえこのような見解には幾つかの疑問も生じる。第一に，このような両者の差異は，カタルーニャにおける，征服に先行した封建化の進展のみで説明できるのであろうか。カタルーニャの君主であるバルセロナ伯にとっても，イスラーム勢力に対する征服の指揮は，キリスト教徒の指導者として，教会や領主貴族に対する権威を強化する絶好の機会であったろう。また，既存の支配地はともかく，新たに征服した地においては，自己の権力強化を図る絶好の機会が存在したはずである。そもそも，それらの司教座や騎士修道会自体，少なくとも当初はバルセロナ伯によって入植地域や国境地帯に導入された存在であった。しかし先行研究は，これまでもっぱら領主側の行動に焦点をあてており，バルセロナ伯の主体的政策について検討を行っていない。そこではバルセロナ伯や教会所領における入植者は，領主の権利拡大や支配強化を，ひたすら受動的に受け入れる存在として扱われているのであ

る。さらに，これらの研究は領主による土地や権利の集積という，在地の社会経済的な動向にのみ基づいて検討を進め，当時のバルセロナ伯領が置かれた政治的状況や周辺勢力との外交的関係による影響なども考慮していない。

このような分析の偏りは，一つにはそれらの研究が教会領主の史料に依拠していることが原因であると考えられる。各教会が保存し，そこに伝来してきた文書群は，当然ながらそれらの教会による土地や権利の取得文書や，彼らに対する寄進文書が中心である。それらの文書だけに目を通していけば，教会が一貫して土地・権利を購入・贈与を通じて集積しているという推論を行いがちであろう。また一つには，カタルーニャでは当時の史料のほとんどが証書史料であったことなどから，伝統的に社会経済史が中心で，政治史的な分析が少なかったことも原因であると考えられる[51]。さらに，単純な君主中心の単線的な発展過程というかつての見解に対し，行き過ぎた反動が生じている点も指摘できよう。

中世盛期の征服と植民に際し，バルセロナ伯は——カスティーリャの国王たちのように——主体的に教会を利用し，キリスト教徒を守り導く存在として，自己の権威を強化する政策は取らなかったのであろうか。換言すれば，バルセロナ伯と教会の関係は，イスラーム勢力と対峙する状況の中で，どのように推移したのであろうか。バルセロナ伯が教会に対する影響力を確保できなかったとしたら，その理由はどこにあり，その結果，バルセロナ伯領では，君主と教会（あるいは政治と宗教）の関係や，また教会の政治的・社会的役割は，イスラーム勢力に対する征服と植民の過程で，どのような特徴を帯びたのであろうか。

また，バルセロナ伯は征服地において，自己の権力基盤を形成し，強化するよう，努めなかったのであろうか。征服地は，単に領主層のみが権力基盤を形成する場でなく，むしろ征服活動を主導した君主にこそ，権力基盤を強化する可能性を与えたはずである。当時のバルセロナ伯は，征服地においてどのような政策を取り，それはどのようなプロセスで，どのような結果をも

---

51) カタルーニャ地方が，政治的強国としての歴史を持たなかった一方で，経済的には中世の地中海交易の中心の一つであったことも，歴史研究において社会経済史に関心を集める背景となっていると考えられる。

たらしたのであろうか。これらの点に関して，バルセロナ伯の文書など多様な史料を用いつつ，複合的な視点から新たな検討を行うことが必要であろう。

本書では，上記の諸側面を，同時代のカスティーリャ王国のそれと比較しつつ解明し，イベリア半島の多様性，ひいては，イスラーム世界との接触がヨーロッパに与えた政治的影響の多様性の一端を解明していきたい。

これらの疑問点を踏まえ，本書では12世紀のバルセロナ伯領について，2つの角度からその政治構造の変容を分析していく。まず，バルセロナ伯の教会に対する政策はどのようなもので，どのように推移し，どのような成果をもたらしたのかを，特に伯と司教座群との関係に着目して検討する。その際，グレゴリウス改革やローマ教皇の介入，異端に対する対応（アルビジョワ十字軍）といった，同時代のラテン・カトリック世界全体に共通する事象を軸に，他地域の事例との比較を行い，カタルーニャという地域の持つ政治的特徴の把握に努める。次に，新カタルーニャ，すなわち当時のバルセロナ伯領の辺境地域を対象に，バルセロナ伯と領主層の関係，そして領主層と入植者集団の関係，そしてキリスト教勢力とイスラーム教徒住民の関係の3点を分析し，征服地での政治体制の形成過程とその特徴，またその背景となる辺境社会の発展過程を解明していく。これらの作業を通じ，君主と中間諸権力の関係を明らかにし，形成過程にあったバルセロナ伯領の政治構造を明らかにしていく。

第1章では，検討を開始する前提として，カタルーニャで本格的にイスラーム支配地域に対する征服が開始される12世紀初頭までの歴史的経緯を概観し，上記の課題の検討に必要な歴史的状況を確認する。それに基づき，カスティーリャと比較しつつ，イスラーム勢力への征服開始以前に，カタルーニャが政治的・社会的にどのような特徴を有するに至っていたのかを確認する。

バルセロナ伯と司教座の関係については，第2章から第4章で論じる。まず，領主貴族層の台頭とほぼ同じ時期に開始されたグレゴリウス改革に着目し，政教関係の再編を促す側面を持つ同改革に対し，バルセロナ伯がどのよ

うに対応したのか，またそれがバルセロナ伯領の政治構造にどのような影響を与えたのかを解明する。次に，その際，ローマ教会がバルセロナ伯領に対しどのような政策を取ったのか，それがどのような帰結をもたらしたのかを分析し，解明する。最後に，上記のようなグレゴリウス改革に付随して生じる諸変化が，12世紀を通じ，征服や植民が進められる中で，実際の司教区レベルで，長期的には伯・領主貴族・教会の関係をどのように変容させたのか，またその結果，君主や教会の権威や政治的権能にどのような特徴が生じるに至ったのかを分析し，中世盛期のバルセロナ伯領における総合的な政教関係の在り方を解明していく。

　辺境経営については，第5章から第7章で論じる。まず，バルセロナ伯の主体的な政策に着目し，彼が征服地においてどのような政治体制を構築しようとしていたのか，またそれが結果としてバルセロナ伯の権力強化につながらなかったのであれば，その理由は何かを解明する。次いで，征服地の政治体制に関して先行研究ではもっぱらバルセロナ伯と教会領主の関係に関心が注がれているが，本書では入植者たちにも着目し，彼らが置かれていた状況を検討していく。中世後期以降タラゴーナやトゥルトーザといった新カタルーニャの大都市では，住民による自治的な政体が築かれていった。ビルジリらの研究者は，教会領主がその権力を強化する中で，必然的に入植者は彼らの封建的支配下に置かれていったと考えているが，このような見解は，上記の中世後期以降の状況と整合性を有しているとは言い難い。伯と領主の競合関係の中で，入植者たちの状況はどのように変容し，どのように中世後期以降の政体の基礎が築かれていったか，解明を試みる。最後に，イスラーム教徒住民についての検討を行う。キリスト教勢力がイスラーム勢力から征服した土地では，ときにイスラーム教徒住民が残留し，キリスト教勢力の支配下に入る事態が生じた。バルセロナ伯領，特にトゥルトーザなどのエブロ河下流域でも，イスラーム教徒，またその後身である改宗イスラーム教徒（モリスコ）が，17世紀にハプスブルク家支配下で追放されるまで住民として残留し続け，中世後期には彼らからの貢納はアラゴン連合王国にとって重要な財源となるに至っている[52]。彼らも征服地の有機的構成要素である以上，彼らの置かれた境遇や社会的地位の変容を把握することは，征服地の政治や

社会の全体像を認識する上で不可欠であろう。彼らは征服後どのような境遇に置かれ、どのような過程を経て、近世まで同じ地域に居住し続けることができるような社会的地位を築くことができたのか、検討を行う。

　本書では、このような手続きを通じ、12世紀前後のバルセロナ伯領において、イスラーム勢力との対峙の中で、どのようなプロセスで、どのような性質を有する政治体制が形成されたか、政治体制の形成過程と特徴の解明を図る。またそこに現れる諸相から、教会領主や都市の位置づけや政治的・社会的役割を明らかにし、アラゴン連合王国における社会の特徴の一端をもあわせて明らかにしていきたい。その際、同じ中世イベリア半島の国家であり、アラゴン連合王国に比べ、より中央集権的な国家を形成して近世に至ったとされる、カスティーリャ王国と比較しつつ分析を進め、当時のイベリア半島の政治体制の総合的な理解を試みたい。

　本書の意義は、アラゴン連合王国、また中世イベリア半島の政治的性格を把握するに留まらない。第一に、イスラーム世界の歴史的役割——この場合、具体的にはイスラーム勢力の存在が形成期のヨーロッパの政治や社会に与えた影響——について、軍事衝突や文化伝播に比べ、目に映りにくいがより深く本質的とも言える、新たな側面を解明できるであろう。

　第二に、これまで研究が相対的に乏しかった中世地中海世界全体の国制研究、また政治的特徴の研究に資する有用な歴史的知見を提示し、その中世ヨーロッパ——ラテン・カトリック世界——全体の中での特徴をより明確にすることができるであろう。

　第三に、中世盛期以降、キリスト教徒とイスラーム教徒、またユダヤ教徒らが共住し、相互の交易や異文化交流の場となっていくアラゴン連合王国について、その国制や社会の形成過程を解明することで、近世以降を含めた地中海地域、またヨーロッパの幅広い異文化交流や他者観、さらには世界観を検討する上で、基礎となる豊富なデータを提供し、それらの研究の一層の促進を図ることができるであろう。

---

52) J. Boswell, *The royal treasure : Muslim communities under the crown of Aragon in the fourteenth century*, Yale University Press, 1977.

なお，本書では，カタルーニャにおいてグレゴリウス改革が開始された11世紀半ばから，バルセロナ伯によって本格的なイスラーム支配地域の征服が開始された11世紀末を経て，同地域の征服や植民が一応の完成を見せ，アルビジョワ十字軍を経てアラゴン連合王国の基本的な政治的構造が確立していった13世紀初頭，1230年頃までを分析の対象時期とする。君主としては，バルセロナ伯ラモン・バランゲー1世（在位1035-1076年），同2世（在位1076-1082年），バランゲー・ラモン2世（在位1082-1097年），ラモン・バランゲー3世（在位1097-1131年），同4世（在位1131-1162年），アルフォンス1世（在位1162-1196年），ペラ1世（在位1196-1213年）の7代の治世と，ジャウマ1世の治世（在位1213-1276年）初期までとなる。ただし，分析上必要かつ可能であれば，その前後の年代の情報も随時参照する。

第3節　史料について

　本書では，当時のバルセロナ伯の文書と，教会領主の文書を主たる分析材料として使用する。後者としては，司教座文書，シトー会などの修道院文書，テンプル騎士修道会文書，また同時期にカタルーニャでたびたび開催されていた，政治的な問題も協議される教会会議である「神の平和と休戦」会議の決議録などが挙げられる。さらに，第三者に由来する史料として，書簡や勅書といったローマ教皇の文書も使用する。また，バルセロナ伯を中心とした当時のカタルーニャの有力者たちが発給した入植許可状と，わずかに伝来する年代記や聖人伝などの叙述史料も補足的に利用する。

(1) バルセロナ伯（アラゴン連合王国国王）文書

　バルセロナ伯と教会領主の関係，また伯と都市民の関係を分析するためには，まず当時のバルセロナ伯の発給した証書群を参照する必要がある。12世紀までのバルセロナ伯が貴族や教会と交わした諸協定は，12世紀後半から伯の命により『封土大典』として編纂が進められた。この証書群は，1945年にフランシスコ＝ミケル・ルセイによって刊行されている[53]。12世紀後半から13世紀にかけての，伯と地方役人であるウィカリウスやバイウルス

の間で交わされた行財政文書群は，1984年にトマス・ビッソンによって，『カタルーニャの財政報告書――初期伯王時代（1151-1213）――』の名で刊行されている[54]。

歴代の伯ごとの文書も，近年刊行が進んでいる。10世紀後半から11世紀半ばまでの伯文書は，ジュゼップ＝マリア・サルラクらによって編纂され，『ラモン・ブレイからラモン・バランゲー1世までの，バルセロナ伯文書庫の羊皮紙文書集』として1999年に刊行されている[55]。また，バルセロナ伯ラモン・バランゲー2世からラモン・バランゲー4世にかけての伯文書は同じサルラクらの監修のもとで編纂され，2010年に『バルセロナ伯文書庫の羊皮紙群――ラモン・バランゲー2世からラモン・バランゲー4世――』の名で刊行されている[56]。続くアルフォンス1世の文書は，1995年にアナ＝イサベル・サンチェス＝カーサボンによって『バルセロナ伯，プロヴァンス侯であるアラゴン王アルフォンソ2世の文書集』の名で刊行されている[57]。ペラ1世の文書はマルティン・アルビラ＝カブレルによって2010年に，またジャウマ1世の文書は，1970年代から1980年代にかけ，アンブロージオ・ウイシ＝ミランダによって刊行されている[58]。バルセロナ伯側の史料と

---

53) F. M. Rosell (ed.), *Liber Feudorum Maior*, 2 vols., Barcelona, 1945. 以下，*LFM* と表記する。

54) Th. N. Bisson (ed.), *Fiscal Accounts of Catalonia : under the early count-kings (1151-1213)*, University of California Press, 1984. 以下，*FAC* と表記する。

55) G. Feliu & J. Mª. Salrach (dirs.), *Els pergamins de l'Arxiu Comtal de Barcelona de Ramon Borrell a Ramon Berenguer I*, 3 vols., Barcelona, 1999. 以下，*ACB* と表記する。

56) I. J. Baiges, G. Feliu & J. Mª. Salrach (dirs.), *Els Pergamins de l'Arxiu Comtal de Barcelona, de Ramon Berenguer II a Ramon Berenguer IV*, 4 vols., Barcelona, 2010. 以下，*RBII-RBIV* と表記する。

57) A. I. Sánchez Casabón (ed.), *Alfonso II Rey de Aragón, Conde de Barcelona y Marques de Provenza. Documentos (1162-1196)*, Zaragoza, 1995. 以下，*AII* と表記する。なお，バルセロナ伯アルフォンス1世は，アラゴン王としてはアルフォンソ2世であった。

58) A. Albira Cabrer, (ed.), *Pedro el Católico, Rey de Aragón y Conde de Barcelona (1196-1213) : Documentos, Testimonios y Memoria Historica*, Zaragoza, 2010. 以下，*PI* と表記する。なお，バルセロナ伯ペラ1世は，アラゴン王としてはペドロ2世であった。A. Huici Miranda & M. D. Cabanes Pecourt (eds.), *Documentos de Jaime I de Aragón*, vol 1.-vol. 4, Zaragoza, 1976-1982. 以下，*JI* と表記する。

してはこの7点を用いる。これらの文書は，基本的にアラゴン連合王国文書館で保管されていた史料群が中心となっており，それに司教座文書館など各地の文書が加えられている。内容の信頼性については，その都度検討した上で参照する。

(2) 教会文書：バルセロナ地方

12世紀までのバルセロナ司教文書館の文書は，マリア・パルドの編纂した『バルセロナ司教管理財産関連史料集』と，ジェズス・アルトゥーロの編纂した『バルセロナのサンタ・アナ旧文書館史料集』に収められている[59]。バルセロナ司教座文書館の文書のうち11世紀のものは，マヌエル・リウやジュゼップ・エルナンドらによって『バルセロナ司教座聖堂文書集――11世紀の羊皮紙文書群――』の名で編纂され，刊行されている[60]。また，都市バルセロナの北方の近郊に位置するサン・クガット修道院の文書は，ホセ・リウス゠セラにより，『サン・クガット修道院カルチュレール集』として編纂されている[61]。

(3) 教会文書：ジローナ地方

12世紀のジローナ司教座の文書は，ジュゼップ゠マリア・マルケスによって編纂された『カール大帝のカルチュレール集と呼ばれる，ジローナ司教のカルチュレール集（9-14世紀）』と，ラモン・マルティが編纂した『ジローナ司教座文書集成』を参照する[62]。ジローナ司教区についての分析を行

---

59) M. Pardo (ed.) *Mensa episcopal de Barcelona (878-1299)*, Barcelona, 1994. 以下，*MEB* と表記する。J. Alturo (ed.), *L'Arxiu antic de Santa Anna de Barcelona del 942 al 1200*, 3 vols., Barcelona, 1985.

60) J. Baucells, Á. Fabrega, M. Riu, J. Hernando & C. Batlle (eds.), *Diplomatari de l'Arxiu Capitular de la Catedral Barcelona. Segle XI*, 5 vols., Barcelona, 2006. 以下，*DCB* と表記する。

61) J. Rius Serra (ed.), *Cartulario de "Sant Cugat" del Vallés*, 3 vols., Barcelona, 1945-1947.

62) J. M. Marquès (ed.), *Cartoral, dit de Carlemany, del bisbe de Girona (s.IX-XIV)*, 2 vols., Barcelona, 1993. 以下，*CBG* と表記する。R. Martí (ed.), *Col.lecció diplomàtica de la seu de Girona (817-1100)*, Barcelona, 1997. 以下，*CSG* と表記する。

うため,これら2点の史料を利用する。

(4) 教会文書:トゥルトーザ地方

次いでエブロ河下流域,トゥルトーザ周辺地域における教会文書群を利用する。トゥルトーザの教会文書としては,トゥルトーザ司教座の文書集と,トゥルトーザ周辺のテンプル騎士修道会の文書集が挙げられる。

トゥルトーザ司教座の文書については,アントニ・ビルジリの編纂による『トゥルトーザ司教座証書集(1062-1193)』と,同じくビルジリによる『トゥルトーザ司教座証書集(1193-1212)——グンバウ・ダ・サンタオリバの司教在任期——』の2点が,それぞれ1997年と2001年に刊行されており,合わせて800点近い文書が収められている[63]。これらはトゥルトーザの司教座に保管されていた文書群を編纂したものであり,同司教座がバルセロナ伯や都市住民,テンプル騎士修道会などの領主と交わした諸協定や,土地の売買や保有契約等の文書が主に収められている。また,住民間の協定など,直接司教座とは関係しない内容の文書も含まれている。

また,テンプル騎士修道会の史料としては,ラウレア・パガロラスによって編纂された同騎士修道会のトゥルトーザの所領に関連する文書群を利用する[64]。1984年に刊行された『トゥルトーザのテンプル騎士修道会領——初期の時代(1148-1213)——』にはこの時期の135点の文書が収められている。1999年に刊行されたその続編『エブロ河地域(トゥルトーザ)のテンプル騎士修道会士たち——ジャウマ1世から騎士修道会廃止まで(1213-1312)——』には216点の文書が収められている[65]。これらは主として,テンプル騎士修道会に保管され,同騎士修道会が解散させられた後,聖ヨハネ騎士修道会の手を経てアラゴン連合王国文書館に保管されていた文書を編纂

---

63) A. Virgili (ed.), *Diplomatari de la Catedral de Tortosa (1062-1193)*, Barcelona, 1997 ; A. Virgili, (ed.), *Diplomatari de la cathedral de Tortosa (1193-1212) : Episcopat de Gombau de Santa Oliva*, Barcelona, 2001. 以下,*DCT* と表記する。

64) L. Pagarolas (ed.), *La Comanda del Temple de Tortosa : primer període (1148-1213)*, Tortosa, 1984, pp. 173-335. 以下,*CTT* と表記する。

65) L. Pagarolas (ed.), *Els Templers de les terres de l'Ebre (Tortosa) : De Jaume I fins a l'abolició de l'Orde (1213-1312)*, 2 vols., Tarragona, 1999. 以下,*ETE* と表記する。

したものである。内容としては，テンプル騎士修道会とバルセロナ伯やトゥ
ルトーザ司教との協定，土地保有契約，土地売買契約などの証書史料が収め
られている。

(5) 教会文書：タラゴーナ地方

トゥルトーザ以外では，より北方のタラゴーナ周辺地域にも 12 世紀の征
服と植民の過程で幾つかの教会所領が形成された。タラゴーナ大司教座，ま
たタラゴーナ北方のシトー会修道院やテンプル騎士修道会支部が代表的なも
のとして挙げられる。

タラゴーナ大司教座の文書は，19 世紀初めの対仏独立戦争（ナポレオン
戦争），および 20 世紀前半のスペイン内戦による大きな被害を受けており，
ほとんど伝来していないが，タラゴーナ西北部近郊に建てられたシトー会の
ポブレット修道院やサンタス・クレウス修道院，テンプル騎士修道会のバル
ベラ支部の同時期の文書は数多く伝来している。本書では，これらの教会組
織の文書も辺境地帯の情報を補完するため，適宜参照する。

ポブレット修道院の史料としては，1938 年にジュゼップ・マルケスに
よって刊行された『ポブレット修道院カルチュレール集』を利用する[66]。サ
ンタス・クレウス修道院の文書群は，近年，カタルーニャ中世の文書群の刊
行を組織的に推進しているノゲラ財団から，『サンタス・クレウス修道院証
書集』として 2005 年に刊行されており，本書ではこれを利用する[67]。また，
1995 年にジュゼップ＝マリア・サンス＝イ＝トラベを中心に編纂された，
『バルベラのテンプル騎士修道会の文書集』も参照する[68]。また 20 世紀に公
刊された，17 世紀にタラゴーナ大司教座の参事会員が著した『タラゴーナ
大司教列伝』も同大司教座に関する情報を得るために参照する[69]。

---

66) J. P. Marquès (ed.), *Cartulari de Poblet*, Barcelona, 1938. 以下，*CP* と表記する。
67) J. Patell (ed.), *Diplomatari del monestir de Santa Maria de Santes Creus (975-1225)*, Barcelona, 2005. 以下，*DMSC* と表記する。
68) J. Mª. Sans i Travé (dir.), *Col.lecció Diplomàtica de la Casa del Temple de Barberà (945-1212)*, Barcelona, 1997. 以下，*CDCTB* と表記する。
69) J. Blanch, *Arxiepiscopologi de la Santa Església Metropolitana i Primada de Tarragona*, 2 vols., Tarragona, 1985.

これらの教会文書群にも，司教や騎士修道会，また当該修道院の利害関係から，史料が一部改竄を受けた可能性，意図的に特定の傾向を持つ史料が優先して保管されたなどの可能性は存在しており，内容の信頼性についてはその都度検討して利用する。

(6) 教会会議録

「神の平和と休戦」会議の名で知られる，カタルーニャや南フランスなどで特に発展した教会会議で作成された文書は，ジェネル・グンサルボにより，1994年に『カタルーニャの平和と休戦の法令 (11-13世紀)』として刊行されている。カタルーニャではこの会議が，課税や裁判に関する問題を取り扱うなど政治的にも重要な役割を果たしており，本書では必要に応じてこれらの文書も参照する[70]。また，ヨアンネス・ドミニクス・マンシによって編纂された，同時期の西欧各地の教会会議の決議録をまとめた『教会会議決議録新補集成』も適宜参照する[71]。

(7) 教皇文書

カタルーニャに対して発給された教皇の勅書や書簡群も，同時代の状況をより詳細に把握するために参照する。同時代のカタルーニャに対する教皇文書はパウル・ケーアにより，『スペインにおける教皇勅書，教皇のヒスパニアについての予備作業 第1巻カタルーニャ 1. 文書館報告』という名で編纂されている[72]。また，10世紀から13世紀までのローマ教皇によるイベリア半島宛ての文書は，デメトリオ・マンシージャによって編纂され，1953年に『インノケンティウス3世までの教皇文書 (965-1216)』の名で刊行されている[73]。

---

70) G. Gonzalvo (ed.), *Les Constitucions de Pau i Treva de Catalunya (segles XI-XIII)*, Barcelona, 1994. 以下，*CPT* と表記する。

71) J. D. Mansi (ed.), *Sacrorum Conciliorum Nova et Amplissima Collectio*, vol. 19-21, Gratz, 1960-1961.

72) P. Kehr (ed.), *Papsturkunden in Spanien, Vorarbeiten zur Hispania pontificia : I. Katalanien, I. Archivberichte*, Berlin, 1926. 以下，*PS* と表記する。

(8) 入植許可状

当時のカタルーニャの，入植許可状などの植民関連文書は，ホセ＝マリア・フォン＝イ＝リウスによって『カタルーニャにおける植民・解放関連証書集』に収集・編纂されている。これはフォン＝イ＝リウスがカタルーニャ各地の文書館を巡って収集した，9世紀末から14世紀に至るまでのカタルーニャ各地の植民関連証書を編纂したものであり，領主と植民者集団との契約である入植許可状を中心に，単なる土地の売買や譲渡の文書も含め，広い範囲の文書が収められている。この文書群も，当時のバルセロナ伯領における植民状況を知るために利用する[74]。

(9) 年 代 記

12世紀までのカタルーニャでは，修道院などにおいても，叙述史料は全くと言ってよいほど欠如しているが，例外的に伝来しているほとんど唯一のまとまった年代記として，リポイ修道院で作成された『バルセロナ伯事績録』がある[75]。同修道院は，9世紀末にバルセロナ伯によって建設され，それ以降12世紀まで歴代のバルセロナ伯が埋葬されるなど，伯との関係が深く，この年代記も半ば公的な性質を帯びている。このため，伯の動静が比較的把握しやすいが，その反面，伯の行動に関する記述などについては，書き手の立場が影響する可能性もあり，一定の留保や検討を必要とする。

また，17世紀に当時のフランス王ルイ13世が，カロリング時代にまで遡り，カタルーニャがフランス王国に属する地域であると主張する根拠を探す目的でピエールという修道士に史資料の収集を命じ，年代記部分と証書史料

---

73) D. Mansilla (ed.) *La documentación pontificia hasta Inocencio III (965-1216)*, Rome, 1955. 以下，*DPI*と表記する。

74) J. Mª. Font i Rius (ed.), *Cartas de Población y franquicia de Cataluña*, 2 vols. 3 tomos, Madrid-Barcelona, 1969-1983. 以後，*CPFC*と表記する。なお，入植許可状をはじめとする入植関係文書を類型化し，整理しているものとして J. Mª. Font i Rius, "Chartes de peuplement et de franchises de la Catalogne", *Fédération Historique de Languedoc-Mediterranéen et du Roussillon. XXXIXᵉ Congrès*, Montpellier, 1967, pp. 103-109.

75) L. Barrau Dihigo & J. Massó Torrents (eds.), *Gesta Comitum Barcinonensium*, Barcelona, 1925. 以下，*GCB*と表記する。

38

部分から成る形式で編纂させた『スペイン辺境領』がある[76]。フランク王国やフランス王国と直接関わらない事象についての記述も多く,情報によっては,検討の上で参考とすることが可能であろう。

いずれにせよ,12世紀については記述の量自体がそれほど多くはないため,本書では主として証書史料に依拠する[77]。

(10) 聖 人 伝

中世盛期まで叙述史料に乏しいカタルーニャ地方では,年代記同様,聖人伝もほとんど存在しない。その中で例外的に12世紀に書かれた聖人伝として,12世紀前半のバルセロナ司教ウラゲールの『聖ウラゲール伝』がある[78]。この聖人伝も,当時の政教関係を分析する際の史料として利用する。

---

76) Pierre de Marca (ed.), *Marca Hispanica*, Paris, 1688.
77) 『バルセロナ諸伯事績録』の成立に関する考察として,J. Mª. Salrach, "Contribució dels monjos de Ripoll als orígens de la historiografia catalana : els primers cronicons", *Art i cultura als monestirs del Ripolles*, Montserrat, 1995, pp. 17-35.
78) *Vida de Sant Oleguer, escrita pel canonge Renall, contemporani del sant*, translated by J. Belles i Sallent, in J. M. Martí Bonet, *Oleguer : servent de les esglésies de Barcelona i Tarragona*, Barcelona, 2003, pp. 317-338.

第1章

征服活動に先行するカタルーニャの
歴史的経緯と地域的特徴

第1節　カタルーニャ以前
―― ローマと西ゴート王国による支配（-8世紀初頭）――

　イベリア半島は，各地に存在する山地と大河により，多くの地域に分断されている。この点は，国土の多くが平坦なイングランドやフランス，ドイツと大きく異なる，統一を妨げる要素であった。分断された各地域は，単に交通上の困難や風土の差違を有しただけではない。異なる歴史的経緯や，またその中で育まれた慣習や気質，言語においても差違を有するようになり，それらの要素が，今日に至るまで政治や経済，また文化など多くの面で地域ごとに多様な性格を与えている。「ピレネー山脈から南の海岸まで伸びている，高い中央台地によって分断され，その内部でいくつにも分かれている国。地勢的に中核をなすものもなければ，平坦な交通路もない。個々の人種・言語，および文明からなる，分裂した，異質のものの複合体」というスペイン近世史研究者ジョン・エリオットの言葉は，すべてのスペイン研究者が踏まえるべきこの前提をよく示している[1]。

　その中で，イベリア半島の東北の一角に位置し，北をピレネー山脈，南をエブロ河，東を地中海で囲まれるカタルーニャは，ピレネー山脈北方の勢力の出入口として，また地中海からの影響が最初に及ぶ地域として，古代以来

---

1) J. H. エリオット（藤田一成訳）『スペイン帝国の興亡　1469-1716』岩波書店，1982年，1頁。なお，スペインの地形や，ローマ期の地図については，次頁以降の地図7,8を参照されたい。

地図 7　イベリア半島地勢図

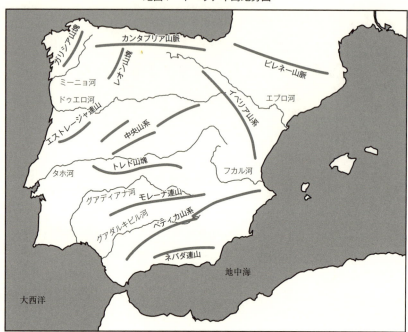

出典）J. ビセンス゠ビーベス（小林一宏訳）『スペイン——歴史的省察——』岩波書店，1975 年，3 頁をもとに作成。

不可避的に半島外部の勢力と接触を持ち，半島の他の地域と異なる性質を醸成してきた。カタルーニャ東部がイベリア半島北部では例外的な平野地帯であったこと，またカタルーニャ南部にはエブロ河が流れ，海からイベリア半島内陸部への進入ルートとなっていたことが，この地域への地中海方面からの進出をさらに容易にしていた。

　この地理的性格のため，古くはフェニキア人やギリシア人，またカルタゴ人など多くの民族がこの地域を往来した。古代から初期中世にかけては，特にローマ人の進出とローマ文化の浸透が，この地域のその後の歴史的経緯を左右した重要な変化として指摘できる。紀元前 216 年，第 2 次ポエニ戦争に際し，カルタゴのハンニバルの根拠地を攻略すべく，ローマからスキピオ兄

第1章 征服活動に先行するカタルーニャの歴史的経緯と地域的特徴　　*41*

地図8　ローマ時代のイベリア半島

出典）J. F. O' Callaghan, *A History of medieval Spain*, Ithaca/London, 1975, p. 29 をもとに作成。

弟が率いる軍団がイベリア半島（当時のローマによる呼称ではヒスパニア）に派遣され，ローマによるヒスパニア経営が開始された。この際，スキピオ兄弟により現在のカタルーニャにあたる地域に，長くローマのヒスパニア経営の中心となる都市タラコ（現在のタラゴナ）が建設された[2]。スキピオ兄弟は数年後にヒスパニアで戦死するが，その後，兄であるプブリウスの同名の息子（大スキピオ）がヒスパニアに派遣され，彼によって前206年にはカルタゴ人の勢力がヒスパニアから一掃された。第2次ポエニ戦争終結後

---

2) 古代のヒスパニアについては，阪本浩「古代のイベリア半島」，関哲行・立石博高・中塚次郎編『スペイン史1』山川出版社，2008年，4-33頁。特に同時期のカタルーニャを扱ったものとしては，M. ジンマーマン・M.=C. ジンマーマン（田澤耕訳）『カタルーニャの歴史と文化』白水社，2006年，11-19頁。

も，ローマは先住のケルト系イベリア人諸部族を征服しつつ組織的なヒスパニア経営を推進し，前197年には，現在のカタルーニャを含むイベリア半島東部がヒスパニア・キテリオル（こちら側のヒスパニア），南部がヒスパニア・ウルテリオル（向こう側のヒスパニア）という属州とされた。

ローマは，イベリア半島東部や南部の地中海沿岸部，次いでエブロ河やグアダルキビル河などの大河の流域に進出した。ヒスパリス（現セビーリャ），コルドゥバ（現コルドバ），ガデス（現カディス），カエサルアウグスタ（現サラゴサ）といった当時の主要都市は，この範囲に集中している。その反面，半島北西部のアストゥリアス地方やカンタブリア地方，またバスク地方などにはローマの支配や文化はあまり浸透しなかった。

その後，前38年にヒスパニアでアウグストゥスによる統治が開始されると，ヒスパニア・キテリオルの首都はタラコに置かれ，この属州は後にヒスパニア・タラコネンシス州（タラコのヒスパニア）と呼ばれるようになる。この属州はヒスパニアの半分以上を占める，帝国全体でも最大級の皇帝管轄属州であり，タラコはローマ治下のヒスパニアの最重要都市となった[3]。アウグストゥスは統治上の幹線道路として，ピレネー山脈からイベリア半島の東海岸部を通り，タラコとウァレンティア（現バレンシア）を経てコルドゥバ，さらにガデスに至るアウグスタ街道の建設を命じた。この街道に沿い，現在のカタルーニャにはタラコ北方のバルキノ（現バルセロナ）やタラコ南方のデルトサ（現トゥルトーザ）といった植民市が発展し，エンポリオンなどの旧ギリシア植民市も港として利用された[4]。またタラコには水道橋や競技場が建設され，港からはイタリアやアフリカの港との往来が容易に行われた。

この結果，ヒスパニア，特にタラコネンシス州は，帝国内で最もローマ化が進んだ地域となっている。キリスト教も早期にこの地域に伝わり，早くも

---

3) 阪本「古代のイベリア半島」，12-15頁。なお，専制君主政期には，ヒスパニアは7つの属州を持つ管区として再編された。同「古代のイベリア半島」，28-30頁。

4) 前6世紀に建設されたエンポリオン（現アンプリアス）はこの地域の代表的なギリシア植民市である。阪本「古代のイベリア半島」，6頁。

5) ジンマーマン『カタルーニャの歴史と文化』，16頁。

1世紀末頃にはタラコに最初のキリスト教共同体が生まれていた[5]。4世紀には，タラコの司教座はイベリア半島の司教座の中でも指導的な地位を得ており，4世紀後半には大司教座とみなされていた[6]。このようなローマ化の進展は，ローマの支配に対する抵抗が激しく，その支配が浸透しなかった地方，特に氏族制社会が長く存続したイベリア半島北西部――後にアストゥリアス・レオン王国が形成される地域――とは大きく異なる点であった。

　ローマ帝国の崩壊後，5世紀後半から8世紀初頭にかけてイベリア半島の大半を支配下に置いた西ゴート王国のもとでも，ローマ文化に由来する諸要素は維持された。
　一例として，宗教面では，当初キリスト教のアリウス派を信仰していた西ゴート人の支配下でも，先住のイベロ＝ローマ人はカトリック信仰を保持することが認められていた。カトリックを信仰する彼らローマ系住民とアリウス派を信仰する西ゴート人の間で軋轢が生じることもあったが，589年にレカレド王が第3回トレド教会会議において王国全体のカトリック改宗を宣言し，カトリック信仰が保持された[7]。
　また，西ゴート人が軍事的・行政的な役職を独占する中で，ローマ期の貴族の系譜を引くイベロ＝ローマ人の有力者は聖界に進出する傾向にあったため，西ゴート時代後期にはむしろ，カトリックの司教層が教会会議などを通じて政治的にも重要な役割を果たすようになるなど，教会の政治的機能が次第に拡大していった[8]。
　法制度の面でも，ローマ系住民は506年に発布された『アラリック法典』と呼ばれるローマ法に基づいた法典に服していた。654年には西ゴート人と

---

6) A. Pladevall, *Història de l'Església a Catalunya*, Barcelona, 2007, pp. 10-15 ; A. Jordà Fernández, *Història de la ciutat de Tarragona*, Valls, 2006, pp. 36-38.

7) 西ゴート王国については，玉置さよ子『西ゴート王国の君主と法』創研出版，1996年。同「西ゴート王国の時代」，関哲行・立石博高・中塚次郎編『スペイン史1』山川出版社，2008年，34-69頁。R. Collins, *Visigothic Spain, 409-711*, Blackwell, 1997. 西ゴート時代のカタルーニャについては，M. Aventín & J. Mª. Salrach, *Història medieval de Catalunya*, Barcelona, 2004, pp. 10-23.

8) Aventín & Salrach, *Història medieval de Catalunya*, p. 17.

ローマ系住民双方の共通法として、ローマ法とゴート法の混乱を解消し、ローマ法をベースとして既存の法を体系的に整備した『西ゴート法典』が公布され、ローマ法文化が維持されている[9]。

また、行財政の面でもローマの制度が影響を及ぼしていた。都市行政はローマ以来の都市参事会が差配し、これに次第にゴート系の役職である市伯（コメス comes）がかわっていった。司教層が行政面で市伯に協力を示した[10]。財政的にも、公的な租税の概念が存続していた。次第に行政は租税よりも国庫領 fisc からの直接的な収入に依存するようになり、また国家の支配から貴族の私的支配に組み込まれる住民が増えていく傾向にはあったが、ローマ時代の制度が消失することはなかった[11]。

このように、ローマ時代と同様に西ゴート王国の実効的支配が及んでいなかったイベリア半島北西部やピレネー山麓を除き、西ゴート王国時代のイベリア半島には、ローマ時代の文化や制度が影響を及ぼし続けていた。8世紀初頭にイスラーム勢力がイベリア半島に進攻し、そのほとんどを征服した後にも、旧来の住民は信仰や慣習の保持を認められたため、上記のようなローマ的諸要素は、少なくとも初期の段階では、維持された。

この間、西ゴート王国は、地理的に王国の中心部にあること、ローマ文化の影響が地中海方面より弱かったこと、付近に比較的多くのゴート系住民が存在したことなどから、6世紀以降半島中央のトレドに政治的中心を置いた[12]。このため、半島北東部のタラコネンシスはイベリア半島における中心的地位を失った。この後、同地域では、やはり西ゴート王国内の辺縁であ

---

9) 玉置「西ゴート王国の時代」、56-58頁。
10) 玉置「西ゴート王国の時代」、65頁。なお、これらの西ゴート王国の特徴には、隣接するフランク王国と類似する点も存在する。このため、かつてサンチェス゠アルボルノスは、イスラーム勢力に征服されなければスペインもフランスと同様の発展過程をたどったであろうと主張している。C. サンチェス゠アルボルノス（北田よ志子訳）「スペインとイスラム」、『スペインとイスラム──あるヨーロッパ中世──』八千代出版、1988年、1-33頁。
11) Aventín & Salrach, *Història medieval de Catalunya*, p. 19.
12) 都市については、西ゴート時代から基本的に現在の名称を使用する。

る，隣接する南フランスのセプティマニア（現在の低ラングドックに相当）との結びつきが強化された。トレドから離れたこれらの地域は，政権に対する遠心的傾向を示し，しばしばこの地域を拠点に反乱が生じた。673 年にはタラコネンシスとセプティマニアで貴族による反乱が起きている。710 年にロドリーゴが王に選ばれた際には，反対の党派がセプティマニアに集まり，対立候補を推戴している。

　このようにローマ期から西ゴート期にかけて，現在のカタルーニャにあたる地域は，ローマ文化の強い浸透，半島中央部からの遠心的性格，南フランスとの結びつきといった，地域的特徴を備えていった。とはいえ，カタルーニャがイベリア半島内でより明確に地域としての独自性を獲得するのは，フランク王国の支配下に置かれて以降であった。この間，後にアストゥリアス王国が形成されるイベリア半島北西部では，西ゴート王国の支配が浸透せず，いまだ氏族的社会が継続していた。

第 2 節　イスラーム勢力による征服と　　　　　　カロリング朝支配下での地域形成（8-10 世紀）

　711 年，西ゴート王国の政治的・社会的混乱に乗じて北アフリカからイベリア半島に進攻したイスラーム勢力は，数年の間にイベリア半島の大部分を征服した。カタルーニャ地方も，進攻開始から 3 年のうちにリェイダ，タラゴーナ，バルセロナなどの主要都市を攻略され，彼らの支配下に置かれた。

　イスラーム時代に入っても，この地域のイベリア半島中央部に対する遠心的傾向は変わらなかった。730 年，タラコネンシスとセプティマニアの太守（ワーリー）であったムヌーザは，イスラーム勢力の支配の中心であったコルドバの総督（アミール）に対して反乱を起こしている[13]。また，イスラーム進攻約 60 年後の 777 年，バルセロナとウェスカを差配するイスラーム勢力の太守がコルドバの総督に対して反乱を起こし，フランク王国のカール大帝（在位 768-814 年）に支援を求めると，これを契機としてイスラーム勢力

---

13) ジンマーマン『カタルーニャの歴史と文化』，18-19 頁．

に対するキリスト教勢力の反攻が開始された[14]。早くも翌778年には,カール大帝によってサラゴサへの遠征が行われている[15]。この遠征自体は失敗に終わったが,その後,785年にはジローナが,また801年にはバルセロナがフランク王国によって確保された。タラゴーナやトゥルトーザに対する征服の試みは成功しなかったが,バルセロナ以北の地域は,イスラーム侵入後1世紀を経ずにフランク王権によってキリスト教勢力の支配下に復帰したのである[16]。

現在の北部カタルーニャ(旧カタルーニャ)に相当するこの地域は,一般にヒスパニア辺境領の名で知られる,フランク王国南部の辺境領域として組織された[17]。辺境地域に強力な在地勢力が形成されることを危惧したフランク王権により,この地域は10前後の小規模な伯領群に分断され,伯にも主にフランク人が任命された[18]。しかし,このような措置にも関わらず,フランク王国からの分離傾向は早い時期から顕著であった。イスラーム勢力に対する防衛の見地から,結局のところ,しばしば1人の人物に複数の伯領が委ねられた[19]。また,826年にはゴート人領主の反乱が生じ,他方でたびたび

---

14) この時点では,カールはまだ皇帝として戴冠されていないため,厳密には「カール大帝」ではなくカロリング朝フランク国王カールであるが,読者の混乱を避けるため,本書では彼の呼称は「カール大帝」で統一する。

15) 足立孝「アラゴン連合王国」,関哲行・立石博高・中塚次郎編『スペイン史1』山川出版社,2008年,198-247頁。また,イスラーム・スペインの歴史の概略について,邦語では佐藤健太郎「イスラーム期のスペイン」,関哲行・立石博高・中塚次郎編『スペイン史1』山川出版社,2008年,70-135頁。特にカタルーニャのイスラーム勢力については,M. Barceló (ed.), *Musulmans i Catalunya*, Barcelona, 1999.

16) ジンマーマン『カタルーニャの歴史と文化』,20-21頁。

17) このヒスパニア辺境領 *Marca Hispanica* という呼称は,実際には宮廷で編纂された年代記や事蹟録に登場するのみであり,現地では使用されていなかったようである。足立「アラゴン連合王国」,199-200頁。ここでは,9世紀から10世紀にかけての,後に旧カタルーニャと呼称されることになる地域を指す言葉として便宜的に使用する。

18) この時期のスペイン辺境領を扱った研究として,邦語では,佐藤彰一「8・9世紀セプティマニア・スペイン辺境領のヒスパニア人をめぐる国制・社会状況1」,『愛知大学法経論集(法律篇)』92号,1980年,1-35頁。同「8・9世紀セプティマニア・スペイン辺境領のヒスパニア人をめぐる国制・社会状況2」,『愛知大学法経論集(法律篇)』94号,1980年,45-79頁。

19) Aventín & Salrach, *Història medieval de Catalunya*, p. 28. また,この時期のカタルーニャの地図としては,第4章132頁の地図9を参照されたい。

イスラーム勢力の進攻を受けるなど，この地域では不安定な状態が続いていた[20]。さらに，ルートヴィヒ敬虔帝（在位814-840年）の治世後半からは，王位・領土の継承問題でカロリング王家の内紛が頻発し，フランク王権の関心はこの地域から後退していく。フランク人の伯たちも，王家の内紛に乗じてたびたび王に反抗を示した。このような状況から，西フランク王国のシャルル禿頭王は，反乱や裏切りの絶えないフランク人貴族にかわり，870年代に西ゴート系の在地貴族であるギフレ1世（バルセロナ伯として在位878-897年）に，バルセロナ・ウルジェイ・バザルー・サルダーニャ・ジローナ・ウゾーナ（ビック）という辺境領の6つの主要伯領を委ねている。ギフレの父は，フランク人貴族への伯領の委託を嫌ったシャルル禿頭王のもとで，844年から848年にかけてやはりカタルーニャとセプティマニアの主要伯領の伯を務めていた，西ゴート系のカルカッソンヌ伯の子とされるスニフレッドである。スニフレッドは王に忠実であったが，反乱を起こしたフランク人貴族により殺害されており，この父の事績もギフレの登用に影響していたのであろう[21]。

この後，ヒスパニア辺境領の主要伯領は，西フランク王権の影響力が低下する中で，ギフレの子孫によって世襲的に支配された[22]。分割相続の慣行が強かったため，これらの伯領はしばしば相続の際に分配の対象とされたが，バルセロナ・ジローナ・ウゾーナの3伯領は，ギフレの子スニェール（在位911-947年），その子ブレイ2世（在位966-992年），その子ラモン・ブレイ（在位992-1017年）と，彼の直系の子孫によって分割されずに相続された[23]。9世紀以降，ヒスパニア辺境領の主要部分はバルセロナ・ジローナ・ウゾー

---

20) カタルーニャ周辺のナバラやアラゴンも，9世紀前半中に在地勢力の主導下でフランク王国から急速に遠ざかっていった。足立「アラゴン連合王国」，199頁。これらの地域のこの時期の状況については，D. W. ローマックス（林邦夫訳）『レコンキスタ——中世スペインの国土回復運動——』刀水書房，1996年，44-49頁。
21) Aventín & Salrach, *Història medieval de Catalunya*, p. 33. また，アンプリアス伯家など，スペイン辺境領内の他の伯家もしばしばスニフレッド＝ギフレ家門と血縁関係を有していた。
22) 9世紀後半から10世紀末にかけてのカタルーニャの諸伯については，R. d'Abadal, *Els Primers Comtes Catalans*, Barcelona, 1958.

ナ伯(以下,バルセロナ伯と表記する)と,その分家の諸伯によって支配される地域となったのである。バルセロナ伯家などカタルーニャの有力者は,10世紀以降,衰退したカロリング朝にかわってローマ教会や神聖ローマ皇帝,後ウマイヤ朝カリフに権利の承認や保護を求めるなど,独自の外交を展開する存在となっていく。

　ギフレの子孫である諸伯はフランク王権の弱体化にも関わらず同王権への忠誠を示し続けていたが,10世紀末にはそれも終息する。985年の後ウマイヤ朝の攻撃によるバルセロナ陥落がその契機とされる。この際,バルセロナ伯は西フランク王に救援を求めたが,カロリング家とカペー家の間の王位継承問題で揺れていた西フランク王権からは支援を得られず,結局バルセロナはイスラーム側に攻略された。この攻撃は恒久的征服を目的としたものではなく,後ウマイヤ朝軍はほどなく撤退し,バルセロナも比較的速やかに復興したが,以降バルセロナ伯と西フランク王権(フランス王権)の関係は途絶えている[24]。このように,フランク王国の征服後,わずか70年程でヒスパニア辺境領の支配は西ゴート系家系に委ねられ,その約100年後には,同地域はフランク王権と政治的に分離した存在となっていたのである。

　この支配期間の短さと,またフランク王国がヒスパニアの法や慣習を尊重したこともあって,この地域の社会にはローマ・西ゴート時代の要素が色濃く引き継がれていた。この地域は先述したようにローマのヒスパニア経営の中心であり,その後もローマ文化の影響を強く受けた西ゴート王国の支配下に置かれていた。このため,ローマ=西ゴート的伝統を濃厚に保ち,その点でレオンやアラゴンといったイベリア半島北部の多くの地域と共通する要素を有していた。住民はゴート人としての自意識を持ち,裁判は西ゴート法典に基づいて伯が主宰し,審判人 iudex が審判を行う,公的な法廷で行われた。主要な都市は司教座都市であり,そこでは司教が伯の下僚である副伯や

---

23) 897年から911年にかけては,ギフレの子でスニェールの兄であるギフレ2世(ブレイ1世)がバルセロナ伯となっていた。また,947年から966年にかけてはスニェールの子でブレイ2世の兄であるミロが共同統治を行っていた。

24) Aventin & Salrach, *Història medieval de Catalunya*, pp. 35-36.

ウィカリウスとともに行政上の役割を担った。伯は国庫領からの収入を下僚への報酬や行政上の経費に充てていた。これらの点は，ローマや西ゴートの支配や文化が浸透しなかったアストゥリアスやナバラなどの地域と異なる点であった。カタルーニャの初期中世史家であるサルラクは，この時期のカタルーニャを「フランク的というより西ゴート的 més visigoda que carolíngia」と評している[25]。

　このような体制は，広範に存在した自由農民によって支えられていた。西ゴート時代には，しばしば有力者が大所領を形成する傾向が見られたが，イスラーム勢力の征服後，多くの農民が平野部の農地を放棄し，ピレネー山地に流入したため，この状況は変化した。その後，ピレネー山地で養える人口には限界があったため，キリスト教徒住民は9世紀末頃から再び山を降り，バルセロナ伯家の指導や保護のもとで，イスラーム進入時に彼らの父祖が放棄し，無人と化していた地域に入植を進めた。この際，30年間土地を占有すればそれを自有地とすることができるという，西ゴートに由来するアプリジオ aprisio の制度に基づいて開拓が行われたため，自由農民が増加した[26]。この結果，バルセロナ伯家は，軍役や裁判参加，納税を義務づけられた自由農民層を基盤に，11世紀初頭まで公権力的性格を保持することができた[27]。この状況は，序章で述べた同時期のアストゥリアス・レオン王国のそれに類似していると言える。

　また，文化面でもローマ期に由来する伝統が継続している。例えば，伝来する史料の量や類型も，この地域とフランク王国の他の地域との違いを示している。この地域ではローマ時代以来の文書主義が根強く残り，西欧でもこの時期としては異例なほどの証書史料が残されている。その一方，年代記などの叙述史料はほとんど残されていない[28]。

---

25) ジンマーマン『カタルーニャの歴史と文化』，21-22頁。Aventín & Salrach, *Història medieval de Catalunya*, pp. 13-50.
26) この制度に関する近年の研究としては，X. Gillard, *Hispani et Aprisionnaires dans l'empire Carolingien (VIIIe-Xe siècles)*, Université Toulouse-Le Mirail, 2008.
27) Aventín & Salrach, *Història medieval de Catalunya*, pp. 38-39.

他方，短期間であったとはいえ，カロリング朝の支配はこの地域に，イベリア半島の他の地域と異なる影響を与えた。この時期にカロリング小文字や教会のフランク典礼が採用され，この地域の証書には12世紀後半に至るまでフランス王の在位年が記されている[29]。またこの頃，カタルーニャと南フランスの聖俗諸侯やローマ教会との結びつきが強化された。カタルーニャを管轄する大司教座があったタラゴーナがイスラーム勢力の支配下にとどまっていたため，カロリング朝支配下ではカタルーニャの諸司教座はナルボンヌ大司教座管区に編入されていた[30]。この状況は，タラゴーナ大司教座がキリスト教勢力の支配下に回復される12世紀初頭まで継続した。さらに，カール大帝期からシャルル禿頭王期にかけて，かつて「ヒスパニア辺境領」であったゴティア（低ラングドック）とカタルーニャは行政的に結びついていた[31]。これらの理由により，カタルーニャと南フランスの有力貴族や教会は相互に接触を維持していた。歴代の伯はリポイやクシャなどの修道院を築き，入植活動や文化的活動の拠点としたが，これらの修道院はイベリア半島で最も早期にベネディクト戒律を受け入れ，南仏の修道院と交流していた[32]。また歴代のバルセロナ伯の夫人は，主として南フランスの貴族家系の出身であった[33]。分割相続の慣行，証書史料に偏った文書類型，また聖俗諸侯の集会によって重大な問題を審議する慣行など，多くの社会的・文化的伝

---

28) ジンマーマン『カタルーニャの歴史と文化』, 21-22頁。Aventín & Salrach, *Història medieval de Catalunya*, pp. 13-50. また当時のカタルーニャの識字文化については, M. Zimmermann, *Écrire et lire en Catalogne (IXe-XIIe siècle)*, 2 tomes, Madrid, 2003.

29) A. J. Kosto, *Making Agreements in Medieval Catalonia : Power, Order, and the Written Word, 1000-1200*, Cambridge University Press, 2001, pp. 5-6. なお，同じ時期にカスティーリャなどスペインの他の地域ではモサラベ典礼と呼ばれる独自の典礼が行われており，スペインにおけるグレゴリウス改革の争点の一つとなった。

30) Aventín & Salrach, *Història medieval de Catalunya*, pp. 44-47.

31) 西フランク王国のシャルル禿頭王の時代に，ナルボンヌを中心としたゴティアと，バルセロナ伯領を中心としたカタルーニャ地域が分離された。ローマックス『レコンキスタ』, 48頁。

32) A. M. Mundó, "Moissac, Cluny et les mouvements monastiques de l'est des Pyrénées", *Annales du Midi*, 75 (1963), pp. 551-570; J. M^a. Salrach, *Catalunya a la fi del primer millenni*, Vic/Lleida, 2004, pp. 211-257. また，カロリング期のカタルーニャの教会については, Pladevall, *Història de l'Església a Catalunya*, pp. 23-53.

統でも，この地域は南仏に近い伝統を有していた[34]。また，カタルーニャの修道院や司教座は，カロリング王権の衰退後，ローマ教会を新たな保護者と見なし，10世紀頃からカタルーニャの聖職者がしばしばローマ教会を訪れている。このようなカロリング朝の文化的影響，また南仏やローマとの濃密な接触は，同時期のアストゥリアス・レオン王国とは異なる点であった[35]。

このように，カロリング朝の影響下に置かれていた9世紀から10世紀にかけて，カタルーニャはローマ・西ゴート文化を基層に保持しつつカロリング文化を受容し，次第にイベリア半島の他の地域とも，またカロリング朝支配下の他の地域とも異なる，独自の文化的特徴を備えていった。この時期のことをカタルーニャの初期中世史家であるラモン・ダバダルは，地域としてのカタルーニャの原型が形成された時期として「プレ・カタルーニャ」と呼んでいる[36]。

第3節　11世紀までの征服活動の停滞とその政治的・社会的影響

この間，バルセロナ伯家が台頭し，カタルーニャ北部を差配した9世紀末から11世紀初頭にかけて，地中海地域でのイスラーム勢力の強さから，カタルーニャではイスラーム勢力に対するキリスト教側の征服活動は，ほとんど進展しなかった。

イベリア半島征服時，イスラーム教徒はかつてのローマ人と同じく，地中

---

33) カタルーニャ諸伯の婚姻については，M. Aurell, *Les noces des comtes : mariage et pouvoir en Catalogne (785-1213)*, Publication de la Sorbonne, 1995.
34) 紀元1000年前後のカタルーニャ社会については，Salrach, *Catalunya a la fi del primer millenni*.
35) ただし，アルフォンソ2世とカール大帝の宮廷の間には，外交的な結びつきが存在していた。F. コンラ（有田忠郎訳）『レコンキスタの歴史』白水社，2000年，49頁。関哲行「カスティーリャ王国」，関哲行・立石博高・中塚次郎編『スペイン史1』，山川出版社，2008年，140頁。
36) なお，ダバダル自身は西ゴートよりもカロリングの文化的影響を強調する傾向にあった。このこともあって，同時期に対して Catalunya carolingia「カロリング期のカタルーニャ」という呼称も使用されていたが，近年ではサルラクらがローマ＝西ゴートの影響の強さも改めて確認し，プレ・カタルーニャという呼称を使用している。Aventín & Salrach, *Història medieval de Catalunya*, p. 13.

海性気候地帯や都市的生活が栄えている地域に好んで定着した[37]。イベリア半島の主要部分を征服した後，彼らが地中海地方と気候の異なる半島北西部に残存した抵抗勢力を放置し，ラングドックやプロヴァンス方面へ転進した事実は，彼らの地中海沿岸部への進出意欲をよく示している。特にアラブ人はグアダルキビル河流域と並び，エブロ河流域や半島東部の海岸地帯を占拠した[38]。この事実は，後の時代に，地中海沿岸部でのキリスト教勢力の進出を困難なものにした。フランク王国のカール大帝やルイ敬虔帝は，9世紀初め，タラゴーナやトゥルトーザをイスラーム勢力から征服しようとして失敗している[39]。その後，バルセロナ伯が主導したキリスト教徒住民の入植活動も，キリスト教支配圏内部の，イスラーム勢力による進攻の際に放棄されていた荒蕪地を対象としたものであった。結局，9世紀初頭のスペイン辺境領の形成後，キリスト教側の支配圏は，12世紀初頭までの300年間，ほとんど南下していないのである[40]。先述のように，10世紀末にはバルセロナが後ウマイヤ朝の軍によって襲撃され，破壊されるなど，この地域ではキリスト教勢力がむしろ軍事的に劣勢に立っていた[41]。

逆に，バルセロナなどの都市はイスラーム勢力との境界にある状況を活かして彼らと交易活動を行っていた。この地域では早い時期からの経済の活性化と，都市の存続が確認されるのである[42]。交易活動や，またイスラーム勢

---

37) 中世カスティーリャ史研究者のミンゲスは，ローマ化が進展した地域とイスラーム勢力の定住した地域が，結果として重なっていることを指摘している。J. Mª. Mínguez, *La España de los siglos VI al XIII : Guerra, expansión y transformaciones*, San Sebastián, 1994, pp. 83-87.

38) コンラ『レコンキスタの歴史』，25頁。なお，同じイスラーム軍の中でも，アフリカ北西部のベルベル人は，アラブ人に比べ，内陸部や北部など，気候や地形が地中海沿岸部と異なる，彼らにとって好ましくない入植地を分配される傾向があり，彼らが早期にアフリカに帰還する事例も見られた。ローマックス『レコンキスタ』，24-25頁。

39) ジンマーマン『カタルーニャの歴史と文化』，20-21頁。

40) Kosto, *Making Agreements*, p. 7 ; M. Zimmermann, "Le role de la Frontiere dans la formation de la Catalogne (IX-XIIe siècle)", *Las Sociedades de frontera en la España medieval*, Zaragoza, 1993, pp. 7-29.

41) M. Zimmermann, "La presa de Barcelona per Al-Mansur i el naixement de la historiografia catalana", *En els orígens de Catalunya : Emancipació política i afirmació cultural*, Barcelona, 1989, pp. 71-96.

力からときに安全保障料として払われたパーリア Parias によりイスラーム貨幣が流入し，カタルーニャでは10世紀頃から，当時の西欧では例外的に多くの貴金属貨幣が流通していたことがわかっている[43]。

　この状況は，同時期のアストゥリアス・レオン王国とは大きく異なっていた。イベリア半島北西部は，イスラーム勢力の存在が希薄であり，同王国は8世紀初頭の建国後，早い時期から南下を推進することができた。8世紀後半から9世紀初頭にかけ，イスラーム勢力がイベリア半島北東部でのカロリング朝との戦争に気を取られたことも，彼らの拡大に有利に働いた。また，イベリア半島北西部はもともとローマ時代や西ゴート時代にも都市が少なかった上，イスラーム進攻後には都市住民もキリスト教支配圏のアストゥリアス地方へ流入したため，ほとんどの都市が都市的活動を停止している[44]。この地域の主要都市は，カタルーニャの主要都市のようにローマ以来の伝統を持ち，経済的要因から自生的に発展したものではなく，中世盛期以降に王権が征服地に軍事上・行政上の拠点として建設したものが多いのである[45]。この結果，アストゥリアス・レオン王国やその後身であるカスティーリャ王国の都市は，中世を通じて王権に対してより従属的，ないし協力的な性格を

---

42) J. Vicens Vives, *An Economic History of Spain*, 1969, Princeton University Press, pp. 138-152. スペイン語原著は1955年刊行。P. Bonnassie, *La Catalogne du milieu du Xe à la fin du XIe siècle, croissance et mutation d'une société*, 2 vols., Université de Toulouse-Le Mirail, 1975-1976, pp. 363-434. この時期の経済発展とその影響については，J. Mª. Salrach, *Història de Catalunya*, vol. 2 : *El procés de feudalització (segles III-XII)*, Barcelona, 1987, pp. 253-288. イスラーム・スペインにおける交易活動については，O. R. Constable, *Trade and traders in Muslim Spain : The commercial realignment of the Iberian peninsula, 900-1500*, Cambridge University Press, 1994.
43) 交易に加え，イスラーム勢力に対する傭兵の提供，身代金の要求，海賊行為などもイスラーム側からの貴金属の獲得に貢献した。Kosto, *Making Agreements*, p. 8.
44) アルフォンソ1世（在位739-757年）など8世紀頃のアストゥリアス王は，イスラーム勢力との緩衝地帯を築く意味もあって，ドゥエロ河流域のキリスト教徒住民をアストゥリアス地方などより北方に移住させる政策を取った。このため，カンタブリア山脈からタホ河にかけての多くの地域では，キリスト教徒が再度進出するまで人口が希薄となった。ローマックス『レコンキスタ』，37-39頁。
45) レオン，ブルゴス，サラマンカなどには，ローマ時代にすでに都市的集落が建設・形成されていた。しかしこれらの都市は，イスラーム勢力による進攻後，放棄され，後の時代にレオン王やカスティーリャ王などによって再建された。

保持していた。このように，アストゥリアス・レオン王国とカタルーニャでは，すでに初期中世から顕著な性格の差が生じつつあった。

　上記のような，中世初期の征服活動におけるアストゥリアス・レオン王国やその後身のカスティーリャ王国とバルセロナ伯領の相違は，政治的にも大きな影響を与えた。第一に，君主の権威への影響である。アストゥリアス王権は，イスラーム勢力に対する勢力拡大を指導する過程でその権威を強化することが可能であった。イスラーム勢力に対する戦闘は，当初こそ外部勢力に対する山地民の素朴な民族的反抗から始まったとされるが，アストゥリアス王アルフォンソ2世の治世 (791-842年) には，イスラーム勢力支配地から流入してきたモサラベ（イスラーム教徒の支配下にあったキリスト教徒）の影響を受け，西ゴート王権の後継者としての理念が主張されるようになっている[46]。これに対し，バルセロナ伯領では伯が征服活動を指揮し，それによって権威の正当化を図る動きは乏しかった[47]。むしろ伯がイスラーム勢力との交易による利益を享受する面も存在した[48]。この間，バルセロナ伯のウィカリウスなど，カタルーニャの有力者の中には独自に国境付近の土地を占有し，開拓して所領を形成する者も現れた。現在，新旧カタルーニャの境界に位置する集落の多くが，この時期に建設された城砦にその起源を持っている[49]。このようなイスラーム勢力圏へ向けた独自の進出の動きは，結果として伯の権威に対して自立的な貴族層を形成することにつながった。また，バルセロナ伯自身が，奉仕への代償や経済的開発のため，国境付近の土地の開発を有力者に委ねることもあった。このような行動も，領主貴族層の形成

---

46) ローマックス『レコンキスタ』，40-43頁。杉谷綾子「アストゥーリアス王国における「守護聖者」ヤコブの登場」，『スペイン史研究』5号，1989年，1-13頁。

47) ただし，国境付近での小競り合いなど，イスラーム勢力との戦闘活動は存在した。ギフレ1世も，イスラーム勢力との戦闘に際して戦死している。Aventín & Salrach, *História medieval de Catalunya*, p. 33.

48) バルセロナ自治大学のホセ＝エンリケ・ルイス＝ドメネクは，イスラームへの戦闘を指揮しようとしなかったこの姿勢が，伯の権威を低下させた重要な要因であると指摘している。J. E. Ruiz Domenec, *España, una nueva historia*, Barcelona, 2010.

49) Bonnassie, *La Catalogne*, pp. 99-130.

を促進した[50]。

　第二に，裁判権や経済的権利，軍事的な動員能力といった君主の権限への影響である。アストゥリアス・レオン王国やカスティーリャでは，領主も王権が指揮する征服や植民の活動の中で形成されており，国王はその所領に対し，裁判面で介入する権利を有していた。また恒常的に南下する辺境地帯において，王権の支柱となる自由農民層や国王都市，征服活動を支える民衆騎士層も並行して形成され，存続することができた[51]。

　これに対しカタルーニャでは，イスラーム勢力に対する征服に先立って領主貴族層の形成が進行した。自由な開墾・耕作活動は，当初，自由農民層の形成を可能にしたが，反面，この自由な活動が貧富の差の拡大を可能にし，時代が下るにつれ，教会組織や伯の下僚などの有力者が他者の土地を獲得し，大規模所領を形成する動きが現れてきたのである。トゥールーズ大学のピエール・ボナシィは，カタルーニャ北西部のウルジェイ司教区における教会建設件数からもこの傾向を論証している[52]。彼によれば，9世紀には，この司教区で記録された10件の教会建設のうち，9件が村落共同体によるものであった。しかし10世紀前半になると，村落共同体による建設の割合は，18件中6件に低下する。10世紀後半には10件中1件となる。教会の建設は共同体ではなく，有力家系や修道院などの領主によって行われるようになっているのである。さらにこの地域では人口や農業生産の増加と並び，貨幣経

---

50) M. Zimmermann, "Naissance d'une principauté : Barcelona et les autres comtés Catalans aux alentours de l'an mil", *Catalunya i França meridional a l'entorn de l'any mil*, Barcelona, 1991, pp. 11-135.

51) 特にカスティーリャ地方では，多くの自由農民が継続的に存在した。関「カスティーリャ王国」，147-148頁。ローマックス『レコンキスタ』，136-138，147-152頁。またカスティーリャでは，自由農民が自ら保護者となる貴族を選択して従属する，ベエトゥリーア behetria という制度が存在しており，貴族による支配も過酷なものとはなりにくかった。山田信彦『スペイン法の歴史』彩流社，1992年，80頁。この制度についての近年の研究として，C. Jular Pérez-Alfaro & C. Estepa Diaz, (eds.), *Land, Power, and Society in Medieval Castile : A Study of Behetría Lordship*, Brepols, 2009.

52) P. Bonnassie & P. Guichard, "Rural communities in Catalonia and Valencia (from the ninth to the mid-fourteenth centuries)", *Les communautés villageoises en Europe occidentale du Moyen Age aux Temps modernes*, Auch, 1984, pp. 79-115.

済の活発化が土地の集積や身分の分化を加速した。またイェール大学のポール・フリードマンは，個々の農民を保護しうる古くからの村落共同体が存在しなかったことも，自由農民層の解体や没落を容易にしたと主張している[53]。無論，自由農民の自有地と大規模所領の並存は可能であったが，時期が下るにつれ，自由農民の所有地の割合は減少する傾向にあった[54]。また，イスラーム勢力との戦闘が恒常的でなかったカタルーニャでは，自由農民が武装して戦闘員となる慣行も次第に薄れていき，結果として，貴族と農民の断絶はより明確なものとなり，伯の軍事的基盤も相対的に弱いものとなっていった。

このようにカタルーニャでは，領主貴族層は伯の征服活動と無関係にカタルーニャ内部の経済的・社会的要因から，それまでの伯権力の基盤であった自由農民層を分解しつつ形成されたのである[55]。イスラーム勢力に対する略奪や征服がほとんど行われなかったため，これらの貴族の経済的欲求は，キリスト教社会内部での支配と収奪へ向かうこととなった。貴族層は他の貴族や教会と土地を巡って争う一方，伯から委ねられた，副伯やウィカリウスといった職務に付随する公的権限を私物化し，さらに農民に対する領主的支配を強化していった[56]。領主貴族の形成自体はカスティーリャでも生じた現象であったが，カタルーニャではカスティーリャと異なり，伯権力や農民層を犠牲としつつ貴族権力の伸長が見られたのである。

---

53) フリードマンによるカタルーニャの農民隷属についての研究として，P. H. Freedman, "The enserfment process in medieval Catalonia: evidence from ecclesiastical sources", *Viator*, 13 (1982), pp. 225-244 ; Id., *The Origins of Peasant Servitude in Medieval Catalonia*, Cambridge University Press, 1991.

54) このようなカタルーニャ内部での農村の変化を分析したものとして，Bonnassie & Guichard, "Rural communities in Catalonia and Valencia", pp. 79-115.

55) 30年間占有した土地を自有地とできるアプリージオは，自由農層だけでなく，並行して大土地所有者も形成される結果をもたらした。なお，同様の制度は，カスティーリャやレオンでは presura プレスーラと呼ばれる。Aventín & Salrach, *Història medieval de Catalunya*, pp. 36-39.

56) Aventín & Salrach, *Història medieval de Catalunya*, pp. 76-79. ただし，農民の隷属化の度合いは領主によって，また教会の「神の平和」による保護などによって差違があった。Freedman, "The enserfment process in medieval Catalonia", pp. 225-244, 特に pp. 234-235 ; Bonnassie & Guichard, "Rural communities in Catalonia and Valencia", pp. 79-115.

このようなバルセロナ伯の権威の弱さや，また国境付近を中心とした，伯権力に対して自立的な領主層の形成といった社会変動は，不可避的に新たな政治的・社会的秩序の形成を求めるものであった。中世盛期以降のカタルーニャ社会を規定する新たな政治的・社会的秩序の原型は，11世紀半ばのバルセロナ伯に対する大規模な領主貴族の反乱と，それに続く封建的主従制度の普及を通じて形成されていった。

第4節 バルセロナ伯領における封建化とその特徴

10世紀末，バルセロナ伯領を巡る政治的状況は大きく変化した。当時，後ウマイヤ朝の宰相マンスールは，自己の指導力や権力基盤を強化するため，たびたび北方のキリスト教諸国に遠征する政策を取っており，985年にはバルセロナ伯領へ侵攻した。バルセロナ伯ブレイ2世（在位947-992年）は，西フランク王権に助けを求めたが，当時はカロリング家とカペー家が王位を巡って争う状況にあり，支援を得ることができなかった。このためバルセロナは一時マンスールの手に落ち，略奪と破壊を受けた。この頃までバルセロナ伯家は西フランク王権を尊重する姿勢を見せていたが，この985年を境に，バルセロナ復興を指導したブレイ2世とその後継者たちは，上位権力を持たない独立の君主のように振る舞うようになる。

また，続くバルセロナ伯ラモン・ブレイ（在位992-1017年）の時代には，後ウマイヤ朝で政治的内紛が生じ，イスラーム勢力が分裂する中で，イベリア半島のキリスト教勢力とイスラーム勢力との力関係が逆転する。ラモン・ブレイは，カリフの位を争う一方の派閥から援軍の要請を受け，軍を率いてコルドバに遠征し，莫大な戦利品とイスラーム勢力からの貢納金を得たことが知られている。

このように，バルセロナ伯家は独立の君主として権威を高めつつあったが，ラモン・ブレイが死亡し，息子のバランゲー・ラモン1世（在位1018-1035年）が幼くして伯となると，状況は一変する。彼は成人後ほどなく，政治的指導力を発揮できないまま死亡し，その息子のラモン・バランゲー1世（在位1035-1076年）が後を継いだため，11世紀前半のバルセロナ伯領では

幼年の君主が続くこととなった。この間，バルセロナ伯による統制が弱体化すると，イスラームと接する辺境地域を中心に台頭しつつあった，伯権力に対して自立的な領主層は，土地や権益を巡って相互に，また自由農民層や教会とも争い，社会の混乱を招いた。イスラーム勢力に対する征服や略奪が中断し，経済的利益を獲得する手段が制約されていたことも，この動きを促進した。成人したラモン・バランゲー1世はこれらの混乱の収拾と伯権力の再建に乗り出したが，これはかえって既得権益を確保しようとする領主貴族層の反発を呼び，11世紀半ばにはバルセロナ伯に対する大規模な領主反乱が生じるに至った。

　ラモン・バランゲー1世は，イスラーム勢力からの安全保障料であるパーリアなどを財源としてこれらの領主貴族から城を買い取り，また彼らの既得権益に一定の承認を与える代わりに誠実宣誓や伯への奉仕などを義務づけ，領内の安定の回復を図った[57]。このような過程で，11世紀のカタルーニャでは社会の封建化と再編が進行したのである。

　この結果，バルセロナ伯領では封建的主従関係が普及し，領内の統一が一応回復された。とはいえ，社会の封建化は，一面では社会を個人的紐帯のネットワークで結ぶことで領域統合を進めるものであったが，他方で権力の分節化，分権化につながる側面も有していた。カタルーニャ人研究者は，伝統的に前者の側面を重視し，バルセロナ伯による領域統合の過程と捉える傾向が強かった。日本でもかつては「カタルーニャはフランク王国の支配下に置かれていたためイベリア半島では例外的に封建制度が導入され，領内の統一が進んだ」といった図式的なまとめ方がされることが多かった。しかし，

---

57) 11世紀におけるカタルーニャの封建化進展や領主反乱については，Bonnassie, *La Catalogne*. カタルーニャの封建的社会変動に関するボナシィの学説は，社会変動全体の時期をより前後に長く取るなどの修正は受けたものの，基本的に受け入れられている。ボナシィ学説の修正過程については，コストがカタルーニャにおける封建的約定の分析を行ったその著作の中で，簡潔に研究史をまとめている。Kosto, *Making Agreements*, pp. 1-12. またボナシィ自身も，その後，より長い期間での変化を想定するようになっている。Bonnassie & Guichard, "Rural communities in Catalonia and Valencia", pp. 79-115.

実際にはカタルーニャの封建的主従制度では後者，すなわち分権化につながる側面が強かったことが，1980年代以降ハーヴァード大学のトマス・ビッソンなどの研究者によって指摘されている。上述のようにイスラームに対する征服活動に先行して封建化が進んだことが，君主に対する領主貴族の力を強化した要因であったが，ビッソンはこれに加え，カタルーニャにおけるローマに由来する地域的伝統の影響をも重視している。

　ビッソンらが指摘したカタルーニャの封建的主従制度の特徴は，以下のようなものである。第一に，この地域では，封の授受において，それが人格的な従属を伴うという意識が希薄であった。まず，カタルーニャではローマ以来の，奉仕に対して国庫から支払いを——ときに国庫領の貸与という形で——受けるという観念が強かったため，封臣が与えられる封も長い間，単なる奉仕に対する給付と見なされていた。カタルーニャでは封の授受は誠実宣誓や臣従礼に先行して行われており，その点からも，従属というより単に報酬の給付という性格が強かったことがわかる[58]。さらに誠実宣誓自体も，この地域では，臣従というよりも単なる友愛関係の表現という側面があった[59]。ときに誠実宣誓が，親子や兄弟，祖父と孫といった家族間で提示され，また二者間で相互に提示されていることも，このことをよく示している[60]。結果として，封建的な契約が他の個人間の契約に比べ，特に強力な効力を持つことも無かったのである[61]。

　第二に，この地域の封建制の特徴として，封が自有地と混同されていく傾

---

58) Th. N. Bisson, "Feudalisme in Twelfth-Century Catalonia", *Structures Féodales et Féodalisme dans l'Occident Méditerranéen (Xe-XIIIe Siècles)*, Rome, 1980, pp. 173-192.
59) この点に関しては，ガスコーニュやトゥールーズ地方でも同様の傾向が指摘されている。B. Cursente, "Entre parenté et fidélité : les «amis» dans la Gascogne des XIe et XIIe siècles", *Les sociétés méridionales à l'âge féodal (Espagne, Italie et sud de la France Xe-XIIIe s.)*, Université de Toulouse-Le Mirail, 1999, pp. 285-292 ; L. Macé, "Amour et fidélité : le comte de Toulouse et ses homes (XIIe-XIIIe siècles)", *Les sociétés méridionales à l'âge féodal (Espagne, Italie et sud de la France Xe-XIIIe s.)*, Université de Toulouse-Le Mirail, 1999, pp. 299-304. 南仏の封建的主従制度については，H. Débax, *La féodalite languedocienne XIe-XIIe siècles : Serments, hommages et fiefs dans le Languedoc des Trencavel*, Presses Universitaires du Mirail, 2003.

向が存在した。バルセロナ伯が領主貴族を城守にし，特定の城の差配を委ねた際にも，時の経過とともに，次第に城が城守の自有地のごとく見なされていくことが多かった。一つには，11 世紀を通じ，城自体は封ではなく伯の自有地と認識されていたため，領主は城に関しては理論上伯の封臣ではなく，単に所領の管理者であったに過ぎなかった[62]。このため，伯の城を預かる城守にも，伯に対する臣従の意識は強調されなかったのである。その上，城を預けられたこれらの城守は，往々にして城の元の所有者であった。バルセロナ伯は，領主から城を買い取った後も，その売り手の領主に開城義務などを課しただけで，そのまま城の差配を委ねることが多かったのである。城の数が膨大であったこともあり，各々の城が理論上はバルセロナ伯に属するものであることも忘れられがちであった。結局，ラモン・バランゲー 1 世が買い取って封臣に委ねた城も，数世代後には，封臣の自有地と見なされる傾向が存在した。さらに，領主は誠実宣誓や開城義務の代わりに，封と自有地をあわせた所領内での裁判権を確保していた。この事実も，疑いなく封と自有地の混同を促進したであろう。

　また，ラモン・バランゲー 1 世の死後，バルセロナ伯家で内紛が生じ，結局幼少の君主が立つなど，20 年以上混乱が続いたことも，この傾向を加速させたと考えられる。ラモン・バランゲー 1 世の息子たち，双子と伝えられ

---

60) 例として，1050 年代末にウルジェイ司教が兄であるサルダーニャ伯に誠実宣誓を行っている。*RBII-RBIV*, doc. 46. また，1060 年代にバサルー伯は妻に誠実宣誓を行い，12 世紀初頭，アルナウなる人物は孫であるルセリョ伯に誠実宣誓を行っている。*RBII-RBIV*, doc. 48, 456. 1077 年，ウルジェイ伯と下パリャールス伯は相互に誠実宣誓を行っている。*RBII-RBIV*, doc. 76.

61) なお，この地域で臣従礼 homagium という言葉の使用が一般化するのは 12 世紀半ば以降であり，封建的主従関係が普及するラモン・バランゲー 1 世の時代には，具体的な奉仕内容を記した「（封建的）約定 convenientia」と，臣下から君主への「誠実宣誓」の 2 通の文書が一対で作成されていた。12 世紀以降，次第に約定文書が誠実宣誓文書に吸収され，両者が一体化してより明確な臣従礼を記した文書が作成されるようになるが，そこでは一般的な誠実義務などが記されるのみで，具体的な奉仕義務の内容は明記されないようになっていった。Zimmermann, *Écrire et lire en Catalogne* (IXe-XIIe siècle), pp. 38-60.

62) ビッソンは，城に付属する支配領域が封であり，城自体は伯の自有地であったとしている。Bisson, "Feudalisme in Twelfth-Century Catalonia", pp. 173-192.

るラモン・バランゲー2世（在位1076-1082年）とバランゲー・ラモン2世（在位1082-1097年）の治世には，両者の抗争によってバルセロナ伯領内部が2つの党派に分かれて内戦が展開された。前者が（おそらくは後者によって）殺害された後も抗争は続き，前者の息子ラモン・バランゲー3世（在位1097-1131年）が伯となるまで，バルセロナ伯領の政情は不安定であった[63]。さらに，ラモン・バランゲー3世や同4世（在位1131-1162年）は，イスラーム勢力支配下にあったカタルーニャ南部の征服や植民に忙殺され，結果として従来の支配地において領主貴族の権力伸長を放置することとなった。バルセロナ伯アルフォンス1世（在位1162-1196年）の治世にようやく，伯と領主層の封建的主従関係や土地の権利を明確にするため，伯の命で聖俗諸侯との封建的約定や誠実宣誓文書を編纂した『封土大典』が編纂されているが，換言すれば，ラモン・バランゲー1世の死から約1世紀の間，領主貴族による封と自有地の混同傾向が看過されていたのである[64]。

　第三に，カタルーニャの封建的主従制度にあっては，バルセロナ伯が封建的システムを活用した統治制度を構築する，換言すれば，封建的主従制度の中で自己を特別な封主としていくという姿勢に乏しかった。また，北方ヨーロッパの場合と異なり，封臣は伯に対して誠実宣誓や敵対行為を取らない義務，開城の義務を持つだけで，軍事的奉仕義務などは必ずしも存在しなかった[65]。伯が領主貴族に軍役義務などを課す場合には，個別に封建的約定が作成されたが，これは言ってみれば単なる個人間の契約に過ぎず，必要に応じ報酬などの対価も記されていた。先述したように，バルセロナ伯が封臣の所領内の裁判に介入することも基本的になかった。このようにバルセロナ伯は，伯領内の封建的主従制度の中で一応は序列のトップにあるものの，ただ

---

63) ラモン・ブレイからラモン・バランゲー3世までのバルセロナ伯の治世については，S. Sobrequés Vidal, *Els Grans Comtes de Barcelona*, Barcelona, 1961.
64) 『封土大典 *Liber Feudorum Maior*』は20世紀に入ってから公刊されている。*LFM*. 12世紀半ば頃からの，バルセロナ伯による自己の権利を確認し，確保する動きについては，*FAC* を参照。
65) Th. N. Bisson, "The Rise of Catalonia : Identity, Power and Ideology in a Twelfth-Century Society", *Annales : Economies, Sociétés, Civilisations*, 39 (1984), pp. 454-479. 一つにはローマ文化に基づく私有財産尊重の伝統も，この一因と考えられる。

それだけで，特別な権利を有してはいなかったのである。また，13世紀にバルセロナ伯ジャウマ1世が都市タラゴーナについてタラゴーナ大司教に臣従礼を取るなど，伯が領内の他者に臣従礼を取る事例も存在した[66]。この点は，例えば，国王を特権的な最高封主とする概念が発展した12世紀のフランスなどと，大きく異なる点であった[67]。

　ビッソンはこの状況を，バルセロナ伯が，封建的君主——私人間の個人的紐帯の集積による支配者——としてではなく，ローマ期以来の伝統に基づき，公権力としての支配を望んでいたためであると説明している。彼は，伯が公権力としての統治を目指したことの傍証として，この地域で12世紀半ば以降「神の平和と休戦」会議がしばしばバルセロナ伯のもとで開催され，政治的に利用されていることを挙げている。ここには，公権力としての権威を強化するため，聖俗有力者の会議を主宰し，その合議に基づいて統治するという，伝統的な統治スタイルに則ろうとするバルセロナ伯の意図が表れているというのである。伯領全体に関わらない個別の事案についても，当該地域の聖俗の有力者の集会によって審議されるという，従来の慣行が維持された。しかしこのような統治方法は，結局は政治的主導権の形成や裁判権の一元化を阻害し，君主自身の権力や権威を限定的にするものであった[68]。ビッソンは西欧全体の封建変動（社会の封建化プロセス）を俯瞰した上で，カタルーニャや南仏のような，合議に頼った統治から脱却できず，強力な世俗君主による支配が成立しなかった地域を「世俗権力がカロリングの試練に耐えられなかったところ where lay powers had failed the Carolingian tests」という表現で端的に形容している。

　このような諸要素から，カタルーニャの封建的主従制度には，社会を君主

---

66) *JI*, doc. 55.
67) 当時のフランスにおける封建的主従制度，ないしその理論の発展については，渡辺節夫『フランスの中世社会——王と貴族たちの軌跡——』吉川弘文館，2006年，68-77頁。
68) Th. N. Bisson, "The Organized Peace in Southern France and Catalonia (*c*.1140-*c*.1233)", *American Historical Review*, 82 (1977), pp. 290-311. その他，これらのテーマに関するビッソンの諸論考を収めた著作として，Th. N. Bisson, *Medieval France and her Pyrenean Neighbors*, Hambledon Press, 1989.

第 1 章　征服活動に先行するカタルーニャの歴史的経緯と地域的特徴　　　63

のもとで階層化・序列化し，領域統合を進める面もあったにせよ，むしろ貴族の力を強め，分権化につながる側面が強かったことがわかる。バルセロナ伯領では，バルセロナ伯がイスラーム勢力に対する征服を進めた 12 世紀にあっても——伯が征服活動に対して貴族の協力を必要とし，彼らの行動を黙認せざるをえない状況にあったため——貴族が自己の所領において農民に対する収奪を強化し，むしろその権力を強化していくという状況が存在した。上記のような君主の支配力の限界がその原因であった。

　以上が 12 世紀初め，バルセロナ伯家がイスラーム勢力に対する征服活動を開始する際の政治的・社会的状況であった。この地域では，11 世紀半ばの貴族反乱を経て封建的主従制度が浸透したことにより，バルセロナ伯の貴族に対する一応の宗主権と，伯領内の政治的統一は確保されていた。しかし征服活動の遅れやローマ文化の影響という地域的特徴から，バルセロナ伯はカスティーリャの場合と異なり，領内の貴族に対してフランスなどの北方ヨーロッパ諸国の君主よりむしろ弱い，限定的な権威や動員力しか持っていなかった。またカスティーリャにおけるような，封臣である貴族以外に軍事活動を支える社会階層，すなわち自由農民層やそれを母体とする民衆騎士層が維持され，あるいは新たに形成されていくこともなかった。そしてそのような状況下で，イスラーム勢力に対する征服活動を遂行することが求められたのである。
　他方で，征服活動を遂行する上で有利となりうる条件もないわけではなかった。ローマ教会や南仏との強い地域的結びつきのもとで，11 世紀半ば以降，この地域にはローマ教会や南仏の貴族，また国際的な騎士修道会が進出し，イスラーム勢力との抗争に参画したのである。ローマ教会は 11 世紀半ばに始まるグレゴリウス改革以降，キリスト教世界における権威の強化を図る中で，イベリア半島におけるキリスト教諸国の異教徒——イスラーム勢力——との戦いを称揚し，支援する姿勢を示し始めていた。これを受け，バルセロナ伯ラモン・バランゲー 3 世は当時のローマ教皇パスカリス 2 世に臣従し，征服活動への支援を求めている[69]。また，次代の伯ラモン・バランゲー 4 世は，イスラーム支配地域への遠征に際し，ローマ教皇からその戦闘

を支持する勅書を得ている[70]。

さらに，西欧各地での宗教意識の高まりにより，フランス人諸侯やテンプル騎士修道会などの騎士修道会が，バルセロナ伯領やアラゴン王国など，イベリア半島東部を中心にイスラーム勢力に対する戦闘に参加する動きが現れていた[71]。早くも1064年，現在のアラゴン地方南部に位置する，イスラーム勢力支配下の都市バルバストロの攻略戦に，南仏の諸侯の参加が見られる。また，12世紀初頭に形成されたテンプル騎士修道会や聖ヨハネ修道会は，1130年代にはイベリア半島，特にバルセロナ伯領やアラゴン王国に進出し，この地域において多くの人員や土地財産を得る一方で，現地の君主が率いるレコンキスタに参加したことが知られている。

ただし，これらの要素は，バルセロナ伯領が南仏の紛争に巻き込まれる可能性や，あるいはローマ教会の政策による影響を受ける危険性をも伴っていた。

このような状況下で，バルセロナ伯領では12世紀初頭から，バルセロナ伯の指揮下でのイスラーム勢力に対する征服活動が開始された。上述のように旧領における支配基盤が強固でなかったバルセロナ諸伯は，征服と征服地の植民を通じ，自己の権力の強化を図る機会を得たことが予想される。続く第2章から第4章では，グレゴリウス改革とその後の征服や植民の過程における，政治と宗教の関係——具体的には，バルセロナ伯と司教座群の関係——の変化を分析する。

---

69) *DPI*, doc. 50. また，この時期のローマ教会とバルセロナ伯の関係については，第3章を参照。
70) ラモン・バランゲー4世はトゥルトーザ攻略に際し，ローマ教会を含めた国内外の諸勢力と周到に交渉し，根回しを行っている。Th. N. Bisson, *The medieval crown of Aragon*, Oxford University Press, 1986, p. 32; L. Pagarolas, *La Comanda del Temple de Tortosa: primer període (1148-1213)*, Tortosa, 1984, pp. 53-57; A. Virgili, "Conquesta,colonització i feudalització de Tortosa (segle XII)", *Formació i expansió del feudalisme català*, Girona, 1985-1986, pp. 275-289.
71) 外国人や騎士修道会の，イスラーム勢力との戦闘への参戦については，ローマックス『レコンキスタ』，77-87, 147-152頁。

第2章

グレゴリウス改革期のバルセロナ伯領における統治構造の転換
―― 伯と教会の関係を中心に ――

第1節 問題の所在

「私有教会制は，ヨーロッパのどの国よりも深くカタルーニャで根付いていた」とは，ドイツの歴史家パウル・ケーアの言葉である[1]。むろん，俗人有力者が教会の財産や聖職者人事に容喙(ようかい)し，差配する慣行は，グレゴリウス改革期以前の西ヨーロッパではどこでも見られたものであるが，イベリア半島北東部のこの地域では特に顕著であった。11世紀半ばまでのカタルーニャの司教や修道院長は，バルセロナ伯家をはじめとした諸伯家や諸副伯家の出身者がその多くを占めていた。例えば，ウルジェイ司教座では914年から1075年にかけての6人の司教のうち，少なくとも5人はバルセロナ伯家の始祖であるギフレ1世多毛伯（873-898年）の子孫であった[2]。11世紀前半，バルセロナ伯家の一族であるサルダーニャ伯ギフレ（988-1035年）には5人の息子がいたが，伯位を継いだ息子以外はそれぞれナルボンヌ大司教，ウルジェイ司教，ジローナ司教，エルヌ司教となった[3]。バルセロナ諸伯の遺言においては，司教管区は伯領と同じく世襲財産のように相続の対象とし

---

[1] P. Kehr, *El Papat i el Principat de Catalunya a fins a la unió amb Aragó*: translated by R. D'Abadal i Vinyals, Barcelona, 1931, p. 28. 原著は *Das papsttum und der Katalanische Prinzipat bis zur Vereinigung mit Aragon*, Berlin, 1926. なお，この場合ケーアは「私有教会制」を，教会を私的所有権のもとに置いているという意味ではなく，当該教会の財産や聖職者人事を――あたかも私的所有物であるかのように――意のままに差配しているという意味で使用していると考えられる。

て扱われていた[4]。伯の親族が司教でない場合は，しばしば伯自身が司教となっていた[5]。このように君主権力と教会の結びつきは，カタルーニャにおいて甚だしかった。

　ただし，この状況を単に私有教会制の蔓延という角度からのみ捉えては，当時のカタルーニャ社会の特質を見失うことになる。このような君主権力と教会の結びつきの背景には，教会が世俗権力と協力しつつ政治上の機能も担うというこの地域の統治構造が存在していた。例えば司教座都市であるジローナでは司教の政治的影響力が10世紀から強化され，934年にはバルセロナ伯からジローナ司教に，都市ジローナとジローナ伯領における貨幣税や市場税の3分の1，またユダヤ人からの貢租を徴収する権利が与えられている。これらの司教の権利は，1002年には教皇シルウェステル2世の勅書によって承認されている[6]。また，同じく司教座都市であるビックでは，9世紀から司教が都市内外の城を所有し，裁判権と裁判収入，通行料や市場税の徴収権を有し，イスラーム勢力に対する土地の防衛や入植の実行を担うなど，都市周辺の支配を行っていた。ポール・フリードマンはこれらの司教の権能を，同時代にいわゆる「帝国教会制」が展開されていたドイツのライン地方の司教たちのものに比肩するとしている[7]。このように司教が政治的にも大きな役割を果たすのは，一つにはカロリング朝の――ひいては西ゴート

---

2) P. Linehan, "The Church and Feudalism in the Spanish Kingdoms in the Eleventh and Twelfth Centuries", *The Processes of politics and the rule of law : studies on the Iberian kingdoms and papal Rome in the Middle Ages*, Aldershot, 2002. p. 305. なお，当時のカタルーニャではバルセロナ伯領内にバルセロナ・ジローナ・ビックの3つの司教座が存在し，他の諸伯領にはウルジェイ・エルヌの2つの司教座が存在していた。また，以下，教皇や司教，伯の名前の後に示される括弧内の年代は，それぞれの在任・在位期間を示す。

3) Kehr, *El Papat i el Principat de Catalunya*, p. 31.
4) Kehr, *El Papat i el Principat de Catalunya*, p. 29.
5) Linehan, "The Church and Feudalisme", p. 306.
6) J. Boadas (dir.), *Girona Medieval : La clau del regne*, Girona, 2015, p. 15.
7) P. Freedman, *The Diocese of Vic : tradition and regeneration in Medieval Catalonia*, Rutgers U. P., 1982, p. 3.; Id., "Le pouvoir épiscopal en Catalogne au Xe siècle", *Le Catalogne et la France Méridionale autour de l'an Mil*, Barcelona, 1991, pp. 174-180.

やローマの——政治体制が強く保持された，南フランスからカタルーニャにかけての地域の政治的伝統であった。さらにこの地域では，イスラーム教徒に対する戦闘の存在というイベリア半島固有の状況が，司教に「封建領主のごとく」イスラーム教徒に対する戦闘に参加させ，植民や開拓など世俗領域でも多くの役割を担わせることとなり，君主権力と教会の結びつきを助長していた[8]。修道院についても，当時のカタルーニャの主要な修道院の多くはバルセロナ伯家やその分家によって入植や防衛の拠点としての性質を与えられつつ建設されたものであったため，しばしば諸伯家の家産のごとく見なされ，伯家の子弟が院長となっていた。リチャード゠ウィリアム・サザーンは，分割相続の伝統が強いこの地域では，聖俗の要職を支配家系が掌握し，家系内部で配分することが，家産の細分化を抑制し，かつ統治の責任を分担する手段であったと指摘している[9]。このような事情から，カタルーニャでは司教や修道院長がバルセロナ伯家を中心とした諸伯家や副伯家から輩出され，教会は君主権力と一体となって統治を担っていたのである[10]。重要な問題については，しばしば聖俗の有力者が会議を開き，合議で決定がなされていた。

しかしこの状況は，11世紀半ばからのいわゆるグレゴリウス改革期を通じ，少なくとも表面上は劇的に変化する。カタルーニャでは1068年に教皇特使のウーゴ・カンディドゥスが主宰し，バルセロナ伯ラモン・バランゲー1世（1035-1076年）の協力下で開催されたジローナ教会会議において聖職売買の禁止が明言される[11]。11世紀末から12世紀にかけ，伯家や副伯家出身

---

8) Linehan, "The Church and Feudalism, p. 323.
9) R. W. サザーン（森岡敬一郎・池上忠弘訳）『中世の形成』みすず書房，1973年，92頁。アーチボルド・ルイスは，この分割相続の慣行は，中世盛期の南ヨーロッパに強力な世俗権力を成立させなかった要因の一つであると指摘している。A. Lewis, *Medieval Society in Southern France and Catalonia*, Ashgate, 1984.
10) J. Mª. Salrach, *Catalunya a la fi del primer mil.lenni*, Vic-Lleida, 2004, pp. 211-257 ; F. Udina Martorell, "Cataluña", *História de España de Menéndez Pidal*, IX, Madrid-Barcelona, 1998, pp. 327-406 ; A. Lewis, *The development of Southern French and Catalan society, 718-1050*, University of Texas Press, 1965, pp. 315-336.
11) *CPT*, doc. 7, pp. 36-42.

の司教は姿を消していく。そして1131年には教皇特使を兼任したバルセロナ司教ウラゲール（1116-1137年）のもとで，バルセロナ伯ラモン・バランゲー3世（1097-1131年）の協力によってバルセロナ教会会議が開かれ，そこでは教会と聖職者の支配を諸司教座に委ねるという，教会の自由が宣言されているのである[12]。この聖職叙任権に関する状況の変化は，極めて激しいものであると言わざるをえない。

　バルセロナ伯領において，教会に対する支配権，具体的には司教叙任に関する権限は，先述の通り伯の統治の重要な要素を成していた。なぜバルセロナ伯は，自己の支配をゆるがしかねない叙任権の放棄に対し，少なくとも表面上，抵抗を示さなかったのであろうか。また，バルセロナ伯が聖職叙任権を手放すことで，同伯領においては不可避的に統治構造の変化が生じたはずである。カタルーニャにおいては，どのような過程で君主権力と教会の関係が変化し，その結果，統治構造はどのような変容を被ったのであろうか。

　上記のような聖職叙任権に関する変化は，現象としては，この時期に展開されたグレゴリウス改革が大きな成功を収めたものと見なすことができる。グレゴリウス改革の内容は，教会の組織や制度の整備，聖職者の妻帯禁止，聖職身分や教皇首位権の確立など極めて多岐にわたる[13]。その中でも聖職叙任権の問題は，特に早い時期から研究者の関心を集めた分野である。特に叙任権を巡って教会と世俗権力の間に激しい対立が存在した地域，例えばローマ教皇と神聖ローマ皇帝が対立したドイツや，また叙任権を巡って教皇とフランス王，各地の伯や司教の関係が複雑に推移したフランスにおいては，諸地域の世俗権力と教会の関係の変容について多くの研究が行われ，現在，これらの地域では叙任権の問題は半ば古典的といってもよいテーマとなってい

---

12) *CPT*, doc. 10, pp. 45-48.
13) グレゴリウス改革は，教皇が主導権をとって聖職者倫理の確立や教会組織・制度の刷新に取り組んだ，11世紀中葉からの約1世紀にわたる改革の一般的な名称である。代表的な邦語文献として野口洋二『グレゴリウス改革の研究』創文社，1978年。山辺規子「ローマ・カトリック秩序の確立」，江川温・服部良久編『西欧中世史（中）成長と飽和』ミネルヴァ書房，1995年，51-76頁。また近年では関口武彦『教皇改革の研究』南窓社，2013年などの研究がある。

る[14]）。しかしカタルーニャを含むイベリア半島に関しては，叙任権問題についての研究は極めて少ない。カタルーニャについては，グレゴリウス改革を総体として捉え，ローマ教会の権威伸長や聖職者の規律刷新が進展したことをもって「グレゴリウス改革は順調な成功を収めた」という結論が提示されることが多く，叙任権を個別に取り上げて分析する動きはあまり見られなかった。

例外的に叙任権の問題を考察した例として，1920 年代に 12 世紀初めまでのカタルーニャとローマ教会の関係を扱った，カタルーニャの教会史の古典ともいうべき著作を著したケーアは，その中で，イスラーム教徒との恒常的な戦闘が敬虔な感情を呼び起こしたこと，またバルセロナ伯の君主権が弱かったことの 2 点を，カタルーニャで叙任権の改革が激しい抵抗を受けなかった理由として挙げている[15]）。しかし，イスラーム教徒との戦闘はそれ以前の，伯が聖職叙任に強い影響力を有していた時期にも同じように行われていたものであり，また同じくイスラーム教徒との戦闘が行われていたカスティーリャでは，同時期に叙任権の改革は進んでいない[16]）。第一の理由は妥当性を欠くと言えよう。第二の理由は，ローマ教皇のカタルーニャに対する活動が，特にバルセロナ伯家が内紛で弱体化していた伯ラモン・バランゲー 2 世（1076-1082 年）とバランゲー・ラモン 2 世（1082-1097 年）の治世において盛んであり，諸々の教会改革がこの時期にローマ教皇や在地の司教層によって進行した事実が念頭に置かれたものと考えられる。この時期には確かにグレゴリウス 7 世（1073-1085 年）などのローマ教皇がバルセロナ伯領に対して政治的介入を行い，カタルーニャの有力者からローマ教会への土地の寄進や臣従が盛んに行われ，高位聖職者がローマを訪問してその指導下で律修参事会運動や聖職者の規律回復──妻帯・蓄妾・俗人への誠実宣誓の禁止──を行うなど，教皇中心の改革が進行している[17]）。しかしこれらの改革

---

14) この時期のローマ教会と，神聖ローマ皇帝やフランス王との関係について，邦語では E. ヴェルナー（瀬原義生訳）『中世の国家と教会』未来社，1991 年。渡辺節夫『フランス中世政治権力構造の研究』東京大学出版会，1992 年，129-161 頁。
15) Kehr, *El Papat i el Principat de Catalunya*, p. 28.
16) カスティーリャやポルトガルでは君主による教会支配がグレゴリウス改革期以降も継続している。Linehan, "The Church and Feudalism", p. 323.

は叙任権以外の面を中心としており，バルセロナ伯の権威も次代のラモン・バランゲー3世の時代には回復を見せている。伯権力の弱体化と教皇の活動のみを，教会による叙任権回復の要因と見ることはできないのである。

また，教会会議の決議や司教の出自の変化に関わらず，実際にはグレゴリウス改革期においても伯が教会を支配し続けていたとする見解も存在する。カタルーニャのポブレット修道院の修道士で，著名な教会史家であった。アグスティ・アルティゼンは，カタルーニャでは，イスラームとの戦闘が政治権力と教会の結びつきを強固なものとしていたため，叙任権を巡る抗争がほとんど生じなかったと指摘している。中小貴族家系から司教や参事会員が輩出されるのが一般化するのは，カタルーニャ全土のイスラーム教徒からの征服が終わった後の12世紀後半になってからだとするのが彼の見解である[18]。また，11世紀のカタルーニャの政治・社会構造の変化を研究したピエール・ボナシィは，司教や修道院長たちは11世紀を通じてバルセロナ伯の影響下にあったと考えており，その理由として彼らが世俗的な誠実宣誓を伯に行っていたことを複数の事例を挙げつつ指摘している[19]。彼の関心の中心は，新興領主層の台頭による古いカロリング的秩序の崩壊と，誠実宣誓の制度を導入した新しい中世的秩序の形成という，俗人を中心とした政治・社会構造の変化にあり，その際，教会も伯に誠実宣誓を行い，かつ俗人領主から誠実宣誓を受け取ることで，封建的な社会関係の中に組み込まれたと見なされている。

他方で，カタルーニャにおける「神の平和と休戦」会議を研究したバルセロナ自治大学のジェネル・グンサルボは，この11世紀後半から12世紀にかけて，「神の平和と休戦」会議がバルセロナ伯の権威のもとで政治的に制度化され，13世紀以降に身分制議会であるコルツ Corts に発展する素地が形成されていることを指摘している。ここでは，同じ時期に伯権力による教会

---

17) Kehr, *El Papat i el Principat de Catalunya*, pp. 35-38 ; A. Altisent, "Cataluña : la sociedad y la economía (1035-1213)", *História de España de Menéndez Pidal*, X, Madrid-Barcelona, 1992, pp. 449-604, 特に pp. 544-546.
18) Altisent, "Cataluña", pp. 449-604.
19) P. Bonnassie, *La Catalogne du milieu du Xe à la fin du XIe siècle, croissance et mutation d'une société*, Université Toulouse-Le Mirail, 1975-1976, pp. 701-705.

の政治的な利用がむしろ強化されている事例が提示されているのである[20]。

このように，グレゴリウス改革期のバルセロナ伯領における伯と教会の関係については，それぞれの研究者が自己の問題関心に沿って部分的な言及を行う傾向が強く，個別の事象についての情報は蓄積されているものの，それらの情報はときに矛盾した様相を呈したまま放置された状態にある。グレゴリウス改革期を通じて聖職叙任権は，ケーアがいうように教会によって回復されたのか，アルティゼンがいうように回復されなかったのか。またバルセロナ伯の教会に対する支配権は弱まったのか，ボナシィがいうように維持されたのか，グンサルボが示すように強化されたのかといった基本的な問題についてさえ，統一された見解は存在していない。伯権力と教会の関係を総合的に分析した研究は，おそらくケーア以来，欠如しているといってよいのである。

このように伯権力と教会の関係についての研究が欠如している原因としては，第一に，叙任権を巡る闘争の欠如が考えられる。すなわち，カタルーニャでは叙任権を巡る激しい闘争が，少なくとも表面上は起こらなかったというまさにその事実のために，叙任権の問題に研究者の関心が集まらなかったのであろう。また，他のイベリア諸国で展開されたような典礼改革を巡る抗争が起こらなかったことも，研究者の関心を遠ざけたであろう[21]。

第二に，政治史への関心が比較的薄い，カタルーニャ史に対する研究傾向の影響が考えられる。この傾向は，一つには史料類型によって生じたものであろう。この地域では，年代記や聖人伝などの叙述史料はごくわずかしか存在せず，他方で西欧でも例外的に豊富な証書史料が中世の早い段階から伝来している。このような史料類型は，政治史よりも経済史や社会史，例えば所領経営や紛争解決などに，より研究者の関心を向けさせるものであったろ

---

20) G. Gonzalvo i Bou, *La Pau i la Treva a Catalunya : origen de les Corts Catalanes*, Barcelona, 1986.
21) この時期まで多くのイベリア半島諸国ではモサラベ典礼が使用されており，ローマ教会は熱心に典礼の改革を求めた。フランク典礼が採用されていたカタルーニャでは，典礼を巡る問題は生じなかった。Kehr, *El Papat i el Principat de Catalunya*, p. 35. なお，その後のローマ教会の典礼は，フランク典礼がもととなっている。M. D. ノウルズ『キリスト教史3――中世キリスト教の成立――』平凡社，1996年，306-307頁。

う。また、バルセロナ伯領やその後身であるアラゴン連合王国が、政治的な強国としての歴史を持たなかったことも、この研究傾向と無縁ではあるまい。特に 11 世紀の政治的変化については、おそらくはボナシィの研究ではぼ完成されたごとく見なされ、カタルーニャ内外の研究者が同時期における統治構造の変化に関心を向けることを妨げてきたのであろう。

第三に、スペインにおける教会の地位の特殊性が考えられる。スペインにおいては、15 世紀末のいわゆるカトリック両王、イサベルとフェルナンドの治世以降、教会と国家の結びつきは近世・近代を通じて半ば自明の存在となっており、近くはフランコ統治期にあっても教会は政府との強い結びつきを保っていた。現在でも義務教育の中にカトリック教育が組み込まれるなど、スペインでは近世以降現代に至るまで、教会は国家秩序の一部となっている。おそらくこの事実は、スペイン人の意識の中に、国家ないし君主権力と教会の関係を分析対象とする考えを生まれにくくしていたであろう。

このような状況下で、カタルーニャでは教会による聖職叙任権の回復が実際にはどのように進行したのか、そこで統治構造はどのように変容したのかということについて、現在に至るまで系統的な検討は十分に行われてこなかったのである。グレゴリウス改革期を通じ、実際にはカタルーニャにおいて伯と教会の関係、特に司教座との関係はどのように変容し、その過程でどのような統治構造が形成されたのであろうか。本章ではこの問題を明らかにしたい。

本章ではグレゴリウス改革とほぼ同時期の、バルセロナ伯ラモン・バランゲー 1 世から同 3 世までの治世 (1035-1131 年) を検討対象とする。次節では、まずグレゴリウス改革が開始される時点でバルセロナ伯が置かれていた社会的・政治的状況を確認し、その時点での伯と教会の関係を明らかにする。

第2節　グレゴリウス改革開始時における
　　　　バルセロナ伯と教会の関係

(1) 諸侯反乱,およびバルセロナ伯と教会の対立

　イベリア半島に対するローマ教皇の積極的な進出と教会改革の活動が始まったのは,教皇アレクサンデル2世の在位期間（1061-1073年）である[22]。カタルーニャでは,彼の教皇特使ウーゴ・カンディドゥスによる1068年のジローナ教会会議が,教皇のもとでの改革の開始とされる。この年はバルセロナ伯ラモン・バランゲー1世の治世にあたり,我々はこの時点で同伯が置かれていた政治的状況,特に教会との関係を確認しておく必要がある。

　11世紀初頭,バランゲー・ラモン1世（1018-1035年）が幼くしてバルセロナ伯となり,さらに彼が若くして死んだため,その幼い息子であるラモン・バランゲー1世が後を継ぐと,若年の伯が続いたことにより,バルセロナ伯家の政治的権威は著しく低下した。当時のカタルーニャは,農業生産の増加に伴って生じる富への欲求を背景に,伯の下僚である副伯やウィカリウスが公的権能——裁判権や経済的徴収権——を私物化し,領主貴族層の形成が進行していた時期にあった[23]。これらの新興領主層は城を拠点に周辺の自由農民層を自らの領主権のもとに置くことを図り,伯権力の空白期には彼らに対してバルセロナ伯の統制が及ばなくなっていった。バルセロナ伯などの

---

22) 西フランク王権が弱体化すると,カタルーニャの諸伯や司教,修道院長はしばしばローマを訪れ,そのもとにある教会の保護を,教皇に対し,求めるようになっていった。ただし,11世紀半ばまではカタルーニャ側が一方的にローマ教皇との接触を求めていた。M. Riu, "La organización eclesiástica", *História de España de Menéndez Pidal*, VII-2, Madrid-Barcelona, 1999, pp. 615-648, 特に pp. 636-639. また,この時期のローマ教皇や教皇改革については,関口『教皇改革の研究』。G. バラクロウ（藤崎衛訳）『中世教皇史』八坂書房,2012年,109-201頁。

23) ボナシィは,この変化が1020年代から数十年で急激に進行したと見なし,この変化を「封建革命」と呼んだ。その後の研究で,実際にはこれらの変化はより前の時代から徐々に進行を見せていたことが明らかになるなど,修正を受けつつも,彼の学説は現在でも基本的に受け入れられている。P. Bonnassie, "Les conventions féodales dans la Catalogne du XIe siècle", *Annales du Midi*, 80 (1968), pp. 529-550.

諸伯は、いまだ自由農民層を基盤とする旧来の政治秩序に立脚しており、これらの新興領主層との対立は不可避であった。

1041年に成人したバルセロナ伯ラモン・バランゲー1世が支配権の回復を図ると、これに反発した新興領主層その他の諸侯は反乱を起こした(1041-1059年)。この反乱は長期にわたり、バルセロナ伯の親族である各地の伯や副伯の多くも同伯に反抗を示した。彼らは必ずしも反乱諸侯と近い立場にあったわけではなかったが、混乱を利用してそれぞれの権力の伸長を図ったのである。例えばバルセロナ副伯家は、諸侯反乱の中心的人物であったミール・ジャリベの親族であり、その有力な同盟者であった。バルセロナ伯家の分家であるサルダーニャ伯ラモン（1035-1068年）もこの機に宗家の所領への野心を示していた。ラモン・バランゲー1世の祖母で、彼の幼年期に摂政を務めていた女伯アルマセンダさえも、摂政から退く際、ジローナなどバルセロナ伯家領の北部の支配権を孫から確保し、その後も孫の支配に服さず、時にこれに抵抗する動きを示していた。

ラモン・バランゲー1世はこれら一連の反乱を、様々な手段を用いて鎮圧していった。

彼は誠実宣誓の制度を導入し、諸侯の既得権に一定の承認を与える代わりにバルセロナ伯への服従を認めさせた。また、しばしば諸侯から各地の城またはその用益権を買い取り、各地に伯の威令に服する城砦網を確保した。その際、イスラーム勢力からの安全保障料を兼ねた貢納金であるパーリアが財源となるなど、イスラーム勢力に対し攻勢に立ったことも指導力回復に寄与した。このように、グレゴリウス改革期に先行するラモン・バランゲー1世の治世は、バルセロナ伯による伯領内の支配の再編期であった[24]。

この反乱の際、バルセロナ伯領内の諸司教座が反乱側に立っていたことは注目に値する。バルセロナ伯領にはバルセロナ・ビック・ジローナの3つの司教座が存在したが、当時のバルセロナ司教ギスラベルト（1035-1062年）はバルセロナ副伯家の出身であり、同副伯とともに反乱に参加していた。彼

---

24) この反乱の一部始終については、Bonnassie, *La Catalogne*, pp. 575-646 ; S. Sobrequés Vidal, *Els Grans Comtes de Barcelona*, Barcelona, 1961, pp. 56-71.

はバルセロナ伯の宮廷を襲撃するなど，反乱の中心人物の1人であった[25]。ビック司教ウリバ（1017-1046年）やジローナ司教ペラ・ルジェル（1010-1050年）は女伯アルマセンダの側近であり，次のジローナ司教バランゲー（1051-1093年）はサルダーニャ伯ラモンの弟であった。諸伯や諸副伯も諸侯反乱に参加した結果，その親族であるバルセロナ伯領内の諸司教も伯に対する反乱側に立っていたのである[26]。

このようにグレゴリウス改革期直前のカタルーニャでは，諸伯家や副伯家がバルセロナ伯に対する反乱に参加し，それらの家門に近いバルセロナ伯領内の司教たちも，バルセロナ伯との関係を極めて悪化させていた。他方で，司教層は政治的に大きな権限を保持する存在であることに変わりはなく，かつ伯領内の秩序回復にも重要な役割を果たしていた。例えば，バルセロナ伯と聖俗諸侯の間の紛争の調停文書では，しばしば司教が調停者として現れている[27]。教会との関係の再構築は，バルセロナ伯にとって急務であった。

(2) バルセロナ伯と教会の関係の再構築

ラモン・バランゲー1世は，諸侯反乱を鎮圧する過程で，悪化した教会との関係を修復する動きも見せていた。第一に，俗人諸侯に対するのと同じように，高位聖職者にもラモン・バランゲー1世に対する誠実宣誓を要求し，かつ城の権利の買取りを行うなど，世俗的な方法で教会に対する支配の強化が図られた。司教による誠実宣誓の例として，バルセロナ司教ギスラベルトが1045年にラモン・バランゲー1世に対し，また1052年から1062年の間に彼の妻であるアルモディスに対し，誠実宣誓を行っている事例が挙げられ

---

25) ギスラベルト自身，一時バルセロナ副伯を兼ねており（1014-1041年），その後，副伯位は彼の甥のウダラルトに譲られていた。A. de Fluvià, *Els primitius comtats i vescomtats de Catalunya*, Barcelona, 1989, p. 133.
26) 当該時期のラモン・バランゲー1世は，教皇や南仏の教会とも良好な関係にはなかった。彼は離婚問題のため，教皇から一度，またナルボンヌ大司教とアルル大司教から一度，少なくとも二度にわたって破門を受けている。ケアは，祖母であるアルマセンダとの抗争も破門の一因であったであろうと推測している。Kehr, *El Papat i el Principat de Catalunya*, pp. 31-32 ; Bonnassie, *La Catalogne*, p. 640.
27) *ACB*, doc. 321, 410, 505, 523, 556.

る[28]。ジローナでは，司教バランゲーが1051年に，ラモン・バランゲー1世に対し同司教座についての支配権を譲渡するという文書を残している[29]。この司教バランゲーは後年，女伯アルモディスに対しても誠実宣誓を行っている[30]。ラモン・バランゲー1世は各地の修道院長に対してもその選出に介入し，誠実宣誓を行わせている。1050年にはサン・クガット修道院の院長を任命しており，1052年にはジローナのサン・フェリウ・ダ・グイクソル修道院の院長が伯の同意のもとで選出されている[31]。また女伯アルモディスがバルセロナ司教管区の修道院長から誠実宣誓を受けた事例も記録されているのである[32]。誠実宣誓に加え，バルセロナ伯が司教や修道院長と結んだ，城の購入などの協定文書も伝来している。彼は1062年にバルセロナ司教の息子から，また1065年にビック司教から城を購入している[33]。また1067年以降に，リポイ修道院長およびビック司教から城を買い取っている[34]。このようにラモン・バランゲー1世は，誠実宣誓の適用や権利の買取りなど，俗人諸侯に対して行っていたのと同様の方法で，高位聖職者に対する支配の回復を図っていたのである。ただし，その後の教会会議において聖職者が俗人に誠実宣誓を行うことが禁止されると，司教が伯に対して誠実宣誓を行う例は見られなくなる。司教による誠実宣誓の事例は1050年代頃に集中し，1080年代以降は見られないのである。誠実宣誓による教会との関係修復という方法には，限界があったと言えよう。

　第二に，教会に対しては，権利を譲渡し，保護を与えるといった，いわば恩恵を施すことによって関係を改善する政策も並行して取られた。例えばバルセロナ司教座に対しては，1046年から1056年にかけて少なくとも4度，小教区とその付属財産がラモン・バランゲー1世の手によって回復されてい

---

28) *ACB*, doc. 327, 603. バルセロナ司教座の大助祭も，1041年から1050年の間にラモンに対して誠実宣誓を行ったことが記録されている。*ACB*, doc. 372.
29) *CSG*, doc. 258.
30) *CSG*, doc. 342.
31) *ACB*, doc. 360; *CSG*, doc. 261.
32) *ACB*, doc. 828.
33) 前者は *LFM*, doc. 334. 後者は *ACB*, doc. 642, または *LFM*, doc. 279.
34) *ACB*, doc. 689, 690, 692.

る[35]）。1055年のジローナ司教座の文書では，ラモン・バランゲー1世がバザルー伯を動かし，同司教座に諸権利を譲渡させた旨が記されている[36]）。この他，土地や権利がしばしばバルセロナ伯によって諸教会に寄進されているのである。新たに教会が建設された際の献堂式にも，たびたびラモン・バランゲー1世が出席している[37]）。

また，この頃ラモン・バランゲー1世は，たびたび教会に対する保護令を発している。1054年，バルセロナ教会会議において，彼によるバルセロナ司教座の保護令が，参加した司教たちにより確認されている。「聖十字架と聖エウラリアの座の参事会員40人の誰もが，さらにあえて害されることのないよう，今日この日より他の罪により侵入者が彼らの邸宅にあえて入り込むことのないよう」[38]）。

ついで，1058年に再びバルセロナで開かれた教会会議においても，イスラーム教徒を含む外敵に対してバルセロナ司教座を保護する旨が宣言され，ナルボンヌ大司教とその他の諸司教の前でバルセロナ司教座の諸権利と管轄領域が確認された[39]）。同年結ばれたラモン・バランゲー1世とイスラーム教小王国の一つであるデニアの王との協定では，このバルセロナ司教座の管轄領域が明示されている[40]）。バレンシア南方に存在したこの王国はバレアレス諸島も支配しており，この協定では同諸島の教会がバルセロナ司教の管轄下にあることが両者によって確認されているのである。ここでは，イスラーム教徒の脅威をも利用しつつ，教会の保護者としての姿を誇示する伯の姿が看取される。教会会議の決議録においても，しばしばラモン・バランゲー1世

---

35) *DCB*, doc. 701, 886, 914, 1682.
36) *CSG*, doc. 273.
37) T. Abe, "La reforma gregoriana y Catalunya. Las relaciones entre la Iglesia y el poder secular, siglos XI y XII. De Ramon Berenguer I a Ramon Berenguer III", *Acta historica et archæologica Mediaevalia*, 27/28 (2006-2007), pp. 9-35.
38) "ut nemo hominum, quod iuris esse cernitur chanonicorum sedis Sancte Crucis Sancteque Eulalie, violare amplius audeat, qui sunt numero XL, neque aliene peccunie invasor domos eorum ab hodierno die et deincebs amplius audeat ingredi", *DCB*, doc. 873.
39) *DCB*, doc. 973.
40) *DCB*, doc. 977.

に対して，教会の保護者であることを強調する特別な形容語句が使用されていた。例えば，1058年のバルセロナ教会会議の決議録には，「キリスト教徒の人々の擁護者にして防壁である，伯にして侯ライムンドゥス・ベレンガリウス gloriosus Comes ac Marchio Raimundus Berengarii, factus est propugnator & murus Christianii populi」や，「多くの勝利を収め，キリスト教徒の領域を拡大した multos victoria fecit triumphos, & Christianorum amplificavit terminos」といった表現が現れている[41]。

バルセロナ司教座を対象としていたバルセロナ伯の保護は，やがてその領内のすべての聖職者や教会にまで対象を拡大していく。その布告がなされたのが，1064年のバルセロナで開催された教会会議である。会議録には，この教会会議がバルセロナ伯の主導により，同伯領に存在する3つの司教座の司教たちを中心とした聖職者たちのもとで，伯夫妻や世俗の有力者も列席した上で開催されたことが明記されている。「司教たち，また修道院長たちとその他の品級の聖職者たちにより…バルセロナの君主であるライムンドゥス殿とアルモディス殿の命令により，その地の有力者たち，神を恐れるキリスト教徒たちの同意と歓呼により，神の平和あるいは協定が確認された」[42]。この会議では，教会や聖職者を保護することや，イスラーム教サラゴサ王国に対する遠征への参加者の身体や財産に危害を加えないことが決議されている。「今日この日より，両性のいかなる人間も，教会ないしその周囲に存在しこれから存在する建物に，30歩までの範囲において侵害や侵入をなすことのないよう…また前述の司教たちと君主は，彼らとともに襲撃のための遠征に赴くすべての者，またはその後その地に留まる者によって，その遠征のすべての場において，またその帰還より30日間，確実に保護され，見守られた状態にあるように，神の協定を取り決めた」[43]。また，教会を侵害した者はバルセロナ司教の裁判に服すること，「平和」の侵害者は賠償を強制さ

---

41) J. D. Mansi (ed.), *Sacrorum Conciliorum Nova et Amplissima Collectio*, vol. 19, Gratz, 1960, columna 880.

42) "facta est confirmacio pacis sive pacti Domini ab episcopis,...et abbatibus et diversi ordinis clericis religiosis,... iussu domini Raymundi et domine Almodis, Barchinone principum, assensione et clamacione illorum terre magnatum et ceterorum christianorum Deum timencium", *PTC*, doc. 4.

れることなども併せて決議されている。バルセロナ伯が 1054 年と 1058 年に与えたバルセロナ司教座への保護が，ここでは「神の平和と休戦」会議を利用してバルセロナ伯領全体に拡大されている。バルセロナ伯はその領内の教会の保護者として立ち現れているのである。

　これら一連の動きにおいて顕著なのは，教会に恩恵を施し，その保護者として振る舞うことで教会との関係を強化し，かつそれを通じて領内における権威を強化しようとするバルセロナ伯の意図である。ここには，直接的な司教や修道院長人事への介入による支配とは別な方法で，教会への影響力を保持しようとする政策の転換を見出すことができよう。また一連の教会保護令においては，教会の保護者となること，またイスラーム教徒との戦いにおける指導者として振る舞うことで，君主としての権威の強化も図られているのである。

　教会側にとっても，社会的・政治的な変革期にあたって，君主権力による保護を獲得し，衆目の前でそれを確認し，かつ「平和」侵害者への裁判権を獲得するというこの内容は利益が多いものであり，このためこれらの教会会議に司教や修道院長が参加し，協力する結果となったのであろう。また，聖俗の有力者が集会を開き，重要な問題に対処するという慣行がこの地域に存在し，特に 10 世紀末から 11 世紀初頭にかけ，教会と聖職者の保護を目指したいわゆる「神の平和と休戦」会議がたびたび開かれていたことも，バルセロナ伯による教会会議の開催に役立ったであろう。かつて聖職者を中心に開催されていた「神の平和と休戦」会議は 30 年以上開かれていなかったが，バルセロナ伯はその伝統を政治的に利用し，自己の指導下でこれを復興したのである[44]。

　このように，グレゴリウス改革期以前にすでに，バルセロナ伯の教会に対する政策には顕著な変化が見られた。第一に，諸伯・副伯家系出身の司教を

---

43) "ut ab ista die et deinceps, nullus utriusque sexus homo ecclesiam nec mansiones que in circuitu ecclesie sunt aut erunt, usque ad XXX passus, non infringat aut invadat,… Pretaxatum autem Domini pactum preloquti episcopi et princeps constituerunt ut ab omnibus secum in superventuram expeditionem euntibus, aut hic intra terram manentibus firmiter custodiatur atque observertur in omni spacio ipsius expeditionis usque ad XXX dierum terminum illorum regressionis", *PTC*, doc. 4.

通じた支配が機能しなくなっていた教会に対しては，権利や保護を与え，教会の保護者としての姿勢を打ち出すことで影響力の確保が図られている。この政策は，同時代の社会変動の中で保護を必要としていた教会側によって受け入れられた。

　第二に，「神の平和と休戦」会議という，カタルーニャ固有の慣習を利用して教会を統治に利用する体制が現れてきている。例えば1064年の会議では，伯による教会や聖職者の保護が示され，またイスラーム教徒との戦闘を利用して，バルセロナ伯がキリスト教徒のリーダーであるとする姿勢が打ち出された。ここでは，教会会議が政策的に利用され，個別の司教座に対する人的支配から教会会議を通じた影響力確保への転換の動きが現れている。

　1068年の教皇特使によるジローナ教会会議が，バルセロナ伯の協力を受けて挙行されたことの意味は，バルセロナ伯がすでに教会の保護者としての姿勢を打ち出し，教会会議にもその指導的成員として参加していたという変化を踏まえることで改めて理解されよう。教皇特使によって開かれたとされるこの会議も，バルセロナ伯の協力によって召集され，伯夫妻が臨席していたことが会議録に記載されており，伯の積極的な関与が示されている。「主の受肉より1068年，バルセロナの伯ライムンドゥス殿と，女伯アルモディス殿の臨席のもとに，その関心と熱意によってこの教会会議が催された」[45]。この教会会議では聖職者妻帯や聖職売買の禁止が決議され，聖職叙任権の改革が求められている。「まず，嫌悪すべき異端である聖職売買に対し，ただ品級に関してだけではなく，聖職禄に関してもそれが罪であることを宣言する。すなわち贈り物や世俗的な好意の価値によってではなく，良き生活と相応の賢さによって，任命されるように」[46]。また，この会議でも「平和」の規定が引き続き明記されるなど，先行するバルセロナ伯による諸会議の内容との共通性が認められるのである。

---

44) これ以前に最後に開かれた「神の平和と休戦」会議は1033年のものである。*PTC*, doc. 3.「神の平和と休戦」運動は，指導者であったビック司教ウリバの死後，下火となっていた。

45) "Anno dominice Incarnationis millesimo LXVIII, sub presentia domni Remundi, Barchinonensis comitis, et domno Almodis, comitisse, quorum cura et instancia hec sinodus congregata est", *PTC*, doc. 7.

このような過程で，カタルーニャではバルセロナ伯の協力のもとで教皇特使が迎えられ，叙任権の改革が開始された。この地域では，教皇特使の到着以前にすでにバルセロナ伯によって，教会会議を通じて教会や聖職者の保護が行われ，教会の保護者としてのバルセロナ伯の姿を打ち出すことで教会との関係を強化する政策が取られていたのであり，教皇特使の支援はこの先行する政策に合致するものであった。このため少なくとも表面上はバルセロナ伯と教皇特使の協調のもとで，聖職叙任権の改革をも含めた教会改革が平和裏に開始されたのである。

それでは，実際にはバルセロナ伯と伯領内の教会の関係は，この改革の開始によってどのような変化を受けたのであろうか，あるいは受けなかったのであろうか。改革はどのように運用され，どのような結果を生んだのであろうか。

第3節　バルセロナ伯と教会の関係の変容

(1) 司教人事

前記のようにカタルーニャでは教皇特使のもとでの1068年のジローナ教会会議において聖職売買の禁止が決議され，形式的には教会による叙任権の回復が進展を見せた。それでは実際にはその後の高位聖職者，例えば司教層の人事に変化は見られたのであろうか。

ジローナ教会会議以降，バルセロナ伯ラモン・バランゲー3世没時（1131年）までの約60年間におけるバルセロナ，ビック，ジローナというバルセロナ伯領内の3つの司教座の司教を見ると，明らかに出自に変化が生じている。

まず，目立った変化は伯家や副伯家出身者の減少である。表1の通り，この期間には7人のバルセロナ司教，4人のジローナ司教，5人のビック司教が在任している。網掛けされているのが，伯家・副伯家出身の人物である。

---

46) "In primis, comdempnaverunt ibi detestabilem simoniacam eresim, non solum in graduum ordinibus, sed etiam in ecclesiasticis honoribus : videlicet, ut non attribuantur muneris vel obsequii secularis pretio, sed bone vite et sapientie merito", *PTC*, doc. 7.

表1 グレゴリウス改革期のバルセロナ・ジローナ・ビックの司教人事

バルセロナ司教	在任期間	ジローナ司教	在任期間	ビック司教	在任期間
バランゲー	1062-1069	バランゲー=ギフレ・ダ・サルダーニャ	1050-1093	ギレム・ダ・バルサレン	1046-1075
ウンベルト	1069-1086	バランゲー=ウンベルト・ダ・セサグーダス	1094-1111	バランゲー=スニフレッド・ダ・ユサ	1078?-1099
ベルトラン	1086-1094	ラモン	1112	ギレム=バランゲー	1099-1101
フォルク2世・ダ・カルドナ	1094-1099	バランゲー=ダルマウ・ダ・ペラタリャーダ	1113-1145	アルナウ・ダ・マリャ	1102-1109
バランゲー=バルナッ	1100-1106			ラモン=ガウフレ	1109-1146
ラモン=ギレム	1107-1114				
ウラゲール	1116-1137				

出典) P. Freedman, *The Diocese of Vic : tradition and regeneration in Medieval Catalonia*, Rutgers U. P., 1982, p. 154 ; J. Canal, E. Canal, J. M. Nolla & J. Sagrera, *Girona Comtal i Feudal (1000-1190)*, Girona, 1996, pp. 58-59 ; J. Baucells, "Les Dignitats Eclesiastiques de Barcelona als segles IX-XI", *Acta historica et archaeologica Mediaevalia*, 26 (2005), pp. 69-79 等を参考に作成。

　このうち伯家もしくは副伯家の出身者であることが明らかにわかっているのは、サルダーニャ伯の弟で1050年からジローナ司教であったバランゲー=ギフレと、カルドナ副伯家出身で副伯を兼ねていたバルセロナ司教のフォルク2世のみである。他の家門名、例えば歴代のビック司教の持つバルサレンやユサ、マリャといった家名は伯家や副伯家のものではなく、ビック周辺の中小貴族家系のものである[47]。ジローナのセサグーダス家やペラタ

---

47) Freedman, *The Diocese of Vic*, pp. 38-89.

リャーダ家といった家名も，周辺の中小貴族家系のものである。ジローナやビックにおいては，1068年以降，司教の出自は上級貴族家系から中小貴族家系へと移行しているのである。

バルセロナ司教座に関しても，上級貴族家系出身の司教は減少している。ただし，同司教座では特にバルセロナ伯に近い人物が登用された形跡が認められる。例えば1100年に司教となったバランゲー=バルナッは，当時のバルセロナ伯ラモン・バランゲー3世の近親と伝えられる[48]。また1116年にバルセロナ司教となったウラゲールは，バルセロナ伯の宮廷に使えていた人物の子であった。彼に関しては，その死後に同時代のバルセロナ司教座参事会員の手によって聖人伝が書かれており，例外的に多くの情報を得ることができる[49]。

それによると，幼くして聖職者となったウラゲールは，長じてアヴィニョンのサン・リュフ修道院院長となった。院長在任中にバルセロナ伯ラモン・バランゲー3世とプロヴァンス女伯ドルサの間に縁談が起こると，ウラゲールはその実現に関与した。プロヴァンスからカタルーニャに帰国したバルセロナ伯は，バルセロナの民衆とともに空位であったバルセロナ司教にウラゲールを選出した。彼は固辞したが，バルセロナ伯はローマ教皇にウラゲールの説得を依頼し，最終的にウラゲールはバルセロナ伯の依頼を受けてバルセロナ司教となった，というのが聖人伝にある司教叙任までのウラゲールの経歴である。むろん聖人伝のすべての記述を鵜呑みにすることはできないが，少なくとも彼がバルセロナ伯に近く，その信任を受けていた人物であり，彼の司教選出にはバルセロナ伯の意思が働いていたと考えてもよいであろう。他の例では，1086年から1094年にかけてバルセロナ司教であったベルトランは，アヴィニョンのサン・リュフ修道院の修道士からバルセロナ司教となった人物であり，現在のフランス出身であった[50]。このようなバルセロナ伯領に縁故のない人物が司教となっている背景には，おそらくは改革派

---

48) Sobrequés Vidal, *Els Grans Comtes de Barcelona*, pp. 164-165.
49) *Vida de Sant Oleguer, escrita pel canonge Renall, contemporani del sant*: translated by J. Belles i Sallent, in J. Mª. Martí Bonet, *Oleguer : servent de les esglésies de Barcelona i Tarragona*, Barcelona, 2003, pp. 317-338.

聖職者の要求を受けた，バルセロナ伯の支持が推測できる。このようにバルセロナ司教座に関しては例外的に，バルセロナ伯と関係の深い人物が司教に就任している傾向が認められるのである。

以上，グレゴリウス改革期のバルセロナ伯領における諸司教座では，司教の出自が上級貴族家系からそれ以外の家系，特にビックとジローナでは司教座周辺の中小貴族家系へと変化していることがわかった。司教座への周辺貴族家系の進出という傾向自体は，同時代のフランスやドイツなど広い範囲で認められる現象である。しかし先述のように，グレゴリウス改革期までのバルセロナ伯領においては司教が大きな政治的権限を持ち，バルセロナ伯が伯・副伯家系出身者を司教に任命して統治に利用するという体制が存在していたのであり，司教の出自の変化は政治的影響を伴ったはずである。このような変化はどのように進展し，またその結果，同伯領内の統治構造はどのように変容したのであろうか。

(2) バルセロナ伯の対教会政策の転換

同時代のフランスやドイツの諸伯領の事例では，伯と王や皇帝などの上級君主との関係が，伯と伯領内の教会の関係にも影響を与えていた。例えばフランスでは，伯権力の抑制を図った王が，伯領内の司教座からの伯の影響力排除を意図して，教会による叙任権の回復を支援したことが指摘されている[51]。これに対し，バルセロナ伯領については，同伯領は名称こそ伯領でありながらも，実質的にはその内部に介入する上位権力を持たない特異な状況にあったため，特に伯領内部における変化に焦点をあて，それを分析する必要がある[52]。

我々はすでに，11世紀前半から半ばにかけてカタルーニャでは新興領主層が台頭しつつあったことを眼にしてきた。司教に中小貴族家系出身者が増

---

50) J. Mª. Martí Bonet, "De la Reforma Gregoriana a la Protestant : El concordat de Worms, Conseqüència de la Reforma Gregoriana", *Historia de l'Església, segles IX-XVI*, Barcelona, 1999, pp. 53-107, 特に p. 55. なお，先述のウラゲールはこのベルトランが司教であったときにバルセロナ司教座の聖職者となり，その後サン・リュフに移ったとされる。

51) 渡辺『フランス中世政治権力構造の研究』，129-161 頁。

えたのは，一つにはこの社会変化に合致したものと言える。また，諸侯反乱の過程で伯・副伯家系出身の司教が必ずしもバルセロナ伯に忠実でなかったという事実や，叙任権を含めた教会の諸改革を支援する姿勢を示していたバルセロナ伯の政策も，同伯が伯・副伯家系による司教職の専有を継続しなかったことと整合性を持つと言えよう。

とはいえ，バルセロナ伯がその支配の重要な支柱であった教会，またそれが持つ権力への影響力を単純に放棄したと考えるのは早計である。同時代の文書は，伯が様々な手段を通じ，教会やそれが持つ権力への影響力の保持を図ったことを示している。

第一に，ビックやジローナにおいては司教の権利に変化が生じている。ビックでは，この頃バルセロナ伯の俗人家臣によって司教の権限が蚕食されているのである。1088年に，ビック司教バランゲーは軍事支援と引き換えに，バルセロナ伯の重臣であるギレム・ラモンなる人物に，バルセロナ伯の承認に基づいて，ビック市内の城，また市外の3つの城を与えている[53]。ビックでは司教がそれまで都市全体を支配していたが，これらの権限の譲渡の結果，都市ビックのおよそ半分の領域をバルセロナ伯の家臣が支配することになった。この際，司教はギレム・ラモンに与えた権限を自己の宗主権に属するものと認識していたが，実際には分割協定に用いられた用語の曖昧さもあって，ギレム・ラモン側は自己の権限をバルセロナ伯の家臣としての職務に基づくものと捉え，司教の臣下としてのものとは捉えていなかった。バルセロナ伯もその認識には異を唱えなかった。1104年には，ギレム・ラモンの家系はビック司教に商取引に関わる税やビック近郊の鉱山収入の一部を要求し，バルセロナ伯の支持を欠いた司教側は，この要求を受け入れている。さらに司教の貨幣発行権の専有も失われるなど，この時期にはビックにおいて司教の権限が縮小し，かわって伯の俗人家臣の権限の顕著な拡大が見

---

52) 公式にバルセロナ伯領のフランスへの帰属が終了するのは13世紀のコルベイユ条約によってであるが，10世紀末以降カペー王権とバルセロナ伯領の関係は事実上途絶えていた。

53) ギレム・ラモンは当時の代表的諸侯であるムンカダ家に属する上，家令 dapifer/senescalcus（フランス語のセネシャル）の称号を有する人物であり，伯の有力な家臣であったと判断できる。

られるのである[54]。ここではバルセロナ伯によるビックとその周辺地域に対する支配について，ビック司教を通じた支配から俗人家臣を通じた支配へ，換言すれば司教座を通じた支配から俗人を通じた支配へという転換が現れている。

ジローナにおいても，バルセロナ伯が司教座への直接的な介入を後退させる一方で，俗人諸侯との関係を強化する動きが現れている。1100年にはバルセロナ伯とジローナ司教との間で，伯が同司教座の権利を尊重し，これを侵害しないという協定が結ばれている[55]。ここでは，同司教座がもはやバルセロナ伯家の家産と見なされず，世俗君主と司教座の間に一線が画されているのである。この協定が，司教がバルセロナ伯の親族であったバランゲー＝ギフレから，在地の領主家系であるセサグーダ家のバランゲー＝ウンベルトにかわってから数年後に結ばれているのは示唆的であろう。他方でバルセロナ伯は1096年，ジローナ地方の副伯から誠実宣誓を受けている[56]。バルセロナ伯は，司教人事への介入に加え，司教座の持つ権利や財産の恣意的な利用を放棄する一方，副伯との関係を強化している。ここでもやはり，伯の支配が司教からより俗人諸侯に依拠したものに変化していることが認められる。

ただし，司教座とバルセロナ伯の関係が緊密さを保っていたバルセロナでは，状況が異なった。ここでも伯の役人と司教の間で権限を巡る争いが起きているが，司教側が勝利している。1114年の文書では，バルセロナ伯のウィカリウスであるギレム・レナルトが，司教座に属するバルセロナの取引税leudaの権利を侵害していたことを認め，バルセロナ司教にこれを返還し，以後その権利を尊重する旨が記されている[57]。バルセロナでは，バルセロナ伯のもとで司教の権利が保たれていたと言えよう。このように，ビックやジローナでは司教の出自は在地の領主家系に移っていたが，バルセロナ伯は並行して俗人家臣の権限を拡大し，副伯との関係を強化するなど統治の軸

---

54) Freedman, *The Diocese of Vic*, pp. 71-75.
55) *CBG*, doc. 181.
56) *LFM*, doc. 405.
57) *MEB*, doc. 20.

足を俗人に移していた。また，バルセロナでは司教を通じた統治体制が維持されていたのである。

　第二に，バルセロナ伯は司教の人選に直接は介入しないにせよ，その選出に承認を与える権利を確保していたことが記録されている。当時のカタルーニャの年代記『バルセロナ諸伯事績録』では，12 世紀末のバルセロナ伯ペラ 1 世（1196-1213 年）の時代について，興味深い一節がある[58]。「このため王ペトルス殿は，その自由意思により，神とローマの教会と教皇インノケンティウス殿のために，空位にある教会についての王の助言なしの自由な選出を保持するよう，自由をその王国のすべての教会と修道院に与えた。これ以前には，王の同意を伴わずに司教座教会や修道院で選出がなされることはなかった」。当時のバルセロナ伯はアラゴン王を兼ねていたため，この記述中ではバルセロナ伯は「王」と表記されている[59]。この一節中にある助言 consilio や同意 consensu が実際にはどのようなものであったのかは，この言葉だけではわからないが，少なくとも 12 世紀において，司教候補者が各教会で選出された後，バルセロナ伯の承認を得ることが叙任に不可欠であったと考えてよいであろう。グレゴリウス改革期のバルセロナ伯は教会に対し，親族関係にある伯や副伯家系の出身者を司教とするという直接的な人事面での支配は放棄したものの，承認権という形で各司教座に対する影響力を保持し続けていたのである。

　第三に，バルセロナ伯領における特徴として，教会会議を通じて教会を統治に利用する体制が現れてきている。この政策はすでに見てきたように，この地域の伝統的な聖俗集会，特に「神の平和と休戦」会議にその起源を持ち，バルセロナ伯ラモン・バランゲー 1 世によって政治的に利用され始めたものである。諸教会会議の記録からは，彼の孫である伯ラモン・バランゲー 3 世も，祖父同様に教会会議をその統治に利用していたことがわかる。

---

58) "Quo facto, dominus rex Petrus sua mera liberalitate et uoluntate, ob honorem Dei et Romanae ecclesiae ac domini papae Innocentii, dedit et fecit libertatem omnibus ecclesiis et monasteriis regni sui quod sine sui consilio et suorum possent libere eligere in suis ecclesiis, cum uacarent ; nam antea sine consensu regis in cathedralibus ecclesiis et monasteriis eligere non audebant", *GCB*, p. 51.

59) 1134 年のバルセロナ伯とアラゴン女王の婚姻以降，両地域は同君連合を形成した。

彼の治世最初の会議は，1108年に開催されている。ここではイスラーム勢力であるムラービト朝の攻撃によって破壊された，バルセロナの西南に位置するウレルドーラという地の復興のため，同地域の住民を「平和と休戦」のもとに置くことが決議されている。「バルセロナの伯にして侯であるライムンドゥス・ベレンガリウス殿が，バルセロナ司教ベレンガリウスとオレルドーラの城のウィカリウスであるヨルダヌスの助言を受け…我々はすべての人々，その城の住人たちとその防衛に従事する者たちに平和と休戦が保たれるよう取り決め，命令する。そしてすべての財産を常に主の休戦と平和のうちに置く」[60]。ここではバルセロナ伯はバルセロナ司教の協力を受け，教会の「平和と休戦」の権威のもとで，有力者を集めた上でウレルドーラの保護を宣言し，その復興を図っているのである。

次に「神の平和と休戦」会議が召集されたのは，1118年である。同年，バルセロナ伯の親族であるサルダーニャ伯家が断絶し，同家が所有していたサルダーニャ伯領とクンフラン伯領がバルセロナ伯家に相続されたが，ここではそれらの伯領の有力者を集めて「神の平和と休戦」会議が開催されている。この会議では，サルダーニャに最も近い司教座であるエルヌの司教とともに，相続した両伯領における「平和」が宣言されている。「予，神の恩寵によりバルセロナの伯であり，プロヴァンスの侯であるライムンドゥスとエルヌ司教ペトルス殿は，サルダーニャとクンフランの伯領のすべての有力者たちの助言と命令により，前述の伯領に平和を布告する」[61]。ここでは新領土の治安確保のため，エルヌ司教の助力を得て「神の平和と休戦」会議が利用されている。さらにこの会議では，平和の確保を口実に，違反者はバルセ

---

60) "domnus Raimundus Berengarii, Barcinonensis comes et marchio,.... cum consilio domni Raimundi, Barchinonensis pontificis, Iordanis quoque vicarii castelli Olerdule,.... Constituimus etiam, et mandamus teneri pacem et treguam omnibus hominibus, habitatoribus eiusdem castelli et concurrentibus ad defensionem eius, et omne avere ponimus in tregua Domini et pace per omnes dies", *PTC*, doc. 8.

61) "ego, Raimundus, Dei gracia Barchinonensis comes et marchio Provincie, atque domnus Petrus, Helenensis episcopus, consilio et iussione magnatum et militum tocius comitatus Cerritanensis atque Confluentis, mittimus pacem in predicto comitatu", *PTC*, doc. 9.

ロナ伯にバルセロナ伯の貨幣で罰金を払うこと，そのためバルセロナ伯の貨幣を流通させること，またバルセロナ伯が臨時徴収を行うことが布告されている[62]。すなわちここでは，「平和」の維持を口実として，教会会議を利用して罰令権の確保，貨幣改革や臨時徴収の賦課などが行われ，新領土の統治基盤の確立が図られているのである。この際，エルヌ司教は罰金の3分の1を与えられる条件で会議に協力しており，バルセロナ伯と教会の協力関係を見て取ることができる。

このように，いずれの場合でも「神の平和と休戦」会議は近隣の司教の協力を得つつバルセロナ伯の指導下で開催されており，荒廃した土地の復興や新領土の併合といった統治上の重要な問題に教会の権威が利用されていたことがわかる。ここでは，聖俗の有力者が重要事項を集会で協議するという同地域の伝統が形式を変えつつ，より直接的にバルセロナ伯の指導下に置かれた形で存続し，同伯の権力基盤を支えていることがわかるのである。

このように，グレゴリウス改革期のバルセロナ伯領では，司教職の伯・副伯家系による専有という，バルセロナ伯の教会に対する直接的な支配は放棄され，支配体制の変化が現れている[63]。第一に，教会の権利と伯の権利が分離され，司教座が伯に近い上級貴族家系によって専有されることがなくなる一方で，教会の権限が縮小され，バルセロナ伯は司教より俗人家臣や副伯に依拠していくという，いわば統治の世俗化の傾向が現れている。この傾向は，教会に特権や保護を与える一方で，必要な権利を買い取るといったラモン・バランゲー1世期の聖俗の分離傾向の継続であり，また中小貴族家系の台頭という時代状況を反映したものでもあった。ただしバルセロナ司教座に対しては司教人事の面でも伯の介入が引き続き認められ，それに応じて司教の権限も保たれていた。

第二に，親族を司教にするという司教座のいわば直接的な支配が行われな

---

62) *PTC*, doc. 9.
63) ラモン・バランゲー3世以降，伯の遺言から，司教管区を伯管区と同じように財産として分配する表現がなくなっている。バルセロナ伯たちの遺言については，A. Udina (ed.), *Els testaments dels comtes de Barcelona i dels reis de la Corona d'Aragó : De Guifré Borrell a Joan II*, Barcelona, 2001.

くなる一方で，司教選出への承認権を確保することで，バルセロナ伯は司教座への影響力を保持している。司教がもっぱら伯・副伯家系から輩出されることはなくなり，中小貴族家系から選出されるようになるという変化の中でも，バルセロナ伯は助言ないし忠告といった形で司教や修道院長の選出に影響力を保持していたのである。

　第三に，ラモン・バランゲー１世の時代に引き続く「神の平和と休戦」会議を通じての，教会の統治への利用である。すなわち統治において，従来のような司教座の持つ政治的また経済的な権限の利用とは別に，教会の普遍的な権威を利用する動きが，地域の伝統を活かしつつ現れてきているのである。このように，バルセロナ伯は様々な手段で教会やその権限への影響力を保持し，統治に利用し続けているのである。

　とはいえ，これらの変化が統治構造上の極めて大きな変化であり，かつ親族を中心とした上級貴族家系による司教座専有が行われなくなることで，司教座に対するバルセロナ伯の支配が後退していることに変わりはない。統治の世俗化，また教会の相対的自立化は同時期のフランスやドイツなど西欧の各地域でも起きているが，これらの地域ではそれらの変化は，しばしば教皇と王や皇帝との争い，また王・伯・教会などの間での政治的な交渉を伴って進展した。特に教会の果たす政治的役割や司教の権限が大きかったバルセロナ伯領では，諸侯反乱に伴ってその統治体制がすでに綻びを見せていたとはいえ，この変化の衝撃はフランスやドイツに劣らず大きかったはずである。にも関わらず，バルセロナ伯領では，叙任権の変化はむしろバルセロナ伯によって積極的に受容されている。この頃，1131年にバルセロナにおいて開かれた教会会議では，バルセロナ伯が叙任権を教会の手に回復することが，ジローナ教会会議以上に明確な言葉で述べられている。この会議はバルセロナ伯父子の臨席のもとで，その信任する人物であるタラゴーナ大司教兼バルセロナ司教ウラゲールの主宰により，開催されている。「また有力者と高貴なる人々の同意と歓呼を受けて，前述の尊敬すべき伯とその息子ライムンドゥス，および教会内で何らかのものを要求するすべての者たちは，大司教および前述の司教の権能に，彼らが現在保持する，あるいは保持するべきである，あるいはかつて彼らに正当に譲渡された，すべての教会とその自有地

と寄進物と死者を委ねる。また聖職者たちとその財産と礼拝堂とすべての教会の寄進は，同じ大司教と司教たちがすべて自由に保持し，その良き意思において，教会法に基づいて，神とその教会の名誉のために処置するように」[64]。このようにバルセロナ伯領では，伯自身がローマ教会やその改革に対して協調的な態度を維持し，その統治に大きく影響する叙任権の改革にも積極的に協力の姿勢を示していた。このような興味深い状況は，なぜ生じえたのであろうか。

第4節　バルセロナ伯を巡る国際情勢

　ここで我々は，バルセロナ伯を囲む当時のイベリア半島の情勢に目を向けねばなるまい。当時のイベリア半島は，イスラーム教徒に対する征服活動が活発化した時代であった。1031年の後ウマイヤ朝分裂後，イスラーム側は小王国が分立する状態となっていた[65]。他方でキリスト教側ではカスティーリャ王国やアラゴン王国など，後の時代に続く諸国家が成立しつつあり，以後イベリア半島各地ではキリスト教諸国がイスラーム教諸国に対し攻勢に立つこととなったのである[66]。この攻勢の活発化の中で，征服活動の性質自体にも変化が現れた。それまでのキリスト教徒による征服活動の実態は，しば

---

64)　"Predictus quoque venerabilis comes, cum filio suo Raimundo, cum consensu et aclamatione magnatum et nobilium virorum, ipsi et omnes qui in ecclesiis aliquid requirebant, dimiserunt in potestate archiepiscopi, et predictorum episcoporum, omnes ecclesias cum alodiis et oblationibus et defunctionibus suis, que modo habent, vel habere debent, vel in antea eis iuste concessa fuerint. Clericos quoque, et eorum bona et capellanias et omnem donacionem ecclesiarum, ut ipse archiepiscopus et episcopi habeant ea omnia libere, et disponant ea in bene placito suo, secundum canones ad honorem Dei et ipsius Ecclesie", *PTC*, doc. 10.

65)　この時期のイスラーム諸国の状況については，D. Wasserstein, *The rise and fall of the party-kings : politics and society in Islamic Spain 1002-1086*, Princeton University Press, 1985.

66)　ナバラ王サンチョ3世（1003？-1034年）は死に際してその王国を諸子に分割し，ナバラ王国に加えてカスティーリャ王国，アラゴン王国が成立した。カスティーリャ王となったフェルナンド1世は数年後に妻の実家であるレオン王国を征服し，1037年にはカスティーリャ・レオン王国が成立した。Ph. コンラ（有田忠郎訳）『レコンキスタの歴史』白水社，2000年，68-69頁。

しば国境付近の無人の地の占拠と入植であったが、この時期からはイスラーム勢力の拠点とする大都市を巡る攻防が各地で展開されるようになる。カスティーリャ王国による1085年のトレド攻略、アラゴン王国による1118年のサラゴサ攻略、1120年代のカタルーニャの勢力によるタラゴーナ攻略などが、その代表的な事例である[67]。11世紀末には、イスラーム陣営は北アフリカから進出したムラービト朝により統一され、キリスト教諸国に対して反撃に出るが、両者の間に激しい攻防が継続したことに変わりはなかった。

　このような激しい攻防、特に大都市の攻略を実行するため、キリスト教側も従来の攻撃と異なり、より統一された大規模な戦力を用意することが求められた。この際に重要であったのが、ローマ教皇の支援である。アレクサンデル2世やグレゴリウス7世などの教皇は、イベリア半島がローマ教皇の権利に属する土地であると主張し、かつ異教徒との戦闘を推奨していたため、しばしばイベリア半島における戦闘を支援する内容の勅書を発布していた[68]。むろんイスラーム教徒に対する戦闘の実際の原因は、宗教的動機というより、何よりも生存圏の拡大にあったが、教皇がイスラーム勢力との戦闘を聖戦と見なして支援してくれるのであれば、イベリア半島の諸国にそれを拒む理由はなかったであろう。教皇の勅書は外国人、特に南仏の諸侯のレコンキスタへの参加を促した。早くも1064年のアラゴン地方の都市バルバストロの攻略戦に、フランスからの貴族の参加が見られた[69]。またカスティーリャ王アルフォンソ6世（1065-1109年）の2人の女婿は、後に1人はポルトガル王家の開祖となり、1人はカスティーリャ王の父となったが、ともにレコンキスタに参加したブルゴーニュ出身の貴族であった[70]。また外国人だけでなく、領内の諸侯をイベリア諸国の君主が動員する際にも、教皇勅書の有無は影響を及ぼしたであろう。

　これらの教皇による支援は、特にイベリア半島北東部で重要であったこと

---

67) トレドとサラゴサは、イスラーム側が東部辺境と中部辺境の中心と見なした都市であった。また前者は西ゴート王国の首都でもあった。
68) *DPI*, doc.6, 13 ; Kehr, *El Papat i el Principat de Catalunya*, pp. 41-42.
69) バルバストロ十字軍については、A. Ferreiro, "The siege of Barbastro: A Reassessment", *Journal of Medieval History*, 9 (1983), pp. 129-144.
70) 立石博高編『スペイン・ポルトガル史』山川出版社、2000年、94-98頁。

が予想される。先述のように，8世紀初頭のイベリア半島征服に際し，イスラーム教徒たち，特にアラブ人は地中海性気候地帯に好んで定住した。このため，半島の東側ほどイスラーム教徒が北部まで定着することになり，この事実は後ウマイヤ朝が設置した辺境区の中心が半島東部では北緯42度のサラゴサ，中部では北緯40度のトレド，西部では北緯39度のメリダに置かれたことが明瞭に示している[71]。このため地中海沿岸部ではイスラーム教徒の密度が高く，カスティーリャなどに比べ，この地域での征服活動は遅々として進まなかった。9世紀初頭から12世紀初頭にかけ，バルセロナ伯領の南限はユブラガット河からガヤ河まで，数十キロしか進んでいないのである。

他方で，レコンキスタの進展は君主の権威を確保し，伸長させるためにも不可欠なものであった。とりわけバルセロナ伯家は，もはや200年も世襲を続けているとはいえ，元来がカロリング朝のもとの1伯家であり，その点ではカタルーニャとその周辺の他の諸伯家や諸副伯家に対しても，いわば同格者中の第一人者であるに過ぎない。このためカスティーリャやアラゴンの王家に比べ権威の点で劣っていたこと，レコンキスタの進展による権威の確立が求められていたことが推測されるのである。またイスラーム勢力に対する遠征は，略奪や貢納，所領の拡大により富の蓄積の可能性を与えるものとして，経済面からも領主層に強く望まれるものであった。

この状況下では，ローマ教皇との友好関係を確保しつつレコンキスタを進めることは，バルセロナ伯にとって不可欠な政策であったろう。実際にも1116年にローマ教皇パスカリス2世は，イスラーム勢力との戦いを理由として，バルセロナ伯の臣従を認め，彼をその保護下に受け入れる旨の教皇勅書を発している。「愛する息子よ，諸々の戦いの指揮の中にあって，汝がいとも力ある聖ペトロの防御が強められるよう努めているのは喜ばしいことである…それゆえ愛すべき汝の願いに，予は大きな好意を持って承認を与える。すなわち汝と汝の妻と汝の息子たちの人格と，このインディクティオー

---

[71] 後ウマイヤ朝のアブド・アッ・ラフマーン1世（756-788年）は北方のキリスト教勢力に備え，3つの辺境区，すなわちサラゴサ中心の上部辺境区とトレド中心の中部辺境区，メリダ中心の下部辺境区を設置した。D. W. ローマックス（林邦夫訳）『レコンキスタ——中世スペインの国土回復運動——』刀水書房，1996年，44頁。

暦9年に汝らが保持し，未来において尊き神により持つであろう汝らの保持するものすべてを，ここに記す勅書により，年30マラベティヌスを納める義務のもとで，聖ペトロとその使徒の座の保護下に受け入れる」[72]。ここでは，バルセロナ伯のイスラーム勢力に対する戦闘が評価され，教皇のバルセロナ伯に対する保護が示されている[73]。また文面から，この保護はバルセロナ伯側が望んで得られたものであることがわかるのである。さらに1121年から1124年の間には，同じ教皇パスカリス2世が，バルセロナ司教ウラゲールを教皇特使に任命し，そのタラゴーナ遠征への支援を聖俗の有力者たちに求める教皇勅書を発している[74]。

　興味深いのは，類似した状況にあった他のイベリア半島諸国の支配者，アラゴン・ナバラ王やポルトガル王も，11世紀末から12世紀にかけてローマ教皇に臣従しているという事実である[75]。特にアラゴン王国では，カタルーニャ同様に叙任権をはじめとする教会改革が積極的に受け入れられている[76]。国王の権威が強く，かつ独力でレコンキスタを遂行できる国力を持つ大国カスティーリャ以外のイベリア半島諸国の君主は，教皇による権威づけとレコンキスタへの支援を必要としていたことが，ここから推測できるのである。

　このように，バルセロナ伯をはじめとするイベリア半島諸国の君主は，イ

---

72) "Devotioni tue, karissime filii, congratulamur, quod inter curas bellicas, Beati potissimum Petri optas munimine confoveri....Eapropter dulcedinis tue petitionibus ampliori benignitate accommodamus assensum ; personam siquidem tuam et uxoris tue ac filiorum vestrorum, et honorem vestrum, que aut in presenti VIIII indictione tenetis, aut in futurum, prestante Deo, habebitis, per decreti presentis paginam sub triginta morabitinorum censu annuo in Beati Petri et eius sedis apostolice tutelam suscipimus", *DPI*, doc. 50.
73) 当時のバルセロナ伯はバレアレス諸島に対する遠征を行い，バルセロナ南方にあるタラゴーナや，さらに南方にあるトゥルトーザのイスラーム勢力からの攻略に意欲を示していた。Sobrequés Vidal, *Els Grans Comtes de Barcelona*, pp. 174-180, 190-193. なお，インディクティオーは中世に使用された15年周期の年代単位であり，15年紀とも呼ばれる。
74) *DPI*, doc. 62.
75) 立石編『スペイン・ポルトガル史』，98，104，161頁。
76) L. Garcia-Guijarro Ramos, "El Papado y el reino de Aragon en la segunda mitad del siglo XI", *Aragón en la Edad Media*, XVIII (2004), pp. 245-264.

スラーム教徒との戦争においてローマ教皇との協調を強く必要とする状況にあった。このためバルセロナ伯領では，すでに教会との関係の再編がグレゴリウス改革期以前から伯によって試みられていたこともあり，伯が教会会議開催に協力するなど，ローマ教会と伯の協調の上に叙任権などの改革が進展したのである。

結　　論

　グレゴリウス改革期におけるバルセロナ伯領での伯権力と教会の関係の変化に対しては，アルティゼンやボナシィによって否定的な見解が提示されていた。前者は，司教の出自に変化が見られるのはイスラームとの戦闘が一段落する 12 世紀後半に至ってからであるとし，後者は 11 世紀を通じ，誠実宣誓を課すことによって伯が司教や修道院長を支配し続けていたという見解を示していたのである。
　しかし，実際には伯と教会の関係は，この時期に形式的にもまた実質的にも大きな変化を遂げていた。複数の教会会議において，バルセロナ伯の協力のもとに，教会による聖職叙任権の回復が決議された。実際にもその後，それまでもっぱら伯や副伯の家系から輩出されていた司教が，中小貴族家系からも輩出されるようになった。これらの変化は，ケーアが示すような単純なローマ教皇の改革活動の成功によるものではない。この変化の背景には，第一に，グレゴリウス改革の開始に先立ち，教会に対する政策の変更を図っていたバルセロナ伯の協力があった。諸侯反乱の中で，上級貴族家系の司教が必ずしも自己に忠実でないことを認識した当時のバルセロナ伯ラモン・バランゲー 1 世は，教会や聖職者に権利や保護を与えるなど，教会の保護者，協力者として振る舞うことで教会との関係を再構築する政策を取りつつあったのである。第二に，この時期のカタルーニャでは，中小貴族家系の台頭という上記の変化に合致した社会的状況が存在した。第三に，イスラーム教徒との戦闘を遂行する上でローマ教皇との友好関係を必要とする，バルセロナ伯の政治的状況があった。これらの理由のためバルセロナ伯領では，世俗君主と教会の間に抗争を生じずに，むしろ世俗君主の協力の上に聖職叙任権の問

題を含めた教会の諸改革が進行したのである。

　このような過程で，グレゴリウス改革期のバルセロナ伯領では，司教座が諸伯や諸副伯家系の独占から解放され，司教座財産が伯のそれから区分されるなど，それまで伯の統治の重要な要素を成していた司教座は，バルセロナ伯の支配下から解放されていった。このような変化は，バルセロナ伯領において統治構造の転換を余儀なくさせた。第一に，司教の権限がバルセロナ伯の俗人の臣下に委譲され，またバルセロナ伯と司教座周辺の副伯家系との関係が強化されるなど，司教ではなく俗人を通じた支配を行う，いわば伯の統治の世俗化が進行した。第二に，司教座が上級貴族家系出身者によって独占されることはなくなったものの，バルセロナ伯は被選司教に対する承認権を留保し，間接的に伯の司教座に対する影響力が確保された。第三に，バルセロナ伯の司教座に対する人事面での支配が後退した一方で，伯が教会の保護者としての姿勢を取りつつ，教会会議を統治に利用するという政策が現れ，継続されていった。このようにバルセロナ伯領では，伯家系による直接的な司教座支配が後退する中で，新たな統治体制の構築が進行したのである。ここでは親族を司教に据えるという血縁に依存した支配が，中小貴族家系出身の臣下や教会の保護者としての権威を通じた支配に変化しており，バルセロナ伯の権威がいわば伯・副伯諸家系の長老ないし代表者としてのものから，君主としてのものに変質している側面をも見て取ることができよう。

　続く時代にバルセロナ伯領では，「神の平和と休戦」会議の制度が発展し，再編されたウィカリウスやバイウルスといった，伯役人を通じた行政制度の整備が試みられ，他方で伯と諸侯，教会の関係がより複雑に変容しつつ，同地域固有の統治構造が完成に近づいていく。これらのプロセスも，先行するグレゴリウス改革期における変化を踏まえることで，より明確に理解されるであろう。また，これらの変化の結果，カタルーニャでは君主と教会の関係は，隣接するラングドックやカスティーリャのそれとは大きく異なるものとなっていった。グレゴリウス改革期以前，世俗権力と教会の関係がカタルーニャ同様に密接であったラングドック地方では，ローマ教会による強引な改革が世俗権力と教会の乖離を招き，また強力な指導力を発揮する君主が不在

であったことが、その後の社会的混乱やカタリ派の台頭の要因となったとされる[77]。また、イスラーム教勢力との戦闘がカタルーニャに比べ激しく、恒常的であったカスティーリャ王国では、国王の権威が強く、グレゴリウス改革期を経ても、王が聖職叙任権を保持し続けた[78]。カタルーニャでの変化は、激しい抗争やそれによる社会的混乱をもたらさなかった点、また聖職叙任権の変容をもたらした点で、これらの地域と決定的に異なるものであった。このようにグレゴリウス改革期を通じ、上記の3つの地域は異なる統治構造を有することになっていった。この点で、グレゴリウス改革期を通じて生じた政治的変化は、イベリア半島や地中海の諸地域の性格形成に影響を与え、その分岐点の一つとなったということができよう。

ところで、教会改革を目指すローマ教会の活動が最も活発となるのは、教皇グレゴリウス7世（1073-85年）やウルバヌス2世（1088-1099年）の時代であり、ラモン・バランゲー1世の治世（1035-1076年）よりむしろ後の時期であった。これらの教皇は、ラモン・バランゲー1世による政策転換に続く時期に、バルセロナ伯領ではどのような活動を展開し、現地の政治や社会にどのような影響を与えたのであろうか。

続く第3章では、この2人の教皇の活動に焦点をあて、検討を試みたい。

---

77) E. Magnou-Nortier, *La societe laique et l'église dans la province ecclésiastique de Narbonne (zone cispyrénéenne) de la fin du VIIIe à la fin du XIe siècle*, Université Toulouse-Le Mirail, 1974; M. Aventín & J. M^a. Salrach, *Història medieval de Catalunya*, Barcelona, 2004, p. 61. また、ビッソンは、南仏の混乱の一因として、騎士の数が秩序を維持できる範囲を越えて増加し過ぎたことを挙げている。Th. N. Bisson, *The Crisis of the Twelfth Century: Power, Lordship, and the Origins of European Government*, Princeton University Press, 2010, p. 110.

78) カスティーリャにおける当時の国王と教会の関係に関しては、Linehan, "The Church and Feudalism", pp. 303-331.

第3章

カタルーニャにおけるグレゴリウス7世，ウルバヌス2世の政策とその帰結
—— 地中海におけるローマ教会進出の一事例 ——

第1節　問題の所在

　11世紀半ば以降のグレゴリウス改革期は，ローマ教会の地理的な活動範囲の拡大期でもあった。この時期の教皇，とりわけグレゴリウス7世（1073-85年）とウルバヌス2世（1088-1099年）は，ドイツやフランスといった以前から接触のあった地域に加え，ローマ教会の勢力範囲のさらなる拡大を目指したことが知られている。10世紀頃から伝道が開始されていた北欧や東欧へもさらに進出が行われ，ローマ教会の権威の確立が図られた。地中海地域でもイタリア各地や南フランス，また数百年来，ローマ教会との接触が希薄となっていたイベリア半島との関係の強化が図られた[1]。

　この拡大は，いまだ不安定なその基盤を各地に確立しようとするローマ教会の努力の表れでもあった。グレゴリウス改革期以前のローマ教会の勢力や活動範囲は極めて限られたものであり，身近な地中海地域さえも完全に把握できていたわけではなかった。またこの時期に展開されていたドイツやイタリアを舞台とする神聖ローマ皇帝との対立は予断を許すものではなく，フランス王フィリップ1世やイングランド王ウィリアム1世との関係も，完全に

---

[1] イベリア半島では，8世紀初頭の西ゴート王国滅亡後，ローマ教会との恒常的な接触は途絶えており，グレゴリウス改革期のローマ教会のイベリア半島進出は，両者の接触を数百年ぶりに再確立するものであった。A. Fliche & V. Martin, *Reforma Gregoriana y Reconquista : Historia de la Iglesia VIII*, Valencia, 1976. 特に pp. 131-137, 251-254, 355.

友好的と言い切れるようなものではなかった[2]。このためローマ教会は，それらの闘争と並行して各地に基盤を築く必要があった。特に，ローマに近い地中海地域における権威や影響力を確立しておくことは，政治的にも急務であったろう。実際にグレゴリウス7世をはじめとするこの時期のローマ教皇は，地中海地域でその勢力圏を確保するための活動を展開している[3]。

　イベリア半島諸国の中でも特にローマ教会の進出が活発に行われた地域が，カタルーニャ地方であった。イスラーム勢力による征服後，イベリア半島のほとんどでローマとの接触は途絶えていたが，9世紀初頭以降カロリング朝の支配下にあったこの地域では諸伯や司教，修道院長らがローマ教会を訪れ，その保護を求めるなど接触が保たれていた。地理的な近さに加え，フランク王権の弱体後，この地域の有力者がローマ教皇に新たな保護者を求めたのがその理由である[4]。また，当時のカタルーニャの政治的中心であったバルセロナ伯家は，後述する内紛によって1070年代から90年代にかけて政治的指導力を低下させていた[5]。このように，ローマ教会との接触が伝統的に維持されていたこと，また政治的権威が空白であったため教皇の活動する余地が大きかったことは，対外進出に積極的であった同時代の教皇，グレゴリウス7世やウルバヌス2世に，有利な状況をもたらした。実際に，両者は

---

2) この時期のローマ教会とこれらの君主との関係については，E. ヴェルナー（瀬原義生訳）『中世の国家と教会』未来社，1991年。渡辺節夫『フランス中世政治権力構造の研究』東京大学出版会，1992年，129-161頁。山代宏道『ノルマン征服と中世イングランド教会』渓水社，1996年。

3) Fliche & Martín, *Reforma Gregoriana y Reconquista*, pp. 134-135 ; H. Jedin (dir.), *Manual de Historia de la Iglesia, III, De la Iglesia de la primitiva Edad Media a la reforma gregoriana*, Barcelona, 1987, pp. 578-579. 印出忠夫「アルビジョワ十字軍開始前後の教皇権と南フランス地方」，『史学雑誌』109編2号，2000年，34-54頁。

4) P. Freedman, "Archbishop Berenguer Seniofred de Lluçà and the Gregorian reform in Catalonia", *Studi Gregoriani*, 14 (1991), pp. 153-159 ; M. Riu, "La organización eclesiástica", *História de España de Menéndez Pidal*, VII-2, Madrid-Barcelona, 1999, pp. 615-648. 特に pp. 636-639.

5) この時期のバルセロナ伯領の状況については S. Sobrequés Vidal, *Els Grans Comtes de Barcelona*, Barcelona, 1961, pp. 115-158 ; P. Bonnassie, *La Catalogne du milieu du Xe à la fin du XIe siècle, croissance et mutation d'une société*, 2 vols., Université Toulouse-Le Mirail, 1975-1976.

カタルーニャに対し，政治的にもまた教会の改革活動の上でも，活発な介入を行った。このような事情から，イベリア半島における教皇の活動とその影響についての知見を得るため，カタルーニャは最も適当な地域であるということができる。

グレゴリウス改革期のローマ教会の活動についてはすでに非常に多くの研究が行われ，蓄積されているが，日本では主にドイツ，フランスやイギリスなどの地域がそれらの研究の対象とされ，少なくともイベリア半島については，いまだ研究は行われていない。西欧全体でのローマ教会の発展過程を把握する上で，この時期の地中海地域におけるローマ教皇の活動やその特徴を確認する必要がある。また11世紀のイベリア半島は，カスティーリャ王国やアラゴン王国，バルセロナ伯領などその後の時代に連なる国家群がようやく形成され，その過程で社会的・政治的体制も整備されつつあった時代であった。異教徒であるイスラーム勢力との戦闘を抱えるという事情もあり，同半島では，ローマ教会の進出は独自の様相を呈し，社会や政治にも影響を与えたはずである。イベリア半島のその後の教会史や政治的展開を考察する上でも，カタルーニャにおけるこの時代のローマ教会の行動やその影響は，避けて通れないテーマであろう。

グレゴリウス7世やウルバヌス2世のカタルーニャでの活動については，1930年代にパウル・ケーアによる詳細な叙述が行われており，その後のスペインやカタルーニャでの教会史の著述も，当該部分については彼の著作をもとに記述を行っている[6]。しかし彼の著作では，ローマ教会に従属する修道院や所領の増加や，聖職者の規律刷新，律修参事会運動の展開など，ローマ教会やその改革活動に関連する事象が時系列的に記述されているものの，ローマ教会の政策の中でのカタルーニャの位置づけや，その政策が現地の社会状況とどのように関連していたのか，その政策がどのように受容されたの

---

6) P. Kehr, *El Papat i el Principat de Catalunya a fins a la unió amb Aragó*: translated by R. D'Abadal i Vinyals, Barcelona, 1931. この時期の教会の歴史についての近年の著作として，Riu, "La organización eclesiástica"; J. Martí Bonet, "De la Reforma Gregoriana a la Protestant: El concordat de Worms, Conseqüència de la Reforma Gregoriana", *Historia de l'Església, segles IX-XVI*, Barcelona, 1999, pp. 53-107.

かといったことについて，分析がなされていない。近年ではポール・フリードマンが，両教皇の信任を受けて同時代のカタルーニャ教会を指導していたビック司教バランゲーの活動を分析しているが，教皇ではなく現地の一司教を中心とし，内容的にも教会改革とレコンキスタが中心とされるなど，カタルーニャにおける両教皇の行動の全体像を扱ったものとは言いがたい[7]。このような研究状況からも，当該テーマは改めて検討を行う余地があるものと言えよう。

グレゴリウス7世やウルバヌス2世がとった政策の中でカタルーニャはどのように位置づけられ，そこでの政策はどのような特徴を持ったのか。そしてそれは在地社会の状況とどのように関連し，どのような帰結をもたらしたのか。本章では，カタルーニャにおける両教皇の活動を通じ，地中海地域におけるグレゴリウス改革期のローマ教会の活動，その特徴と帰結を明らかにすることを目指す。このテーマは地中海諸地域の発展，特にイベリア半島における教会の発展についての知見を与えるだけでなく，当時のローマ教会の組織や勢力基盤の形成の新たな側面を明らかにし，ヨーロッパ全体でのカトリック教会の発展を俯瞰する上での新たな検討材料を提供するものとなるであろう。

本章では，同時期の教皇勅書群を主要な史料として，この2人のローマ教皇のカタルーニャにおける行動を1人ずつ分析し，そこに現れたローマ教会の政策を確認する。ついで，それらの政策を迎えるにあたってのカタルーニャ側の事情と対応を分析し，彼ら2人の教皇の政策が迎えた帰結とカタルーニャ社会における影響を明らかにしていく。次節では，教皇グレゴリウス7世のカタルーニャにおける活動を検討する。

第2節　グレゴリウス7世とカタルーニャ

(1) カタルーニャにおけるグレゴリウス7世の活動

9世紀初頭にフランク王国の支配下に入った後，カタルーニャは，イベリ

---

7) Freedman, "Archbishop Berenguer Seniofred de Lluçà", pp. 153-159.

ア半島で唯一ローマ教会と接触を保つ地域となっていた。特に西フランク王権が弱体化して以降,カタルーニャの諸伯や司教,修道院長たちは,保護を西フランク王に対してではなく,ローマ教皇に対して求めるようになっていった[8]。グレゴリウス改革期以前に,ローマ教会との接触や,ローマ教会による教会の免属や保護という慣行がすでにカタルーニャに存在していたことは,注目されてよいであろう。しかし,11世紀半ばに至るまで,この接触はカタルーニャからの一方的なものであり,ローマ側から積極的に接触を持つことはなかった。

ローマ教会が積極的にイベリア半島と接触を持つようになったのは,教皇アレクサンデル2世の治世(1062-1073年)においてである。彼はイベリア半島が聖ペトロの座,すなわちローマ教会の権利に属するものであるとの主張を行い,イベリア半島に対して多大な関心を示した[9]。この教皇のもとで,教皇特使としてウーゴ・カンディドゥスが派遣され,アラゴン王による対イスラーム遠征への支援を呼びかける勅書がフランスの騎士たちに対して出されるなど,イベリア半島でローマ教会による積極的な活動が開始された[10]。カタルーニャでは,教皇特使ウーゴのもとで1068年に北部の司教座都市であるジローナで教会会議が開かれ,この会議が教皇による教会改革の開始と見なされている。

この突然のローマ教会によるイベリア半島での活動開始の背景には,地中海地域に早急に勢力基盤の確立を図るローマ教会側の意図があったであろう。当時のローマ教会は,いわゆるグレゴリウス改革期の初期にあたる。教皇アレクサンデル2世は神聖ローマ皇帝をはじめとした俗人の介入を排して選出された教皇であり,彼を囲む改革聖職者集団とともに,教会から俗人による叙任や,それまでの西欧各地で慣行となっていた聖職売買や私有教会制を排除する計画を進める過程にあった[11]。実際に叙任権を巡る闘争が激しく

---

8) Kehr, *El Papat i el Principat de Catalunya*, pp. 1-33.
9) D. W. ローマックス(林邦夫訳)『レコンキスタ——中世スペインの国土回復運動——』刀水書房,1996年,81-84頁。
10) Fliche & Martin, *Reforma Gregoriana y Reconquista*, pp. 131-137.
11) Jedin (dir.), *Manual de Historia de la Iglesia, III*, pp. 562-567.

展開されるのは彼の次の教皇グレゴリウス7世以降であるが，この改革を進める以上，ローマ教会がそれまでのように神聖ローマ皇帝に依存することができなくなるのは明らかであり，ローマを囲む地中海地域に可及的速やかに地盤を築きたいという意図が持たれたであろう。また，すべての教会がローマ教会の権威のもとに置かれるべきであるとする理念からも，それまでローマ教会と没交渉であったイベリア教会との接触は不可欠であった。

1073年にグレゴリウス7世が教皇となると，ローマ教会とイベリア半島の接触はさらに活発化していく。同年のうちに彼はフランスの諸侯に宛て，スペイン（ヒスパニア）でのイスラーム教徒との戦闘に参加することを促す勅書を発している。その勅書中ではスペインがローマ教会の権利に属するものであることが宣言され，イベリア半島に対する彼の強い関心が示されている。「ヒスパニアの王国は，古来より聖ペトロの固有の権利に属している。長く異教徒によって占拠されていたとはいえ，法と正義は無効となっておらず，いかなる人間にも属さず，ただ使徒の座にのみ属すことが，汝らに知られていないことはないと信じる」[12]。

この関心を反映し，グレゴリウス7世はイベリア半島を担当する教皇特使を相次いで任命している。やはり彼が登位した1073年のうちに，オスティア司教ジラルドが，ウーゴ・カンディドゥスにかわり教皇特使に任命されている[13]。ケーアはスペインの問題についてウーゴとグレゴリウス7世の間に意見の食い違いがあったことをウーゴの罷免の理由と考えており，新たな特使の任命にはイベリア半島における諸政策を自己の主導権のもとに置こうとするグレゴリウス7世の意思の現れが認められるであろう[14]。また1077年

---

12) "Non latere vos credimus regnum Hyspanie ab antiquo proprii iuris Sancti Petri fuisse, et adhuc licet diu a paganis sit occupatum, lege tamen iustitie non evacuata, nulli mortalium sed soli Apostolice Sedi...pertinere", *DPI*, doc. 6. 同様の表明は1077年にも行われている。*DPI*, doc. 13. この主張の根拠を論じたものとして，"Derechos de la Santa Sede sobre España. El pensamiento de Gregorio VII", in A. Fliche & V. Martin, *Reforma Gregoriana y Reconquista : Historia de la Iglesia VIII*, Valencia, 1976, pp. 551-576.

13) *DPI*, doc. 7.

14) Kehr, *El Papat i el Principat de Catalunya*, p. 42.

にはオレロン司教アマートとナルボンヌ近郊のサン・ポンス修道院長フロタールが，1079年にはマルセイユのサン・ヴィクトル修道院長リシャールが教皇特使に任命されている[15]。フロタールやリシャールは，南仏における改革派聖職者として知られた人物であり，グレゴリウス7世が教皇となった後，ローマ教会や南仏の改革派聖職者たちから相次いでイベリア半島の諸問題を担当する教皇の代理人を任命していることがわかるのである。

カタルーニャでは，1078年に教皇特使であるオレロン司教アマートにより，ふたたび北部の司教座都市ジローナにおいて教会会議が開かれ，私有教会の禁止，聖職売買による叙任の無効，聖職者の武装や聖職者の子による教会禄の享受の禁止などが決議され，聖職者の規律回復が図られた[16]。これらのローマ教会の活動には，当時のジローナ司教バランゲー・ギフレ（1050-1093年）やビック司教バランゲー（1078-1099年）といったカタルーニャの高位聖職者たちも協力を示していた。この頃，ローマ教会の進出を受けて，カタルーニャ側からも司教がローマを訪問する動きが現れたことがわかっている。訪問の背景には，従来のように教皇の保護を求める動きに加え，教会の改革に対する指導を求めるカタルーニャの聖職者たちの動きがあった。この過程で必然的にグレゴリウス7世はカタルーニャの司教層との結びつきを強化し，彼らへの影響力を増したであろう。特にビック司教バランゲーは，グレゴリウス7世の信任を得て，結婚の禁止などの聖職者の生活刷新や律修参事会の設立，アウグスティヌス戒律の導入などに努めたことが知られている[17]。このように，在地の聖職者がローマ教会と往来し，教皇の信任を得て改革を推進するという事態は，ローマとの接触の伝統や地理的な近さに由来するカタルーニャの特徴であったと言えるであろう。

また，同じイベリア半島のカスティーリャやアラゴンではローマ教会の関

---

15) *DPI*, doc. 13, 18.
16) *CSG*, doc. 364 ; Jedin (dir.), *Manual de Historia de la Iglesia, III*, pp. 575-584 ; F. Udina Martorell, "Cataluña", *História de España de Menéndez Pidal*, IX, Madrid-Barcelona, 1998, pp. 327-406. 特に p. 385.
17) F. J. Fernández Conde (dir.), *Historia de la Iglesia en España*, II-1 : *La Iglesia en la España de los siglos VIII al XIV*, Madrid, 1979, p. 38 ; Freedman, "Archbishop Berenguer Seniofred de Lluçà", pp. 153-159.

心が特に典礼の改革にあったのに対し、典礼の問題がなかったこの時期のカタルーニャでは、聖職者の規律の回復と刷新が教会改革の中心となっていたことも特徴として指摘できよう[18]。

これらの教会改革の進展に並行して、ローマ教皇に属する教会や土地も増加していった。この時期、ローマ教会に対してカタルーニャの諸教会や修道院がしばしば保護を求めたことは先述したが、この保護は免属という形をとって行われた。すなわち、当該教会がローマ教会に直属し、他の何者にも属さないものとすることでその保護が図られたのである。このため、ローマ教会に直属する教会がこの時期に増加している。ローマ教会だけではなく、イタリアや南仏の、教皇に近い改革派の大修道院に服属する修道院も現れた[19]。特に、院長が教皇特使を兼ねている南フランスの2つの修道院、ナルボンヌ近郊のサン・ポンス修道院とマルセイユのサン・ヴィクトル修道院に属する修道院が多く見られた。例えば、1079年にグレゴリウス7世がサン・ヴィクトル修道院長リシャールに与えた権利確認の文書中には、リポイ修道院やサン・タステバ・ダ・バニョラス修道院など、カタルーニャでも有数の大修道院が、サン・ヴィクトル修道院の権利に属するものとして現れている[20]。

カタルーニャの事例で注目されるのは、教会勢力のみならず、俗人によってもローマ教会への接近が図られたことである。例として、1077年にはバルセロナ伯の一族であるバザルー伯のバルナッ2世（1052-1100年）が、グレゴリウス7世に対し誠実宣誓を行い、臣従している[21]。カタルーニャの主要部分を統治するバルセロナ伯家の当主、バランゲー・ラモン2世(1082-1097年) も後にグレゴリウスに臣従している[22]。また、サルダーニャ伯に

---

18) カスティーリャやアラゴンにおけるグレゴリウス改革については L. De la Calzada, "Gregorio VII y los reinos de Castilla y León", *Studi Gregoriani*, 3 (1948), pp. 1-87 ; L. Garcia-Guijarro Ramos, "El Papado y el reino de Aragon en la segunda mitad del siglo XI", *Aragón en la Edad Media*, XVIII, (2004), pp. 245-264.
19) Freedman, "Archbishop Berenguer Seniofred de Lluçà", pp. 156-159 ; Kehr, *El Papat i el Principat de Catalunya*, pp. 43-52.
20) *DPI*, doc. 16.
21) Sobrequés Vidal, *Els Grans Comtes de Barcelona*, p. 142.

よって2つの城の寄進が行われるなど，この時期ローマ教会に属する土地財産も寄進によって増加していった[23]。

このような教会と俗人双方に対する勢力や権威の拡大を背景に，グレゴリウス7世は政治的にもカタルーニャに対して介入を行っている。1079年にはジローナ司教バランゲー・ギフレに対し勅書を発し，当時兄弟で共治伯となり，抗争を展開していた2人のバルセロナ伯，ラモン・バランゲー2世（1076-1082年）とバランゲー・ラモン2世を調停するように命じている。「それゆえ予は貴下に，近隣の大修道院長数名および神を畏敬する聖職者や俗人を伴ってその地に赴き，兄弟たちの間に平和がもたらされるように尽くされることを命ずる。…それでも彼らが頑強に不服従を主張し，相変わらず抗争を続けるならば，…反抗者を聖ペトロの保護から除き，キリスト教共同体から駆逐しよう」。ここでは極めて高圧的な言葉で，両バルセロナ伯の和解が求められている[24]。ここでの「近隣の大修道院長」として，文書中ではリポイ修道院長やサン・クガット修道院長，またサン・トミエ修道院長の名が挙げられている。リポイはカタルーニャ北部に位置する歴代バルセロナ伯の墓所となっていた有力な修道院であり，当時はマルセイユのサン・ヴィクトル修道院に従属していた。またサン・クガットはバルセロナ近郊の大修道院であった。ここからは，南フランスの聖職者を含めた司教や修道院長など聖界諸侯を利用しつつ，バルセロナ伯領における政治的調停者として振る舞っている教皇の姿が看取できる。この同じ年，双子の伯は抗争回避のため，財産の分割を行っており，教皇の指揮による調停の影響が認められる[25]。このように，政治的な問題についてもグレゴリウス7世は介入を行い，影響力を行使しているのである。

このように，グレゴリウス7世がイベリア半島各地で積極的に展開した活

---

22) Udina Martorell, "Cataluña", p. 385.
23) Kehr, *El Papat i el Principat de Catalunya*, pp. 33-43 ; A. Altisent, "Cataluña : la sociedad y la economía（1035-1213）", *História de España de Menéndez Pidal*, X, Madrid-Barcelona, 1992, pp. 449-604. 特に pp. 544-546.
24) この訳は，R. W. サザーン（森岡敬一郎・池上忠弘訳）『中世の形成』みすず書房，1978年，96頁に基づいている。原文は *DPI*, doc. 15.
25) Sobrequés Vidal, *Els Grans Comtes de Barcelona*, pp. 122-123.

動は，カタルーニャにおいて大きな成果をもたらしていた。彼はイベリア半島全体が教皇の権利に属するものであると宣言し，相次いで教皇特使を任命し，またイベリア半島各地で教会改革を推進しているが，この試みはカタルーニャで特に成功を収めた。司教たちはしばしばローマを訪問し，教皇による保護や改革への指導を求めており，この結果カタルーニャでは教皇の影響力は強化され，特に教皇の信任を受けた在地の司教である，ビック司教バランゲーを中心に教会の規律刷新が遂行された。また多くの修道院がローマ教会，もしくはローマ教皇との結びつきが強い南フランスの大修道院に属していくなど，カタルーニャ教会に対するローマ教会の結びつきと影響力は，彼の時代に格段に強化されているのである。教皇の成功は，教会に関する問題だけにとどまらない。俗人によっても土地の寄進が行われ，特にバザルー伯やバルセロナ伯など，支配者層の上級貴族が教皇に対して臣従を行うなど，世俗的な面でも教皇の勢力の拡大が確認できる。これらの影響力の拡大を受け，グレゴリウス7世はバルセロナ伯家の内紛の調停を図るなど，政治的にもカタルーニャに介入を行うに至ったのである。

　以上の検討から，カタルーニャではグレゴリウス7世の時代にローマ教会の活動が活発かつ多面的に展開され，教会改革や教会の集権化，また教皇の財産や権利の集積が進行し，政治面でも介入が行われるなど，大きな成功を収めていることがわかった。

　ここで注目されるのは，ビック司教バランゲーやバザルー伯バルナッの行動に見られるように，新たに開始されたローマ教会の諸活動は，ほとんど抵抗を受けることなく受け入れられ，むしろ在地の諸勢力から積極的に受容されていたという事実である。それでは，このようなローマ教皇による積極的な活動の展開と，またその積極的な受容は，なぜ可能であったのだろうか。

(2) カタルーニャ側の状況

　グレゴリウス改革期に先行する11世紀前半から半ばにかけてのカタルーニャでは，領主層の形成と台頭を軸とした，社会的・政治的な変革が進行していた。バルセロナ伯ラモン・バランゲー1世は，領主層の既得権に一定の承認を与える代わりに，彼に対して誠実宣誓を行い，臣従することを義務づ

けるなど，新たな秩序の構築に努めたが，これら新興領主層の台頭は，従来の諸伯家・諸副伯家などの上級貴族に打撃を与えるものであったことに変わりはなく，また教会勢力もしばしば彼らと土地を巡って争っていた。

　さらにラモン・バランゲー1世が1076年に世を去ると，その後継者たちの間では内紛が生じ，バルセロナ伯家の権威が失墜して政治的な空白が生じた。この時期のバルセロナ伯領は，双子と伝えられるラモン・バランゲー2世とバランゲー・ラモン2世の兄弟が共治伯として統治していたが，両者の間には即位後早い段階から抗争が生じていた。1082年に前者が不慮の事故で死ぬと，彼の支持者であった諸侯はこれを後者による暗殺と見なし，前者の遺児を擁して後者やその支持者と対立した。このため，バルセロナ伯領では両派の抗争による混乱が続いた[26]。兄弟殺しの汚名を受けたバランゲー・ラモン2世は抗争で劣勢に立ち，結局，兄ラモン・バランゲー2世の遺児ラモン・バランゲー3世が成人したら伯位を譲るという条件で反対派と和平を結んだ[27]。しかしその後もエル・シッドが仕えるサラゴサのイスラーム王国との争いで劣勢に立つなど，バルセロナ伯の権威低下は避けられなかった。

　諸伯や諸副伯といった上級貴族家系にとって，新興領主層の台頭とそれによる社会の混乱は，その支配基盤を危うくするものであった。また教会も社会的混乱の中でしばしば領主層との間に土地や権利を巡る紛争を生じていた。その一方，保護を与え，権利を確立する機能を果たすべき政治的支配者であるバルセロナ伯の権威は，前述の諸事情により低下していたのである。

　このような状況のため，1070年代以降にローマ教会の進出が活発化すると，カタルーニャの聖職者や一部の俗人諸侯の中で，バルセロナ伯にかわって教皇の保護を求める動きが顕在化したのであろう。権威の衰えていたバルセロナ伯にとっても，ローマ教皇はその統治に正統性を保証しうる存在であった。教皇に臣従するといっても，実際の負担は，毎年一定額の貢納を支払うといったものに過ぎなかった[28]。また，没落傾向にあった上級貴族や，

---

26) Sobrequés Vidal, *Els Grans Comtes de Barcelona*, pp. 115-158.
27) 実際にもラモン・バランゲー3世は1097年，14歳で伯位に就いている。退位したバランゲー・ラモン2世はイェルサレム巡礼に赴き，その後の消息は伝えられていない。巡礼が実質的な追放措置であったことは明らかであろう。

いまだその基盤を確立していなかった新興領主層にとっても，ローマ教皇の保護は有益なものであったろう。もちろん領主層による土地財産の侵害を受けていた教会にとっても，ローマ教皇の保護は重要であったはずである。すでに9世紀からカタルーニャの諸教会はしばしば教皇の保護を求めていたのであるから，政情が不安定でかつローマ教会がカタルーニャ進出を推進している状況では，その動きが活発化するのは自然な成行きであったろう。

　また，この時期にローマ教会に対して行われた諸々の寄進は，財産の保全という側面を持っていたと考えられる。ローマ教会がイベリア半島の土地や城を寄進された場合，その管理のためにローマから人が派遣されたとは考えがたい。おそらく，ローマ教会は一定の貢納を得るだけで，実際の土地の管理は寄進者が引き続き行うことになったであろう。換言すれば，ローマ教会への土地の寄進は，貢納と引き換えにその土地をローマ教会の権威によって保護する手段であったと考えられるのである。

　こういったカタルーニャ側の状況に加え，ローマ教会側にとっても，カタルーニャとの関係を強化するのは好都合であった。この時期，ローマ教皇は南イタリアとシチリア島の支配者であるノルマン人君主から誠実宣誓を受け，トスカーナのマティルダ女伯の領土に影響力を有しており，かつサルデーニャ島とコルシカ島をも支配していた。北イタリアから南フランスにかけては，サヴォイア伯，ブルゴーニュ伯とトゥールーズ伯が教皇に誠実宣誓を行っていた。プロヴァンスでは，プロヴァンス伯とメルグェイユ伯が教皇に誠実宣誓を行ったほか，マルセイユのサン・ヴィクトル修道院を通じても教皇は影響力を保持していた。このように，ローマ教会はこの時期，地中海地域での勢力確立を図っているのであり，カタルーニャへの進出もこの地中海進出政策上に位置づけられるものであった[29]。

　グレゴリウス7世はイベリア半島を含む地中海各地へ進出し，その一環としてカタルーニャでも活動を展開した。この地域では司教がたびたびローマを訪れ，グレゴリウスの指導下で当時のビック司教を中心に律修参事会運動

---

28) Udina Martorell, "Cataluña", pp. 327–406. 特に p. 385.
29) Jedin (dir.), *Manual de Historia de la Iglesia, III*, pp. 578 ; Fliche & Martin, *Reforma Gregoriana y Reconquista*, pp. 134–135.

が推進されるなど，教会の規律の刷新が図られ，進展を見せた。並行して多くの修道院が，ローマ教会や南仏の改革派修道院に従属していった。俗人諸侯の中にもローマ教皇に臣従し，また土地の寄進を行う動きが見られた。これらの成果の上に，教皇はカタルーニャにおいてその権威を伸長させ，政治的な介入をも行うに至ったのである。当時のカタルーニャでは，社会的な混乱の中で，君主であるバルセロナ伯や上級貴族，新興領主層，また教会がそれぞれに保護者を求める状況が存在し，おりしも教皇の進出が始まると，おそらくは以前からのローマ教会に保護を求める慣行と結びついて，彼らは教皇との結びつきを求めたのである。このためカタルーニャでは，教皇の進出は在地の諸勢力によって積極的に受容されることとなった。ケーアは，この時期の教皇の活動は，カタルーニャと，隣接するアラゴンにおいて西欧のどこよりも成功を収めたとしている[30]。この結果，カタルーニャではローマ教会との結びつきが強化されていった。

第3節　ウルバヌス2世とカタルーニャ

(1) カタルーニャにおけるウルバヌス2世の活動

　1088年にウルバヌス2世が教皇となると，カタルーニャに対するローマ教会の政策には新たな様相が現れた。グレゴリウス7世の政策のうちにすでに現れていた教会の集権化を図る傾向が，ウルバヌス2世の治世には一層顕著となったのである。彼の治世にはイベリア半島や南フランスなど広い範囲での教会の再編，具体的には司教座や修道院の集権化が進められ，カタルーニャの諸教会もその政策の中に位置づけられていった。

　ウルバヌス2世の時代に現れた，カタルーニャ教会に対する新たな政策として，第一に，同教会のナルボンヌ大司教管区からの分離が挙げられる。カタルーニャの諸司教座は，8世紀初頭のイスラーム勢力によるイベリア半島征服以前には，タラゴーナ大司教座の管轄下にあった。しかし9世紀初頭にカロリング朝によってカタルーニャ北部がキリスト教勢力下に戻った時点で

---

30) Kehr, *El Papat i el Principat de Catalunya*, pp. 36-37.

は，タラゴーナはいまだイスラーム勢力の支配下にあったため，カタルーニャの諸司教座はナルボンヌ大司教の管轄下に置かれることとなった。

　この本来臨時のものであった措置は，その後もタラゴーナがイスラーム勢力の支配下にあり続けたため，300年近くを経ても継続していた。11世紀末の時点でもカタルーニャの諸司教座はナルボンヌ大司教の従属下に置かれていたのである[31]。1088年に教皇となったウルバヌスは，ほどなくカタルーニャ教会をナルボンヌ大司教座から分離する意向を明らかにした。1089年の教皇勅書では，グレゴリウス7世以降教皇の信任を受けていたビック司教バランゲーをタラゴーナ大司教に叙任し，名目上同大司教座を復活させること，またそれをもってカタルーニャ教会をナルボンヌから分離することが，バルセロナ伯領の有力者たちへのタラゴーナ回復事業への支援要請とともに述べられている。「すなわちナルボンヌの聖職者が，ローマの特権の権威によって法に基づいてタラゴーナの管区を要求することはできないのである。汝らの努力がそれに値するのを目にしたので，予はすべての訴えにより，ためらわずタラゴーナの教会の子たちにその権利を返還し，そして予の兄弟ベレンガリウスに大司教の衣の権威を負わせる」[32]。

　当時のローマ教会は，南仏においてナルボンヌ大司教座と対立する関係にあり，教皇ニコラウス2世（1058-1061年）以降，同大司教座の影響力を減少させる試みがしばしば行われていた[33]。同大司教座の管轄下からのカタルーニャ教会の削減も，その一環であったろう。また，この時期のローマ教会は，並行してカスティーリャ王国を中心としたイベリア半島の教会の再編

---

31) Riu, "La organización eclesiástica", pp. 615-648.
32) "Si enim Romani auctoritate privilegii Tarraconensem provinciam canonice vendicare Narbonensis antistes nequiverit, nos omni querela liberi Tarraconensi ecclesie ius suum restituere et fratri nostro Berengario pallii dignitatem conferre non pretermitemus, prout mereri studia vestra videbimus", DPI, doc. 29.
33) Kehr, El Papat i el Principat de Catalunya, pp. 49-50. またこの時期の教皇とナルボンヌ大司教座の関係については，E. Magnou-Nortier, La société laïque et l'église dans la province ecclésiastique de Narbonne (zone cispyrénéenne) de la fin du VIIIe à la fin du XIe siècle, Université Toulouse-Le Mirail, 1974. 印出忠夫「南仏ナルボンヌ大司教座における「グレゴリウス危機」について――E. MAGNOU-NORTIERの業績から――」，『文化紀要』〈弘前大・教養〉1994年，1-27頁．

も進めていた。カスティーリャ王国は1085年にかつての西ゴート王国の首都であったトレドを陥落させるなど，征服活動を目覚ましく進展させており，かつ新たにアフリカから進出してきたイスラーム勢力であるムラービト朝との対立でもキリスト教陣営の最前線に立っていた。この状況は，バルセロナ伯をはじめとしたカタルーニャの諸勢力が征服活動をほとんど進展できずにいるのと対照的であり，ローマ教会にイベリア半島におけるカスティーリャの重要性を認識させたであろう。またカスティーリャではウルバヌス2世の出身母体であるクリュニー修道院が大きな影響力を持っていたことも，ローマ教会のカスティーリャへの接近を助長したと考えられる[34]。これらの事情を受け，ウルバヌス2世は教皇となった1088年に，カスティーリャ王国内のトレド大司教座を全ヒスパニアの首位司教座とする教皇勅書を，イベリア半島内の大司教たちに対して発しているのである。「それゆえトレドの大司教座を我らの特権の権威，完全なる使徒の座と単一の首都司教座の特権の権威により，全ヒスパニアの諸王国の首位司教座であるよう命じる」[35]。同年，ウルバヌス2世はこのトレド大司教座のもとへの全イベリア教会の従属をカスティーリャ王，トレド大司教自身とクリュニー修道院長へ通達している[36]。当時のトレド大司教ベルナール（1086-1124年）は，ウルバヌス2世と同じくクリュニー修道院出身のフランス人であり，トレド大司教座のもとにイベリア半島の全教会を集権化することは，この点からもウルバヌス2世にとって都合が良かったであろう。

　このように，ナルボンヌ大司教座の弱体化とトレド大司教座のもとでのイベリア半島教会の集権化という2つの目的のため，カタルーニャの諸司教座は，ナルボンヌ大司教座の管轄下からウルバヌス2世によって離脱させられたと考えられる。この際タラゴーナ大司教座は名目上復活させられ，トレド大司教座の首位権に属することとなった。この変化により，教会裁治上はそ

---

34) Ch. Bishko, "Fernando I y los orígenes de la alianza castellano-leonesa con Cluny", *Cuadernos de Historia de España*, 49-50 (1969), pp. 31-135.
35) "Toletanum siquidem archiepiscopum privilegii nostri auctoritate primatem in totis Yspaniarum regnis fore decrevimus, salva Apostolice Sedis Auctoritate et metropolitanorum privilegiis singulorum", *DPI*, doc. 25.
36) *DPI*, doc. 24, 26, 27.

れまで南フランスと結びつけられていたカタルーニャは，イベリア半島に帰属することとなったのである。

このような司教座の再編に加え，ウルバヌス2世の第二の政策として，カタルーニャの諸修道院の，南フランスの大修道院への従属化が進められた。この当時，フランスの修道院長の中でも，ナルボンヌ近郊のサン・ポンス修道院院長フロタール，およびマルセイユのサン・ヴィクトル修道院院長リシャールの2人が，改革派聖職者として教皇の信任を得ていた。このため，教会改革の推進のためにカタルーニャの修道院が両修道院に従属することが教皇によって奨励され，特に前者に従属する修道院がこの時期増加したのである。一時は，カタルーニャの主要なベネディクト系修道院のほとんどがこれら2つの修道院に従属することとなった[37]。このようにウルバヌス2世の政策では，カタルーニャの司教座も修道院も，それぞれカタルーニャの地域外の，ウルバヌス2世の信任する人物の従属下に置かれることとなった。

上記の2つの教会再編政策に加え，ウルバヌス2世の治世では，ローマ教皇が自らカタルーニャでのレコンキスタの指導を行った。先に述べたように，カタルーニャ教会は名目的なタラゴーナ大司教座の復興を受けてナルボンヌ大司教座の管轄から離れたが，このタラゴーナを実際に征服し，同大司教座の復活を実現しようとする動きがウルバヌス2世によって推進されたのである。1089年の教皇勅書では，当時カタルーニャの主要部分を支配していたバルセロナ伯と，その分家でそれぞれカタルーニャの一部を支配していたウルジェイ伯とバザルー伯，およびタラゴーナ大司教管区に属するすべての司教たちに対し，ビック司教バランゲーによるタラゴーナ征服を支援することが求められている。「予はふたたび汝ら，愛する息子たちに，予の兄弟ベレンガリウスのタラゴーナ回復を助けるよう，促すものである。それにより汝らは，現在の栄光と，未来における永遠の命を手にするであろう」[38]。

---

37) Kehr, *El Papat i el Principat de Catalunya*, pp. 49-50 ; Freedman, "Archbishop Berenguer Seniofred de Lluçà", pp.156-157 ; Altisent, "Cataluña : la sociedad y la economía (1035-1213)", p. 546.

38) "Iterum iterumque vos, carissimi filii, admonemus, ut fratrem nostrum Berengarium in restitutionem Tarraconensis ecclesie adiuvetis ; quatenus et in presenti gloriam et in futuro vitam percipiatis eternam", *DPI*, doc. 29.

ウルバヌスは1091年には再度ウルジェイ伯に対し，バランゲーのタラゴーナ征服事業への支援を依頼する勅書を発している[39]。また，バザルー伯とその他のカタルーニャの諸伯であるアンプリアス伯・ルセリョ伯・サルダーニャ伯とその騎士たちに対しても，同じ内容の勅書を発している[40]。ここでは，イスラーム教勢力に対する征服活動に直接介入し，指導することを試みる教皇の姿が現れているのである。注目すべきは，征服活動を行う主体がバルセロナ伯ではなく，ビック司教とされていることである。イスラーム教勢力に対する征服活動では，司教が戦闘に参加し，征服後の植民活動に従事することも珍しくなかったが，大規模な征服活動の主体は通常は君主であった。ここでは，自己の信任する聖職者を征服活動の中心に据えようとする，換言すればレコンキスタの主導権を握ろうとする教皇の意図が読み取れるのである。カタルーニャの諸侯に征服活動への参加を呼びかけた勅書においても，当時のカタルーニャの政治的中心であったバルセロナ伯ではなく，ウルジェイ伯やバザルー伯など，それ以外の伯にビック司教の支援を求める姿勢が顕著である。当時のバルセロナ伯領は先述したように政治的に混乱した状態にあったが，タラゴーナと直接境を接しているのはバルセロナ伯領であり，他の諸伯領はバルセロナ伯領の北方に位置しているため，タラゴーナから離れている。バルセロナ伯を除外してその他の諸伯に征服活動への支援を求めるのは極めて不合理であり，この点からも，征服事業をバルセロナ伯ではなく自己の腹心の指導下に置こうとするウルバヌスの意図を見て取ることができる。

　以上のようなウルバヌス2世のカタルーニャに対する政策は3点にまとめることができる。

　第一に，カタルーニャの諸司教座のトレド大司教座への従属，第二に，カタルーニャの諸修道院の南仏の大修道院への従属，そして第三にローマ教会の指導のもとでのレコンキスタの推進である。ここでは，教皇の関心はカタルーニャそれ自体にあるというより，イベリア半島やフランスにおける教会

---

39) *PS*, doc. 22.
40) *PS*, doc. 23.

の組織化・集権化の中にカタルーニャを組み込むことにあったと考えてよいであろう。グレゴリウス期には，教会改革の指導，所有する土地や教会の増加，俗人有力者の臣従などを通じ，カタルーニャでのローマ教会の権威が伸長したが，ウルバヌス期にはこの先任者が構築した関係をもとに，ローマ教会を頂点としたヒエラルキーにカタルーニャ教会を組み込み，その一環としてかつての大司教座の征服と復興をも教皇の指導下に置くという政策が進められたのである。そこで重視されているのはローマ教会側の教会再編上の都合であり，カタルーニャ側の事情は考慮されていない。このような，在地の状況を軽視したとも言えるウルバヌス2世の諸政策に対し，カタルーニャ側はどのような対応を取ったのであろうか。

(2) カタルーニャ側の対応

カタルーニャにおけるウルバヌスの3つの政策——司教座の集権化・修道院の集権化・レコンキスタの推進——では，カタルーニャの諸司教座はナルボンヌから分離してトレド大司教座の首位権に属さねばならず，カタルーニャの諸修道院は，サン・ポンスなどの南仏の修道院に従属せねばならず，またカタルーニャの聖俗の有力者は，ビック司教を助けてタラゴーナ征服を行うことが求められていた。しかし同時代の文書を分析すると，これらのウルバヌスの政策は，カタルーニャ側の対応により，成功しなかったことがわかる。

まず，司教座の集権化は成功を見なかった。前述のように，ウルバヌス2世は1089年にナルボンヌ大司教座からのカタルーニャ教会の分離を図ったが，これに対しナルボンヌ大司教側の反発があったことが史料から見て取れる。1090年，ウルバヌス2世は当時イベリア半島に関する事案を扱っていた枢機卿ライネリウスに対し，ナルボンヌ・タラゴーナ・トレドの大司教座間の関係を調整することを命じている。この書簡の中では，カタルーニャ教会に対し，タラゴーナが回復されるまではナルボンヌ大司教に服属し，かつトレドの首位権にも服属するように求める教皇の言葉が現れており，教皇のナルボンヌ大司教座への配慮が窺える。「すなわち予に代わってそれらの地方で行動している，タラゴーナ管区の司教たちに，神の助力によりタラゴー

ナの教会が回復されるまで,その間はナルボンヌにそれが固有の首都司教座であるかのように従うよう,予の権威によって強く求める。ナルボンヌ大司教が,彼らの首位司教座であることを断固たる権威によって示す間,トレドにもそれが首位司教座であるごとく,敬意を示すように」[41]。この文書からは,ナルボンヌ大司教座の反発をはねつけることのできない,教皇の支配力の限界が読み取れよう。結局ローマ教会は,ナルボンヌ大司教ダルマス(1081?-1099年)が死んだ際に,ようやくカタルーニャ教会をナルボンヌ大司教座の管轄下から外すことができた[42]。カタルーニャ教会はローマ教皇の指導のもとで,300年に近いナルボンヌへの従属から離脱することとなった。

しかしトレド大司教座への従属は,同じようには進展しなかった。1092年,ウルバヌスはビック司教兼タラゴーナ大司教バランゲーに対し,タラゴーナを征服することを命じた勅書を発しているが,その中でトレド大司教座への従属を改めて命じている。「また,汝,大司教の指導において,汝と他のタラゴーナ大司教管区の司教たち皆が,トレドの首位権に服従しなければならないことを思い起こさせるように。予によってトレドの教会に,予がそのすべてが有効であり続けるよう望むところの,特権が認められたのであるから」[43]。この文面は,教皇によるトレドの首位権の布告から4年が経過しても,カタルーニャ教会が実質的にそれに服していなかったことを示している。またその後も12世紀の歴代の教皇は,イベリア半島の諸教会に対し,トレド大司教座への従属を命じる勅書を繰り返し発している。1101年には,ウルバヌスの後継者である教皇パスカリス2世(1099-1118年)が,スペイ

---

41) "Nostra igitur vice in illis partibus fungens, Tarraconensibus episcopis nostra auctoritate precipito, ut interim Narbonensi tanquam proprio metropolitano obediant, donec, prestante Domino, Tarraconensis restauretur ecclesia ; Toletano autem, sicut primati, reverentiam exhibeant, donec Narbonensis archiepiscopus se eorum primatem fuisse certa possit auctoritate mostrare", *DPI*, doc. 31.

42) Sobrequés Vidal, *Els Grans Comtes de Barcelona*, p. 145.

43) "memineris tamen, ita te archiepiscopum institutum, ut tam tu quam universi provincie Terraconensis episcopi Toletano tanquam primati debeatis esse subiecti. Sic enim a nobis in Toletane ecclesie privilegio constitutum est, quod nos omnino ratum volumus permanere", *DPI*, doc. 33.

ンのすべての王国におけるトレド大司教座の首位司教座としての権威を確認し，1118年には続く教皇ゲラシウス2世（1118-1119年）がトレドの首位権を確認している[44]。続く教皇カリクストゥス2世（1119-1124年）も，1121年にトレド大司教座がスペインの全王国の首位大司教座であることを確認した[45]。また彼は同時に，スペインのすべての聖職者と君主に対し，首位大司教座であり教皇特使であるトレド大司教座に従うよう命じている[46]。その後も教皇ホノリウス2世（1124-1130年）や教皇インノケンティウス2世（1130-1143年）など，12世紀の教皇はほぼ全員，イベリア半島におけるトレドの首位権を確認し，それに服従することを他のイベリア半島の諸司教座に対して命令しているのである[47]。この同じ命令の繰り返しは，それが実効性を伴わなかったことを明瞭に示している。

またカスティーリャ王国内においてさえ，トレド大司教座の首位権は完全に認められていなかったことが窺える。上記のように，イベリア半島の全教会に対してトレド大司教座の首位権が確認され，服従が命じられている他，個別の教会にも同様の命令が出されている。例えば教皇カリクストゥス2世は，1121年にレオンとオビエドの司教に対し，トレド大司教座に従うことを命じている[48]。また，サンティアゴ・デ・コンポステーラ司教座も，従来アストゥリアス・レオン王国における宗教的な中心地であった経緯から，トレドの首位権を受け入れることをよしとしなかった[49]。さらに，教皇自身が，トレド大司教座の首位権に反するような命令を発する事例も存在した。

---

44) *DPI*, doc. 45, 55.
45) *DPI*, doc. 59.
46) *DPI*, doc. 60.
47) *DPI*, doc. 64, 65, 68.
48) *DPI*, doc. 61.
49) Fliche & Martin, *Reforma Gregoriana y Reconquista*, pp. 462-463, 577-588. カスティーリャ王国は，アストゥリアス・レオン王国から分離したカスティーリャ伯領が，11世紀初頭に王国となったものである。立石博高編『スペイン・ポルトガル史』山川出版社，2000年，76-77頁。11世紀半ば以降，カスティーリャ王はときにレオン王を兼ねていた。また，この時期のサンティアゴ・デ・コンポステーラ司教座については，杉谷綾子『神の御業の物語——スペイン中世の人・聖者・奇跡——』現代書館，2002年。

1097年，ウルバヌス2世はブルゴス司教座をローマ教会直属の司教座とすることを宣言しており，これはイベリア半島の諸司教座がトレド大司教座に従属するという原則に明らかに反するものであった[50]。

カタルーニャに関して言えば，トレド大司教座の首位権は，教皇カリクストゥス2世が1121年と1124年の間に，当時バルセロナ司教で名目上のタラゴーナ大司教を兼ねていたウラゲールを教皇特使に任命し，タラゴーナ征服を委ねたことで効力を失ったといってよい。ここではウラゲールが教皇の代理となったことが以下のような言葉で示されている。「まことにヒスパニアの教会は，異教徒たちの攻撃による神の息子たちの死という災厄で不断に消耗しており，汝らの誰も安全ではないと信じる。…しかし予は汝らの軍勢のもとへ赴きたいと熱望しながらもできず，親愛なる予の兄弟であるタラゴーナ大司教オレガリウスを，特に予の代理とし，予のもとよりそこへ派遣することを命じる」[51]。ここでタラゴーナ大司教は教皇の代理としての権威を得たのであり，もはや理論的にもトレド大司教の権威がその上位に位置することは不可能となった。トレド大司教の首位権はカタルーニャでは実効性を持たなかったのである。

結果として，カタルーニャ教会は教皇の意図した通りナルボンヌ大司教座から分離した。しかし教皇の意思に従ってトレド大司教座の首位権に従属することはなかった。カタルーニャ側は，その利益に合致する場合はウルバヌスによる教会再編を受け入れたが，それに反する際には受け入れなかったのである。在地の状況を無視した教皇の司教座集権化政策には，必然的に限界があったと言えよう。

---

50) *DPI*, doc. 37. ブルゴス司教座は，西ゴート時代の教会管区からいえばタラゴーナ大司教座に属すべき司教座であったが，この頃にはブルゴスはカスティーリャ王国に属し，他方でタラゴーナはバルセロナ伯領に属すことが決められていたため，所属のねじれを避けるためにこのような措置が取られた。

51) "Hispaniarum siquidem ecclesia quot calamitibus, quot filiorum Dei mortibus per paganorum opresionem assidue conteratur, neminem vestrum latere credimus.... Verum quia exercitum vestrum per nos, ut desideraremus, visitare nequivimus, carissimum fratrem nostrum Oldegarium Tarraconensem archiepiscopum ad ipsum ex latere nostro delegare curavimus, nostras si vices in hoc specialiter committentes", *DPI*, doc. 62.

ウルバヌスの2つ目の政策，修道院の集権化も成功を見なかった。カタルーニャの修道院がフランスの修道院に従属する場合，その修道院にいた修道士たちはしばしば追放された。このため，必然的にカタルーニャの教会とそれらフランスの修道院の間には対立が生じ，ときにこれらの対立は当事者たちだけでなく，教皇や各地の司教をも巻き込むものとなった。対立が生じた際，ウルバヌスはフランスの修道院側を支持し，当時のカタルーニャ教会を代表する人物であったビック司教バランゲーも，タラゴーナ征服のためにローマ教会の支援を必要としたため，フランス側に立った[52]。一例として，サン・クガット修道院を巡る紛争事例において，対立が生じ，収束した過程を見てみよう。バルセロナ司教区にある同修道院は，多くの修道院が従属する，当時のカタルーニャで最も重要な修道院の一つであった。同修道院はサン・ポンス修道院に従属しており，当時のサン・ポンスの院長はウルバヌスの腹心でイベリア半島の教皇特使でもあったフロタールであった。このため，サン・クガット修道院がサン・ポンス修道院からの独立回復を目指す中で生じた紛争には教皇や各地の司教たちも関わり，特に多くの史料が残されており，カタルーニャ側と南仏の大修道院の対立の実態を詳細に知ることができる。

　サン・クガット修道院を巡る対立が現れる最初の文書は，1089年のものである。この年にナルボンヌ大司教ダルマスがフロタールに宛てた書簡では，バルセロナ司教ベルトラン（1086-1094年）の訴えを受けたダルマスが，フロタールに対し，追放された修道士たちをサン・クガット修道院に復帰させるように命じている。「汝が聖霊と，ナルボンヌに招集された神の栄誉による聖なる集会を欺こうと欲し，正当なる司教たちの判決により，追放された修道士たちに一切の巧妙なる欺きなく返還することを約束したその土地に，それを確保しつつ侵入していると，耳にした…協調と愛に基づいて力を尽くし，来る主の誕生日前夜までに，自由にその権限により，一切の偽りなく，サン・クガットの地を追放された修道士たちに返すよう…そして一切の虚偽偽りなく，その地から汝の修道士たちを追い出すよう，命じる」[53]。

---

52) Freedman, "Archbishop Berenguer Seniofred de Lluçà", p. 156.

この文書は，多くの情報を与えてくれる。まず，この書簡以前にすでに大司教がナルボンヌで当該問題を協議する教会会議を開いていたことがわかる。次に，その会議においてナルボンヌ大司教と同大司教管区の司教たちはフロタールの行動に反対し，彼にサン・クガット修道院の元の修道士たちへの返還を命じていたこと，またフロタールがそれを拒んでいたこと，そしてサン・クガット修道院側の不満の代弁者としてバルセロナ司教が現れていたことがわかるのである。

　このナルボンヌ大司教の行動に対し，ウルバヌス2世はフロタールを擁護する態度を取る。同年に出された教皇勅書では，ナルボンヌ大司教・バルセロナ司教・カルカッソンヌ司教に対し，サン・ポンス修道院の特権を尊重し，30日以内にフロタールに対して謝罪し，さらに6ヶ月以内にローマに出頭して釈明することが命じられている[54]。

　ところが1089年の11月17日の文書では，ウルバヌス2世の態度は一変し，フロタールに対し，追放された修道士たちのサン・クガット修道院への復帰を命じている。おそらく，教皇はこの間にダルマスやその他の司教たちの釈明を受けたものであろう。ただしその勅書において，世俗権力，すなわちバルセロナ伯による叙任への不満も同時に表明されている。「サン・クガット修道院での不正，すなわち，汝が以前から甘受していた，最も神聖なる予の前任者グレゴリウスの禁止に反しかつ教会法の規定に反している兄弟殺しである俗人の手によるその修道院の叙任の故に，すべての人がそこから追放されるよう汝が命じている事態を，これ以上予は見過ごすことができない。それゆえ慈愛において優れた汝に，ベレンガリウスその他の追放された修道士たちに，その土地の元通りの権利を法に基づいて回復せしめるよう命

---

53) "audivimus te velle fefellisse Spiritum Sanctum sanctamque sinodum ad honorem Dei apud Narbonam congregatam, invasum retinendo locum, quem iusto iudicio episcoporum, expulsis fratribus, rediturum [te] promisisti sine omni calliditatis ingenio...precipimus, ut concordie et karitati operam dones et usque in uiligiam natalis Domini primam venientem libere et potestative sine omni enganno reddas locum Sancti Cucuphati, expulsis fratribus,...et tuos ex utroque loco expellas monachos sine omni ingenio falsitatis", *PS*, doc. 15.

54) *PS*, doc. 16.

じる」[55]。ここではベレンガリウスなる人物を代表とする修道士たちの復帰が命じられる一方で,「兄弟殺し」という強い表現で暗にバルセロナ伯が批判を受けている。教皇が在地社会の強い反発を受けて譲歩の姿勢を見せつつも,内心では強い不満を抱いていたことが読み取れる[56]。

結局,翌1090年2月に,教皇はサン・クガット修道院の教皇への直属を宣言することで事態の収拾を図っている[57]。これは同修道院を教皇直属とすることで,サン・ポンス修道院長とバルセロナ司教という紛争の当事者双方の顔を立てる措置であっただろう。同時に元の修道士たちのサン・クガット修道院への復帰が命じられ,紛争は解決したかに見えた。

しかしながら,同修道院を巡る紛争はすぐに再燃している。同じ年のうちに,ウルバヌス2世はかつてスペインへの教皇特使であったボルドー大司教アマートとグルノーブル司教ウーゴに対し,サン・クガット問題の調停を命じる書簡を送っているのである[58]。アマートとウーゴは,同年6月8日にナルボンヌ大司教ダルマス,カルカッソンヌ司教,マルセイユ司教,アジャン司教,その他南仏の多くの修道院長や有力者たちの臨席のもとでサン・ジル教会会議を開き,サン・クガット修道院の将来を決定した。そこでは,バルセロナ司教もサン・ポンス修道院長もサン・クガットに対する権利を持たず,サン・ポンス修道院長フロタールはその6月の29日までに追放された修道士たちを帰還させること,また彼らがベネディクト戒律に基づいて新たに院長を選出することが決議された[59]。ここでは,前年12月28日の勅書の内容がほぼ繰り返されており,教皇の半年前の命令にも関わらず,サン・ク

---

55) "Unum autem est quod ulterius diferre non possumus, de iniuria videlicet monachorum Sancti Cucuphatis, quos omnes ex suis diceris sedibus expulisse, cum eiusdem cenobii investituram de mano laici et fratricide contra canonum decreta et contra sanctissimi predecessoris nostri Gregorii prohibitionis antea recepisses…." *PS*, doc. 17.

56) また12月28日に教皇はフロタールに対し,ナルボンヌ大司教とバルセロナ司教による彼への諸々の苦情を伝えている。*PS*, doc. 18.

57) J. Rius Serra (ed.), *Cartulario de "Sant Cugat" del Vallés*, 3 vols., Barcelona, 1945-1947, doc. 738.

58) *PS*, doc. 20.

59) *PS*, doc. 21.

ガット修道院に修道士たちが復帰できていなかったことがわかる。

そしてウルバヌス2世は，上記の教会会議の決議に完全に反する決定を下した。同年10月，彼はサン・クガット修道院の指導をフロタールに委ねる意思を表明したのである[60]。またこのことは，同じ日にバルセロナ司教にも通告された[61]。サン・クガット修道院は同年2月に教皇に直属する免属修道院となっていたのであるから，法的には教皇は同修道院を自分の望む人物に委ねることができたであろう。とはいえ，教皇が一連の紛争に際し，ここで決定的にフロタール寄りの姿勢を示したことは明らかである。さらに教皇は改めて勅書を発し，バルセロナ司教に対し，サン・ポンス院長にサン・クガット修道院を返し，かつ彼が選んだ人物以外をサン・クガットの院長として承認しないよう指示している。「予の権利によってその修道院があらゆる面で予のもとにあることを宣言する。それゆえ予はその修道院を配慮と先見によってトミエ［＊サン・ポンス修道院の所在地］の院長に委ねる。トミエの院長の意思によって選ばれた人でなければ，そこでいかなる修道院長も選ばれることを予は望まない」[62]。同じ文書中でバルセロナ伯に対し，フロタールを助けてサン・クガット修道院の規律の改革を行うよう勧告がなされている。この文面には，サン・クガット修道院をフロタールの指揮下に置くというウルバヌス2世の意図が明示されている。

しかし最終的に，この教皇の意図は失敗に帰した。1091年から1093年の間に発された教皇勅書において，ウルバヌスは，被選院長ベレンガリウスなる人物を院長として承認している。「それゆえ今，先述の修道院とその修道院長職を，この予の書面により，また使徒の権威により尊敬すべき予の息子であるベレンガリウスに，確認し聖別し，汝の英知に委ねる」[63]。このベレンガリウスは，前出の1089年の11月の勅書の中で，追放された修道士たちの代表として現れている人物と同じ人物と考えられる[64]。彼はカタルーニャ

---

60) *PS*, doc. 24.
61) *PS*, doc. 25.
62) "Ipsum siquidem monasterium Tomeriensis abbatis cure provisionique commisimus, donec ipso ad nos veniente de nostri iuris cenobio quid fieri debeat omnimodis decernamus. Nullum igitur ibi alium abbatem constitui volumus, nisi qui Tomeriensis abbatis fuerit voluntate electus", *PS*, doc. 26.

人で,おそらくバルセロナ伯の親族と推測される人物である。どのような曲折を経て彼が最終的に院長となったかは記録されていないが,ウルバヌス2世の意見が一転した背景には,ここまでの過程で明らかとなったカタルーニャや南仏の聖職者たちの一致した反発があったと見てよいであろう。なお,この新院長ベレンガリウスは後年,バルセロナ司教を兼任している(1100-1106年)[65]。サン・クガット修道院はバルセロナ司教にもサン・ポンス修道院にも従属しないという判決が出ていたとはいえ,同修道院とバルセロナ司教座の間に強い結びつきが存在していたことは明白である。この結果からは,一連の紛争が最終的にカタルーニャ側に有利な形で決着したことがわかるのである。ウルバヌス2世は翌12月10日に,フロタールにもこの新修道院長の承認を通告している[66]。ウルバヌス2世は,教会会議を腹心の指揮下で開催させ,望む決議が得られなかった後には当該修道院を教皇直属とした後で引き渡すという強引な手段をも用いて,サン・ポンス修道院によるカタルーニャの修道院支配を支援したが,結局当該修道院は独立を回復したのである。ここには,在地の状況を軽視したウルバヌス2世の修道院集権化政策の限界が読み取れよう。

　ウルバヌス2世の3つ目の政策,レコンキスタの指導も成功を見なかった。ウルバヌス2世は自己の主導権のもとでタラゴーナを征服し,同大司教座を復興することを図り,ビック司教にその任務を託していた。同大司教座の復興は,カタルーニャ教会をナルボンヌ大司教管区から分離し,トレド大司教座の首位権に従わせる上で,換言すればウルバヌス2世のフランスとス

---

63) "Nunc igitur predictum monasterium et eius abbatem uenerabilem filium nostrum B. Litteris presentibus nostraque apostolica auctoritate confirmatum et consecratum uestre prudentie commendantes, monemus hortamur et precipimus", Rius Serra (ed.), *Cartulario de "Sant Cugat" del Vallés*, doc. 745 ; *PS*, doc. 27. リウス＝セラは1091年か1092年,パウル・ケーアは1093年と考えている。

64) *PS*, doc. 17.

65) Sobrequés Vidal, *Els Grans Comtes de Barcelona*, pp. 164-165. なお,「ベレンガリウス」はラテン語での表記であり,カタルーニャ語での表記はバランゲーである。

66) *PS*, doc. 28.

ペインの教会組織再編の計画の上で、重要な要素をなすものであった。このためウルバヌス2世はカタルーニャの有力者たちに、ビック司教のタラゴーナ征服事業への支援をたびたび求めていたのである。

　しかしウルバヌス2世による支援にも関わらず、結局その事業は成功しなかった。ビック司教に対する1092年の教皇勅書では、タラゴーナ征服事業を積極的に行うことが求められており、計画の開始から3年が経過した後も、実際にタラゴーナは征服されていなかったことがわかる。「予は今またしばしば、汝らの勤勉や努力は途絶え、タラゴーナの回復はいまやほとんど衰えてしまったという噂を聞いている。それゆえ汝に、この良き事業の完遂のため、勤勉な働き手として振る舞うように、この書簡によって促すものである」[67]。この勅書の後もタラゴーナは征服されず、結局キリスト教徒によるタラゴーナの征服が成功するのは、1120年代になってからであった[68]。

　バルセロナ伯領の中央部に位置するビックは、9世紀から10世紀にかけては植民やレコンキスタの前線に位置していたが、11世紀末の段階ではもはやイスラーム勢力との境界地帯から遠く離れており、征服事業の中心となるのには無理があった。また、境界地帯における小競り合いならともかく、大都市攻略のための遠征は、国家的な事業として実行される必要があり、一司教の指導力で遂行できるものではなかった。ビック司教を中心にタラゴーナの征服を行わせようとするウルバヌス2世の政策には、その開始から無理があったと言わざるをえないであろう。

　このように、同時代の史料から、ウルバヌス2世がカタルーニャにおいてとった3つの政策がいずれも失敗に帰したことがわかる。まず司教座の再編問題では、カタルーニャの諸司教座はナルボンヌ大司教座からの分離は受け入れたが、トレド大司教座への従属を受け入れることはなかった。そもそ

---

67) "Nunc autem frequenti fama audivimus, vestram illam industriam vestrum studium iam cessare, et Terraconensem restitutionem iam pene deficere ; te igitur litteris presentibus admonemus, ut huius boni operis perfectionis sedulus operator existas", *DPI*, doc. 33.

68) G. Gonzalvo, *Sant Oleguer (1060-1137) : Església i Poder a la Catalunya naixent*, Barcelona, 1998, pp. 31-37.

も,カスティーリャ王国内の諸司教座の反発からもわかるように,新たに復興されたばかりのトレド大司教座をスペインの首位大司教座とし,古くから存在していた諸司教座にそれへの服属を求めるのは無理があったであろう。在地の状況を考慮せずに教会の集権化を図ったウルバヌス2世の政策は,それが現地の教会の利害に合う場合には受け入れられたが,そうでない場合は実効性を持たなかったのである。

次に修道院の集権化政策,具体的には自己の腹心が院長を務める南仏の修道院にカタルーニャの諸修道院を従属させる政策も失敗している。サン・クガット修道院の事例からは,度重なるウルバヌス2世のサン・ポンス修道院支援にも関わらず,サン・クガット修道院がバルセロナ司教やナルボンヌ大司教らの支援を受けて独立を回復していったことがわかる。またこの際,諸教会会議では,南フランスの司教や修道院長たちは一貫してサン・クガット修道院側を支持しており,ウルバヌス2世の強引な集権化政策が,広い範囲で在地の聖職者たちの反発を招いていたことがわかるのである。サン・クガットに限らず,カタルーニャの修道院の多くがほどなくして独立を回復していったことが知られているが,背景には同様の事情が存在したであろう。

最後に,教皇の指導下で,在地の司教を中心にイスラーム勢力に対する征服活動を実行させるという政策も失敗した。大都市の征服は,一司教ではなく君主権力を中心に遂行されるべき事業であり,ウルバヌスの計画は,実際の戦闘の実情を把握せずに立案されたものと言わざるをえないであろう。

結　論

地中海地域への勢力拡大の一環としてイベリア半島への進出を図ったローマ教皇,特にグレゴリウス7世の政策は,政治的な混乱の中で聖俗諸侯が教皇に接近するという状況が存在したカタルーニャでは大きな成果を収めた。中世初期からカタルーニャとローマ教会の間で接触が維持されていたという事情も,教皇の進出に有利に作用した。この結果,カタルーニャでは律修参事会運動や聖職者の規律刷新などの教会改革が平和裏に進展し,教皇に属する教会や土地も増加していった。ローマ教会は,カタルーニャにおける権威

を強化し，同教会とカタルーニャとの結びつきが強化されたのである。

　しかし続くウルバヌス２世の諸政策は，同様の成功を収めることはなかった。彼は教会組織の再編や集権化のため，カタルーニャ教会を自己の信任するカタルーニャ外部の人物の指導下に置くこと，またイスラーム勢力に対する戦いをも自己の指導下で行わせることを図った。その結果取られた司教座や修道院の再編，レコンキスタについての諸政策は，しばしばカタルーニャの状況への配慮を欠いたものとなり，教会の集権化におけるローマ教会側の都合から立案されたため，いずれも失敗に終わることとなった。ローマ教会の活動は，それがカタルーニャの諸勢力の利害に合致している間は積極的に受け入れられたが，カタルーニャの状況を軽視し，その利害に反した政策が取られた際には頓挫を余儀なくされたのである。このことは，当時のローマ教皇の権力の限界，またイベリア半島に対する認識や政策の未成熟を示していると言えよう。

　ここで留意すべきは，ウルバヌス期の後も，ローマ教会の政策のすべてが排除されてはいないことである。続く時代，バルセロナ伯ラモン・バランゲー３世の治世には，レコンキスタの失敗などで権威を低下させたビック司教座にかわり，バルセロナ司教座がバルセロナ伯との結びつきを強めつつ，カタルーニャ教会の指導的立場に立った。この時期には同伯の親族とされる先述のサン・クガット修道院長ベレンガリウス（バランゲー）や，バルセロナ伯の臣下の子で伯の支持を得て選出されたウラゲール（1116-1137年）など，しばしばバルセロナ伯に近い人物がバルセロナ司教となっていた。

　このバルセロナ司教ウラゲールは，バルセロナ伯と協力しつつ，1120年代にはカタルーニャ固有の大司教座の所在地である都市タラゴーナの回復を成し遂げ，タラゴーナ大司教を兼任した。また1131年にはバルセロナ伯が招集した教会会議を主宰するなど，教会改革においても指導的な役割を果たしている[69]。ウルバヌス２世の後継者であるパスカリス２世以降，ローマ教会のカタルーニャでの活動は減少したが，先行するローマ教会の政策のう

---

69) Gonzalvo, *Sant Oleguer*, pp. 17-42.

ち，レコンキスタや教会改革といったカタルーニャにとって有益なものは，バルセロナ司教などカタルーニャ内部の人物が新たな担い手となり，ウルバヌス期以上の成果を収めつつ遂行したのである[70]。

　タラゴーナの征服は，11世紀以前のカタルーニャにおいても潜在的に希求されていたであろうが，ウルバヌス2世はこれをカタルーニャの聖俗諸侯が遂行すべき明確な目的として改めて提示した。彼の征服計画自体は失敗したが，それ以降カタルーニャにおいてタラゴーナの征服を目指す動きが活発化したことは事実である。この結果カタルーニャは，バルセロナ司教やバルセロナ伯を中心としてタラゴーナ大司教座の復興を実現し，教会裁治上の一体性を獲得するに至った。その後開かれた教会会議では，同管区内の聖俗諸侯が，同管区内の教会改革の推進を協議し，共同で決議しているのである。ローマ教会より刺激を受け，促進された政策がもたらしたこれらの成果は，カタルーニャという地域の形成上，少なからぬ意義を持つものと言えよう。

　グレゴリウス改革期のローマ教会の活動により，カタルーニャはローマ教会との結びつきを強め，その点でそれまで希薄であった他のヨーロッパ世界との一体性が強化された。ただし，在地の状況を無視した教皇の強引な介入は排除された。そしてその過程で，カタルーニャ教会は固有の大司教管区を形成し，地域に変容をもたらす諸政策がローマ教会にかわってカタルーニャの聖職者やバルセロナ伯を中心に遂行されることとなったのである。

　同時期のイベリア半島の他の地域，カスティーリャやアラゴンでは，ローマ教会の活動はクリュニー修道院のそれとともに，典礼などの面で教会改革を進展させ，それまで乏しかった他の西欧の諸地域との接触の回復に貢献し，フランスなどイベリア半島外部からのレコンキスタへの参加を促進するなど，地域の発展の上で大きな役割を果たしている。

　カタルーニャにおいても同様に，ローマ教会の活動は，同地域とローマ教会の結びつきを強化し，他方で教会裁治上，同地域の教会がナルボンヌから

---

70) ローマ教会のカタルーニャにおける活動の減少は，神聖ローマ皇帝との抗争の激化，カスティーリャへの関心の移行，ウルバヌス期の失敗など複合的な要因によると考えられる。

分離した独自の大司教管区として組織される契機を与えるなど，地域としての一体性を形成する上で注目すべき変化をもたらした。この点において，ローマ教会の進出はカタルーニャという地域の形成とその後の歴史的展開の上で一つの画期をなすものであったということができよう。

第4章

12世紀におけるバルセロナ伯と司教座の関係の変容
——タラゴーナの事例——

はじめに

　12世紀前半は，バルセロナ伯の勢力範囲が，対外的に大きく拡大した時期である。ラモン・バランゲー3世（1097-1131年）は，プロヴァンス伯領の女子相続人と結婚し，同伯領を継承した。また，親族のバザルー伯家やサルダーニャ伯家が断絶すると彼らの伯領を継承し（次頁の地図9を参照），さらに都市タラゴーナの征服とタラゴーナ大司教座の復興を推進して，カタルーニャ地域の統合を進めた。この3つの事業は高く評価され，彼は「大伯el Gran」と通称されている。また，ラモン・バランゲー4世（1131-1162年）は，西隣のアラゴン王国の女子相続人と結婚して同王国と同君連合を形成した。さらに，南方のトゥルトーザやリェイダなどのイスラーム小王国を征服し，現在に至るカタルーニャの領域をほぼ完成させている。これらの業績から，彼は「聖伯el Sant」と通称されている。この2人の伯の治世は，外交面に関しては華々しい成功で彩られているといってよいであろう。

　しかし，このような対外的拡大の一方で，バルセロナ伯の伯領内における支配力は必ずしも強化されていない。12世紀前半のバルセロナ伯領では，領主貴族層の権力が前代よりもさらに強化されつつあったことが知られているのである。

　この原因としては従来，南フランスの貴族や都市との戦闘，またイスラーム勢力征服に際し，領主貴族層の支援を必要としたバルセロナ伯が，彼らの農民に対する収奪や支配の強化を黙認せざるを得なかったことが指摘されてきた[1]。それに加え，近年では，教会勢力，特に司教座が，貴族層と結びつ

地図9　カタルーニャ諸伯領

注）年代はバルセロナ伯支配下に入った年を示す。
出典）S. P. Bensch, *Barcelona and its Rulers, 1096-1291*, Cambridge University Press, 1995, p. 40 をもとに作成。

きつつ，旧カタルーニャにおいて相互の権力を強化していったことが指摘されるようになっている。

　本章ではまず，ジローナやビックといった，旧カタルーニャの司教座の政治的・社会的位置づけが，12世紀を通じてどのように変容したか，研究史を整理しつつ確認する。そしてそれを踏まえ，バルセロナ伯が征服地である

---

1) J. Mª. Salrach, "La renta feudal en Cataluña en el siglo XII : estudio de los honores, censos, usos y dominios de la Casa de Barcelona", *Estudios sobre renta, fiscalidad y finanzas en la Cataluña bajomedieval*, Barcelona, 1993, pp. 29-70.

新カタルーニャの司教座，特にカタルーニャ全体を管轄する大司教座であるタラゴーナ大司教座とはどのような関係を構築したのかを解明していく。

第1節　研　究　史

(1) 12世紀におけるバルセロナ伯と旧カタルーニャの司教座の関係

　第2章では，ラモン・バランゲー1世から3世の治世にかけ，バルセロナ伯領において，伯自身が積極的に教会改革を推進する中で，バルセロナ伯家による司教人事や司教座財産への影響力は後退し，司教座は，ときに世俗的権限を伯の家臣に奪われつつも，伯権力に対する独立性を強化していったことが確認された。

　続く12世紀についても，パウル・ケーアのような古典的研究から，近年のアントニ・プラデバイに至るまで，教会史家は一致して，教会の自由化——伯権力からの解放——が進んでいると指摘している[2]。しかし，彼らはこの変化を単純に前代からの「教会改革が進展した成果」であると捉えており，それ以上，その背景を分析することは試みていない。1980年代にも，12世紀後半からバルセロナ伯領において司教選出の「自由化」が進展していたことが，ヴェルサイユ大学のミシェル・ジンメルマンによって指摘されている[3]。しかし彼も，その変化の背景までは分析していない。

　2000年前後から，カタルーニャ学界の中に，12世紀前後のバルセロナ伯領の教会を巡る状況の変化に，異なる角度から関心を示す研究者たちが現れた。彼らは，同時期のカタルーニャ社会における「封建化」——領主貴族の成長と彼らを中心とした政治・社会構造の形成——を研究する中で，教会が社会の「封建化」の中で果たした役割に注目したのである。

　一例として，ポンペウ・ファブラ大学のジュゼップ゠マリア・サルラク

---

[2] K. Kehr, *El Papat i el Principat de Catalunya a fins a la unió amb Aragó*: translated by R. D'Abadal i Vinyals, Barcelona, 1931; A. Pladevall, *Història de l'Església a Catalunya*, Barcelona, 2007.

[3] M. Zimmermann, "El bisbe català durant els segles X-XII", *En els orígens de Catalunya : Emancipació política i afirmació cultural*, Barcelona, 1989, pp. 136-165.

は，11世紀から12世紀にかけてのジローナにおける司教座と領主貴族の関係の変化を分析している[4]。彼はまず，教会改革が教会と世俗権力の分断を意味するものであり，その帰結として，当然ながら土地や諸権利——例えば十分の一税や教区教会——が誰に属するのか，教会に属するのか当該地域の領主貴族に属するのかを明確化させることが要求され，グレゴリウス改革以降，両者の間に多くの紛争が生じたことを指摘する。結果として，ジローナ地方では領主貴族層が教会（特にジローナ司教座）に対して誠実宣誓を行い，教会の権利を確認する一方で，いわばその対価として教会から特定の土地や城，教区教会や十分の一税などに関する権利を受け取り，領主貴族と教会が相互に権利を承認し，保証する現象が12世紀を通じて進行した。領主貴族は，しばしば教会の文書，すなわち教会からの封の授与，教会との土地管理契約や城塞守備契約といった諸協定を通じて権益を正当化し，保持することとなったのである。サルラクは，教会改革こそが領主貴族を中心とした社会形成の本質的な推進力となったと主張している。

このような，土地や城の委託——実質的には既得権益の条件付き認可——などと引き換えに，周辺の多くの領主貴族層から誠実宣誓を受け，地域の秩序構築において中心的役割を担うというのは，いわば，先行する時期にバルセロナ伯（ラモン・バランゲー1世）が行ったのと同様の行動であった。実際にも，旧カタルーニャの司教座が，しばしば伯権力を代行するかのような役割を果たす事例が見られる。例えば，ジローナ司教区では，司教座の成員が紛争の際，たびたびバルセロナ伯の役人とともに裁定にあたっており，ときには伯役人が仲裁に失敗した争いを改めて調停するなど，秩序の維持に伯の役人以上の役割を果たしていた。またこの地域では，しばしば農民が財産の寄進と引き換えに司教座の保護下に入っており，特に領主貴族の台頭が著しかったとされる地域において，司教座が社会秩序の維持において重要な役割を担っていたことがわかる[5]。なお，ジローナの場合は，13世紀前半に

---

4) J. Mª. Salrach, "Disputes i compromisos entre l'església de Girona i la noblesa : Notes d'unes difícils relacions (segles XI i XIII)", *Anuario de Estudios Medievales*, 29 (1999), pp. 927-957.

は，都市ジローナの3分の2が同司教座の自有地となっていたと見積もられており，12世紀を通じ，経済面でも司教座が都市周辺で卓越した地位を確立したことが理解される[6]。

また，リェイダ大学のフローセル・サバテやバルセロナ大学のマヌエル・リウも，別の角度から「封建社会」形成における教会の役割の重要さを指摘している。彼らによれば，農民が教会やその保護領域の周辺へ集住したことが，城支配権の確立につながった。また，貴族と協定を結びつつ教会が小教区を確立していく中で，地域ごとの領域的区分が画定されていった。さらに，教会が家族のモデルを提示する中で，領主貴族の家系も確立していった。このように，教会は封建社会を有機的に構成する諸要素の形成に貢献し，かつそれらの変化の中でも，教会は「神の平和と休戦」運動やグレゴリウス改革の成果を利用して領主貴族層に対抗しつつ，その権利や財産を確立・確保していったというのが彼らの主張である[7]。

さらに，この時期にはバルセロナ伯の司教座に対する関心が相対的に後退していたことを指摘する研究も現れている。その代表的な例が，12世紀の司教座都市ビックを対象としたポール・フリードマンの著作である。彼は，伯権力と教会の関係の変容を，教会と在地領主の関係の変容と関連づけつつ分析したが，そこでも12世紀前半のバルセロナ伯がビック司教座への関心を後退させていたことが指摘され，それが教会と領主層との接近を招いたという主張がなされている。彼によれば，この時期のバルセロナ伯は，イス

---

5) これらの12世紀を通じたジローナ司教座の活動と発展については，T. Abe, "Del obispado condal al obispado autonómico : el desarrollo de la relación entre el conde de Barcelona y la Iglesia como sistema de poder en siglo XII", *Acta Historica Archaeologica et Mediaevalia*, 30 (2014), pp. 163-188.

6) J. Boadas (dir.), *Girona Medieval : La clau del regne*, Girona, 2015, p. 21.

7) F. Sabaté, "La feudalització de la societat catalana", *El Temps i l'Espai del Feudalisme*, Lleida, 2004, pp. 221-406, 特に pp. 360-387 ; F. Sabaté, "Església, religió i poder a l'edat mitjana", *Església, societat i poder a les terres de parla catalane : Actes del IV Congrés de la Coordinadora de Centres d'Estudis de Parla Catalana*, Valls, 2005, pp. 17-53 ; M. Riu, "El feudalismo en Cataluña", *En Torno al Feudalismo Hispánio : I Congreso de Estudios Medievales*, Ávila, 1989, pp. 373-400.

ラーム教徒に対する戦争・征服や，南フランスにおけるトゥールーズ伯との覇権争い，都市バルセロナにおいて興隆しつつあった地中海交易といった事象により多くの関心を持ち，内陸部に位置するビック司教座への関心を後退させていた。このため同司教座の聖職者たちは自らの主導権のもとで，自己防衛のために司教区内の領主貴族と対峙し，交渉し，やがて彼らと協力・共存する関係を築いていったというのが彼の結論である[8]。その後，ペラ1世（1196-1213年）の治世には，内政を改めて強化するために伯権力がビック地方への再介入を図ったが，すでに確立していた教会と領主貴族中心の政治・社会構造に阻まれたとされている。

なお，都市ジローナと都市ビックは，カタルーニャで最も早くから成長した都市である一方で，都市政体の成立が最も遅れた都市としても知られているが，これらはいずれも上記のように強力な司教権力が存在したことが原因であろう[9]。

バルセロナ伯の教会に対する関心，少なくとも教会改革に対する関心が，ラモン・バランゲー1世の治世に比べ後退している様子は，他の事象からも推測できる。ラモン・バランゲー1世以降の，11世紀末から12世紀半ばにかけての歴代バルセロナ伯は，教会改革のための会議の招集やそこへの出席をほとんど行っていない。会議の招集は，1131年から1180年にかけ，50年近く途絶えている[10]。この時期の伯たちが，教会改革運動に直接参加するこ

---

8) P. Freedman, *The Diocese of Vic: tradition and regeneration in medieval Catalonia*, Rutgers U. P., 1983. フリードマンは，司教座・司教区の制度的な整備が進んだのもこの時期であるとしている。

9) 12世紀を通じ，バルセロナ伯の文書は，ジローナでは都市共同体ではなく，司教その他の聖職者や伯の役人に宛てられることが多かった。Boadas (dir), *Girona Medieval*, p. 19. またビックでは，12世紀末にコミューン形成を求める都市民の動きが生じたが，司教座によって鎮圧されている。P. Freedman, "Another Look at the Uprising of the Townsmen of Vic (1181-1183)", *Acta Historica Arquaeologica et Mediaevalia*, 20-21 (1999-2000), pp. 177-186. ただし，司教座都市の中でもバルセロナでは例外的に，12世紀半ばには上層都市民が市政を差配し，司教が市政から排除されている。これは都市バルセロナが早期に特に大きな成長を遂げたことによるものであろう。S. P. Bensch, *Barcelona and its Rulers, 1096-1291*, Cambridge University Press, 1995.

とにあまり関心を持っていなかったことが読み取れる。

　また，ラモン・バランゲー 1 世は多くの教会の献堂式に出席しているが，彼の後継者たちは，ほとんどそのような行為を行っていない。さらに，ラモン・バランゲー 1 世はしばしば諸教会に保護状を発給し，司教座への小教区の返還なども進めたが，彼の後継者たちはそういった行為をほとんど行っていない。これは一つには，すでに教会改革がある程度進展していたため，そのような行為を行う必要性が低下していたためであろうが，いずれにせよ，バルセロナ伯と教会のコンタクトは，前代に比べ質量ともに低下していたと考えざるをえない[11]。このような状況が存在し，かつ，バルセロナ伯が理念上は教会の解放を進めていたこともあって，司教座の伯権力からの自立が進行したのであろう。

　これらの研究は，12 世紀の教会が置かれた状況，とりわけ領主貴族層との関係や教会による財産や権利の確立の過程を詳細に解明しており，また，バルセロナ伯がレコンキスタを進めていた 12 世紀前半に，旧カタルーニャで領主貴族層の権力が伸張したとする通説とも合致している。12 世紀のバルセロナ伯領において，バルセロナ伯が外交や征服活動に忙殺され，教会への関心を相対的に後退させる中で，教会側，特にジローナやビックといった司教座は，伯権力からの分離と領主貴族層への接近を並行して進めていたことなどが伴って，複合的な要因により，バルセロナ伯の教会に対する影響力が低下していったことが理解されるのである。

　しかし，ここで一つの疑問が生じる。上述のような変化が，旧来の領地，すなわち，旧カタルーニャで生じたとしても，バルセロナ伯が 12 世紀に新たに征服し，復興した司教座に関しては，異なる状況が生じえたのではないだろうか。バルセロナ伯は，12 世紀前半に，タラゴーナ・トゥルトーザ・リェイダという，西ゴート時代に司教座が置かれていた 3 つの都市をイス

---

10) *Sacrorum Conciliorum Nova et Amplissima Collectio*, vol. 21, columna 471-472.
11) 世紀までのバルセロナ伯の遺言では，「司教区」が「伯領」同様に相続財産として扱われていたが，12 世紀には司教区についてそのような言及がなくなっている。A. Udina (ed.), *Els testaments dels comtes de Barcelona i dels reis de la Corona d'Aragó : De Guifré Borrell a Joan II*, Barcelona, 2001.

ラーム勢力から征服し，それぞれ司教座を復興させている。これらの司教座に対し，バルセロナ伯はどのような政策を取り，どのような関係を構築したのであろうか。本章では，上記3つの都市の中で最も早期に復興され，カタルーニャで唯一の大司教が置かれたタラゴーナに注目し，そのバルセロナ伯との関係と，政治的役割の解明を試みたい。

(2) 12世紀のタラゴーナ大司教座について

　タラゴーナは12世紀初頭，バルセロナ伯領のキリスト教勢力により，イスラーム勢力から征服され，その後，キリスト教徒住民による入植活動が進められた。

　キリスト教勢力による征服と植民が行われた時期のタラゴーナに関する近代的な研究は，エミリオ・モレラが19世紀末に現したタラゴーナの通史，『キリスト教のタラゴーナ』に始まる。彼はイスラーム勢力から征服された当時のタラゴーナについて，大司教がバルセロナ伯の委託を受けて都市タラゴーナ回復を遂行したこと，またその際の協力者であったノルマン人貴族家系と大司教座の間で12世紀半ばに激しい権力闘争が展開されたこと，勝者となった大司教座が都市の指導者となって教会の整備や植民活動を行ったことなどを叙述し，その著作では歴代大司教の事績が中心に扱われている[12]。その後1970年代からローレンス・マックランクによってタラゴーナの征服過程や，大司教とノルマン人家系の闘争が改めて研究されたが，そこでも基本的にモレラの見解が踏襲されている[13]。1990年代にはマリア・ブネットが入植許可状などを史料として，タラゴーナとその周辺平野において，やはりバルセロナ伯ではなくタラゴーナ大司教を中心とした支配構造の形成が行われたと主張している[14]。

　ただし，これらの研究には疑問とすべき点が存在する。第一にこれらの研

---

12) E. Morera, *Tarragona Christiana : Historia del Arzobispado de Tarragona (Cataluña la Nueva)*, tomo 1, Tarragona, 1897 : reprinted, 1981.

13) L. J. McCrank, "The foundation of the confraternity of Tarragona by Archbishop Oleguer Bonestruga, 1126-1129", *Viator*, 9 (1976), pp. 157-177.

14) Mª Bonet, "La Feudalització de Tarragona (segle XII)", *Butlletí Arqueològic*, 16 (1994), pp. 211-239.

究では，大司教座が土地や権利を集積していく過程にもっぱら関心が向けられ，君主であるバルセロナ伯の動向は注目を受けていない。一つには，中世盛期のアラゴン連合王国の分権的国制から，遡及的にこの地域における君主権力の弱さや分権的傾向が所与の前提とされているのであろう。しかしバルセロナ伯にとってもタラゴーナの征服と植民は，その権力を強化する絶好の契機であったはずである。少なくとも伯が，大司教が排他的な勢力圏を構築していくのをただ見守っていただけであるとは考えがたい。征服地における統治構造の形成過程を理解するためには，バルセロナ伯の主体的な政策を分析する必要があるだろう。

第二に，上記の諸研究では基本的に教会領主側の史料が用いられている。教会側の史料のみを参照した結果，教会領主が土地や権利を取得・集積していったことにもっぱら注目が向けられたと考えられるが，それらと他者の文書，例えばバルセロナ伯やローマ教皇の文書を対照しながらでなければ，実際の同時代の状況はわからない。

第三に，先行研究では，教会所領の形成時の外的環境，すなわち，当該時期におけるバルセロナ伯領の内政や外交の状況が考慮されていない。教会領主による所領形成も，バルセロナ伯の置かれた政治的状況の中で，彼によってその政策の中にどのように位置づけられていたかを考慮する必要があるだろう。

以上の点を踏まえ，本章ではタラゴーナにおけるバルセロナ伯の主体的な政策を，伯文書と教会側の文書，またローマ教会の書簡などをもとに多角的に検討し，伯がどのような政治的状況の中でどのような統治構造の形成を模索したのか，またその結果どのような特質を持つ統治構造が形成されたのかを分析し，解明したい。時期としては，タラゴーナの征服とその後約100年間，バルセロナ伯ラモン・バランゲー3世からペラ1世の治世（1097-1213年）を対象とする。

なお，イスラーム支配時代のタラゴーナには住民がほとんど存在せず，このため征服後にイスラーム教徒集団やユダヤ教徒集団がキリスト教勢力の支配下に置かれることはなかった[15]。このため，本章においてはこれらの異教徒集団は分析対象としない。

第2節　タラゴーナを巡る政治的状況

(1) 征服政策への移行

　西ゴート時代にカタルーニャと周辺地域を管轄する大司教座が置かれていたタラゴーナは8世紀初め，イスラーム勢力によって征服された。9世紀初頭，カール大帝がカタルーニャ北部をイスラーム勢力から征服し，ヒスパニア辺境領を設置した際も，タラゴーナはイスラーム勢力圏に留まった。その後もカタルーニャのキリスト教支配地域は複数の伯領に分かれ，統一勢力が存在しなかった上，地中海地域はイベリア半島の中でも特にイスラーム勢力が強かったため，キリスト教徒の勢力圏は，ほとんど南方に拡大しなかった[16]。

　後ウマイヤ朝の崩壊（1031年）を受け，イスラーム勢力が小王国群に分裂すると，カスティーリャ王国やアラゴン王国は攻勢に出，積極的に征服活動を推進した[17]。しかしこの間，カタルーニャではバルセロナ伯ラモン・バランゲー1世（1035-1976年）に対する反乱が生じ，同伯の治世は領主貴族層の服従を確保するのに費やされた。その後も，第3章で確認されたように，彼の息子たち，ラモン・バランゲー2世（1076-1082年）とバランゲー・ラモン2世（在位1082-1097年）の治世には伯領内部で抗争が続き，バルセロナ伯主導による本格的なタラゴーナ征服活動は生じなかった。むしろ，ローマ教皇ウルバヌス2世がカタルーニャの諸勢力にタラゴーナ征服を働きかける状況であった。

　バルセロナ伯ラモン・バランゲー3世の治世には，ようやくイスラーム勢力に対する本格的な征服活動が意図され始めたが，バルセロナ伯単独の力で

---

15) Bonet, "La Feudalització de Tarragona (segle XII)", 特に pp. 212-213.
16) 11世紀頃にはキリスト教徒の在地有力者が境界地帯に城を築き，周囲を開墾して所領化する動きも見られたが，結局，キリスト教勢力圏は南方には数十キロ拡大するに留まった。
17) この時期のイスラーム・スペインの状況については，佐藤健太郎「イスラーム期のスペイン」，関哲行・立石博高・中塚次郎編『スペイン史1』山川出版社，2008年，70-135頁。

は征服を進めるのが困難であったことが幾つかの事象から推測される。1108年から1114年にかけては，逆にバルセロナ伯領がムラービト朝の侵攻を受けている。この際，バルセロナ伯は形式上の君主であったフランス王ルイ6世に援軍を求めたがかなわず，独力でムラービト朝を撃退し，彼らに破壊された地域を復興しなければならなかった。1115年にはバルセロナ伯はマヨルカ島を征服するが，その際，ピサとジェノヴァの支援を受けていた上，マヨルカ島は数年後にイスラーム勢力に奪回されている[18]。このように，バルセロナ伯は，軍事面で必ずしもイスラーム側を圧倒しうる力を有していたわけではなかった。さらに，プロヴァンス女伯と結婚し，同伯領を支配下に収めたことから，南フランスでも活動することが求められ，イスラーム勢力に対する征服活動に専念するのは困難な状況であった。このような状況下で征服活動を遂行するため，バルセロナ伯が選択したのは，教会勢力を利用することであった。

(2) タラゴーナの征服過程と植民の開始

12世紀初頭，バルセロナ伯ラモン・バランゲー3世は，バルセロナ司教座と教皇の力を利用してタラゴーナの征服を図っている。彼はまず，1116年にローマ教皇パスカリス2世に臣従し，イスラーム勢力との戦いを理由として，教皇の保護下に受け入れられている[19]。

次いで1118年，彼は当時のバルセロナ司教兼タラゴーナ被選大司教であるウラゲールに都市タラゴーナを与える文書を発し，実質的な征服を委ねている。「この贈与の書面により，タラゴーナの司教座教会と，汝司教オレガリウスと汝の司教座の後継者たちに，長きにわたって住民も住居もなく，破壊され荒野となっていたこの都市タラゴーナを委ね，与える…そしてそこでの事柄は，そこで汝が制定する法や慣習により，裁かれるように」[20]。1121

---

18) D. W. ローマックス（林邦夫訳）『レコンキスタ――中世スペインの国土回復運動――』刀水書房，1996年，113-114頁。
19) *DPI*, doc. 50. なお，ラモン・バランゲー3世は，バレアレス諸島に対する遠征を行い，タラゴーナやさらに南方のトゥルトーザ攻略を目指すなど，レコンキスタに意欲的であった。S. Sobrequés Vidal, *Els Grans Comtes de Barcelona*, Barcelona, 1961, pp. 174-180, 190-193.

年から 1124 年の間に,教皇パスカリス 2 世もウラゲールを教皇特使に任命し,そのタラゴーナ征服を支援するよう,聖俗の有力者たちに求める教皇勅書を発している[21]。

しかし,バルセロナ司教が独力でタラゴーナを確保するのは困難であった。上記の文書にもある通り,当時のタラゴーナはイスラーム勢力からも半ば放棄された状態にあったが,その地を防備し,確保するにはやはり軍事的裏づけが必要であった。このためウラゲールは 1129 年に,当時イベリア半島でイスラーム勢力との戦闘に参加していたノルマン人,ロベルトゥスなる人物にタラゴーナの君主 princeps という称号と,タラゴーナの世俗的支配権を与え,彼に実際のタラゴーナの征服活動を委ねている[22]。「予は神とその教会の封 honor としてその都市の回復の事業を信託し,先述の伯ライムンドゥスの忠告と賛同により,尊敬すべき男子であり,その教会の力強い騎士であり,予の臣下であり忠実なる者である汝,親愛なるロベルトゥスを,秘蹟によりその都市の君主となす。それゆえ予は,そこで神とその教会に常に仕え,キリスト教徒の守りのために汝の臣下たちを率いるよう,汝と汝の臣下たちに命じる。それゆえ予は神とタラゴーナの教会の封として,予と予の後継者たちへの忠誠において,汝にその都市と領域を与え,引き渡す…そしてそこに集う人々を,神への畏敬と正義とともに,そこで予が共同体の忠告により取り決めた法と良き慣習により,処置し,統治し,裁くように」[23]。タラゴーナ大司教は,タラゴーナを自己の定めた法に基づいて支配することを命じた他,タラゴーナの領域内の教会をその聖職者,財産,地代収入とともに自己の権限のもとに留保し,かつロベルトゥスが土地を贈与する場合に

---

20) "dono et per hanc scripturam donationis trado ecclesie Sedis Tarrachonensis,...et tibi Ollegario episcopo tuisque successoribus pontificibus..., ipsam civitatem Terrachonae quae diu per multos annos sub destructione et eremo absque cultore et incolatu mansit....et iudicentur et distringantur ubi opus fuerit secundum leges et mores et constitutiones quas vos ibi constitueritis", *LFM*, doc. 245. ここでの都市の贈与は,実質的には,都市を征服する権利を与えたものと考えて良いであろう。

21) *DPI*, doc. 62.

22) ロベルトゥスは,アラゴン王国のアルフォンソ 1 世のもとで,対イスラーム勢力の戦闘に参加していた人物であった。ローマックス『レコンキスタ』,114 頁。

は相手をタラゴーナ教会の臣下 fideles に限るなど，統治形態に大きな制約を与えている。最後にロベルトゥスは大司教に忠誠とタラゴーナ回復の遂行を誓っている。ここでは，教会の宗主権下で世俗領主が統治業務を担うという固有の体制が定められていることがわかる。この結果，タラゴーナは1130年代にようやくキリスト教勢力によって確保された。

(3) タラゴーナの支配構造の基盤形成（1140年代-1170年代）

1140年代にタラゴーナ南方のトゥルトーザとリェイダがバルセロナ伯によって征服され，キリスト教徒に確保されると，イスラーム勢力から攻撃を受ける危険性が低下し，タラゴーナの植民もさらに進展を見せた。しかしひとたび安定と成長が確保されると，ロベルトゥスとその封主であるタラゴーナ大司教の間ではタラゴーナの統治権を巡る争いが生じた。1140年代末から大司教とロベルトゥスの一族が，タラゴーナの統治を巡って作成した協定文書が複数伝来しているのである[24]。その後1170年代にかけ，ときの大司教やロベルトゥスの息子が互いに暗殺される激しい争いが展開されたが，バルセロナ伯はタラゴーナ大司教側を支持し，最終的にロベルトゥスの一族は追放され，タラゴーナは大司教とバルセロナ伯によって統治されることとなった[25]。

この際，ロベルトゥスの家門が有していた世俗的な権力はバルセロナ伯に引き継がれ，裁判権などのタラゴーナの世俗的権利の3分の2が同伯に帰属

---

23) "confisi, ipsius civitatis restaurationi operam dando ad honorem Dei et Ecclesiae eius, consilio et favore praedicti Raymundi comitis... te venerabilem virum et strenuum militem ipsius Ecclesiae et nostrum hominio et sacramento fidelem, carissime Rodberte, ipsius civitatis principem constituimus. Te nimirum et tua omnia ad hoc exposuisti, ut Deo et ecclesiae eius semper ibi servias et tuam in defensionem Christianis militiam exerceas. Unde ad honorem Dei et Tarraconensis ecclesiae, nostram nostrorumque successorem fidelitatem donamus et tradimus tibi ipsam civitatem cum territorio suo... ut disponas et regas et iudices homines qui illuc convenerint cum timore Dei et iustitia secundum leges et bonas consuetudines quas ibi communi consilio sonstituerimus", *CPFC*, doc. 51. なお，ウラゲールはこの贈与に際してバルセロナ伯の助言を受けたと述べているが，実際にはこの文書にはバルセロナ伯の署名がなく，贈与は大司教の主導で行われたと考えられる。

24) *CPFC*, doc. 66, 69, 73, 74.

した[26]。ただし、ロベルトゥスの権利を継承したバルセロナ伯には、ロベルトゥスと同様に、タラゴーナに関して大司教へ臣従することが求められた。1151年の両者の協定では「予タラゴーナ大司教ベルナルドゥスは…タラゴーナとその領域を汝、いと高きバルセロナ伯、アラゴンの君主、トゥルトーザとリェイダの侯であるライムンドゥスに、その都市の復興と、悪しき者どもによる混乱の不安の故に、予と予の後継者と聖テクラ教会への忠誠と利益において与え、委ねる…汝は予と予の教会のためにタラゴーナと…またすべての騎士とその他の人々に対する領主権を、彼らが汝と汝の後継者の臣下となるべく保持するように」という言葉でそれが表現されている[27]。ロベルトゥスの一族が追放された後の1173年にも、両者の間で同様の協定が更新され、タラゴーナでの紛争は伯のバイウルスと大司教のバイウルスが裁くこと、ただし「王[＊バルセロナ伯]のバイウルスは大司教の臣下たることを誓約するよう」求められるなど、都市タラゴーナの支配において大司教が伯に対し優位に立つ内容の取り決めが成されている[28]。このように、征服の経緯もあり、バルセロナ伯はタラゴーナで、自己に不利な条件を受け入れつ

---

25) この争いの過程については、Morera, *Tarragona Cristiana*, tomo 1, pp. 456-525. また L. McCrank, "Norman crusaders in the Catalan reconquest. Robert Burdet and the principality of Tarragona, 1129-1155", *Journal of Medieval History*, 7 (1980), pp. 67-82. タラゴーナ大司教ウグ・ダ・サルバリョ（1163-1171年）の暗殺は、トマス・ベケットと同じ時期と内容の惨劇として、同時代の西欧に衝撃を与えたとされる。Th. N. Bisson, *The Crisis of the Twelfth Century: Power, Lordship, and the Origins of European Government*, Princeton University Press, 2009, p. 500.

26) まず1151年に、大司教、ロベルトゥス一族、バルセロナ伯の間で、タラゴーナの世俗的支配権が三分された。その後ロベルトゥス一族が追放されると、1173年にタラゴーナ大司教とバルセロナ伯の間で再度協定が行われた。*LFM*, doc. 247, *AII*, doc. 148.

27) "ego Bernardus, Tarraconensis archiepiscopus, ad honorem Dei et Apostolorum principis Petri, laudo, dono et trado…civitatem Tarrachone cum territorio suo tibi, Raimundo, illustri comiti Barchinonensi, Aragonensium principi, Tortose Ilerdeque marchioni, propter ipsius civitatis restauracionem et malorum hominum illam perturbancium inquietacionem, ad fidelitatem et utilitatem nostrum nostrorum que successorum et ecclesie Sancte Tecle,…ut per nos et ecclesiam nostrum habeas Tarrachonam,…et ipsum senioraticum super omnes milites et alios homines, ut sint tui solidi et heredum tuorum", *LFM*, doc. 247.

28) "baiulus domini regis iurent quod sint fideles domino archiepiscopi", *AII*, doc. 148.

つ，タラゴーナ大司教と共同での統治体制を定めている。

　ここで生じるのは，なぜバルセロナ伯がこの不利な統治体制を受け入れ，かつ続く時代にもそれを打破しようとしなかったのかという疑問である。同時期に征服された他の都市，例えばトゥルトーザについては，征服時にジェノヴァに与えていた権利をその後買い戻し，またたびたび口実を設けてテンプル騎士修道会に与えた権利の回復を図るなど，歴代のバルセロナ伯は，貪欲に権利を主張している[29]。またバルセロナ伯にとって，大司教に臣従礼を取ることは，権威を保持する上で決して望ましくはなかったはずである。バルセロナ伯は，都市タラゴーナを支配するためにタラゴーナ大司教への臣従を強いられるという状況を，打破しようと試みなかったのであろうか。もし試みなかったのであれば，この体制には伯にとってどのような利益があったのであろうか。この点に関して，従来の研究は分析を行っていない。

　この新カタルーニャ征服後間もない時期のバルセロナ伯にとって，おそらく一番の関心事は，征服地の入植推進と秩序確保であったはずである。次節からは，これらの事業におけるバルセロナ伯の政策とそこでのタラゴーナ大司教の役割を分析し，バルセロナ伯の統治構造において大司教が果たしていた役割を確認することで，上記のような特異な体制がバルセロナ伯にどのようなメリットをもたらしていたのかを明らかにする。

第3節　植民に見るバルセロナ伯とタラゴーナ大司教の関係

(1) 植民拠点の地理的分布

　バルセロナ伯ラモン・バランゲー4世により，1148年にトゥルトーザ，1149年にリェイダという拠点都市が陥落して新カタルーニャ全体がイスラーム勢力から征服された結果，12世紀後半には新カタルーニャ各地で植

---

29) L. Pagarolas, *La Comanda del Temple de Tortosa : primer període (1148-1213)*, 2 volums, Tortosa, 1984, pp. 139-144. また，バルセロナ伯ラモン・バランゲー4世は，征服に先立ってジェノヴァにトゥルトーザの3分の1を与える約定を交わしていたが，結局，ジェノヴァからその3分の1の土地の権利を買い取っている。*LFM*, doc. 463.

民活動が推進された。本章ではホセ＝マリア・フォン＝イ＝リウスの『カタルーニャにおける植民・解放関連証書集』に編纂された入植関連文書に基づいて，バルセロナ伯の入植政策におけるタラゴーナ大司教の役割の分析を行う（地図10および第6章の表2参照）。

ラモン・バランゲー 4 世がトゥルトーザとリェイダの征服以降，1162 年の死亡時までに発給した新カタルーニャに対する入植関連文書は 20 通を数える。このうち 12 通が入植者集団に宛てた入植許可状，8 通が特定の個人に入植活動を委託したものである[30]。これらの文書の発給対象地は，トゥルトーザやリェイダなど司教座のある重要都市以外は，イスラーム勢力との境界付近ではなくタラゴーナの後背地に集中している。具体的には都市タラゴーナからフランクリ河を遡った上流域と，その北方でリェイダに通じるルート上にあるクンカ・ダ・バルベラ山地の集落群，またカンブリルスやサロウといったタラゴーナ南方の海港が対象となっている[31]。

ここからは，植民に際してのバルセロナ伯の関心がイスラーム勢力との境界の防衛ではなく，むしろタラゴーナ周辺の開発と交通ルートの確保にあったことがわかる。入植関連文書の多くに，入植者に対して軍役奉仕を求める規定がない点や，ラモン・バランゲー 4 世によってバルベラ盆地にシトー会のポブレット修道院が建立されたこともこのことを裏づけている[32]。同じ時期にバルセロナ伯は，トゥルトーザではスーダ Suda と呼ばれる都市城砦を重臣のモンカダ家に，またリェイダでは親族のウルジェイ伯に委ね，かつどちらの場合も騎士修道会に都市の内外に所領を与えている[33]。この点からも，境界地帯には有力で信任する諸侯や騎士修道会を配置し，境界から離れ

---

30) *CPFC*, doc. 67, 68, 71, 75, 76, 77, 79, 81, 83, 86, 88, 90, 91, 94, 97, 98, 99, 101, 102, 113.
31) アントニ・ビルジリも，12世紀後半の入植関連文書の約8割がタラゴーナ平野とその北のバルベラ盆地に集中していることを指摘している。A. Virgili, "Els Conqueridors de mitjan segle XII : Com aprenen a ser-ho", M. Barceló, G. Feliu, A. Furió, M. Miquel & J. Sobrequés, (eds.), *El Feudalisme : Comptat i Debatut, Formació i expansió del feudalisme català*, Valencia, 2003, p. 275. これらの伯による入植地はタラゴーナからリェイダに通じるルートやフランクリ河に沿って位置している。
32) 防備施設の建設が義務づけられることはあった。例として *CPFC*, doc. 71, 110.
33) *LFM*, doc. 161, 462.

地図10 新カタルーニャにおける，キリスト教徒のトゥルトーザ征服（1148年）から
ラモン＝バランゲー4世没時（1162年）までの入植許可状発給地

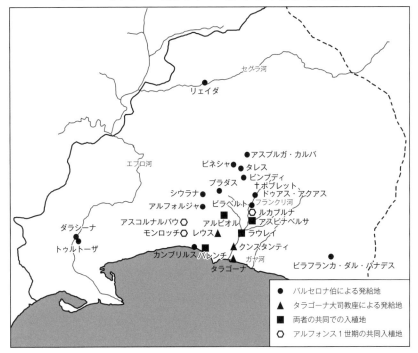

出典）J. Mª. Salrach, *Historia de Catalunya*, vol. 2 : *El process de feudalització (segles III-XII)*, Barcelona, 1987, pp. 414-415 をもとに作成。

た内陸部を中心に開発を進めるという伯の戦略が読み取れる[34]。この点はトレドという重要都市をイスラーム勢力との最前線に持ち，境界地帯の防衛を念頭に植民を行った同時期のカスティーリャと，重要都市であるタラゴーナを国境から離れた位置に有していたカタルーニャの顕著な違いと言えよう。カスティーリャ王国ではトレドなどの防衛のため，アビラやセゴビアなど辺境地帯の多くの都市の入植が11世紀末から進められたが，そこでは軍事的

---

34) A. J. Forey, *The Templars in the Corona de Aragón*, Oxford University Prees, 1973, pp. 15-86.

防衛を住民自身に頼り，武装して都市の防衛に参加する住民に免税特権を与え，民衆騎士とするといった措置が取られている[35]。

同じ時期にタラゴーナ大司教もクンスタンティやレウスなど，タラゴーナに程近い，フランクリ河下流域に数通の入植許可状を発給している[36]。ここからは，タラゴーナ大司教がタラゴーナとその近郊を，バルセロナ伯がその外縁部を植民するという，いわば両者が相互に補完しつつ入植活動を進めている状況，すなわち両者の関係が競合というよりはむしろ分業と協力にあったことが読み取れる。

(2) 共同入植

両者の入植における共同関係は，これら地理的な分布のみならず，入植許可状の内容からもしばしば読み取ることができる。例えば，1150年頃のラウレイや1155年のバレンチ，同じく1155年のアスピナベルサなど，バルセロナ伯とタラゴーナ大司教はしばしば連名で入植許可状を発給している[37]。ラウレイやアスピナベルサは，フランクリ河の支流との合流点に位置しており，両者が特に河川管理上の要地を共同で開発していることがわかる。バレンチではバルセロナ伯は，タラゴーナ大司教への軍役を義務づけつつ，入植活動を組織する人物に土地を封として与えている[38]。アスピナベルサでは「汝らとその子孫たちは，前述の地を聖テクラ教会［＊タラゴーナ大司教座のこと］に納める十分の一税と初穂税を除き，いかなる貢租も賦課も負わず，自由な自有地として所有するように」という言葉が記されている[39]。これらの条件は入植者集団に有利なだけでなく，経済的な利益は2人の領主のうちタラゴーナ大司教にしか生じない点が興味深い。さらに1171年には，アスピナベルサの近郊のルカブルナに対しても伯と大司教の連名によって，ある

---

35) ローマックス『レコンキスタ』，106-107頁。
36) 例として，*CPFC*, doc. 95, 112.
37) *CPFC*, doc. 81, 101, 102.
38) *CPFC*, doc. 101.
39) "ut habeatis vos et posteritas vestra predictum locum ad alodium franchum, ita quod nullum censum neque usaticum faciatis nisi quod decimas et primitias persolvatis ecclesie Sancte Tecle", *CPFC*, doc. 102.

俗人に入植活動が委託されている[40]。ここでは十分の一税と初穂税以外にも貢租が課され，土地も自有地ではなく封として与えられ，かつ土地の優先買取り権などが伯と大司教に留保されており，入植者に対する条件は以前のアスピナベルサに対するものほど良くはなくなっているが，いずれにせよ両者が協力して入植活動を推進しているのである。アスピナベルサとルカブルナは後に一体化してバイスという周辺の中核集落を形成しており，両者の共同植民は成功を収めたと言える[41]。

(3) 伯によるタラゴーナ教会への入植委託

共同での入植許可状発給に加え，バルセロナ伯が直接タラゴーナ教会の聖職者に入植活動を委託するという，より直接的にタラゴーナ教会に入植活動を頼っている事例も存在する。例えば1158年にはラモン・バランゲー4世はタラゴーナ教会の大助祭であるジュアン・ダ・マルトレイに，「汝タラゴーナの大助祭ヨハンネス（ジュアン）とその後継者たちに，そこで汝が防備化と植民を行うという協定により，そのアルビオルを，十分の一税と初穂税を除き，自由な固有の世襲地として与える。予はそこで，すべての者に対する忠誠を保持する」という言葉でアルビオルと呼ばれる地の植民と建設を委託している[42]。ここで伯に留保されたのは「忠誠」のみである。さらにこの後，ジュアンはタラゴーナ大司教座の参事会に入り，1164年にはこの土地をタラゴーナの教会と大司教に委ねてしまっている[43]。

また1170年頃，次のバルセロナ伯アルフォンス1世（1162-1196年）はアスコルナルバウの地の植民をタラゴーナ教会の聖職者であるジュアン・ダ・サン＝ボイに委ねている[44]。タラゴーナ南西のこの地は，バルセロナ伯の新

---

40) *CPFC*, doc. 140.
41) *CPFC*, pp. 736-738.
42) "dono, laudo, atque confirmo tibi Ioanni, archidiacono Tarraconensis et omni progeniei tuae sive posteritati ipsum Albiol pro hereditate propia et franca, tali quoque pacto ut facias ibi fortitudinem et poplationem....exceptis decimis et premitiis. Retineo ibi fidelitatem contra homnes homines", *CPFC*, doc. 109.
43) *CPFC*, pp. 740-741.
44) *CPFC*, doc. 138.

カタルーニャ征服後も，山賊化したイスラーム教徒集団が活動するなど不安定な状態であった。伯の入植許可状は地域の安定を図ったものであった。この許可状では「固有の自有地として自由に，十分の一税に関するまたその他のすべての事柄の予の権利とともに与える…そこに来て住む者は，都市タラゴーナの法と慣習と決まりに従って裁かれるように」[45]といった言葉で，タラゴーナの聖職者による所有が認められ，かつタラゴーナの法の適用が定められている。その上で，地域の復興と植民，防備施設の建設に加え，タラゴーナ教会に属する教会の建設が求められており，ここでは，地域の安定の上でタラゴーナ教会の力が求められていたことが窺える[46]。なおこの入植委託文書にはタラゴーナ大司教も署名している。

1180年にはこのアスコルナルボウ南東のモンロッチにも，タラゴーナ大司教がアルフォンス1世と在地の俗人領主とともに入植許可状を発給している[47]。ここでは，家屋や土地，またその付属物が入植者たちに与えられている一方で，貢租や裁判権などは発給者たちに留保されている。さらにアルフォンスは5年後の1185年にはこの地をタラゴーナ大司教に委ねており，この地は大司教の単独の管理下に置かれることとなった[48]。

このようにバルセロナ伯は植民活動を進めるに際し，タラゴーナ大司教と連名で入植許可状を発給し，またタラゴーナ教会の聖職者に入植活動の実行を委ねるなど，しばしばタラゴーナ教会に積極的に権利を与え，頼りつつ入植活動を進めていることがわかる。

この方法は現地の状況に詳しい，おそらくはタラゴーナ周辺の中小領主家門の出自である，タラゴーナ教会の聖職者に植民活動の実践を任せられ，バルセロナ伯が自らそれらの事業に忙殺されることを防ぐという点で，伯にとって利益があり，また自らの支配や権益が及ぶ範囲を拡大できる点で，タ

---

45) *CPFC*, pp. 743-744.
46) "dono, laudo...per proprium alodium, liberum et francium et ingenuum, cum omni iure meo, tam de decimis quam omnibus aliis rebus, et cum omni libertate ad habendum et possidendum...Et quicumque ibi venerint et habitaverint, iudicentur et distrigantur secundum leges et mores et consuetudines Terraconensis civitatis", *CPFC*, doc. 138.
47) *CPFC*, doc. 159.
48) *CPFC*, p. 732.

ラゴーナ教会にとっても利益のあるものであったろう。

その他，バルセロナ伯により俗人に植民活動が委託され，あるいは入植許可状が出される際にも，多くの場合，タラゴーナ教会への忠誠や十分の一税が留保され，あるいは署名者として大司教をはじめとするタラゴーナ教会の聖職者が現れている[49]。そもそもこの時期，バルセロナ伯が俗人に入植を委託した例は多くないが，委託する際にも，伯と関係の深い人物に，伯への忠誠といった条件と，また先述のようなタラゴーナ教会の承認や支配といった条件を課した上で委託されている。ここからは，俗人領主層を統制し，その強化を避けるためにもバルセロナ伯がタラゴーナ教会を利用していることが読み取れる。

このように，入植許可状の内容からは，バルセロナ伯がタラゴーナ大司教座に積極的に権利を与え，その力に頼りつつ入植を進めていたことがわかる。それでは，地域の安定を維持するための，紛争調停に際しては，両者はどのような関係を有していたのであろうか。

第4節　紛争に見るバルセロナ伯とタラゴーナ大司教の関係

(1) タラゴーナ大司教による調停事例

イスラーム勢力からの征服後まもない入植地では，土地の権利や用益権などがいまだ確定しておらず，ポブレット修道院やテンプル騎士修道会の文書には，それらの権利を巡る紛争事例が数多く記録されている。また，ポブレット修道院やテンプル騎士修道会，各司教座などの教会間でも，十分の一税徴収権を中心に，様々な管轄権を巡る紛争も生じていた。これらの紛争に際し，タラゴーナ大司教がしばしば調停にあたっていたことが記録されている。大司教が管区の教会間の紛争を調停するのは当然とも言えるが，タラゴーナ大司教の調停は，教会と俗人の間の争いなどにも及んでいた。

例えば1173年，バルベラのテンプル騎士修道会の文書では「タラゴーナ大司教とその他の多くの健全なる人々の前で平和と和解に達した」という言

---

[49] 伯の俗人への入植委託の例として，*CPFC*, doc. 71, 77, 81, 83, 91, 98, 101, 103, 110.

葉で，同修道会が俗人と争っていた土地を，タラゴーナ大司教の調停を受けて買い取った旨が記載されている[50]。1174年，やはり同修道会の文書に，タラゴーナ大司教が付近の俗人有力者ポンス・ダ・セルベラ，ラモン・ダ・トゥロジャ，ラモン・ダ・セルベラの間の土地を巡る紛争を調停している事例が記録されている。「多くの争いの後に，ローマ教皇特使であるタラゴーナ大司教ギレルムス…の約束により，平和と和解に達した」[51]。また1194年，バルベラの教会とテンプル騎士修道会が十分の一税について協定を行った際も，タラゴーナ大司教がテンプル騎士修道会管区長やその他の有力者とともに立ち会っている[52]。このように教会と俗人の間の紛争，俗人間の紛争，教会間の紛争のいずれにおいても，タラゴーナ大司教が調停の役割を果たしている事例が複数存在している。

(2) 紛争調停におけるバルセロナ伯とタラゴーナ大司教の協力関係

むろんこれらの紛争の調停にはタラゴーナ大司教のみがあたったわけではなく，他の聖俗の有力者も調停にあたっている。中にはバルセロナ伯が直接調停を行う場合もあり，そこではタラゴーナ大司教とバルセロナ伯が協力して調停にあたる事例も複数存在していた。両者の相互補完関係が最も明確に現れているのは，1180年代のポブレット修道院と近隣の有力者の間の紛争の事例である。ポブレット修道院は新カタルーニャの征服直後の1151年にバルセロナ伯ラモン・バランゲー4世によって建立された修道院であり，同じ時期に周辺にバルセロナ伯によってビンブディ，ビネシャ，タレスなど多くの集落が形成されたことからもわかるように，地理的に伯の植民活動の焦点とも言える位置にあった[53]。その後30年の間に植民活動が進展を見せると，人口の増加や耕地の不足が生じ，これら周辺集落の住民と修道院の間で，土地を巡る争いが生じた。おそらく1181年に，6月16日の日付で教皇

---

50) "coram domino archiepiscopo et coram multis aliis frugibus hominibus ad pacem et ad concordiam venerunt", *CDCTB*, doc. 67.

51) "post multas contenciones..., venerunt ad pacem et concordiam laudamento Guillemi, Tarra-gonensi archiepiscopi, Apostolice Sedis legati", *CDCTB*, doc. 71.

52) *CDCTB*, doc. 173.

53) ポブレットについては，A. Altisent, *Història de Poblet*, Abadia de Poblet, 1974.

アレクサンデル3世（1162-1180年）はタラゴーナ大司教とウルジェイ司教に対し，ビンブディのラモン・ダ・トゥロジャ，ポンス・ダ・セルベラらの俗人有力者に，ポブレットの所領への侵害行為を償わせるよう命じた勅書を発している[54]。侵害行為の内容としては，ポブレットの所領への侵入や土地の不法占有，聖職者への暴行などが伝えられている[55]。これを受け，タラゴーナ大司教がこの紛争の調停を図ったことが「タラゴーナ大司教ベレンガリウスは，現在，ポブレット修道院とライムンドゥス・デ・トゥレルベア（ラモン・ダ・トゥロジャ）とその妻ガイアの間で争っている，ビンブディの境界と上アスプルガの集落の境界について判断を下した」という言葉で1181年7月17日の文書に記載されている[56]。

　この際，当時のバルセロナ伯アルフォンス1世はタラゴーナ大司教座の大助祭から事情を聴取し，彼や「良き人々」と呼称される在地の俗人名望家層とともに検分を行った上で，係争地がポブレット修道院に属する旨を表明している。「予は，そのときそこに赴いたタラゴーナのヨハンネスから聞いたように，争いを目にし…予は…タラゴーナの大助祭ヨハンネスとその他の多くの「良き人々」とともにそこに赴き，その境界が予の父が作成した文書に記されているごとくであるのを見て，それらをポブレット修道院による境界のもとに置いた」[57]。これを受け最終的に1187年7月13日，バルセロナ司教によって，侵害者はポブレット修道院に賠償をなすこと，不法に土地を占有しているものは存命中のみその保有を許し，死後はポブレット修道院に返却することなどが「王の命令により」「タラゴーナ大司教とその他の貴顕の人物の前で」判決されている[58]。

---

54) *CP*, doc. 55.
55) *CP*, doc. 53.
56) "dompnus B. Terrachonensis archiepiscopus adiudicaverit super terminis de Avimbodi et terminis ville superioris de Spelunca, inter monasterium Populeti et R. de Turrerubea et Gaiam uxorem eius, de quibus nunc est contencio inter eos", *CP*, doc. 54.
57) "Vidi contentionem...sicut audivi a Johanne terraconensi qui tunc ibi cum eo fuit ; et ideo ego ivi illuc cum...Johanne archidiacono Terrachone et multis aliis probis viris et videns illos terminus sicut scripti sunt in carta quam pater meus fecit, emparavit et reddidi illos terminus monasterio Populeti", *CP*, doc. 52.

この事例からは、バルセロナ伯とタラゴーナ大司教の紛争解決に際する協力関係が明瞭に見て取れる。なおこの判決後、1187年中から当該係争地に属する土地が相次いでポブレット修道院に売却されている[59]。占有地の生前のみの保有を認められた人々が、ポブレットに権利の売却を行ったものであろう。彼らに当該地の恒久的占有を断念させたという点で、上記の判決は相応の効力を有したものと判断できる。

　また、バルセロナ伯が当事者となった紛争をタラゴーナ大司教が調停している事例も存在する。一例として、1192年にはバルセロナ伯の、タラゴーナ西南方の土地などの権利を巡るアルベルト・ダ・カステルベルとの争いを、タラゴーナで大司教が調停したことが「長きに渡る争いと訴訟の後に…タラゴーナの司教であるベレンガリウス殿…の忠告により…下記の方法での友愛に基づいた協約に至った」という言葉で記録されている[60]。

　このように、タラゴーナ周辺地域の紛争調停に際しては、タラゴーナ大司教がバルセロナ伯を補完する重要な役割を果たしていたことが史料から理解される。当時のカタルーニャでは裁判権が伯のもとに一元化されず、周辺の有力者の合議で調停が行われる慣行が根強く存続しており、両者の協力はこの地域的な伝統に即したものであったと考えられる。

　タラゴーナ以外でもバルセロナ伯とタラゴーナ大司教は協同で調停活動を行っている。1150年代には十分の一税徴収権を巡るトゥルトーザ司教とホスピタル騎士修道会の紛争を、バルセロナ伯の命を受けタラゴーナ大司教が調停している[61]。1186年にはサラゴサの教会とある俗人の間の土地を巡る紛争についてのタラゴーナ大司教の判決を、バルセロナ伯がサラゴサで布告している[62]。さらに1189年にはトゥルトーザでの水利権を巡るサン・ジュ

---

58) "Ego Bernardus Barchinonensis episcopus, ex mandato domini Regis...condemno...in presentia domini B. Terrachonensis archiepiscopi", *CP*, doc. 48.
59) *CP*, doc. 74, 76, 78, 79, 80, 81, 82, 109.
60) "...post longas contenciones et placita...mediante consilio domini Berengariim Terrachonensis episcope...veniunt ad finem et concordiam et ad amicabilem transaccionem in hunc modum", *AII*, doc. 570.
61) *DCT*, doc. 50.
62) *AII*, doc. 428.

アン騎士修道会とテンプル騎士修道会の争いを，バルセロナ伯がタラゴーナでタラゴーナ大司教とリェイダ司教とともに調停しているのである[63]。また1180年には旧カタルーニャのある城についてのバルセロナ伯と臣下の紛争を，タラゴーナでタラゴーナ大司教が調停している[64]。このようにタラゴーナ大司教は，タラゴーナ周辺地域を中心にアラゴン連合王国各地でバルセロナ伯の関わる紛争調停を支えていたことがわかる。

また，当時，カタルーニャ地方全体の秩序維持を名目としてたびたび招集されていた「神の平和と休戦」会議でも，ほとんどの場合，タラゴーナ大司教は招集者である教皇特使やバルセロナ伯を助ける聖職者の筆頭として現れている[65]。この点からも，当時のバルセロナ伯領で同大司教が秩序維持において重要な役割を担っていたことが理解されよう。

(3) ローマ教皇による調停の委任

他方，ローマ教会も，カタルーニャ教会の長であるタラゴーナ大司教にしばしば教会間の争いの調停を求めていた。新カタルーニャの事例のみに限っても，先のポブレット修道院に関する紛争以外にも，タラゴーナ大司教にローマ教皇が紛争調停を依頼する内容の書簡が複数伝来している。例えば1174年，教皇アレクサンデル3世はスルソナ教会とベルピュッチの参事会教会の間で生じた教区教会を巡る紛争の調停を「それゆえまた兄弟である汝に，使徒の書面を持って命じる。汝が双方を汝の面前に召集し，そこで調査を行い，そこで熟慮により，また前述の事件について聴き，認識し，判断せよ…そして参事会員たちに，汝の判断への支持と確実な遵守を厳しく強制するよう」という言葉でタラゴーナ大司教に命じている[66]。また1193年には，教皇特使が聖ヨハネ騎士修道会とリェイダ司教らの争いについて「尊敬すべ

---

63) *AII*, doc. 495.
64) *AII*, doc. 315.
65) *CPT*, doc. 12, 13, 14, 15, 17.
66) "Ideoque fraternitat tue per apostolica scripta mandamus, quatinus, cum exinde requisitus fueris, utramque partem ante tuam presentiam conuoces et rationibus hinc et inde auditis et cognitis de predicta causa iudices,…et canonicos ad suscipiendum iudicium tuum et firmiter obseruandum districte compellas", *PS*, doc. 158.

き我々の兄弟であるタラゴーナ大司教の助言によって」報告を行っている[67]。1195年には教皇ケレスティヌス3世（1191-1198年）により，タラゴーナ大司教にリェイダ司教と聖ヨハネ騎士修道会，ポブレット修道院の間の問題の調停が委ねられている[68]。またこの教皇は1195年から1197年にかけて，タラゴーナ大司教とビック司教に対し，リェイダ教会とアジャル教会などの調停を命じている[69]。

教会間の紛争のみならず，ポブレットのような教会と俗人領主との紛争に関しても，教皇はしばしばタラゴーナ大司教に調停を命じている。アレクサンデルはタラゴーナ大司教に対し，1165年にはリェイダ司教と都市民の貢納の問題，またリェイダ司教とウルジェイ伯との間の境界紛争の調停を命じている[70]。また1180年から81年にかけて，やはりアレクサンデル3世により，スルソナ教会とムンカダ家，カルドナ家といった有力諸侯との抗争の調停がそれぞれ教皇勅書によって命じられている[71]。さらに1200年には教皇インノケンティウス3世（1198-1216年）がタラゴーナ大司教とビック司教に対し，俗人諸侯が侵害している権利をバルベラのテンプル騎士修道会に返還させるよう，命じているのである[72]。

以上の事例からは，タラゴーナ大司教がバルセロナ伯を補完する形で，タラゴーナ周辺のバルセロナ伯の植民活動の中心にあたる地域で，紛争の調停や秩序の維持に重要な役割を果たしていたことが見て取れる。タラゴーナ大司教は単独で，あるいはバルセロナ伯と共同で，またときには教皇の指令を受けて，タラゴーナ周辺での多くの紛争の調停にあたっていたのである。その役割は特に，カタルーニャ教会の中心的存在として，教会に関連した紛争事例の調停において顕著である。先述のように新カタルーニャは特に教会所

---

67) "consilio uenerabilium fratrum nostrorum Terraconensis archiepiscopi", *PS*, doc. 243.
68) *PS*, doc. 258, 259.
69) リェイダ教会とアジャル教会については *PS*, doc. 261, 266, 274.
70) *PS*, doc. 123, 126.
71) ポブレット修道院に関する書簡は，*PS*, doc. 190, 191, 192. スルソナ教会を巡る問題についての書簡は，*PS*, doc. 196, 197, 198, 199, 204, 205, 206.
72) *CDCTB*, doc. 206.

領が広範に存在し，植民活動の中心を担っていた地域であり，教会の権利に関わる調停は特に重要であったであろう。このように，紛争調停の事例からも，バルセロナ伯が入植地の秩序を維持する上でタラゴーナ大司教の権威を利用し，頼っていたことがわかる。

　上記の検討から，バルセロナ伯が植民活動の中心としていたタラゴーナ周辺地域において，植民活動においてもまた秩序維持においても，従来の研究と異なり主体的にタラゴーナ大司教の権限を強化し，その権威を利用しつつ，それと相互に補完しあう形で植民を進めていたことがわかった。とはいえタラゴーナ大司教がこのように世俗的な統治の面において強い権威を持ち，かつそれを強化していくことは必ずしもバルセロナ伯にとって好ましいことではなかったであろう。その上であえてバルセロナ伯がタラゴーナ大司教に依存せざるをえなかった背景には，どのような理由があったのであろうか。

第5節　バルセロナ伯による教会依存の背景

(1) 政治的状況

　この時期のバルセロナ伯がタラゴーナ大司教に強く依存した理由を理解するためには，まず当時の伯が置かれた政治的状況，特に外交的状況を理解する必要がある。

　12世紀初めにラモン・バランゲー3世が結婚によりプロヴァンス伯位を獲得して以降，バルセロナ諸伯はトゥールーズ伯をはじめとする南仏の諸侯や都市との抗争を強いられていた[73]。12世紀後半に入っても，形式上はバルセロナ伯家の支配下にあるプロヴァンス伯領内の諸侯や都市がしばしば反乱を起こし，彼らの表面的な服従を確保することも容易ではなかった。

　また，12世紀後半のバルセロナ伯は，イベリア半島でも活動しなければならなかった。例えばアルフォンス1世は1170年代にアラゴン南部をイス

---

73) J. Mª. Salrach, *Història de Catalunya*, vol. 2 : *El process de feudalització（segles III-XII）*, Barcelona, 1987, pp. 348-352, 390-398.

ラーム勢力から征服している。このため，バルセロナ伯の行動範囲はマルセイユやモンペリエなど南仏各地からサラゴサやテルエルなどイベリア半島各地に渡る，広範なものとなっていた[74]。一見華々しい勢力拡大とも映るこの状況は，バルセロナ伯が新カタルーニャの植民に注ぐことのできるエネルギーを限定的なものとし，伯にその役割を代行する存在を求めさせたであろう。

(2) バルセロナ伯領における世俗勢力

しかし，領主貴族に新カタルーニャの開発や植民を委ねることには問題があった。

先述のように，すでに11世紀半ばには，イスラーム勢力との境界地帯の開発を通じて勢力を伸ばした俗人領主層が，バルセロナ伯に対して反乱を起こす事態が生じていた。このような前例に加え，イスラーム勢力征服への支援を必要とするバルセロナ伯の黙認の中で，12世紀前半のバルセロナ伯領では領主貴族の権力がさらに強化されつつあったことが知られている。この時期，各地で農民の領主に対する「苦情 querimoniae」を訴える文書が作成されるなど，領主の農民に対する収奪が強化されているのである[75]。

このため，征服活動が一段落した12世紀後半のバルセロナ諸伯は，地方行政を担う役人であるウィカリウスやバイウルスの再編，ユダヤ人の登用，会計文書の編纂による伯領地の管理強化など，様々な手段で内政の改革を模索していた[76]。しかし，このような伯の諸改革は，領主層には一度確保した既得権益の侵害と受け取られ，また，イスラーム勢力に対する征服活動が停止し，戦利品や新たな所領を獲得する機会が失われたことからも，伯に対して反抗的な態度を取る領主層も多かった[77]。

---

74) アルフォンス1世の移動の経路については，J. Miret y Sans, "Itinerario del rey Alfonso I de Cataluña y II en Aragón", *Boletín de la Academia de Buenas Letras de Barcelona*, 2 (1903-1904), pp. 257-278, 389-423, 437-474. に詳細に述べられている。

75) B. Garí, "Las *querimoniae* feudales en la documentación catalana del siglo XII (1131-1178)", *Medievalia*, 5 (1981), pp. 7-49.

76) T. N. Bisson, "The rise of Catalonia: Identity, Power and Ideology in a Twelfth-Century Society", *Annales : Economies, Société, Civilisations*, 39 (1984), pp. 454-479.

このような状況下では，征服地の植民を俗人諸侯に委ねるという判断は極力避けられたであろう。実際に，ラモン・バランゲー4世による新カタルーニャへの入植文書20通のうち，俗人に植民を委託したものは8通だけであり，その他は入植者集団か聖職者に宛てられている。8通の内容も，小規模な所有地に関するものが多いのである[78]。

　またイスラーム勢力との境界から離れたタラゴーナやその周辺が植民の中心となったカタルーニャでは，11世紀までの段階ですでに農民層と領主貴族層（騎士層）の身分の分化が進んでいたことや，都市の経済的性格の強さもあって，カスティーリャのように特権と引き換えに入植者に軍役を担わせ，防衛を都市共同体に委ねるという傾向は弱かった。

(3) バルセロナ伯と教会

　一方で，第3章までで確認されたように，カタルーニャでは中世初期より，司教や修道院長など，高位聖職者が伯と協力しつつ政治的にも重要な役割を果たすという伝統が存在していた。12世紀後半のバルセロナ伯も，教会を自己の政策実現や権威強化のため，利用しようと試みている。例えば，アルフォンス1世はたびたび「神の平和と休戦」会議を召集している。父であるラモン・バランゲー4世が1134年に同会議を招集し，テンプル騎士修道会に対する保護を宣言したときから同会議は招集されていなかったが，アルフォンスは1173年，ほぼ40年の中断の後に同会議を招集している[79]。次いで，1188年と1192年にも，伯領内の聖職者，有力俗人と都市民たちを招集して同会議を開催している。またペラ1世は，1198年，1200年，1202年と1207年に，支配領域内の秩序の確立，領主貴族による農民への強権的支配の規制，そして一般課税であるブバッチャbovatgeの徴収のため，同会議を招集している。これらの集会では，教会，聖職者と教会財産の保護が宣言されるのが常であり，教会側も自らの利益もあって協力の姿勢を見せて

---

77) これらのバルセロナ伯の政策やその結果については，Bisson, *The Crisis of the Twelfth Century*, 特に pp. 371-377, 499-514.
78) *CPFC*, doc. 67, 77, 81, 91, 98, 101, 103, 110.
79) *PTC*, doc. 15.

いた[80]。

　個別の政治問題に関しても、グレゴリウス改革以降も、タラゴーナの征服過程に見られるように司教にはときに政治的な役割が求められていた。タラゴーナのように現に大司教の権力が確立している状況では、バルセロナ伯がその力や権威を統治に利用しようとするのは、むしろ当然の判断だったと言えるであろう。さらに、歴代タラゴーナ大司教の出自からは、多くの場合、バルセロナ伯に近い人物が大司教に選出されていたことがわかる。タラゴーナの回復を主導し、回復後の初代大司教となったウラゲール（1117-1137年）はバルセロナ伯の臣下の息子であり、バルセロナ伯の主導でバルセロナ司教に選出された人物であった。また第3代の大司教であるバルナッ・トルト（1146-1163年）は、イングランド王への使節を務めるなど、バルセロナ伯ラモン・バランゲー4世の腹心として知られた人物であり、かつウラゲールがフランスのサン・ルフ修道院院長であったとき、そのもとで参事会員を務めていた人物であった。第5代の大司教であるギレム・ダ・タロジャ（1171-1174年）は、伯ラモン・バランゲー4世の死に際して幼いアルフォンス1世の摂政に任命された、やはり伯の信任する人物であった。第6代大司教バランゲー・ダ・ビラデムルス（1174-1194年）は伯の代理としてトゥールーズ伯との外交交渉にあたった人物であり、また第7代大司教ラモン・シェトマール（1194-1198年）は、アルフォンス1世の遺言においてその執行人に指名されている人物である[81]。このように少なくとも1170年代まで、タラゴーナ大司教にはバルセロナ伯に近い人物が任命されている。すなわちバルセロナ伯は、タラゴーナ大司教の選出に影響力を行使できるという前提の上でタラゴーナ大司教に大きな権力を委ねていることが理解される。

　このように、新カタルーニャを不在にすることが多く、植民や秩序の維持といった役割を他の社会的勢力に委ねる必要があったこと、また俗人勢力に

---

80) 12世紀後半のバルセロナ伯による一連の秩序再建の試みについて、近年ではBisson, *The Crisis of the Twelfth Century*, pp. 345-348, 371-378, 499-514. ブバッチャについては, P. Orti Gost, "La primera articulación del estado feudal en Cataluña a través de un impuesto: el bovaje (SS. XII-XIII)", *Hispania*, 209 (2001), pp. 967-998.

81) J. Blanch, *Arxiepiscopologi de la Santa Església Metropolitana i Primada de Tarragona*, 2 vols., Tarragona, 1985, pp. 79-131.

頼ることが難しい状況であったこと，教会が伝統的に政治的な役割を担い，かつその人事に対する影響力を有していたことなどから，12世紀のバルセロナ諸伯は，イスラーム勢力からの征服地において，従来考えられていたようにタラゴーナ大司教の権力強化を傍観していたわけではなく，むしろ教会の力を利用しつつ統治を行うことを主体的に選択したものと考えられる。

第6節　教会依存政策の帰結

(1) バルセロナ伯による影響力の低下，および大司教座との紛争

しかし，バルセロナ伯のタラゴーナ大司教選出への影響力は，1170年代頃を境に次第に低下していることが史料から窺える。『タラゴーナ大司教列伝』では第4代大司教までは選出方法が明記されていないが，第5代大司教ギレム・ダ・タロジャについては「属司教たちにより選ばれた」，第6代大司教バランゲー・ダ・ビラデムルスについては「属司教たちとタラゴーナの参事会員たちにより選ばれた」という言及がなされている[82]。また第8代大司教ラモン・ダ・ルカベルティ（1198-1215年）は，大司教に選出される前はタラゴーナ大司教座の大助祭を務めていた人物である。さらに第6代大司教の出身家系であるビラデムルス家と第8代司教の出身家系であるルカベルティ家はタラゴーナ近郊の有力な領主家系であり，かつ姻戚関係にあったことが知られている[83]。これらの事実から，1170年代以降タラゴーナ大司教の選出に際して，バルセロナ伯よりも付近の有力家系や，タラゴーナ大司教座内部の聖職者たちが次第に影響力を増しつつあったことが読み取れる[84]。

このようなバルセロナ伯の大司教座に対する影響力の弱体化と並行して，両者の間で次第に紛争も生じつつあったことが史料から確認される。早くも

---

82) Blanch, *Arxiepiscopologi de la Santa Església Metropolitana*, pp. 95, 111.
83) S. Sobrequés, *Els Barons de Catalunya*, Barcelona, 1957, pp. 38-41.
84) 『タラゴーナ大司教列伝』自体は同時代史料ではなく，17世紀にタラゴーナ大司教座の参事会員が，同大司教座に伝わる記録や情報に基づいて著したものである。とはいえ，後代の聖職者たちも，12世紀の大司教の選出方法をわざわざ改竄ないし捏造して記録する必要性は特に持たなかったであろうから，情報に一定の信憑性を認めてもよいであろう。

1170年代には，バルベラにおける諸権利を巡る争いを調停する協定が，伯と大司教の間で結ばれている[85]。1190年にはバルセロナ伯夫人サンチャと大司教座の間でタラゴーナ近郊の土地の権利を巡る争いが存在したことが伝えられる[86]。また1190年代にはサロウという集落を巡る争いも生じた。この地は1194年に伯アルフォンス1世によってヒメノなる人物に封として与えられ，週市の開催などが認められ，植民が委託されている[87]。しかし，タラゴーナ大司教はサロウが教会の権利に属することを主張してこれに抗議した[88]。これらの紛争を受け1205年，教皇インノケンティウス3世は両者に宛て，支配地域の分割を勧める書簡を送っている[89]。このように12世紀末には次第にバルセロナ伯のタラゴーナ大司教座への影響力が低下し，伯と同大司教座の衝突が生じるようになっていったのである。

(2) バルセロナ伯による譲歩

バルセロナ伯はこれらの抗争に際し，教会側に強硬な態度を示せない状況にあった。理由の一つは，バルセロナ伯の経済的苦境にある。この頃アルフォンス1世の後を継いだバルセロナ伯ペラ1世は，南仏におけるトゥールーズ伯その他の諸侯や都市との争い，またイベリア半島におけるイスラーム教徒との戦闘により，多額の出費を余儀なくされていた。

これらの出費の財源を，バルセロナ伯はしばしば教会に求めていた。まず，王領地がたびたび教会に売却されている。1172年，アルフォンス1世は300マラベティヌスでポブレット修道院にビンブディの集落を売却している[90]。1182年には，トゥルトーザその他の都市をテンプル騎士修道会に5000マラベティヌスで売却している[91]。

---

85) Bonet, "La Feudalización de Tarragona (segle XII)", pp. 235 ; Morera, *Tarragona Cristiana*, doc. 27.
86) Blanch, *Arxiepiscopologi de la Santa Església Metropolitana*, pp. 125.
87) *CPFC*, doc. 197.
88) *CPFC*, pp. 729-730.
89) *PI*, doc. 316.
90) *AII*, doc. 121.
91) *AII*, doc. 339.

また，より直接的に金銭の提供が求められることもあった。1207年，ペラ1世はイスラーム勢力との戦争のためという理由で，ジローナ司教座に貢納を求めている[92]。同じ年，ペラはバルセロナ司教区内のサン・クガット修道院に特別徴収を求め，それを慣習にしないと約束している[93]。これらの徴収が，教会側の反発を呼んだことは想像に難くない。1209年，ペラ1世とタラゴーナ大司教は，伯の権利と教会の権利を分割することで合意に達している[94]。ここでは，バルセロナ伯は，特定の司教座ではなく，カタルーニャの全教会を伯による要求から解放すると宣言している。また，ペラ1世はビック，トゥルトーザ，ウルジェイとジローナの各司教座に，慣習的に貢納を要求することはしないと約束する文書を与えている。「ジローナ司教区の教会や修道院，またすべての宗教的な場所について，教会の人間や土地に関して，いかなる理屈や理由によっても，恣意的な徴収を行わないし行うべきではないと，確認する」[95]。1211年にはバルセロナ司教座に対し，以降経済的な貢納を求めないと約束している[96]。

　これらの約束が実際にどの程度の効力を有していたかはわからない。とはいえ，バルセロナ伯領のように，君主の世俗権力が弱く，かつローマ文化に由来する識字文化や文書の拘束力がより強い地域では，徴収を行わないという誓約文書は，相応の抑止力となったであろう。少なくともバルセロナ伯が教会からたびたび徴収を行っていたこと，またそれが忌避されつつあったこと，そして教会に強く出られない状況にあったことは理解されよう。

　ペラ1世の死没時には，伯領地の多くが売却されるか抵当に入れられていた[97]。同伯はタラゴーナ大司教からも借金をしており，彼の死後，息子で後

---

92) *CBG*, doc. 389.
93) *PI*, doc. 712.
94) *CBG*, doc. 392.
95) "recognoscimus quod in honoribus, mansis seu hominibus ecclesiarum ac monasterium uel locorum religiosorum totius Gerundensis episcopatus nullam questiam, nullam exactionem uel forciam nullamque demandam seu adempramentum habemus uel habere debemus aliquot iure uel aliqua ratione", *CBG*, doc. 399.
96) *PI*, doc. 1146.
97) M. Sánchez Martínez, *El naixement de la fiscalitat d'Estat a Catalunya（segles XII-XIV）*, Vic-Girona, pp. 29-48.

継者であるジャウマ1世(1213-1276年)は、父への経済的支援への見返りとして、タラゴーナ大司教座に保護を与えることを約束している[98]。

第二の理由として、この時期のバルセロナ伯ペラ1世は、諸政策の遂行の上で、教皇インノケンティウス3世の支援を必要としていたことが挙げられる[99]。ペラは国内外における権威を強化するため、ローマで国王としての戴冠式を行う希望を持ち、たびたび教皇に対して請願を行っている[100]。また、妻マリー・ド・モンペリエとの離婚問題や、対イスラーム戦争、プロヴァンスなどの支配権を巡る南仏での抗争といった諸事象に関しても、ローマ教皇の承認と支持を求めている。

またローマ教会側も、教皇ケレスティヌス3世が教皇となる以前にイベリア半島(ヒスパニア)担当の教皇特使を務めていたことや、当時イベリア半島においてイスラーム勢力のムワッヒド朝とキリスト教諸国の対立が激化していたこともあって、この時期、イベリア半島への関心を強めていた。

このような状況のため、ペラはタラゴーナ教会をはじめ、自己の領内の教会に諸々の譲歩を余儀なくされている。まず、彼の治世において、伯の高位聖職者叙任への承認権が放棄されている。『バルセロナ諸伯事績録』のペラ1世の治世を扱った部分には「このため王ペトルス殿は自由意思に基づいて、神とローマ教会と教皇インノケンティウス殿のために、空位にある教会について王の助言なしに自由に選出を行うよう、その王国のすべての教会と修道院に自由(選出権)を与えた。これ以前には、王の同意を伴わずに司教座教会や修道院で選出が行われることはなかった」という記述が見出される[101]。インノケンティウス3世は、アラゴン連合王国の司教たちに宛てた

---

98) *JI*, doc. 10.
99) D. J. Smith, "Motivo y significado de la coronación de Pedro II de Aragón", *Hispania*, 204 (2000), pp. 163-179. ペラ1世は、アラゴン王としてはペドロ2世であった。
100) ペラ1世は1204年にローマで戴冠し、教皇に誠実宣誓を行っている。*PI*, doc. 307.
101) "Quo facto, dominus rex Petrus sua mera liberalitate et uoluntate, ob honorem Dei et Romanae ecclesiae ac domini papae Innocentii, dedit et fecit libertatem omnibus ecclesiis et moinasteriis regni sui quod sine sui consilio et suorum possent libere eligere in suis ecclesiis ; cum uacarent ; nam antea sine consensus regis in cathedralibus ecclesiis et monasteries eligere non audebant", *GCB*, p. 51.

1207年の書簡においてこの処置を布告している[102]。また，先述のように，1209年には他ならぬタラゴーナ大司教とバルセロナ伯の間で，アラゴン連合王国全土を包括する同大司教管区において，教会の権利と世俗のそれを分離するという協定が交わされているのである[103]。

　第二に，タラゴーナの支配権に関しても結局バルセロナ伯は大司教の権威を認め，強化する政策を取っている。1206年，ペラはタラゴーナとその周辺平野のすべての騎士層と住民に対し，「忠実な家士がその生まれついての主になすごとく，汝らが大司教とタラゴーナ教会に，臣従礼と誠実宣誓をなすことを，予は望み，また汝らに教えつつ命じる」という言葉で，タラゴーナ教会に誠実宣誓を行うよう求めている[104]。争点となっていたサロウの裁治権も，1211年にタラゴーナ教会に引き渡している[105]。

　このように財政的事情やローマ教皇との関係のもとで，バルセロナ伯はタラゴーナ大司教が，旧カタルーニャの諸司教座と同じように，自己の影響下から離脱していくのを認めることを余儀なくされているのである。

(3) 13世紀前半におけるバルセロナ伯とタラゴーナ大司教の関係の変容

　このようなタラゴーナ大司教をはじめとした教会のバルセロナ伯に対する優位は，アルビジョワ十字軍期を通じ，一層強化された。バルセロナ伯ペラ1世はアルビジョワ十字軍に際し，シモン・ド・モンフォール率いる十字軍に対してトゥールーズ伯を支援する立場で南フランスに出兵し，ローマ教皇に破門された上，1213年のミュレの戦いで敗死した[106]。この際，教皇インノケンティウス3世はバルセロナ伯領（アラゴン連合王国）の内政に積極的

---

102) *DPI*, doc. 373.
103) *CBG*, doc. 392.
104) "Unde volumus et vobis firmiter precipiendo mandamus, quatenus eidem archiepiscopo et Ecclesie Tarracone hominium et fidelitatis juramentum, sicut fidelis vassallus suo naturalo domino, debetur prestare", Morera, *Tarragona Cristiana*, appendix, doc. 40.
105) *CPFC*, pp. 729-730.
106) D. J. Smith, "Pope Innocent III and the minority of James I", *Anuario de Estudios Medievales*, 30/1 (2000), pp. 19-50.

に介入し，新バルセロナ伯である当時5歳のペラの息子ジャウマが成人するまでの間の摂政団を指名したが，この中にはタラゴーナ大司教も含まれている[107]。

この後，諸教会，特にタラゴーナ大司教座のバルセロナ伯からの独立性は一層強化されている。1223年，ジャウマ1世は15000ソリドゥスを受け取る代わりに，タラゴーナ大司教に対しタラゴーナにおけるその領主権の優越を認めている[108]。また1224年の文書では「予ジャウマは汝，予の主タラゴーナ大司教スパラグスに，教会の譲渡により予がタラゴーナと（その）平野に保有するもののため，臣従礼をなす」という言葉で，タラゴーナに関して伯がタラゴーナ大司教に臣従礼を呈示している[109]。その後ジャウマ1世がイスラーム勢力に対する征服活動を行い，タラゴーナ大司教がそれに対して支援を行った際にも，伯はそれらの支援が「義務によるものではなく，純粋な好意と自由意思によるもの」であることを確認させられている[110]。このような文言は，それ以前の高位聖職者は求めなかったものであり，彼らに対するバルセロナ伯の統制力の低下を如実に示している。

結　論

タラゴーナにおける大司教中心の統治構造は，従来の研究の主張と異なり，単純に大司教主導で形成されたものではなく，実際には，バルセロナ伯の主体的な政策とその後の歴史的環境によりもたらされたものであった。南仏での活動などのためタラゴーナの経営に尽力できなかったバルセロナ伯は，高位聖職者を統治に利用するバルセロナ伯領の伝統的な政策に則り，主体的にタラゴーナ大司教座への権限委譲を進め，それを通じた支配を図った。タラゴーナ周辺の入植活動や紛争調停において両者の間には緊密な協力

---

107) *DPI*, doc. 537.
108) *JI*, doc. 47.
109) "Ego Iacobus facio vobis, domino meno Sparrago, Terrachone archiepiscopo homagium pro eo quod habeo et teneo in Terrachone et campo, ex concessione sive largicione ecclesie", *JI*, doc. 55.
110) "non ex debito, sed ex sola gracia et mera liberalitate vestra", *JI*, doc. 110.

関係が認められ，伯から大司教への積極的な権利の付与も見られる。この政策は，カスティーリャ王国と異なり封臣に強力な支配を及ぼすことができず，また身分の分化が進展して都市民兵も存在しないという状況の中でバルセロナ伯が選び取ったものということができる。

しかし，ローマと地理的に近く教皇や教会改革の影響力が強い固有の状況や，タラゴーナ大司教座自体の発展や司教座への在地領主家系の進出，また慢性的な財政難といった状況の中で，結局バルセロナ伯はタラゴーナ大司教座に対する影響力を維持することができなくなっていく。伯ペラ1世はタラゴーナ大司教座に対し，教会人事への介入権の放棄や教会財産の尊重を確認させられた。さらにアルビジョワ十字軍後，ジャウマ1世の未成年期には，タラゴーナ大司教はバルセロナ伯の摂政団の一員を成し，同大司教の権威は一層強化された。またジャウマ1世はその後，財政支援などの代償にタラゴーナにおける同大司教の支配権を確認し，これに臣従礼を取ることを強いられている。その後もタラゴーナ大司教座側は，バルセロナ伯に対して支援を行う際にはそれが義務ではなく好意によるものであると確認させるなど，折に触れ伯権力に対する独立性を主張しているのである。このようにタラゴーナ大司教座は，バルセロナ伯に与えられた権限を有したまま伯権力の支配下から脱していき，さらにそれを強化している。タラゴーナ大司教座を統治に利用するバルセロナ伯の政策は，結局は同大司教座の領主権力確立につながったということができる。

このような政策的失敗は，早い段階からバルセロナ伯にも認識されていたであろう。次第に伯が征服や入植に際し，都市民や都市共同体に接近する動きも現れてきている。1194年，当時の伯アルフォンス1世はタラゴーナ大司教の空位時にタラゴーナ教会の聖職者とともに都市タラゴーナにフランシーズ文書を与え，商業上の特権の付与などを行っている[111]。旧来からの領地においても，都市バルセロナの自治を強化するなど，より都市に依拠した統治構造への移行が図られているのである[112]。

---

111) *CPFC*, doc. 199.

とはいえ，タラゴーナの植民は，征服に先立ってバルセロナ伯が大司教に都市の領主権を与えており，かつ伯と大司教の間に密接な関係が存在していたという，例外的な状況のもとで行われたものであった。バルセロナ伯が直接自らの軍事行動によって攻略した都市では，バルセロナ伯は異なった政策を取ったと考えられる。またそこで形成された，中間権力とバルセロナ伯の関係も，タラゴーナの場合とは異なるものになったであろう。

　第5章から第7章では，12世紀半ばにバルセロナ伯が自ら率いた遠征でイスラーム勢力から征服された地域を対象に，より都市や入植者集団にも注意を払いつつ，征服地での政治体制の特徴とその形成過程，また辺境社会の発展過程の解明を図っていく。

---

112) 征服王と呼ばれるジャウマ1世は，おそらくカタルーニャで現在でも最も人気のある国王であり，彼の治世については多くの研究書が書かれている。例として，F. Soldevila, *Jaume I. Pere el Gran*, Barcelona, 1955; J. F. Cabestany, *Jaume I: Conqueridor i home de govern 1208-1276*, Barcelona, 2014.

第5章

辺境地帯における統治構造
―― 王権とテンプル騎士修道会の関係 ――

第1節　アラゴン連合王国とテンプル騎士修道会についての先行研究

(1) カスティーリャとの研究動向の相違

　序章で述べたように，騎士修道会は他の西欧諸国と異なる，中世のイベリア半島を特徴づける要素の一つであった。

　テンプル騎士修道会や聖ヨハネ騎士修道会など，西欧を代表する騎士修道会は，本来，イェルサレム王国をはじめとする聖地諸王国を主たる活動地として形成された。テンプル騎士修道会は聖地へ向かう巡礼の警護を，聖ヨハネ騎士修道会は聖地での巡礼や居留民の救護を当初の目的として，いずれもイェルサレム王国成立（1099年）後，数年のうちに形成されている[1]。聖地諸王国と同様，イスラーム教徒に対するキリスト教諸国の征服活動が展開されていたイベリア半島では，イェルサレム王国をはじめとする聖地諸王国と並び，異教徒に対するキリスト教徒の保護をその主要な目的とする騎士修道会の活動が活発に展開されることとなった。

　例えばカスティーリャでは，国王の認可を得て結成されたサンティアゴ騎士修道会やカラトラーバ騎士修道会が，12世紀後半以降，都市民兵と並び，ときに王権の指導下で，またときに単独で，イスラーム勢力との戦いの重要な担い手となっていた[2]。同様にレオンではアルカンターラ騎士修道会，ポ

---

[1] 両騎士修道会の形成や発展の過程については，橋口倫介『十字軍騎士団』講談社，1984年，46-134頁。

ルトガルではアヴィス騎士修道会がカラトラーバ騎士修道会の支部組織として発展し，同様の働きを担っていた[3]。王権の指導下で形成されたこれらの騎士修道会は，イスラーム勢力に対する征服活動がおおむね終了した13世紀半ば以降も王権の影響下に置かれ，国内の反抗的な勢力や外国との戦争において王権を助けるなど，国王の権力を支え，集権化を助けたことが多くの研究により明らかにされている[4]。

一方で，アラゴン連合王国における王権と騎士修道会の関係はほとんど研究されてこなかった。これは第一に，アラゴン連合王国内の騎士修道会にとって同国の政治は主要な関心事ではなかったと考えられてきたためである。

カスティーリャに比べ他の西欧諸国との接触が多かったアラゴン連合王国では，先述のテンプル騎士修道会，聖ヨハネ騎士修道会といった，西欧や地中海世界の広い範囲で活動する騎士修道会の進出が目立ち，自前の騎士修道会は発展しなかった[5]。特にテンプル騎士修道会は，アラゴン連合王国にお

---

2) 騎士修道会（（英）military order）は，修道請願（修道士としての信仰生活を送る誓約）を立てた騎士である，修道騎士を中心に構成された修道会組織である。他に聖界騎士団，宗教騎士団，修道騎士団など様々に訳されている。なおこの組織は，イングランドのガーター騎士団やブルゴーニュ公国の金羊毛騎士団のような，中世後期以降に宮廷貴族の社交上の組織として組織された騎士団とは，日本語での名称こそ類似しているが，本質的に異なる。

3) D. W. ローマックス（林邦夫訳）『レコンキスタ──中世スペインの国土回復運動──』刀水書房，1996年，147-152頁。

4) 近年の研究例として，Ph. Josserand, "« In servitio Dei et domini regis ». Les Ordres Militaires du royaume de Castille et la défensa de la Chrétienté latine : frontières et enjeux de pouvoir (XIIe-XIVe siècles)", C. de Ayala, P. Buresi & Ph. Josserand (eds.), *Identidad y representación de la frontera en la España medieval (siglos XI-XIV)*, Madrid, 2001, pp. 89-111.

5) テンプル騎士修道会は，1118年から1119年にかけてシャンパーニュ出身のユーグ・ド・パイヤンらによって結成され，1128年に教皇ホノリウス2世によってトロワ教会会議で公認された。R. ペルヌー（橋口倫介訳）『テンプル騎士団』白水社，1977年，11-13頁。なお，12世紀中，アラゴン王国のアルフォンソ1世が行ったように，王国独自の騎士修道会を組織しようとする動きも時折見られたが，成功しなかった。A. J. Forey, *The Templars in the Corona de Aragón*, Oxford University Press, 1973, pp. 27-28.

いて，他の西欧のどこよりも広い所領を形成している。また，12世紀半ばの聖ヨハネ騎士修道会の所領はイングランド・南仏・ポルトガル・カスティーリャ・シチリア・アラゴンの6管区に分けられており，所領の地中海，特にイベリア半島への偏りが見て取れる[6]。

とはいえ，これらの「国際的」騎士修道会にとっては，聖地における活動こそが本来の任務であり，スペインでの活動は副次的なものであった。スペインで所領を獲得した場合も，それはあくまで聖地への中継地，また聖地での活動のための資金・人材の供給地に過ぎなかった。例えば12世紀半ば，テンプル騎士修道会は，カスティーリャ王から委ねられていたトレド南方の軍事的要地であるカラトラーバ城の防衛を，ムラービト朝の攻勢が激しくなると放棄し，城をカスティーリャ王に返却している。この姿勢は，彼らにかわってその城の守備を行うことを王に申し出，後にカラトラーバ騎士修道会を形成した在地のシトー会修道士の一団の態度と極めて対照的である[7]。このような背景のため，騎士修道会がアラゴン連合王国の政治に与えた影響については研究が乏しいままであった。

第二に，アラゴン連合王国ではイスラーム勢力に対する戦闘で騎士修道会が活動した期間や場所が限られていた。15世紀末までグラナダ王国との攻防を続けたカスティーリャと異なり，アラゴン連合王国ではイスラーム勢力に対する征服活動が13世紀半ばのバレンシア征服で終了していた。さらに，アラゴン連合王国で最も勢力の大きかったテンプル騎士修道会は14世紀初頭にフランス王フィリップ4世により解散させられている。このため，イスラーム勢力に対する戦闘やその後の植民活動における騎士修道会の役割は，カスティーリャに比べ，限定的なものに留まった[8]。

第三に，中世盛期のアラゴン連合王国における君主権力と騎士修道会の関係は，表面的には君主権力からの土地や特権の下賜と，騎士修道会による君

---

6) 橋口『十字軍騎士団』，87頁。アラゴン（連合王国）管区は，拠点が置かれていたエブロ河下流のカタルーニャの都市アンポスタの名を冠して呼ばれることもあった。アラゴン連合王国におけるテンプル騎士修道会の所領については，181頁の地図11を参照。
7) この過程については，ローマックス『レコンキスタ』，148-149頁。
8) テンプル騎士修道会の解散については，ペルヌー『テンプル騎士団』，117-141頁。

主権力の事業への協力の繰り返しであるため,両者の友好的関係は半ば自明のものと見なされてきたためである。両者の関係を示す具体例として,テンプル騎士修道会は12世紀前半,バルセロナ伯に所領を与えられたことでイベリア半島への進出を開始している[9]。その後,12世紀半ばのカタルーニャ南部の征服,12世紀後半のアラゴン南部の征服などにおいて,バルセロナ伯（アラゴン王）のイスラーム教徒に対する戦闘を支援し,征服地に大規模な所領を与えられている。さらに13世紀初頭,同国が幼少の君主であるジャウマ1世（1213-1276年）のもとで混乱していた際,当時の教皇インノケンティウス3世（1198-1216年）の指示のもとで,テンプル騎士修道会が同王の養育を行い,王国財政を監督するなど,重要な政治的役割を担っていたことが知られている[10]。

これらの理由のため,12世紀から13世紀にかけて,アラゴン連合王国における君主権力と騎士修道会の関係は,改めて問い直されることはなかった。エブロ河流域の,当時の同国におけるテンプル騎士修道会の主要な所領についての研究を行ったラウレア・パガロラスやジュゼップ・セラーノ=ダウラ,またカタルーニャ中央盆地の同騎士修道会領の研究を行ったジュゼップ=マリア・サンス=イ=トラベなど,近年のカタルーニャ人研究者による論考においても,焦点は個別の所領の形成や経営,所領における入植者との関係に置かれ,騎士修道会と王権の関係や,さらに騎士修道会が王権の統治構造に与えた影響はさしたる注目を集めていない[11]。おそらく,叙述史料がほぼ完全に欠如しているこの地域の史料状況も分析を妨げているのであろう[12]。

---

9) J. Mª. Sans i Travé, "La introducció de l'orde del Temple a Catalunya i la seva organització", *Jornadas sobre els orders religioso-militars als paisos catalans ss. XII-XIX*, Tarragona, 1994, pp. 17-42.

10) ジャウマ1世の幼年期については, D. J. Smith, *Innocent III and the Crown of Aragon : The Limits of Papal Authority*, Aldershot, 2004, pp. 143-172.

11) L. Pagarolas, *La Comanda del Temple de Tortosa : primer període (1148-1213)*, Tortosa, 1984 ; J. S. Daura, *Senyoriu i Municipi a la Catalunya Nova (segles XII-XIX)*, 2 tomos, Barcelona, 2000 ; J. Mª. Sans i Travé, *La Colonització de la Conca de Barberà després de la Conquesta Feudal : El cas de Vimbodí (1149? / 1151-1200)*, Valls, 2002.

(2) 先行研究の問題点

 とはいえ，君主権力と騎士修道会は，単純に一貫して協調的な関係にあったと想定することには疑問の余地がある。第一に，このように多くの所領を有し，軍事や政治の面でも大きな影響力を保持する存在が，君主権力から全くコントロールを受けないままに存在しえたであろうか。カスティーリャでは騎士修道会は次第に君主権力の支配下に組み込まれていったが，アラゴン連合王国にあっても，特に彼らが国内で有数の大領主となった後では，当然君主権力による支配ないし統制の試みがあったことが予想される。そもそも彼らの所領の多くは君主の下賜によるものであり，両者が基本的に友好的な関係にあったとしても，実際の所領の支配において，君主権力は騎士修道会に何らかのコントロールを図ったことが十分に予想されるのである。また，彼らがもし君主権力のコントロールを受けずに済んでいたのであれば，それはいかなる理由によるものであろうか。

 第二に，征服活動支援の見返りとして征服地に君主から広大な所領を与えられた騎士修道会は，当該地域における君主の植民政策において一定の役割を担ったことが予想される。君主権力は征服地の経営において，騎士修道会の活動を何らかの形で利用ないし統制しようと図ったであろう。

 第三に，当時のアラゴン連合王国はその地政学的な位置から，カスティーリャ王国やイベリア半島南部のイスラーム諸国だけではなく，トゥールーズ伯等の南フランスの諸勢力，またシチリア王国やローマ教皇などと複雑な外交関係を展開していた。このことが，汎西欧的な組織である騎士修道会と王権の関係に影響を与えなかったであろうか。特に，南フランスにおけるトゥールーズ伯との抗争や，ローマ教皇権とアラゴン連合王国が対立したアルビジョワ十字軍は，両者の関係に大きく影響を与えたことが予想される[13]。

---

12) 当時のカタルーニャの史料状況については，M. Zimmermann, *Écrire et lire en Catalogne (IXe-XIIe siècle)*, 2 tomes, Madrid, 2003.

13) 12世紀のバルセロナ伯とトゥールーズ伯の間では，ラングドックやプロヴァンスでの影響力の確保を巡り，「百年戦争」とも称される長期に渡る抗争が展開された。D. Abulafia, *The Western Mediterranean Kingdoms 1200-1500: The struggle for dominion*, Longman, 1997, pp. 34-37.

これらの点を踏まえ，本章ではアラゴン連合王国における騎士修道会，特に同国で最大の騎士修道会であるテンプル騎士修道会と王権の関係の実態とその推移を，王権の政策に焦点をあてつつ明らかにしたい。そして騎士修道会が王権や入植者集団といった他の勢力との関係の中で，アラゴン連合王国における征服地の統治構造にどのような影響を与えたのかを解明したい。具体的な手段としては，テンプル騎士修道会の実際の所領支配において，その所領がどのような過程で形成されたのか，その地域の支配に関して王権はテンプル騎士修道会の権力をどのように規制していたのか，それは王国の状況によってどのように変化していったのか，時系列的に分析していく。

　騎士修道会は固有の組織や軍事力を有する，辺境地帯における最も強力な領主と呼ぶべき存在であり，かつアラゴン連合王国では，カスティーリャの場合と異なり，王国内に起源を持たず，王権に対して一定の独立性を有する存在であった。王権と彼らとの関係を分析することで，辺境地帯における王権と領主の関係，ひいては征服活動を通じた統治構造の変化をより明確に分析し，解明することができるであろう。教会組織である同騎士修道会の史料は，例えば同時代の俗人領主層に関連した史料に比べ，はるかに多く組織的に伝来しており，この点からも分析対象として適当であると言える。

　テンプル騎士修道会の所領は，征服活動への参加の恩賞として君主権力から与えられたものが中心であり，イスラーム勢力との境界地帯に集中している[14]。特にカタルーニャ南部の都市トゥルトーザとその周辺のエブロ河下流地帯には，アラゴン連合王国におけるテンプル騎士修道会の最大の所領が形成されていた。本章ではこのトゥルトーザ周辺地域を主な分析対象とする。

　時期としてはテンプル騎士修道会がバルセロナ伯領に招聘された1130年代から，バレアレス諸島などへの征服活動が開始され，当該地域が辺境地帯としての性格を失っていくジャウマ1世の治世初期，1230年頃までを対象とする。ここでは，統治の中心となる領主裁判権や，領主による経済的徴収権がどのように規定されていたのかを軸に分析を進めていく。また，当該地

---

14) 他にもリェイダ近郊のガルデニィ，タラゴーナ北方の盆地のバルベラなど，新カタルーニャを中心にテンプル騎士修道会は所領を形成していた。Forey, *The Templars*.

域に利害関係を有していた他の領主，トゥルトーザ司教や俗人諸侯の動向も現地の統治構造に影響を与えるファクターとして考慮しつつ分析を行う。

第2節　バルセロナ伯による征服と
　　　　テンプル騎士修道会の所領形成

(1) バルセロナ伯領へのテンプル騎士修道会の招聘と征服活動の進展

　テンプル騎士修道会が聖地で活動するフランス人騎士を中心に形成された12世紀初頭は，カタルーニャでは，バルセロナ伯がイスラーム勢力下にあった現在のカタルーニャ南部の征服を推進し始めた時期であった。背景には，キリスト教徒側の人口増加や，ムラービト朝の弱体化とそれによるイスラーム・スペインの分裂，また征服による物質的利益を求めるバルセロナ伯や貴族層の事情，さらには発展しつつあった西地中海貿易のため，より南方の港を求める経済的動機等があったと考えられる[15]。

　ただし，第4章でも述べたが，以下の事実から，当時のバルセロナ伯には単独で征服を進めるだけの力は無かったと推測される。1108年から1114年にかけて，逆にバルセロナ伯領がムラービト朝の侵攻を受けている。1115年，バルセロナ伯ラモン・バランゲー3世（1097-1131年）はマヨルカ島に進攻し，イスラーム勢力を退けたが，征服に際してピサとジェノヴァの助力を必要とした上，マヨルカ島もほどなくイスラーム勢力に奪回されている[16]。1120年代に行われた都市タラゴーナの征服に際しても，バルセロナ伯は当時のバルセロナ司教にタラゴーナ大司教位とタラゴーナの領主権を承認し，征服活動を委託している。実際の征服は，同司教が傭兵的なノルマン人貴族と提携することで達成された[17]。これらの事実から，おそらくは領内の貴族層に対する動員力の弱さなどを原因として，バルセロナ伯が征服活動

---

15) この頃までのカタルーニャの再征服活動の動向については，M. Zimmermann, "Le role de la Frontière dans la formation de la Catalogne (IXe-XIIe siècle)", *Las Sociedades de frontera en la España medieval*, Zaragoza, 1993, pp. 7-29.

16) マヨルカの征服については，ローマックス『レコンキスタ』，113-114頁。なお，ピサで書かれたこの遠征の記録に初めて「カタルーニャ」という地名が記されている。

を強力に遂行できずにいたことがわかる。

　テンプル騎士修道会がラモン・バランゲー3世に所領を与えられ，バルセロナ伯領に定着したのは，まさに上述の征服活動が推進されつつあった1130年代のことであった[18]。この状況からは，バルセロナ伯によるテンプル騎士修道会の軍事的能力への期待が見て取れよう。同じ頃アラゴン王など，ピレネー地方の他の君主もテンプル騎士修道会に所領を与え，これを招聘している[19]。もともとこれらの地域では，イスラーム教徒との戦闘に際し，イベリア半島と関係の深いガスコーニュやアキテーヌの貴族などを中心に，国外の貴族が参戦する事例が存在した。早くも1064年には，ウルジェイ伯らによるバルバストロ攻略戦に，シャンパーニュやブルゴーニュの貴族の参加が見られる[20]。またアルフォンソ1世（1104-1134年）などのアラゴン王のイスラーム教徒に対する戦闘にも，ベアルン副伯などが参戦していた[21]。1110年代末に結成されたテンプル騎士修道会が，結成後ほどなくこれらの諸国に受け入れられたのは，こうした国外諸勢力のイスラーム勢力に対する戦闘への参加事例を受けてのものであろう。

　ただし，テンプル騎士修道会がバルセロナ伯の征服活動に実際に参加したのは，1140年代になってからであった。同騎士修道会を受け入れたラモン・バランゲー3世は程なく死去した。後を継いだラモン・バランゲー4世（1131-1162年）は，治世の初期から領地を提供するなど，テンプル騎士修道会を優遇する姿勢を示していたが，その後，約10年間，両者は隣接するア

---

17) L. McCrank, "Norman crusaders in the Catalan reconquest. Robert Bordet and the Principality of Tarragona, 1129-55", *Journal of Medieval History*, 7 (1980), pp. 67-82.
18) Sans i Travé "La introducció de l'orde del Temple a Catalunya i la seva organització", pp. 17-42.
19) アラゴン王国への導入については，J. A. Lema Pueyo, "Las confradías y la introducción del Temple en los reinos de Aragón y Pamplona: Guerra, intereses y piedad religiosa", *Anuario de Estudios Medievales*, 28 (1998), pp. 311-332.
20) A. Ferreiro, "The siege of Barbastro: A Reassessment", *Journal of Medieval History*, 9 (1983), pp. 129-144.
21) フランス貴族のスペインでの戦闘参加についてはローマックス『レコンキスタ』，74-87, 112-117 頁。C. Laliena Corbera, "Larga stipendia et optima praedia: les nobles *francos* en Aragón au service d'Alphonse le Batailleur", *Annales du Midi*, 230 (2000), pp. 149-169.

ラゴン王国の王位継承問題を巡って対立することとなった[22]。

　1134年，南フランスの諸侯や騎士修道会の力をも借りて積極的にイスラーム勢力に対する征服活動を展開していたアラゴン王アルフォンソ1世が，イスラーム勢力との戦闘による負傷がもとで子を遺さずに死去した。その際，同王はその王国を，テンプル騎士修道会をはじめとする3つの騎士修道会に遺贈するという異例の遺言を遺した。これに反対したアラゴンの貴族たちは，アルフォンソの姪であるペトロニーラを推戴して女王とし，1137年に彼女をラモン・バランゲー4世と結婚させることで，アラゴン王国とバルセロナ伯領の同君連合を図ったのである。

　このため，バルセロナ伯とテンプル騎士修道会の間では対立が生じた。その後もカスティーリャ王が先王アルフォンソとの姻戚関係を主張してアラゴンに侵攻するなど，混乱が続く中で両者の抗争は長期化し，結局，バルセロナ伯が騎士修道会側に多くの所領や収入を与えることなどで和解が成立したのは1143年になってからであった[23]。この際，それ以降の征服活動では「イスラーム教徒より征服した地の5分の1」を騎士修道会に与えることも約束された[24]。この結果，バルセロナ伯領とアラゴン王国との同君連合が確立され，併せてイスラーム勢力に対する征服活動へのテンプル騎士修道会の参戦が約束されたのである[25]。

　このアラゴン王国との合同やテンプル騎士修道会との和解の後，1140年代末からバルセロナ伯による征服活動が再開された[26]。この頃イスラーム側ではムラービト朝が崩壊し，小王国が分立していたという事情も，バルセロ

---

22) Forey, *The Templars*, p. 16.
23) Forey, *The Templars*, pp. 22-23 ; Th. N. Bisson, *The Medieval Crown of Aragon*, Oxford University Press, 1986, p. 32.
24) "de conquisitione terra Sarracenorum quintam partem vobis concede", Pierre de Marca (ed.), *Marca Hispanica*, 1688, Paris, doc. 402.
25) ラモン・バランゲー4世の治世については，E. Bagué, J. Cabestany & P. E. Schramm, *Els Primers Comtes-Reis*, Barcelona, 1960, pp. 9-51.
26) ラモン・バランゲー4世はアラゴンでは女王ペトロニーラの夫に過ぎず，「王 rex」ではなく「君主 princeps」を名乗っていた。両者の子であるバルセロナ伯アルフォンス1世（アラゴン王としてはアルフォンソ2世）の治世から，バルセロナ伯がアラゴン王を兼ね，「王」と称するようになる。

ナ伯の征服活動を助けた。

　この際，ラモン・バランゲー4世は，テンプル騎士修道会の助力を取り付ける以外にも，イスラーム勢力との戦闘に十字軍特権を与えるという教皇勅書を獲得し，かつ周辺の諸勢力にも軍事的協力の約束を求め，周到に征服活動を準備している。一例として，1146年には，当時バルセロナ伯領における最大の諸侯であり，代々伯の家令を務める家系であったムンカダ家のギレム・ラモンに，遠征後にトゥルトーザの3分の1と市城を与えることを約束している[27]。

　また，ジェノヴァにもトゥルトーザの3分の1を与えることを約束している。さらに，モンペリエ領主など南仏の諸侯にも恩賞を約束して参戦を求め，遠征前年の1147年には，カスティーリャ王のアリカンテ遠征に協力し，その外交的好意を得る努力をしている[28]。

　このような準備の上に，北方の脅威であったトゥールーズ伯アルフォンス・ジュールダンが死んだ1148年，ラモン・バランゲー4世は南方のイスラーム勢力に対する遠征を開始した。十分な準備を経た遠征の結果，バルセロナ伯は同年末にはトゥルトーザ，翌年にはリェイダと，それぞれイスラーム教小王国の首都である2つの拠点都市を攻略し，現在のカタルーニャと重なる領域の征服がほぼ完成した[29]。この際，テンプル騎士修道会も前述の和解協定に基づいて参戦し，征服地の分与を得ている。このようなテンプル騎士修道会のバルセロナ伯領への進出，伯との抗争と和解，征服活動の一連の過程からは，バルセロナ伯がテンプル騎士修道会をはじめとする諸勢力の支援を征服活動遂行のために強く必要としていたこと，また同伯とテンプル騎士修道会の間の，対等で，かつ信仰——異教徒に対する聖戦観念——というより現実的な利害に基づいた協力関係が読み取れる。

---

27) *LFM*, doc. 462.
28) これらのバルセロナ伯の行動については，Bisson, *The Medieval Crown of Aragon*, p. 32 ; Pagarolas, *La Comanda del Temple de Tortosa*, pp. 53-57.
29) 征服過程については，J. Iglésies, *La Conquesta de Tortosa*, Barcelona, 1961.

(2) トゥルトーザ周辺におけるバルセロナ伯の植民活動

エブロ河口近くの都市トゥルトーザは，サラゴサなどエブロ河上流のイベリア半島内陸部と地中海を結ぶ位置にあり，経済的，また軍事的に古くから重要な都市であった。イスラーム勢力による征服以前は司教座が置かれていたこと，イスラーム支配時代の末期にはイスラーム教徒の小王国の首都となっていたことなども，この都市の重要性を示している。

同市の重要性は，征服者である伯ラモン・バランゲー4世にもよく理解されていた。トゥルトーザとリェイダの征服以降，1162年の死亡時までに新カタルーニャに23通の入植関連文書を発給するなど，新カタルーニャ各地で植民活動を推進した同伯は，トゥルトーザでは，特にイスラーム勢力の降伏後ほどない時期から，都市をキリスト教社会として組織する措置を次々に取った[30]。第一に，征服の数カ月後，1149年にはキリスト教徒の入植者に対し，入植許可状を発給した[31]。第二に，イスラーム統治時代に消滅していたトゥルトーザ司教座を復興し，その管轄範囲を規定し，また十分の一税徴収権などの権利を与えた[32]。第三に，「汝が予になした多くの奉仕の故に propter servicia multa que mihi fecisti」「以降トゥルトーザの住民たれ sis deinceps stator et habitator Tortose」「家屋を建設すべく ad construendas domos」といった言葉とともに，バルセロナ伯の臣下たちに土地が与えられた[33]。このようにバルセロナ伯の征服後，その主導下でキリスト教徒による入植の基礎が据えられ，司教座が組織され，土地が分配され，新領土の編成と開発が図られたのである。

このような熱心な社会の組織化の動きとは対照的に，バルセロナ伯は事前の約束に基づいた諸侯や騎士修道会への土地の分配には消極的であった。征服に先行する協定では，重臣であるムンカダ家にトゥルトーザの3分の1が，またテンプル騎士修道会に5分の1が与えられることとなっていた[34]。

---

30) *CPFC*, doc. 67-113 を参照。
31) *CPFC*, doc. 75.
32) *DCT*, doc. 28.
33) *DCT*, doc. 21, 22, 164.
34) ムンカダ家との協定は，*LFM*, doc. 462.

しかし，バルセロナ伯は領土の分配約束の履行に必ずしも積極的でなかった。この分配が速やかに行われないことによる，バルセロナ伯とムンカダ家の紛争を伝える文書が伝来しているのである[35]。テンプル騎士修道会に対しても，実際には都市そのものではなく都市からの収益の5分の1が与えられたと考えられている[36]。1153年には，征服活動への参加の代償にトゥルトーザ北方のミラベットの城が与えられているが，トゥルトーザ自体は与えられていない[37]。なお，ジェノヴァに対しても征服前の協定に基づいてトゥルトーザの3分の1が与えられたが，これは数年後，バルセロナ伯によって買い戻されている[38]。これらの事実からは，バルセロナ伯が新征服地トゥルトーザの直接支配を志向していたことが看取できる。

なお，都市トゥルトーザの領域は，1149年の入植許可状において「バラゲル丘陵からウイダクーナまで，フォレテーラから海まで」という言葉で示されており，市壁内だけでなく，周辺の農村部を含む広大なものであった[39]。中世の辺境地域に建設されたスペインの都市の多くは，入植拠点としての性質上，広大な属域を有するのが一般的であり，この点はトゥルトーザも例外ではなかった。その中で，バルセロナ伯が個別の臣下に下賜した土地はしばしば市壁内の土地であり，伯が市壁内から土地の分配を進めていたことがわかる。小貴族層と考えられる臣下への市壁内の土地分配の背景には，おそらく，イスラーム勢力から征服して間もないトゥルトーザを当面彼らによって防衛しようという伯の意図もあったのであろう。同時代のカスティーリャ王国の入植事例と異なり，1149年のトゥルトーザの入植許可状には入植者に軍役や防衛の義務を課す文言は一切見られない。

(3) 王権による政策の変化と騎士修道会所領の形成

しかし，こうした直接支配の傾向には，次代の王（バルセロナ伯）アル

---

35) *LFM*, doc. 464, 465.
36) Forey, *The Templars*, p. 25.
37) *RBII-RBIV*, doc. 960.
38) *LFM*, doc. 463.
39) "per terram de collo Balagerii uque ad Ulldichona et sicut pervadit de rocha Foletera usque ad mare", *CPFC*, doc. 75.

地図11 アラゴン連合王国におけるテンプル騎士修道会の所領の分布

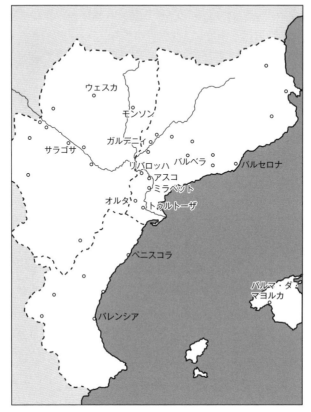

注）大都市内部を除いた所領は，辺境地域，特にエブロ河などの大河の流域に集中していることがわかる。
出典）A. J. Forey, *The Templars in the Corona de Aragon*, Longman, 1973, p. 89 をもとに作成。

　フォンス1世（1162-1196年）の頃から変化が現れる。バルセロナ伯による土地の分配が一段落した1160年頃より，1180年代をピークとして，次第に在地の有力者である司教座やテンプル騎士修道会が，他の入植者からの購入や寄進によって土地を獲得し，集積していく傾向が，証書史料から明らかになっているのである[40]。

また，当時の政治的状況は，アルフォンス1世が征服地経営に専念することを許さなかった。アラゴン南部でイスラーム教徒との戦闘が再開された上，南フランスにおける係争も，伯を新カタルーニャの経営から遠ざけていた[41]。一例として，1150年と1162年には，プロヴァンスの有力な領主であるボー家が反乱を起こしている。また1160年代には都市ニースが反乱を起こし，1190年代には都市マルセイユが反抗を示している。プロヴァンス伯領はアルフォンスの弟であるレーモン・ベランジェ（ラモン・バランゲー）4世が継承していたが，彼も1181年にトゥールーズ伯との争いの中で暗殺され，以降アルフォンス自らがプロヴァンス伯を兼ね，プロヴァンス伯領を巡る問題に対処することとなった。

上記のような反乱や外部の介入に対し，バルセロナ伯家も，ナルボンヌ副伯やモンペリエの領主，フォワ伯などの南仏の諸侯やプロヴァンスの都市や司教たちと結び，ときにジェノヴァの海軍の支援なども得て対抗した。

さらにアルフォンスが当時イングランド王を兼ねていたアキテーヌ公と同盟を結ぶと，トゥールーズ伯はこれに対抗してカペー王権と結び，またアキテーヌ公家（プランタジネット家）の王子たちの父に対する反抗を支援した。このように南仏を巡るバルセロナ伯家とトゥールーズ伯家の紛争は，西欧各地の勢力を巻き込みつつ13世紀初めまで断続的に行われたのである[42]。

このような南仏の情勢は，アルフォンスを新カタルーニャの経営から遠ざ

---

40) A. Virgili, "Conquesta, colonització i feudalització de Tortosa (segle XII)", *Formació i expansió del feudalisme català*, Girona, 1985-1986, pp. 275-289.

41) 彼の治世については，Bagué, Cabestany & Schramm, *Els Primers Comtes-Reis*, pp. 55-104.

42) 南仏におけるバルセロナ伯家の支配や抗争については，R. d'Abadal, "À propos de la domination de la maison comtale de Barcelona sur le Midi français", *Annales du Midi*, 76 (1964), pp. 315-345; M. Aurell, "Le personnel politique catalan et aragonais en Provence sous Alphonse Ier (1162-1196)", *Annales du Midi*, 93 (1981), pp. 121-139; Abulafia, *The Western Mediterranean Kingdoms 1200-1500*, pp. 34-37; M. Aurell, J.-P. Boyer & N. Coulet, *La Provence au Moyen Âge*, Publication de l'Université de Provence, 2005, pp. 53-145. また当時のプロヴァンス伯領における俗人貴族層や司教の動向については，F. Mazel, *La noblesse et l'Église en Provence, fin X^e-début XIVe siècle : L'exemple des familles d'Agoult-Simiane, de Baux et de Marseille*, CTHS, 2002, pp. 261-382.

けただけではなく，経済面でも彼に影響を与えた。南フランスでの戦争は，イスラーム勢力に対する征服活動と異なり，参戦した貴族に分配すべき征服地が生じにくいものであった。このため，戦闘に際しては貴族に金銭的な見返りを与えるか，あるいは傭兵を雇うことで兵員を確保する必要が生じたであろう[43]。南仏での戦争は，表面的な勢力圏の拡大の一方で，バルセロナ伯家に慢性的な戦費の欠乏という影響をもたらしたのである。

バルセロナ伯の経済的苦境を示す例として，この時期から，伯による借金の記録が現れ始めている。例えばラモン・バランゲー4世は，トゥルトーザ遠征に先立つ1147年，ある土地を抵当にムンカダ家から4000ソリドゥスを借りている[44]。その他にも俗人からしばしば，ときに土地や収入を抵当にしつつ借金をしているが，1160年代には，伯が借金をする際，重臣たちが保証人となる事例が現れている[45]。伯の財政状況が悪化している様子が窺えるのである。アルフォンス1世が幼くして伯位を継いだ1162年から数年間伯による借金の記録は途絶えるが，彼も成人した1170年代頃から，しばしば教会へ領地を売却するほか，テンプル騎士修道会など聖俗諸侯からの借金，さらに特定の人物や集団に保護を与える見返りに貢納を求めるなど，様々な手段で金策を行うようになっている。

この際，特に資金力のある教会勢力に対して借金や土地売却が多く行われたことが，複数の記録からわかっている。例えば，新カタルーニャではポブレット修道院に対し，300マラベティヌスでビンブディという集落が売却されている[46]。テンプル騎士修道会に対しても，たびたび借金や領地の売却が行われている[47]。さらに，「神の平和と休戦」会議を通じた，連合王国全土への課税の試みが彼の時代から開始されている事実も，アルフォンスが置かれていた深刻な経済的苦境を示している。聖俗の有力者を招集し，カタルーニャ内部の重要な問題が論じられていた同会議は，それまで30年近く開催

---

43) バルセロナ伯が金銭を代償として軍役契約を結んでいる事例として，*RBII-RBIV*, doc. 598, *DPI*, doc. 271.
44) *RBII-RBIV*, doc. 859.
45) *RBII-RBIV*, doc. 1076, 1091.
46) *CP*, doc. 335.
47) 例として *AII*, doc. 18, 192, 198.

されない状態が続いていたが,彼の治世に有力な都市民をも招集する形で復活し,そこで王権による課税が試みられている[48]。

このような状況の中で,1182年,アルフォンス1世はテンプル騎士修道会に都市トゥルトーザやその周辺のアスコ,ミラベットといった地域を売却している[49]。この結果,テンプル騎士修道会はトゥルトーザの3分の2を支配することになり,従来から3分の1を所有していたムンカダ家とともに,同都市の領主となった。さらにこの後,テンプル騎士修道会はムンカダ家からしばしばトゥルトーザにおける権利や土地を購入している[50]。例えば1202年には,ムンカダ家が1500マラベティヌスで,裁判に関する権限をテンプル騎士修道会に売却している[51]。こうして12世紀後半,アラゴン王権が当初直轄支配の意向を示していたトゥルトーザ周辺地域において,テンプル騎士修道会は最大の領主となり,エブロ河河口地帯に大規模な所領を形成するに至ったのである。

とはいえ,アルフォンスによるトゥルトーザ売却を,アントニ・ビルジリやその他の研究者が主張するように,単なる教会領主の台頭とのみ捉えることには疑問が生じる。王権の側にも,財政的理由以外にも幾つかのメリット,例えば軍事上の配慮を指摘できる。すなわち,イスラーム勢力圏との境界に位置するトゥルトーザをテンプル騎士修道会に委ねることで,伯は国境防衛の負担を軽減できたと考えられるのである。有力な入植者たちが都市民兵を組織したカスティーリャの場合と異なり,カタルーニャではイスラーム領征服に先行する時期,すでに貴族層と都市民層の身分分化が進んでおり,都市民が武装,従軍することは少なかった。実際,トゥルトーザでは入植許可状において,入植者に対し軍役義務が免除されており,その他に防衛に関する記述も見られない[52]。また,バルセロナ伯領では伯に対する領主貴族の

---

48) Th. N. Bisson, "The Organized Peace in Southern France and Catalonia (c. 1140-c. 1233)", *American Historical Review*, 82 (1977), pp. 290-311.
49) *CTT*, doc. 75 ; *DCT*, doc. 335 ; *LFM*, doc. 466.
50) 例として,ムンカダ家は1182年11月にはトゥルトーザ近郊のオルタの城をテンプル騎士修道会に売却している。*CTT*, doc. 78.
51) *CTT*, doc. 122.

自立性が強かったため,トゥルトーザを彼らに委ねることも難しかった。さらに,領内の司教座が伯に対する自立性を高めている中で,司教座に大きな権限を与えることにも問題があった。

このような条件下で,かつ王自身が南仏やアラゴン地方での抗争に忙殺されている状況では,トゥルトーザのような前線に位置する都市を騎士修道会に委ねることは,妥当な戦略だったのではないか[53]。実際,バルセロナ伯はテンプル騎士修道会にリェイダ近くのガルデニィにも所領を与えている[54]。また,俗人諸侯ではリェイダの領主権の一部と市城を親族であるウルジェイ伯家に委ね,トゥルトーザでは領主権の3分の1と市城を,代々バルセロナ伯宮廷の重臣であったムンカダ家に委ねている[55]。これらの事実からも,バルセロナ伯が外交や対外戦争に忙殺される中で,特に有力で信任する聖俗の勢力を選んで拠点都市を差配させていることが読み取れるのである[56]。

ただし再度強調しておくべきは,王が必ずしもテンプル騎士修道会の権力強化に好意的ではなかったことである。アラゴン王位継承時や新カタルーニャ征服時の状況からわかるように,両者の関係は対等かつ現実の利害に基づいたものであった。またトゥルトーザの征服後も伯は騎士修道会に約束通り土地を分与することを好まず,自らの主導権のもとで植民活動を進めた。最終的なテンプル騎士修道会へのトゥルトーザ売却も,経済的・軍事的状況に強いられたものであった。このように当初の意図に反してテンプル騎士修道会をエブロ河河口地域の領主とするに際し,王はその権力をどのように規

---

52) *CPFC*, doc. 75.
53) 騎士修道会の所領は,アラゴンでもカタルーニャでも,主としてイスラーム勢力との境界地帯に,征服に協力した返礼として与えられ,境界防衛の一端を担っていた。Forey, *The Templars*, p. 40.
54) アラゴン連合王国におけるテンプル騎士修道会の所領獲得の過程については,Forey, *The Templars*, pp. 15-109.
55) *LFM*, doc. 161, 462.
56) Forey, *The Templars*, pp. 15-86. また,先述のようにイスラーム勢力から征服した土地の5分の1を与える約束が交わされていたことも,騎士修道会への土地贈与の理由であった。リェイダに関するウルジェイ伯とバルセロナ伯の協定については,『封土大典』に記録されている。*LFM*, doc. 161, 163. ムンカダ家については,J. A. Shideler, *Medieval Catalan noble family : the Montcadas (1000-1230)*, University of California Press, 1983.

定したのであろうか。

第 3 節　テンプル騎士修道会による統治体制

(1) テンプル騎士修道会定着以前のトゥルトーザの統治構造

　先述のように，トゥルトーザの征服後，バルセロナ伯ラモン・バランゲー 4世は諸侯や騎士修道会への土地の分配に先立ち，入植者への入植許可状を発給し，司教座を復興するなど，速やかに都市の枠組みを定めている。ここでは入植許可状および司教座復興に関連する文書から，征服直後，伯がトゥルトーザにおける領主や入植者の権利をどのように規定していたのかを確認する。

　トゥルトーザの入植許可状は，征服の翌年 1149 年の 11 月 30 日にバルセロナ伯により発給されている[57]。ここでは，まず土地とその用益権を入植者たちに委ねる旨が宣言された後，次のように入植者の経済的負担が規定されている。「汝らすべてに，今後トゥルトーザにおいて，通行税 leuda も輸送税 portaticum も通過税 passaticum も払わないことを認める。そして汝らにも汝らの相続人たちにも，汝らの人や動産や不動産に対して，予によっても予に従う者たちによっても，ただ法が予に示すものを除いては，恣意的課税を課す事は無く，その法を汝らは，下記にあるように予が汝らに与え，記録せしめた習慣と良き掟に従って，保持し，遵守するであろう」[58]。ここでは入植者たちに対し，通行や輸送に関する徴収や，その他の恣意的徴収が行われないことが約束されている。

　同じ文書はまた，裁判権に関し，次のように規定している。「トゥルトーザの住民の間で起きた論争と悪事は，都市法廷に示され，あるいは訴訟に至

---

57)　*CPFC*, doc. 75.
58)　"Dono insuper omnibus vobis quod non donetis amodo in Tortosa leudam neque portaticum neque passaticum. Et quod non faciam vobis nec successoribus vestris aliquam fortiam vel districtum in personis vestris vel in possessionibus mobilibus aut inmobilibus neque per me neque personas mihi subditas nisi quod sola iustitia mihi dictaverit, quam iustitiam tenebitis et observabitis secundum mores bonos et consuetudines quas subterius vobis dedi et scribi feci", *CPFC*, doc. 75.

る前に，相互に彼らが望むのならば，良き人々 probis hominibus によって調整され，和解させることが許されるように。訴えが都市法廷になされた後の不法行為と悪事については，トゥルトーザの良き人々と指示を確かめ，都市法廷の判決によって措置すべし」[59]。ここでは，住民間の紛争に際し「良き人々」と称される共同体内の有力な成員が調停にあたり，裁判にも参加することが約束されている。

　このように，トゥルトーザの入植許可状では，入植者に対して種々の有利な条件が提示されていることが確認される。領主による経済的徴収に制限を設け，住民間の紛争に際しては共同体内部での解決を認めるなど，おそらくは入植を促すために，広範な権利が都市民に認められているのである。

　さらに，これ以外にもテンプル騎士修道会の権利を制約する文書が存在する。1151年8月5日のトゥルトーザの司教座復興を定めた文書では，十分の一税の徴収権が，全面的に司教に帰属するとされている。「予，良き神が威厳を高めるところのバルセロナ伯，アラゴンの君主，トゥルトーザとリェイダの侯であるライムンドゥスは，かつて存在し，これから存在する，以後神の慈悲が示される栄え有るトゥルトーザの司教座における神の母，聖マリアの教会と，汝，天の配剤により司教であるトゥルトーザ教会の敬うべきガウフレドゥスに対し…キリスト教徒の労働より，また同様に居住するサラセン人の労働の総収入より得られた，あるいは得られるすべての収穫と動物への十分の一税と初穂税を譲る」[60]。

　周知のように，中世には，十分の一税収入が修道院と在俗教会の間で頻繁に争奪の対象となり，修道会組織である騎士修道会もまた，しばしば在俗教会との間で十分の一税徴収権を巡って激しい争いを展開した。しかしトゥルトーザの場合は，騎士修道会が領主となるに先立ち，この権利の司教座への

---

59) "Contentiones vero et alia malefacta que fuerint infra habitatores Tortose sit licitum probis hominibus aptare et pacificare ad invicem si voluerint antequam curie manifestentur vel ad sacramentum deviniant. De iniuriis et malefactis que facte fuerit postquam clamor fuerit factus ad curiam, firment inde directum et faciant per iudicium curie et proborum hominum Tortose", *CPFC*, doc. 75.

帰属が明確に定められていたのである。このように，1182年の都市の売却に先立ち，トゥルトーザでは裁判権や経済的徴収権について，新領主テンプル騎士修道会の権力が制限される状況がすでに準備されていた。

(2) 購入後のトゥルトーザにおけるテンプル騎士修道会の経済的権利

このようなトゥルトーザにおける裁判権や経済的徴収権に関する状況は，1182年の都市売却とその後の在地の諸勢力の動向により，何らかの変容を被ったのであろうか。

まず，1182年の都市譲渡文書では，王権がトゥルトーザにおいて持つ権利をテンプル騎士修道会に全面的に譲渡すると述べる一方，騎士修道会の権力の制約を示す内容も見られる[61]。例えば，権利の譲渡を宣言する際には「そして予がここに持つ，あるいは持つべきであるいかなる権利をも，すべて彼らの支配と権力のもとに移し，それゆえに予は，そこに予が持つ領主権のためには，予と騎士修道会員たちの間の協定文書に記されるように，王に属する教会の権利を除いては，何も予に留保しない」という言葉で，教会に関する権利はテンプル騎士修道会に譲られず，伯のもとに留保されている[62]。また，経済的徴収権についても「その他にはすべてをその本来の状態のまま，すなわち予は都市においてもその領域においてもその住民たちに対

---

60) "ego Raimundus, comes Barchinonensis, princeps Aragonensis, Tortose Ylerdeque marchio quem divina bonitas exaltare dignata est, concedo Domino Deo et ecclesie Sancte Dei Genetricis Marie que quondam apud Dertosam celebris sedes pontificalis fuit et erit deinceps divina prestante clemencia et tibi, venerabilis Gaufride Tortosensis ecclesie per Dei disposicionem episcope...omnes decimas et omnes primicias omnium fructuum et animalium quos recipiunt vel recepturi sunt in perpetuum christiani tam de laboracionibus suis quam de redditibus universis quos de laboracionibus sarracenorum habituri sunt.", *DCT*, doc. 28.

61) *CTT*, doc. 75; *DCT*, doc. 335; *LFM*, doc. 466.

62) "Et quidquid iuris et racionis ibi abeo vel habere debeo, totum transfero in dominium eorum et potestatem, ita quod nichil mihi retineo propter dominicaturas quas ibi habeo, sicut in carta inter me et fratres per alfabetum divisa continetur, et preter iure queque ecclesiastica que ad regiam pertinet maiestatem.", *CTT*, doc. 75. なお，"per alfabetum divisa" といった表現から，この証書は，同一文面の2通の証書を同一の羊皮紙に書き，真ん中で切断したキログラフという体裁を取っていたと考えられる。

しても，現在と将来において，恣意的課税も戦役参加 ost も軍役奉仕 cavalgadam も，予も予の子孫たちも課すことはないという条件において，与える」という言葉で，入植者たちに恣意的な徴収や軍事奉仕を求めることが禁じられている[63]。そして，トゥルトーザからあがる収入に関しては「上述のように，騎士修道会に属する5分の1の半分と，前記の方法において予が留保する，その他のすべての収入の半分とを除いて，予はそれらすべてを与える」という言葉で，半分が王に帰する旨が述べられている[64]。

このように1182年の都市譲渡文書からは，トゥルトーザをテンプル騎士修道会に引き渡すに際しても，教会に関する権利は王に留保されていること，またそれまで同様に恣意的課税が禁止されていること，さらに都市からの収入の半分は王に帰したことがわかる。

なお，同じ12世紀後半の旧カタルーニャでは，領主の恣意的徴収による苦しみを訴える農民の文書が各地に複数伝来している[65]。トゥルトーザでは同様の文書が一切見られないことからも，実際にもそのような徴収は皆無に近かったと考えてよいであろう。

また，領主，特に聖界領主にとって重要な財源である十分の一税に関しては，その徴収権が基本的に司教座に属するという状況に，テンプル騎士修道会が領主となった後にも変化はない。1185年5月27日には，トゥルトーザの司教管区全体について，テンプル騎士修道会と司教の間で協定が行われ，十分の一税に関する両者の権利が取り決められている。ここでは「予，神の恩寵によりトゥルトーザの司教であるポンキウスは…主なる神とテンプル騎

---

63) "Cetera omnia in integrum illis dono, ita quod a modo non habeam nec faciam in civitate nec in terminis suis nec in habitatoribus eius, presentibus neque futuris, quistiam neque toltam neque forzam neque ost nec cavalgadam ego nec posteritas mea". *CTT*, doc. 75.
64) "Que omnia, sicut supra scripta sunt, tota integritate illi dono, concedo et confirmo, preter medietatem de illo quinto fratrum de quo supra dixi quam cum omnium aliorum redditum medietate mihi retineo eo modo quo et superius continentur." *CTT*, doc. 75.
65) これらの農民の訴えについては，B. Gari, "Las *querimoniae* feudales en la documentación catalana del siglo XII (1131-1178)", *Mediaevalia*, 5 (1981), pp. 7-49.

士修道会と汝, プロヴァンスとヒスパニアの管区長であるライムンドゥス・デ・カネトに…トゥルトーザとその領域を除いて…汝が予に忠実にすべての初穂税, すなわち三十分の一を与えるという条件において, すべての十分の一税の3分の1を与え, 譲り, そして予は3分の2を保持する」という言葉が見られる[66]。つまり, 都市トゥルトーザとその周辺領域を除くトゥルトーザ司教管区では, 十分の一税の3分の1がテンプル騎士修道会に, 3分の2が司教座に属することが記されている。また, 初穂税については, すべてが司教に帰することとなっている。また, あわせて「そして我々はすべての教会と聖職者と奉納と死者と, その他すべての司教の権利に属するものを保持する」という言葉で, 教会や聖職者が, 司教の権利に属することが取り決められている[67]。

この文書には司教座で保管されていたものとテンプル騎士修道会で保管されていたものとがあり, どちらもほぼ同様の内容を示していることから, 内容は改竄や偽造によるものではないと考えてよいであろう。この後も一部の地域については, テンプル騎士修道会と司教座の間で十分の一税徴収に関する協定がしばしば行われているが, いずれの場合も騎士修道会領のうち, 司教による十分の一税や初穂税を免れる土地が幾つか挙げられ, 他の場所では徴収される旨が記されている[68]。このようにテンプル騎士修道会が領主となった1182年以降もトゥルトーザでは, 十分の一税徴収権は基本的に司教座に帰属し続けている。

---

[66] "ego Poncius, Dei dignationis Dertusensis Episcopus...Demus Domini Deo et domui Milicie Templi et vobis Raymundo de Caneto, in partibus Provincie et Yspanie Magistro...excepto Dertuse et termino suo,...terciam partem omnium decimarum, et quos nos habemus duas partes, sub tali condicioni quod vos nobis faciatis dare fideliter primicias omnium rerum,scilicet ad trigesimam partem", *DCT*, doc. 381 ; *CTT*, doc. 87.

[67] "et quod retinemus nobis omnes ecclesias et clericos et oblaciones et defunctiones et omnia alia que ad iura episcopalia pertinent". *DCT*, doc. 381 ; *CTT*, doc. 87.

[68] 例として, *DCT*, doc. 383 ; *CTT*, doc. 88 ; *CTT*, doc. 128.

（3）領主権購入後のトゥルトーザにおけるテンプル騎士修道会の裁判権

　これらの協定には，教会裁判権以外の裁判権についての規定はない。このため入植者たちと領主との間で争いが生じ，1199 年には当時の王ペラ 1 世（1196-1213 年）が，裁判権に関する布告を発している。ここでは「もし何らかの論争が，トゥルトーザの領主とトゥルトーザの住民の間に存在すれば，直接かつ確実にトゥルトーザのウィカリウスの手において，トゥルトーザの領主たちが住民たちと事件を扱い，その事件に関する判事たちを構成し，正義により，道理に基づいてその裁きを行うように，予は宣告し，判決する。もし何らかの事件が，トゥルトーザの住民の間で起これば，慣習となっているように確実にウィカリウスの手において，予の最も高貴な祖父，バルセロナ伯による，その取り扱いが完全に含まれたトゥルトーザの住民たちの文書にあるように，その事件は都市法廷の判事たちとトゥルトーザの良き人々によって決定されるように。すべての裁判において，司教と，教会とその集団と，そのすべての聖職者と，彼らの財産と彼らの生活に参加しているその郎党は，除外される」[69]という言葉で，領主と都市住民の紛争も後者の参加の上で解決されるべきこと，都市住民の間の紛争は都市住民を中心に解決すること，また教会に関する紛争の裁判権は教会に帰することが記されている。この時期のトゥルトーザでは王権の政策により，領主――テンプル騎士修道会とムンカダ家――による裁判権の占有が否定され，かつ都市住民に裁判に関与する権利が認められていたと判断できるのである。

　同時代の紛争事例，特にテンプル騎士修道会と入植者の間の紛争事例から

---

69) "Si controversia aliqua fuerit inter Dominos Dertose et habitatores Dertose, firmato directo in manu Vicarii Dertose, pronuntiando iudicio quod Domini Dertose cum quibus causam habuerint constituant iudices in Causa illa et faciant eam iudicare de iure, et secundum rationem. Si vero aliqua causa fuerit inter habitatores Dertose, firmato directo in manu Vicarii Dertose sicut fieri consuevit, causa illa decidatur per iudicium Curie et proborum hominum Dertose, sicut instrumento habitatorum Dertose ab Avo nostro nobilissimo Comite Barchinone quo facto plenisime continetur. De iis omnibus excipiantur Episcopus, et Ecclesia cum conventu et omnibus clericis suis, et rebus eorum et familiis suis qui victum ab eis recipiunt", *CTT*, doc. 116.

は，この原則が実際に適用されていたことがわかる。『トゥルトーザのテンプル騎士修道会領』には，この1199年以降，1213年までの両者の間の紛争事例が3件記録されているが，いずれの場合も入植者である都市住民の参加の上で調停が行われている[70]。

例として，1204年8月29日の文書では，テンプル騎士修道会が俗人と所有を巡って争っていた土地が前者に与えられ，代わりに70マスムディヌスが後者に対して支払われるべきとする調停が行われている。ここでは，「この決定は，主なるトゥルトーザ司教ゴンバルドゥスと，ペトルス・デ・コロヌスとギベルトゥスの，彼らの間の長く論議された諍いに対する，忠告と証言によって，なされた」という言葉から，調停がトゥルトーザ司教と2人の俗人によって行われたことがわかる[71]。

1205年2月29日の文書では，遺贈された土地を巡ってテンプル騎士修道会と故人の娘が起こした紛争が，「予，カルボネルス・デ・ヴィテと，ギレルムス・モラゲスと，ライムンドゥス・デ・セルタと，ギレルムス・ペトリと，ペトルス・トーメは，上述のテンプル騎士修道会の館とそこにいる騎士修道会士たちに対し，現在と未来において，ペトルス・デ・ゲネスタルが上述の騎士修道会に与えたその5分の1の場所において，上述のブドウ畑と上述の2つの耕地を持ち，保持するように宣告し，求める」という言葉で，やはり5人の「良き人々」の忠告によって調停され，土地の分割が取り決められた旨が記録されている[72]。

---

70) なお，ここでいう都市住民とは，市壁の外部にまで広がる，都市トゥルトーザの領域に住む人物を指し，「市民」という言葉で想像されるような，市壁内の商工業者のみを指すわけではない。入植者には多くの農民が含まれており，また中には貴族と呼びうる身分の者も存在したと考えられる。

71) "Hec difinicio facta fuit laudamento et consilio domini Gombaldi, Dertusensi Episcopi, et Petri de Coloni et Giberti, qui propter contenciones et placita inter eos diutius agitata", *CTT*, doc. 124. J. Mestre i Campi (dir.), *Diccionari d'Història de Catalunya*, 6th edition, Barcelona, 2004, p. 357, 667.

72) "ego Carbonelus de Vite et Guillermus Morages et Raymundus de Xerta et Guillermus Petri et Petrus Thome dicimus et volumus quod supradicta domum Milicie Templi et fratribus eiusdem loci presentibus et futuris in locum de illo Quinto quod Petrus de Genestar ad iam dictam domum donavit habeant et teneant iam dictam vineam et iam dictis duobus campis", *CTT*, doc. 125.

最後に1211年7月23日の記録では，テンプル騎士修道会とベルナルドゥス・ピノルなる俗人との間の土地を巡る紛争が記されている。「予，トゥルトーザのウィカリウスであるギレルムス・デ・オリヴェラと，予ギルベルトゥスとホモ・デイとマギステル・ライムンドゥス，以上の人物が判事を務め，一方はリパリエとトゥルトーザとミラベットの所領長ポンキウス・メネスカルドゥムとその他のテンプル騎士修道会員たち，他方はベルナルドゥス・ピノルの間に起こったそのレギムの領有地の所有についての訴訟において…上述のポンキウス・メネスカルドゥムとその他の騎士修道会員たちの非を認め，そのレギムの領有地の，正当なベルナルドゥス・ピノルによる保持と所有の回復を（命じる）」という言葉が記されており，調停者として，トゥルトーザのウィカリウスと住民と思しき3人の人物，合わせて4名が現れている[73]。結果として，係争地は俗人側の所有に帰することが決定されている。ここでは，テンプル騎士修道会と都市住民の間の紛争において，騎士修道会側の要求が明白に退けられているのである。

　このようにトゥルトーザでは，王による布告の通り，入植者の代表である「良き人々」が領主であるテンプル騎士修道会と都市住民の間の紛争の調停に参加していた。もちろん当事者間で解決され，都市法廷に持ち込まれなかった事案も数多く存在したであろうが，少なくとも都市法廷で調停が行われる際には，入植者が強い発言力を有していたと言えるだろう。ときには，都市住民が領主同士の争いを調停する場合すらあった。例えば1164年には，聖ヨハネ騎士修道会とトゥルトーザ司教の土地紛争に際し，「4人の最も良き人々，すなわち，騎士修道会員のギレルムス・ベルナルドゥスとサンクトゥス＝ミナトゥスのポンキウス，スビラトのポンキウス，モロのボンヴァッサルの忠告により」という言葉で，都市住民が調停に参加しているこ

---

73) "Ego Guillelmus de Olivella, Vicarius Dertuse, et nos Girbertus et Homo Dei et Magister Raymundus, iudices et cagetores causa que vertitur inter Poncius Menescaldum, Preceptorem Riparie et Dertuse ac Mirabeti, et aliis fratres Milicie Templi ex una parte et Bernardum Pinol ex alia parte super possessionem et tenedone illius honori de Ligim...condempnamus predictum Poncium Manescaldum et alios fratres et restitucione possessionibus et tenedonis illius honoris de Legim, adiudicantes eam Bernardo Pinol", *CTT*, doc. 135.

とが示されている[74]。また，1182年4月には都市住民が，テンプル騎士修道会とトゥルトーザ司教の，十分の一税徴収権を巡る紛争を調停している。ここでは「しかし最後には，トゥルトーザの良き人々，すなわちライムンドゥス・デ・カステロ，ギレルムス・デ・スプルガとペトルス・デ・イェネストラの忠告と祝福により，今この文面で書かれるような良き意図と協定に至った」という言葉で，紛争当事者たちが，トゥルトーザの3人の「良き人々」の忠告を得た上で，合意に達したことが記されている[75]。同年3月にトゥルトーザがバルセロナ伯からテンプル騎士修道会へ譲渡されていたことを併せて考慮すると，領主の変更に際する十分の一税徴収権の帰属の再確認という重要事項についても，領主だけでなく，入植者中の有力者が一定の発言力を有していたことが理解される。

　以上，テンプル騎士修道会と王，また他の諸勢力との諸協定の内容を詳細に検討すると，同騎士修道会のトゥルトーザ支配は実に様々な制約を受けていたことがわかる。第一に，都市の譲渡にも関わらず，収入や教会に関する権利などについては，王に多くが留保された。第二に，経済的徴収に関しても十分の一税の徴収権が基本的に司教座に帰属し，騎士修道会はそれを徴収できないなど，騎士修道会の権限には制限が課されていた。第三に，裁判権についても，1199年の王の布告でトゥルトーザの住民の裁判への参加権が確認されたように，テンプル騎士修道会は排他的な裁判権を行使できなかった。これらの制約からは，王権が騎士修道会にトゥルトーザの全面的な支配を委ねることを望まなかったこと，そしてその王の政策を利用して，トゥルトーザの住民が紛争においてテンプル騎士修道会と対抗しえていたこと，司教座などの他勢力が権利を保持していたことが窺える。

　このように王権が1182年以降のトゥルトーザに形成していった体制は，

---

[74] "consilio quatuor optimum, scilicet, Guillelmi Berardi, fratris Milicie, P. Sancti Minati, P. de Subirat, Bonvassal de Moro", *DCT*, doc. 147.

[75] "Ad ultimum autem laude et consilio proborum hominum Dertusensium scilicet, R. de Castello et G. de Spluga et P. de Yenestra, ad finem et concordiam bonam venerunt ut hec presens declarat scriptura", *DCT*, doc. 341.

司教座や都市共同体など他の社会集団にも経済上，また裁判上の権利を与え，最大の領主であるテンプル騎士修道会の権力が突出するのを抑制するものであった。王はその上で都市からの収入の半分や教会に関する権利を確保し，他方で防衛や，都市からの収入の徴収といった統治業務を騎士修道会に委ねていたのである。ここからは，騎士修道会に過剰な力を持たせないよう配慮しつつ，それを統治に利用しようとする伯の姿勢が看取される。しかし，このような諸勢力の均衡に基づいた統治構造は，アラゴン連合王国の外交や内政の状況の変化や，またトゥルトーザでの入植活動の進展によって，変質を余儀なくされるものではなかっただろうか。

(4) ペラ1世による王権強化政策

実際，12世紀末から，王がトゥルトーザにおけるテンプル騎士修道会の勢力の切り崩しを図り，ときにその領主権を奪回しようと試みたことを示す文書が複数存在している。ペラ1世は即位後，1174年に先代アルフォンス1世が作成した遺言状ではトゥルトーザがペラの母サンチャに遺贈されていたことを根拠に，1182年の都市売却の無効を主張した。続いてペラは，一代限りという条件で俗人領主ギレム・ダ・サルベラにトゥルトーザを与えている[76]。ギレムはテンプル騎士修道会に臣従礼を取り，その権威に服することを命じられたが，ここには，俗人領主を利用してテンプル騎士修道会の支配権を奪わせ，その死後にこれを回収しようとする伯の意図が窺われる。

他方，都市トゥルトーザ内部の問題にも王はたびたび介入を行っている。1198年には司教に対する十分の一税の支払いを逃れようとする一部の都市民に対し，支払いの遵守を命じている[77]。ここでは王は「辺境にあり，トゥルトーザとその領域では多大な労働と，多大な身体や財産の危険を伴って収益を得ているため」という理由で，トゥルトーザ都市民の十分の一税の支払いを一部緩和し，その一方で，「もし上記の通りに十分の一税と初穂税を支払わなければ，司教が彼らを破門すべし」という警告を発している[78]。また

---

76) Forey, *The Templars*, pp. 29-30.
77) *DCT*, doc. 577.

先述のように，1199 年に都市住民と領主——テンプル騎士修道会とムンカダ家——の間で裁判権を巡る紛争が生じた際には，都市民を支援する形でこれに介入している。

　また，アルフォンス 1 世の治世より，アラゴン連合王国では王権が積極的に権力の強化を図っていたことが，トマス・ビッソンらの研究によって明らかになっている[79]。先述の通り，12 世紀半ばまで，バルセロナ諸伯はイスラーム勢力に対する征服活動に没頭し，かつ征服活動に協力させるため，領内の貴族が所領内での権益を強化するのを放置しており，国内における王権は征服国家でありながら弱いものであった。

　この状況を受け，征服と植民の組織が一段落した 12 世紀の第 4 四半期に入ると，王権は遅ればせながら支配の強化を図ったのである。一例として，アルフォンス 1 世は支配領域に有する財政的権利を調査・確認させ，また封臣との関係や封土の権利を記した文書を整理，目録化するなど，領土の行政的再編と直接支配の強化を進めた[80]。また，「神の平和と休戦」会議を利用した全国課税や，領主の農民に対する収奪の抑制も試みられている。カタルーニャ地方の封建法を収集した『バルセロナ慣習法典』の編纂が進められたのもこの時期である。またペラ 1 世は，ローマに赴いてローマ教皇から王として戴冠され，イベリア半島内部ではカスティーリャ王とムワッヒド朝カリフを中心に行われたラス・ナバス・デ・トローサの戦い（1212 年）に参戦し，キリスト教側の勝利に貢献するなど，外交面でも王権の発揚に努めてい

---

78) "propterea quia sunt in frontaria et quia cum maximo labore et periculo rerum et corpum in Dertosa et in terminis suis percipient fructus et emolumenta", "Si vero noluerint dare decimas et primicias ut superius continentur, episcopus excomunicet eos", *DCT*, doc. 577.
79) 関連する研究論文を収録したものとして，Th. N. Bisson, *L'impuls de Catalunya : l'època dels primers comtes-reis*, Vic-Lleida, 1997.
80) ラモン・バランゲー 4 世も治世の末期には同様の姿勢を示していたが，若くして死去し，幼いアルフォンスが後を継いだため，改革は 10 年以上遅れることとなった。会計記録制度を改良して財政状況の改善を図る試みは，サンティアゴ・デ・コンポステーラ司教座，ベジエ副伯，モンペリエの領主など同時期の地中海地域各地で行われていた。Th. N. Bisson, *The Crisis of the Twelfth Century : Power Lordship, and the Origins of European Gouverment*, Princeton University Press, 2010, pp. 375, 376.

る。ビッソンはこの時期の王権によるこれらの試みを，結果や手法には問題もあったが，集権的な国家形成につながる可能性を持ったものであったと肯定的に評価している[81]。

トゥルトーザへの王の度重なる介入は，こうした傾向の一環と言えるであろう。加えて南仏におけるトゥールーズ伯との抗争もペラ1世の時代には終息に向かったことも，再び辺境経営に力を注ぐことを可能にしたと考えられる[82]。このように実際の所領支配に関して，王はテンプル騎士修道会に絶えず牽制を加えていたのみならず，支配の安定期には，おそらくは王権再建の一環として，トゥルトーザの領主権の回収を目指す動きさえ示していた。

無論，王国全体では，王権とテンプル騎士修道会は常に敵対的な状況にあったわけではない。1207年から，ローマ教皇からの指示もあり，王はテンプル騎士修道会にたびたび免税特権を与えている[83]。また王が同騎士修道会から借金をし，金銭と引き換えに土地に関する権利を承認するなど，協力的な関係も並行して存在していた[84]。

しかしながら，上述の諸事象からは，辺境の拠点都市であるトゥルトーザ周辺の支配に関して，ペラ1世の王権と騎士修道会がむしろ対立的な関係にあったことが看取される。こうした緊張を抱えつつ，テンプル騎士修道会のトゥルトーザ支配はいかにして13世紀末まで継続しえたのであろうか。続く時期にテンプル騎士修道会が幼い王を養育し，その財政を管理するというような両者の接近はいかにして生じたのであろうか。

---

81) これらの統治機構改革の試みについては，Th. N. Bisson, "The problem of feudal monarchy : Aragon, Catalonia and France", *Speculum*, 53 (1978), pp. 460-478 ; Id., "The Rise of Catalonia : Identity, Power, and Ideology in a Twelfth-Century Society", *Annales : Economies, Sociétés, Civilisations*, 39 (1984), pp. 454-479. ただしビッソンは，歴代のバルセロナ伯（アラゴン王）が広範囲での移動を繰り返し，国家の明確な中心（首都）を定めることができなかったため，これらの地方統治機構も「中央行政なき地方行政」となり，改革の効果は限定的なものになったと考えている。

82) D. Abulafia, *The Western Mediterranean Kingdoms*, p. 35. 当時のトゥールーズ伯の動静については，L. Macé, *Les comtes de Toulouse et leur entourage XIIe-XIIIe siècles : rivalités, alliances et jeux de pouvoir*, Privat, 2000.

83) *PI*, doc. 732, 733, 741, 746, 807.

84) *PI*, doc. 869, 1087.

第4節　アルビジョワ十字軍の影響
——君主権力の弱体化と騎士修道会の影響力強化——

　13世紀初頭のアルビジョワ十字軍を境に，アラゴン連合王国におけるテンプル騎士修道会の地位は大きく変化した。先述の通り，アラゴン王権は南仏各地の支配権を巡ってトゥールーズ伯と抗争する中で，ベジエ副伯のトランカヴェル家など，多くの南仏の諸侯を影響下に置いていた。特に12世紀末に，アルビジョワ派異端を支援するこれらの諸侯と教皇の対立が顕在化すると，トゥールーズ伯も含め，フォワ伯，ベアルン副伯などの南仏諸侯はアラゴン連合王国の王に形式上臣従し，その保護を求める動きを示していた[85]。

　アルビジョワ異端に対する追及が激しくなった1213年には，バルセロナ伯ペラ1世は，南仏の司教団にそれらの南仏の諸侯が異端ではないと擁護する書簡を送っている[86]。しかし，司教団はかえってペラ1世が異端の拡大を促進しているという内容の書簡をローマ教皇に送り，彼とローマ教会の関係には緊張が生じた[87]。結局，ローマ教会が南仏諸侯にいわゆるアルビジョワ十字軍を差し向けると，ペラ1世は彼らの救援要請に応じ，南仏へ出兵してこの十字軍と対峙することとなった。結果としてペラ1世は教皇から破門された上，トゥールーズ伯らとの連合軍を率いてミュレでシモン・ド・モンフォールのアルビジョワ十字軍と会戦し，敗死するに至った。後継者である当時5歳の息子ジャウマ1世もシモンの捕虜となり，アラゴン連合王国は深刻な政治的苦境に陥った[88]。

　この政治的苦境を救ったのは，当の教皇インノケンティウス3世（1193-1216年）の介入であった。ミュレの戦いに先立ち，ジャウマの母が死去した

---

[85] DPI, doc. 462, 463, 465, 466, 467. また，当時の南仏における教皇権の動向については，印出忠夫「アルビジョワ十字軍開始前後の教皇権と南フランス地方」，『史学雑誌』109編2号，2000年，34-54頁。

[86] DPI, doc. 492.

[87] DPI, doc. 494.

[88] Smith, *Innocent III and the Crown of Aragon*, pp. 79-141.

際，その遺言により彼の後見人とされていた教皇は，シモン・ド・モンフォールに命じて彼を解放させ，アラゴン連合王国に送還させた[89]。カタルーニャとアラゴンではジャウマが国王として迎えられ，結果として，ペラ1世が教皇に破門された上で戦死したという経緯も相まって，この時期，アラゴン連合王国では教皇の政治的影響力が著しく強化された。

　ジャウマのアラゴン連合王国復帰後，教皇が同国を政治的に指導下に置くために利用したのが他ならぬテンプル騎士修道会であった。もともとローマ教会はテンプル騎士修道会の活動を支援し，しばしば免税特権を承認するなど，両者の関係は緊密なものであった。まずインノケンティウス3世は，ジャウマの親族や有力諸侯などとともに，テンプル騎士修道会をジャウマの摂政団に指名した。「それゆえ，輝かしき記憶のアラゴン王ペラより生まれた，愛する息子ジャウマのため，助力を差し伸べ，彼とその国の政治が，その地の摂政職が委ねられたと認められている高貴なる息子，伯サンチョにより有益に処置され，またその対応が王国の利益を求め，尊重する多くの人々から疑念を持たれぬよう，アラゴンでは…を，カタルーニャでは予の兄弟であるタラゴナ大司教と，予の息子である高貴なる人物たち，ギレム・ダ・サルベラとギレム・ダ・カルドナとテンプル騎士修道会ヒスパニア管区長を，助言者としてあらかじめ割り当てる」[90]。次いで両地域の諸侯および住民に，ジャウマが未成年の間は，彼に支払うべき貢租をテンプル騎士修道会の長に納入するよう命じた[91]。また南仏で唯一アラゴン連合王国の領地として残されたモンペリエの人々には，テンプル騎士修道会の長がジャウマを後

---

89) *DPI*, doc. 516.
90) "Hinc est, quod nos hanc utilitatem attendentes circa dilectum filium Iacobum natum clare memorie P [etri] Regis Aragonie, ut ipsius et terre sue negocia per dilectum filium nobilem virum comitem Sancium, cui procuratio terre commissa esse dinoscitur, utilius disponantur, et ne ipsius responsum sibi vel aliis esse valeat captiosum a nonnullis, qui regni bonum diligunt requisiti, hos sibi consiliarios providimus deputandos : videlicet, in Aragonia ; in Cathalonia vero venerabilem fratrem nostrum [Raimundum] Terraconensem archiepiscopum et dilectos filios nobiles viros, Guillelmum de Cervaria et Guillelmum de Cardona et magistrum domus militia Templi in Ispania....", *DPHI*, doc. 537.
91) *DPI*, doc. 538.

見する旨を通告している[92]。ジャウマ1世の養育もテンプル騎士修道会に委ねられ，彼はカタルーニャとアラゴンの境界に近いモンソンの同騎士修道会所領に預けられた[93]。このように教皇はテンプル騎士修道会を通じ，アラゴン連合王国での政治的影響力の拡大を図ったのである。

　こうしてテンプル騎士修道会のアラゴン連合王国全体における権威が強化された結果，トゥルトーザにおける同騎士修道会の権力も強化された。実際，王権から同地に諸権利を得ていた諸侯は，この頃相次いでそれらの権利をテンプル騎士修道会に譲渡している。1215年には，先述のようにペラ1世からトゥルトーザの領主権を与えられていたギレム・ダ・サルベラがこれを放棄し，テンプル騎士修道会に返却している[94]。同じ年，トゥルトーザの3分の1の領主であったムンカダ家も，ペラから得ていたトゥルトーザ近郊のアスコにおける権利を2500マラベティヌスでテンプル騎士修道会に譲渡している[95]。このように，ペラ1世のもとでは規制されていたテンプル騎士修道会のトゥルトーザ周辺における領主権は，アルビジョワ十字軍後，速やかに競合者を排除しながら，強化されていった。また1216年に騎士修道会がムンカダ家の同意を得て，トゥルトーザのイスラーム教徒共同体の指導者であるカーディを任命していることからも，騎士修道会の領主権確立が読み取れる[96]。

　これと軌を一にして，トゥルトーザにおける経済的，また法的問題の解決からの王権の排除もまた急速に進んでいった。ペラ1世の時代と異なり，ジャウマ1世の治世に入ると，これらの問題はもっぱらテンプル騎士修道会を中心に在地の諸勢力によって解決されている。1218年には司教とテンプル騎士修道会の間で，十分の一税について，共同の建物に徴収物を集め，分配し保存することが取り決められた。ここでは調停者として都市民とタラ

---

92) *DPI*, doc. 539.
93) E. Belenguer, *Jaime I y su reinado*, Lleida, 2008, pp. 48-52.
94) *ETTE*, doc. 1. ただし一部の権利は，彼の存命中のみという条件で自身に留保していた。
95) *ETTE*, doc. 6.
96) *ETTE*, doc. 4.

ゴーナの聖職者が現れている[97]。1227年にはトゥルトーザ南方のアンポスタに所領を持つ聖ヨハネ騎士修道会とテンプル騎士修道会が，双方の構成員が罪を犯した場合について司教とムンカダ家の前で協定を交わしている[98]。

裁判権についても，在地の諸勢力の中で取り決めがなされ，かつ紛争の調停が行われている。例えば1241年，都市領主，すなわちテンプル騎士修道会およびムンカダ家と，都市民の間で裁判権を巡って紛争があった際には，王ではなく近隣の都市リェイダの司教によって調停が行われている[99]。また，1248年のトゥルトーザ司教とベニファッサ修道院の間の協定も注目に値する。ここでは，かつてアルフォンス1世が司教座に与えたベニファッサの城が係争の対象となっているが，この城は元来王が与えたものであったにも関わらず，王権の介入を求めることなく，テンプル騎士修道会の立会いのもとで協定がなされている[100]。

このようにアラゴン連合王国では，アルビジョワ十字軍を境にローマ教皇の影響下でテンプル騎士修道会の権威や所領支配が強化されている。国王によるテンプル騎士修道会の権力の抑制や間接統治の意図は，一定の成功を収めていたにも関わらず，国際政治の中で結局失敗するに至ったのである。こうして13世紀前半のトゥルトーザでは，司教座やムンカダ家，都市民といった在地の勢力の協力を取り付けつつ，テンプル騎士修道会の支配が一層強化され，王権の介入は極めて稀になっていった。

結　　論

アラゴン連合王国における王権とテンプル騎士修道会の関係は，従来考えられてきたように，単純に友好的と言えるようなものではなかった。アラゴン王国の継承に際してのバルセロナ伯と同騎士修道会の紛争や，征服活動に際しての領土分割の協定に見られるように，両者の関係は対等かつ現実的な

---

97) *ETTE*, doc. 12.
98) *ETTE*, doc. 30.
99) *ETTE*, doc. 57.
100) *ETTE*, doc. 70.

利害に基づいたものであった。王権が征服や植民に際して同騎士修道会の助力を必要とする一方で，騎士修道会側は王権に与えられた土地を中心に，征服地における所領の形成を推し進めたのである。

　その後，征服地の経営に専念できない状況の中で，当初は直接支配を意図した王権は，一方でテンプル騎士修道会の権力を制御しながらも，彼らを利用した，征服地のいわば間接統治を図るようになっていった。征服時の協定や，財政上や外交上の必要から，王権はテンプル騎士修道会がトゥルトーザ周辺に領主権を行使することを容認し，同騎士修道会は都市トゥルトーザを中心にエブロ河下流域にその主要な所領を形成していった。ただしその間，王権は諸々の協定によって同騎士修道会の権力を制限するのみならず，紛争や十分の一税などに関わる問題が生じると当該地域に直接介入して影響力を行使し，ときに領主権の回収も試みるなど，同騎士修道会の権力の抑制を一貫して追求したのである。

　しかし，これらの王権の政策は，財政や外交の事情により，有効性を失っていく。南仏での抗争による王権の財政難や，アルビジョワ十字軍後の教皇の支持を利用し，テンプル騎士修道会はアラゴン連合王国における権威を強化し，トゥルトーザにおいても王権による介入を排除して支配を強化していった。このように王権は，自己の指揮下で征服したトゥルトーザにおいても直轄統治を貫徹することができず，教会領主を通じた間接支配を図るに至り，しかも財政的事情や外交的事情から，その間接統治政策も失敗するに至ったのである。

　それでは，上記のような過程で教会領主による支配体制が形成される中で，入植者が置かれた状況はどのように変化したのであろうか。テンプル騎士修道会による支配は，ビルジリが主張するほど抑圧的なものであったのだろうか。中世後期には，トゥルトーザを含むバルセロナ伯領の主要都市は自治的な政体を形成するに至っている。領主支配のもとで，入植者集団はどのようにして社会的勢力として成長することが可能だったのだろうか。続く第6章では，入植者に焦点をあて，彼らがどのような出自を持ち，どのように組織され，教会領主のもとでどのような条件下に置かれ，どのような手段で

社会的上昇を果たすことができたのか，そこで教会領主はどのような役割を果たしていたのかを解明し，上記の問いに対する答えを提示したい。

第6章

辺境社会の成長過程
――入植者の経済的状況と社会的上昇の可能性――

はじめに

　第5章では，アラゴン連合王国国王（バルセロナ伯）の主体的政策とそれに続く財政的要因や外交的事由等の結果として，12世紀後半から13世紀初頭にかけ，都市トゥルトーザ周辺においてテンプル騎士修道会の自立的な支配が強化されていったことが理解された。それではそのテンプル騎士修道会，またそれに並ぶ大規模な土地所有者であったシトー会修道院やトゥルトーザ司教座などの教会領主のもとで，入植者たちはどのような状況に置かれていたのであろうか。

　この点に関してアントニ・ビルジリは，1980年代半ばに著した同時期のトゥルトーザに関する論文において，教会領主の権力強化と割拠を重視し，彼らが入植者に対して強固な領主的支配を行ったと結論づけている[1]。彼の論文は，王権による自治的な都市の形成という，古典的なカタルーニャ学界の見解を覆し，教会領主の台頭と割拠という対照的な見通しを提示したことで，現在に至るまで強い影響力を有している。

　とはいえ，教会領主が土地や権利を集積したからといって，彼らが入植者たちを強権的に支配し，収奪を行ったと断定することには疑問がある。例えば，ビルジリが研究対象とした当のトゥルトーザでも，第5章で述べたよう

---

[1] A. Virgili, "Conquesta, colonització i feudalització de Tortosa (segle XII)", *Formació i expansió del feudalisme català*, Girona, 1985-1986, pp. 275-289.

に，実際には入植者たちはトゥルトーザ近辺の紛争調停に関わり続けるなど一定の権利を保持していた。さらにこの都市では，13世紀後半には最大の領主であるテンプル騎士修道会を圧倒してその裁判権を排除するなど，都市共同体が顕著な発展を見せている[2]。この事実からは，12世紀半ば以降の植民活動における教会領主による強権的な支配の存在は，疑わしく思われる。

そもそも，イスラーム勢力から征服して間もなく，当然イスラーム勢力との境界に近かった地域では，一般に防衛上の不安などから，入植者を好条件で誘致する必要が存在していた。住民を誘致し，入植活動を進展させることは，新規征服地を確保するため，また経済的収益を得るために，領主にとっても重要な関心事であった。このため，征服地の領主——テンプル騎士修道会，トゥルトーザ司教座やシトー会修道院——と入植者の間には，より協調的な関係を想定する方が妥当だと考えられる。

さらに，土地や権利を購入し，集積する機会は，はるかに小規模ではあろうが，教会領主だけでなく入植者たちにも存在していたのではないか。征服地の状況は入植者にも社会的上昇の機会を提供したのではないだろうか。

これらの疑問点から，本章では経済活動を中心に，12世紀半ばから13世紀初頭の征服地における実際の入植者の経済的負担，また入植者の社会的上昇の可能性や入植活動における教会の役割を分析し，教会領主と入植者の実際の関係と，社会の発展過程の解明を試みる。

第1節では，新カタルーニャでバルセロナ伯によって行われた入植政策，入植に参加した人々の出自，また教会領主の形成と成長といった事象の特徴を分析し，教会領主所領の社会的枠組みを確認する。第2節では，そこで教会領主によって入植者に課された実際の経済的負担と，その背景となる社会状況を解明する。その上で，第3節では入植者による経済行為と社会的活動を分析し，入植者の社会的上昇の可能性を探る。第4節では，それらの入植者の活動に教会領主がどのように関わっていたのかを分析する。最後に，そ

---

2) この過程については，L. Pagardas, "La fi del domini de l'orde del Temple a Tortosa. La permuta de 1294", *Anuario de Estudios Medievales*, 28 (1998), pp. 269-292.

れらの分析を踏まえ，入植開始時の社会と約半世紀後の社会を幾つかの社会的観点から比較し，社会の発展状況の解明を試みる。

第1節　入植活動の政治的・社会的枠組み

(1) バルセロナ伯による植民政策

　第5章で確認されたように，新カタルーニャではバルセロナ伯ラモン・バランゲー4世による遠征と征服後，征服前の協定に基づき，伯の重臣であるムンカダ家やテンプル騎士修道会，ジェノヴァなど内外の有職者に征服地の一部が分配され，その他中小のバルセロナ伯の家臣にも，しばしば農地や邸宅などが分配されている。またそれらの有力者に対する土地の分配に並行して，実際に入植活動を行う農民層を誘致すべく，新カタルーニャ各地で入植許可状が発給され，入植地の社会的枠組みが定められた。まずトゥルトーザに入植許可状が発給され，その他の集落に対しても逐次入植許可状が与えられている。

　トゥルトーザの場合は，征服直後の1148年中に簡潔な入植許可状が出され，1149年11月30日に改めてより詳細な入植許可状が発給されている。特に1149年の入植許可状には，当時の新カタルーニャの入植許可状の主要な要素が揃っている。第5章でもその一部に言及したが，辺境地帯におけるバルセロナ伯の入植政策を確認するため，以下，改めてこの入植許可状の主要部分を提示する。

　最初に示されているのは，土地と各種の用益権の付与である。「予，神の恩寵によりバルセロナの伯，アラゴンの君主，リェイダとトゥルトーザの侯であるライムンドゥス・ベレンガリウスは，汝らトゥルトーザのすべての住民と汝らの相続人らに，トゥルトーザのキウィタスにおいて永代に，家屋，菜園，耕地とブドウ畑とを，すべてのその付属物とともに，自由な固有の相続財産として，ここに作成されている証書と予の贈与によって，汝ら各人に与える。また汝らに，家屋や船を作るために，山と平地と森と木々について，固有の用益権を与える。また汝らに，草地と牧草地と狩猟場とを与え

る」[3]。またここでは都市トゥルトーザの領域として「バラゲル丘陵からウイダクーナまで，フォレテーラから海まで」という言葉で，市壁の内に留まらない広大な範囲が定められている[4]。

　第二に，バルセロナ伯の経済的権利が確保されている。ここでは貯水池と塩田に関する権益の9分の1が挙げられている。「また汝ら全員に淡水と海水（の用益権）を，釣りと航海のために，予が9分の1を自己に留保する貯水池と塩田との水を除いて委ねる」という言葉で，特定の権益がバルセロナ伯に留保されている[5]。

　第三に，第5章で述べたように，領主の恣意的な経済徴収の排除が記されている。

　第四に，やはり第5章で述べたように，裁判に関する規定が現れ，入植者間の紛争が「良き人々」と呼称される入植者中の名望家層によって調停されることが記されている。

　これらの規定に加え，家畜の扱いなどより細かい幾つかの規定が記された後，最後に入植者がバルセロナ伯への忠誠を約束し，入植許可状は結ばれている。「この上記に表記されたすべての贈与のために，我々すべてのトゥルトーザの住民は，汝，我らが主，上述の伯ライムンドゥスに，我々がすべてにおいて汝の忠勤者であることを約束する」[6]。

---

3) "Ego Raimundus Berengarii, comes gratia Dei Barchinonensis, princeps Aragonensis atque Ilerde et Tortose marchio, dono vobis omnibus habitatoribus Tortose cunctisque successoribus vestris in perpetuum in civitate Tortosa, domos et casales, ortos et ortales, campos et vineas cultos et heremos cum omnibus earum pertinentiis in hereditate propria libera franca et ingenua sicut unicuique dabo per donationes meas et cartas quas facturus sum vobis. Dono etiam vobis montes et planos et boscos et ligneamina ad omnes vestros usus proprios tam domorum quam navium. Dono etiam vobis prata et paschuas et venationes", *CPFC* doc. 75.

4) "per terram de collo Balagerii usque ad Ulldichona et sicut pervadit de rocha Foletera usque ad mare", *CPFC*, doc. 75.

5) "Dono iterum vobis omnibus aquas dulces et mare ad piscandum et navigandum exceptis stagnis et salinis in quibus retineo solam meam novenam", *CPFC*, doc. 75.

土地の付与に続く，これらの「用益権の付与」「バルセロナ伯の経済的権利」「領主による経済的徴収の制限」「裁判権付与」「バルセロナ伯への忠誠」の5つの要素のうち，裁判規定以外は，ラモン・バランゲー4世が新カタルーニャで入植者集団に発給した入植許可状のほぼすべてに現れる。裁判規定については，トゥルトーザとリェイダ，さらに「リェイダと同じ入植許可を与える」という記述があるシウラナ以外の地点では，言及がなされていない。

　表2は，ラモン・バランゲー4世が，トゥルトーザを征服した1148年から1162年の死没時までに発給した入植許可状に，これら5つの要素のいずれが現れているかをまとめたものである。

　この表2と入植地の地理的分布からは，バルセロナ伯の入植政策として以下のようなことが理解される。まずラモン・バランゲー4世は，他の集落に先立ってトゥルトーザとリェイダに入植許可状を発給しており，第4章で見たように，国境地帯の中心的都市であるこの2都市を重視していることがわかる。ただし，伯のその後の入植努力は，主として国境から離れたタラゴーナに近い地域と地中海沿岸部に向けられている。国境地帯では2大都市であるトゥルトーザとリェイダにしか入植許可状が発給されていないのである。そしてこの2都市に与えられた入植許可状では，入植者に対し裁判へ関与する権利が与えられており，この点で他の集落よりも入植者に有利な条件が確保されている。

　おそらくバルセロナ伯は，意識的にイスラーム国境から相対的に距離のある，相対的に安定した地域で入植活動を進めるよう意図していた。そしてその一方で，国境地帯では拠点都市であるトゥルトーザとリェイダにのみ，特に早期に，かつ入植者に特に大きな権利を認めて入植許可状を与えている[7]。ここからは，おそらくは防衛上の観点もあって，伯が両都市を国境地

---

6) "Propter hec omnia dona superius comprehensa, nos omnes habitatores Tortose convenimus vobis domino nostro Raimundo comiti suprascripto ut simus vobis fideles in omnibus", *CPFC*, doc. 75.

7) なお，ダラシーナはトゥルトーザ内部の特定の区域である。トゥルトーザのユダヤ人住民にこの区域が割り当てられ，キリスト教徒入植者とは別に入植許可状が付与された。トゥルトーザなどにおけるユダヤ人の状況については，第7章で扱う。

表2 ラモン・バランゲー4世による新カタルーニャの入植者集団への入植許可状

番号	年	対象地	用益権	伯の権利	負担規制	裁判権	伯への忠誠
67	1148	アスプルガ・カルバ	○	○	#	#	○
68	1148	トゥルトーザ	○	#	○	#	○
75	1149	トゥルトーザ	○	○	○	○	○
76	1149	ダラシーナ	#	#	○	#	○
79	1150	リェイダ	○	#	○	○	○
86	1151	ビネシャ	○	○	○	#	○
88	1151	ビンブディ	○	○	○	#	○
90	1152	ビネシャ	○	○	#	#	○
94	1153	シウラナ	○	○	○	○	○
97	1155	カンブリルス	○	○	○	#	○
99	1155	ドゥアス・アクアス	○	○	○	#	○
102	1155	アスピナベルサ	#	○	○	#	○
113	1159	プラダス	○	○	#	#	○

注) ○は記述あり, #は記述なしを示す。
出典) CPFCより作成。

帯の拠点とし，そこに特に入植者が集中するよう，入植活動の振興を図っていたことが窺えるのである。この点は，第5章で述べたように，これら2都市の領主権の一部を親族のウルジェイ伯，重臣であるムンカダ家やテンプル騎士修道会など，バルセロナ伯の最も信任する有力な諸侯や教会組織に与えていることからも理解されよう。

(2) 入植者の出自

それでは，このようなバルセロナ伯の入植政策のもとで，12世紀半ばの征服以降の時期に，実際にトゥルトーザなどの辺境地帯に入植し，開発や定住を行ったのは，どのような人々だったのであろうか。

一般に，入植者の多くは旧カタルーニャから移住した人々であると考えられてきた。12世紀に旧カタルーニャでは領主による農民の移住禁止が強化されているが，これも入植許可状にあるような，より自由で負担の軽い新カタルーニャに労働力である農民が移住する動きを防ぐためであったとしばしば考えられていた。

　ただし近年，中世カタルーニャの農民隷属を研究したポール・フリードマンは，このような旧カタルーニャから新カタルーニャへの人口移動には一定の留保を示している[8]。彼は，旧カタルーニャでも領主によっては比較的農民の負担が軽い地域があったこと，また新カタルーニャでも農民の負担が重い地域があったことを指摘している[9]。

　例えば旧カタルーニャでも，教会所領では農民の領主に対する負担が比較的低く，また「神の平和と休戦」運動の過程で形成された，一部の集落は特に領主支配から保護されている事例が存在したことが近年，明らかとなっている[10]。また，フリードマンはグアルディア・ダ・プラッツという新カタルーニャの一集落について検討を行い，単一集落の内部でさえも，農民の負担が数段階に分かれていた事例を示している[11]。

　フリードマンはこれらの事実を踏まえ，この時期の旧カタルーニャの農民が土地を離れて移住する場合にも，遠い新カタルーニャではなく，同じ旧カタルーニャ内部の条件がよい地域へ移住した可能性も大きかったであろうと主張している。

　とはいえ，全般的には辺境地帯である新カタルーニャにおいて，農民は旧カタルーニャよりも良好な条件下に置かれていたのであり，旧カタルーニャ

---

8) P. H. Freedman, *The Origins of Peasant Servitude in Medieval Catalonia*, Cambridge University Press, 1991, pp. 135-145.

9) P. H. Freedman, "La condition des paysans dans un village catalan du XIIIe siècle", *Annales du Midi*, 94 (1982), pp. 231-244.

10)「神の平和」運動を通じて建設された保護集落については，V. Farías, R. Martí & A. Catafau, *Las Sagreres a la Catalunya medieval*, Girona, 2007.

11) P. H. Freedman, "The enserfment process in medieval Catalonia: evidence from ecclesiastical sources", *Viator*, 13 (1982), pp. 225-244.

からは多くの入植者が移住したものと考えるべきであろう。フリードマンも，ある程度旧カタルーニャからの移住があったであろうという点には異論を唱えていない。

　実際の辺境地帯における同時代文書，例えばトゥルトーザ司教座やテンプル騎士修道会の文書に出てくる人名からも，入植者の多くは，旧カタルーニャの出身者であったと推測できる。この時代，まだ農民の間では姓が固定せず，個人名と出身地名を用いて「～の誰某」と名乗っていることが少なくない。それらの名を見る限り，「ジローナのギレルムス Guillelmo de Ierunda」「ベルガのギレルムス Guillelmus de Berga」「マンレザのベルナルドゥス・ボルト Bernardus Bort de Menresa」「マルトレイのトンスス Tonsus de Martorel」「サンタ・コロマのペトルス Petro de Sancto Columba」など，やはり旧カタルーニャの地名を伴った人物が最も目につく[12]。

　次に多いのは，アラゴン地方や南フランス，北イタリアの地名の付いた名を名乗る人物である。アラゴンの地名を関したものとしては「アラゴンのペトルス・ギレルムス Petro Guillelmi Aragonensis」「バルバストロのサンチャ Sancia de Barbastro」「サラゴサのエネグス Enego de Cesaraugusta」といった名が現れる[13]。南フランスでは「トゥールーズのベルナルドゥス Bernardus de Tolosa」「カオールのギレルムス Guillelmus de Chaorz」「カルカッソンヌのベルナルドゥス Bernardus de Carcasona」「モンペリエのポンキウス Poncius de Montepessullano」「ナルボンヌのペトルス Petro de Narbona」，北イタリアでは「ジェノヴァのアンブロシウス Ambrosio Ianuensi」「ピサのランベルトゥス Lambertus Pisa」といった名が現れる[14]。

　先述のように，アラゴンはバルセロナ伯領と同君連合にあった地域であり，また南仏の諸地域とカタルーニャの間にはカロリング期以降，密接な結びつきが存在していた。またピサとジェノヴァはバルセロナ伯の征服活動に協力していた上，ジェノヴァは協力の代償として，バルセロナ伯から一時トゥルトーザの3分の1を与えられていた[15]。このように，バルセロナ伯領

---

12) それぞれ *DCT*, doc. 178, 194, 201, 205, 256.
13) それぞれ *DCT*, doc. 41, 196, 429.
14) それぞれ *DCT*, doc. 126, 174, 175, 179, 205, 63, 231.

第6章　辺境社会の成長過程　　　*213*

との結びつきが近い地域や，征服活動に関わった地域からも入植者がやってきたことが理解される。

　さらに，イベリア半島の他の地域や，北フランス，さらにイングランドの地名を関した名も少数ながら存在する。「アストルガのマルティヌス Martinus de Estorga」「ナバラのギレルムス Guillelmo Navarre」といった名前は，レオン地方やナバラ地方など，イベリア半島各地に由来する移住者があったことを示唆するものである[16]。また「パリのギレルムス Guillelmus de Parisius」「リモージュのペイロネトゥス Peironeto de Limoticis」といった名前は，フランス北部や中部に出自する入植者の存在を窺わせる[17]。

　さらに，数えるほどではあるが「イングランドのギリベルトゥス Guilibertus Anglicus」「イングランドのオズベルト Ozbert angles」「イングランドのヨルダヌス Iordanus Anglicus」など，イングランドという地名も散見される[18]。当時プランタジネット家のイングランド王はアキテーヌをも支配しており，アキテーヌの支配者とバルセロナ伯の間では，一般にトゥールーズ伯を仮想敵とした友好関係が成立していた。例えば1185年には，アキテーヌを支配していたイングランド王子リチャード（後のイングランド王リチャード1世）とバルセロナ伯アルフォンス1世の間でトゥールーズ伯に対する同盟が締結されている[19]。このため，政治的にはイングランドからの移住者があっても問題はなかったのだろうが，イングランドからの移住というのはいかにも遠く，あるいはアキテーヌ公領からの移住者がこのように名乗ったのかもしれない。この辺りは推測の域を出ないが，いずれにせよ同時代史料には「イングランドの誰某」と名乗る人物が現れている。

　ビルジリは，同時期の文書中に現れる人名から，約30名のアラゴン名，

---

15) この時期の政治史・外交史については，Th. N. Bisson, *The Medieval Crown of Aragon*, Oxford University Press, 1986, pp. 31-57.
16) それぞれ *DCT*, doc. 165, 245. なお，Guillelmo Navarre は，「de（〜の）」という言葉が消えていることから出身地を示す名というより通り名とも考えられるが，いずれにせよ，ナバラに縁のある人物であると考えるのが自然であろう。
17) それぞれ *DCT*, doc. 165, 219.
18) それぞれ *DCT*, doc. 127, 160, 249.
19) *AII*, doc. 406.

60名の南フランス人，20名の北仏・中仏人，20名のイングランド人，50名以上の北イタリア人の入植者たちを数えている。無論，この数値は一般的な傾向を示す以上のものではないが，旧カタルーニャと，それ以外のかなり広い範囲からの入植者が存在したことは理解される。

なお，この時期の辺境地帯の入植者の中にはときとして，変わった人名を持つ人物が現れる。一つは「バルセロナ」や「トスカーナ」など，地名をそのまま個人名として使用している人物である[20]。これらの名前は「汝ギレルムス・クララムンティスと汝の妻バルセロナと汝らの子孫 vobis Guillelmo Clarimontis et Barchinone, uxori vestre, et vestries」「予，トスカーナと予の夫ギレルムス ego, Toscana et Guillelmus vir meus」といった語句に見られるように，確実に個人名として使用されている。

普通に考えれば，「バルセロナ」や「トスカーナ」という呼称は，彼らの出身地に由来するものであろう。おそらく，何らかの事情で名前を名乗れない人物が，「バルセロナから来た人」「トスカーナから来た人」という呼称で呼ばれ，それが社会的に名前として定着したものと推測される。

また，同時期の新カタルーニャの他の地域でも，おそらくは地域社会での通称が個人名に転化したと思われる名前が存在している。ポブレット修道院の文書には，特にそういった事例が豊富に記録されている。

例えば，「王 Rex」「修道士 monachus」といった，一般名詞が転化した名前が現れている[21]。これらの名前は「予，アルナルドゥス・レクス ego Arnaldus Rex」といった文書中の表記から，やはり確実に名前として使われていたようである。

「修道士（モナークス）」については，1181年の文書に「予の兄弟モナークスとその娘マリアとその夫アルベルトゥス frater meus Monachus et filia sua Maria et vir eius Aeberti」という表現が見られる。文書中での聖職者の

---

20) それぞれ *DCT*, doc. 637, 372.
21) それぞれ *CP*, doc. 94, 275 と 280.

子への言及は，グレゴリウス改革以前こそ少なくなかったが，12世紀末の段階では，自分の娘に公に言及する修道士の存在は想定しづらく，実際にはこの人物は俗人であると考えられる。1185年の別の文書には「予，モナークスと呼ばれるギレルムスと，予の娘マリアとその夫アルベルト Ego Guillelmus que vocatur Monachus, et filia mea Maria atque viro suo Arbert」という表現があり，娘とその夫の名が共通していることから，おそらく1181年の文書に現れるモナークスも，このギレルムスのことであると考えられる。

なお，1181年の文書は土地売買の契約文書であり，モナークスは契約主体となっている。つまり，このギレルムスなる人物は，土地売買の契約文書において，契約当事者でありながら社会的通称，つまりあだ名を使用しているのである。この行動はおよそ現代的な感覚からはかけ離れているが，この事実からは，どの人物を示すかが地域社会に認知されていれば，社会的通称を使用して契約行為を行うことが可能だったという，当時の入植地の状況が窺えよう。

このような状況は，トゥルトーザでも存在していた。「イギリスの村人 Pagani Angles」といった，やはり通常では正式名とは考えにくく，綽名として使用されていると考えられる名称が，「署名 パガヌス・アングレス Signum Pagani Angles」といった形で，この時期のトゥルトーザ近辺では証書等で個人名として使用されているのである[22]。

このような当時の入植者たちの名前の使用状況からは，旧カタルーニャを中心に西欧の広い範囲から入植者を集め，正式な名を使用しない人物も存在しえたという，形成途上にある社会の状況を推測することができる。

(3) 教会領主による土地・権利の集積と土地経営

このように入植許可状を発給し，各地から多様な人々を入植者として辺境地域に誘致する一方で，ラモン・バランゲー4世は辺境地域に複数の教会組織を導入している。トゥルトーザとリェイダでは，征服後数年のうちに司教

---

22) *DCT*, doc. 338, 576, 180.

座を復興し，管轄範囲を定めた[23]。また1151年には，タラゴーナ北方，新カタルーニャの中央部に南フランスのシトー会修道院であるソーヴ・マジョール修道院の修道士たちを招聘し，シトー会修道院であるポブレット修道院を建設している[24]。さらにテンプル騎士修道会には，タラゴーナ北方のバルベラ，リェイダ近郊のガルデニィに所領を与えた。また征服前の約束に基づき，トゥルトーザでは，都市の5分の1をテンプル騎士修道会に与えている[25]。

　これらの活動からは，バルセロナ伯が，新カタルーニャの入植を進めるにあたって教会の役割を重視していたことが窺える。司教座を中心とする在俗教会組織は，地域社会をキリスト教社会として組織する上で不可欠であった。またシトー会は，当時西欧各地で開墾活動に携わり，その面で経験や技術を有する組織であった。さらにテンプル騎士修道会には，新カタルーニャの3大都市の内外に所領を与えられている点からも，防衛面での貢献が期待されたと考えられるのである。

　ただし，バルセロナ伯が入植地に導入したこれらの教会組織は，結果として有力な領主として成長していく。例えばトゥルトーザでは，先述の通り，征服後数十年が経過するにつれ，次第に司教座やテンプル騎士修道会が土地を購入や贈与によって集積していき，両者が大土地所有者となっていくことが，ビルジリによって指摘されている。

　グラフ1は，トゥルトーザ司教座に保管されていた文書群における，バルセロナ伯の土地下賜，俗人による土地購入，トゥルトーザ司教座による土地購入の件数がそれぞれどのように変動したかを示したものである。このグラフからは，伯による土地の下賜，すなわち君主による征服後の土地分配行為は，1150年代を過ぎると急速に減少したこと，また，それにかわって司教

---

23) トゥルトーザ司教座の復興は，*DCT*, doc. 28. ラモン・バランゲー4世の治世については，E. Bagué, J. Cabestany & P. E. Schramm, *Els Primers Comtes-Reis*, Barcelona, 1960.

24) J. Santacana Tort, *El Monasterio de Poblet (1151-1181)*, Barcelona, 1974.

25) A. J. Forey, *The Templars in the Corona de Aragón*, Oxford University Press, 1973.

グラフ1　トゥルトーザにおける土地所有権の移動

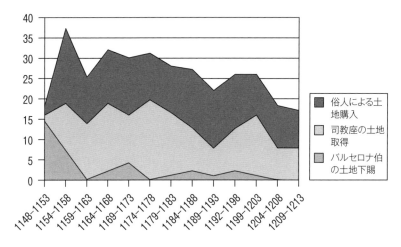

出典）*DCT* より作成。

座や俗人による土地購入，すなわち富裕な在地の勢力による土地集積の件数が増加していくことがわかる。

　ここで注意しなければならないのは，どの教会も，自分たちの土地や権利の取得を示す文書を優先的に保管する——ときには偽造することもある——傾向があるということである。このため，トゥルトーザ司教座に伝来してきた文書だけからでは，同司教座による土地集積を断定しがたい。しかしながら，俗人の土地購入数も同様の変動を示していること，また司教座の土地購入事例の中でも，1150年代から1180年代にかけての時期が相対的に高い割合を示していることからも，この頃，司教座，また俗人による土地購入や集積が進んだことは確かであろう。

　さらに，第5章で述べたように，南仏やアラゴンでの活動によって忙殺され，財政難となる中で，バルセロナ伯は入植地での活動から後退していく。特に1182年には伯アルフォンス1世がテンプル騎士修道会に，都市トゥルトーザの領域と権利を売却し，この結果，テンプル騎士修道会はバルセロナ伯からトゥルトーザの3分の2を確保し，3分の1をバルセロナ伯から与え

られていたムンカダ家と並ぶ，トゥルトーザの領主となっている[26]。

このように，トゥルトーザをはじめとした辺境地帯では，当初バルセロナ伯によって活発に入植活動が推進され，西欧各地から多様な人々の入植が見られた。しかしその後，やはりバルセロナ伯によって征服地に誘致または組織された教会組織が土地を集積し，当該地域の領主，また大土地所有者として成長していったのである。それでは，このような政治的・社会的枠組みにおいて，入植者たちは教会領主のもとでどのような負担を負うことになったのであろうか。

第2節　入植者の経済的状況

(1) トゥルトーザ司教座と入植者の保有契約

先述のラモン・バランゲー4世による1149年のトゥルトーザへの入植許可状では，他の多くの集落への入植許可状と同様に，通行税などの諸税や領主による入植者への恣意的徴収が禁止されている。ただし，当時のトゥルトーザでは多くの土地が教会領主の所有に帰しており，入植者の多くは生産手段である土地の確保を，大なり小なり彼らに依存しなければならなかったと考えられる[27]。このため，入植者たちは公的な徴収とは別に，教会領主から土地を保有し，彼らに地代を払う義務を負っていたと推測される。

ここでは，同時代の土地保有契約文書群に基づき，これらの教会領主が実際に辺境地域で入植者に課した経済的負担を明らかにしていく。まず，最も多くの文書が伝来しているトゥルトーザ司教座と入植者の保有契約を幾つかの類型に分け，分析していく。

---

26) この譲渡文書は，当時のトゥルトーザの変化に関する最も重要な史料として，下記の4点の史料集に収められている。*CTT*, doc. 75 ; *DCT*, doc. 335 ; *LFM*, doc. 466 ; *AII*, doc. 339.

27) なお，教会領主の土地を保有する入植者の中には，別に自有地を持つ者も存在していた。例えばペトルス・デ・サンクトゥス＝ミナトゥスという人物は，1156年に土地を購入している一方で，1158年に司教座から土地を保有している。*DCT*, doc. 76, doc. 85.

王からテンプル騎士修道会へのトゥルトーザの売却文書（1182年）では，教会に関する権利は「王に属する」という表現が見られ，司教座の所有する土地はテンプル騎士修道会などの都市領主権保持者の支配に属さない独自の領域を形成していたと考えられる[28]。トゥルトーザ司教座の土地の多くは，入植者に保有され，開発や耕作が委託されている。司教座と入植者の間の土地保有契約は，1155年から1213年にかけて119点が記録され，伝来している。ここではまず，それらの保有契約を分析することで，入植者の経済的負担を明らかにしていく。

　保有契約文書は，内容によって数種類の類型に分類することができる。最も条件が厳しい類型の契約は，地代を徴収することに加え，土地を死後に司教座に返却することが義務づけられている。例えば，1155年7月19日の文書では，「この土地のために，マルティヌスは予ガウフレドゥスの家臣となり，予の手の中に差し出した両手によって神とトゥルトーザのサンタ・マリア教会と予と予の後継者たちに臣従礼をなし…その土地は彼の死もしくは退去の後，トゥルトーザ教会と司教と参事会員の自由な権力と支配のうちに，いかなる口実や反論も構えずに，返却されるように。さらに我々はその土地に地代を保持し，もし土地がもたらすのならば汝は小麦2壺，あるいは大麦4壺を毎年支払うように」という言葉で，地代の支払いに加えて臣従礼を取ること，さらに死後や退去時における土地の返却など，厳しい条件が課されている[29]。ただし，この土地のすべてを返却するという内容の文書は10点のみであり，2件がイスラーム教徒との間のものである。キリスト教徒入植者の8件については，4件が1170年代までの記録で，主として植民の初期

---

28) "iure queque ecclesiastica que ad regiam pertinet maiestatem", *CTT*, doc. 75.
29) "Pro hac terra Martinus fecit hominium mihi Gaufredo iunctis manibus missis inter manus meas promitens fidelitatem Deo et ecclesie Sancte Marie Dertusensis et mihi et successoribus meis...terra ista post obitum vel discessum eorum in dominium et in liberam potestatem ecclesie Dertusensis et episcopi et canonicorum omni occasione et omni contradictione remota reverteretur.Retinuimus autem censum in terra ista si terra portaret frumentum duas quarteras, sin autem ordei quatuor quarteras annuatim", *DCT*, doc. 58.

に限定されている。

　次に，土地を農民に委ねてブドウ畑にさせ，それが完了した後に，土地提供者と耕作者の間で分割するという，コンプラン契約と呼ばれる型の契約がある。例として，1165年2月8日の，司教と入植者の間の契約を挙げることができる。ここでは，「予，トゥルトーザ司教，アルケザールのサンタ・マリア教会の参事会長であるガウフレドゥスは，その教会のバルバストロの領域における領有地の一部を，汝がブドウを植えるように与える。この協定において，きたる7年のうちに植え付けを行い，3分の2を働き手が保持し，3分の1を予もしくは予の後継者で支配者であるアルケザール教会の参事会長たちに公明正大に返すべし」という言葉で取り決めがなされている[30]。しかしながら，この開発した土地を分割する型の契約は3件のみに留まっている。年代も1165年から1173年という，比較的短期間に限定されている。また，上述の事例も，トゥルトーザ司教座の所有地とはいえ，トゥルトーザからかなり離れたアラゴンのバルバストロのものであり，トゥルトーザ周辺の一般的な入植状況を示しているとはいえない。このタイプの契約は，いずれの場合も，農民が土地の3分の2，土地提供者が3分の1を得るという内容であり，比較的農民が有利な条件であることから，当時の農民の数の不足を推測することができる。

　上記の2つの類型，併せて13件が，土地の返却を義務づける内容の契約であった。残りの契約では，地代を払う義務はあるが土地の返却義務はない[31]。土地の返却義務のある契約が，数も少なく，植民の初期に集中しているという事情は，おそらく当時のトゥルトーザ付近の入植活動がそれほど順調に進まず，教会領主が入植者により魅力のある条件を提示していかなけれ

---

30) "ego G. «aufredus», Dertusensis dictus episcopus, et prior Sancte Marie de Alquezer, de honore eiusdem ecclesie in territorio Barbastri, dono partem ad plantandas vineas. Hoc pacto scilicet ut cum plantaciones in VIIo annoadvineate fuerint laboratores duas partes retineant et terciam mihi vel successoribus meis prioribus de Alquezer libere sicut domino reddant", *DCT*, doc. 149.

31) ただし，1190年代以降，問題が起きた場合などには司教座が土地を回収するという条件を付けた契約も，4件記録されている。*DCT*, doc. 593, 614, 698, 761.

第 6 章　辺境社会の成長過程　　　　　　　　　　　　　　　　　　　　*221*

ばならなくなったという状況を反映しているのであろう。

　土地の返却義務を伴わない契約の中には，地代が定率の場合と定額の場合が存在する。定率型の契約は，27 件が伝来している。これらは 3 件を除き，1180 年代以降のものである。定率地代の中では，収穫の 5 分の 1 と十分の一税，という契約が比較的数が多い。例えば 1182 年 4 月 22 日の契約では「予，神の恩寵によりトゥルトーザの司教であるポンキウスと，予の者たちは，汝ヨハンネス・オリヴァリオに，良き労働と建設を行うよう，小区画の土地を与える…そして開発の後，予と予の後継者たちに，領有地の内部において毎年何らの免除なく，忠実かつ完全に，5 分の 1 と十分の一税と初穂税とを与えるように」という言葉で，収穫の 5 分の 1 と，十分の一税と初穂税が地代として農民に課されている[32]。総計すると，収穫の 3 割程度であろう。その他の事例として，収穫の 3 分の 1 を課している事例や，十分の一税と収穫の 4 分の 1 を課した事例も伝来し，より高率の負担を課した事例があったこともわかるが，多くの場合，「十分の一税と初穂税とタスカ tasca（11 分の 1）」「収穫の 4 分の 1」など，基本的に上記の事例と同じか，それ以下の負担に抑えられている。地代の他にも，木を植えることや居住することなどを義務づけている契約事例も存在するが，結局，定率地代契約では収穫物の 3 割程度を課す契約が最も多い[33]。

　最後の類型として，定額地代での契約を挙げることができる。例えば1183 年 11 月 1 日の契約では「予，神の恩寵によりトゥルトーザ司教である

---

32) "ego Poncius, Dei dignacione Dertusensis episcopus, et nostri donamus ad bene laborandum et ad hedificandum vobis Iohanni Olivario...unam peciam terre...Ut...inde exierint tribuatis nobis et successoribus nostris fideliter et integriter intus in honore annuatim sine ulla missione nostra quintam partem et decimam atque primiciam.", *DCT*, doc. 340.
33) 契約対象となっている土地はブドウ畑であることが多く，一般にブドウ畑に課される定率地代は穀物に課されるそれより高率であるため，トゥルトーザで課された地代は，例えばイタリアなど地中海の他の地域と比べ，高い率ではない。中世の地代については，R. フォシエ（渡辺節夫訳）『ヨーロッパ中世社会と農民』杉山書店，1987 年。特にカタルーニャについては，Freedman, *The Origins of Peasant Servitude*.

グラフ2 トゥルトーザ司教座の保有契約

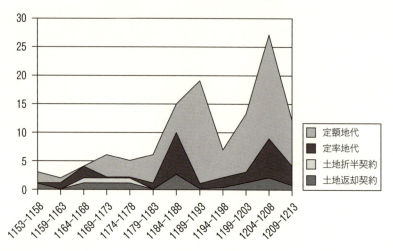

出典) *DCT* より作成。

ポンキウスは, 保有地として, ここに汝モラトヌスと汝の妻アルセンドゥスと汝らの相続人たちに, 永代にその2つの土地を与える。そして予と予の子孫に毎年永代に地代として, トゥルトーザに流通する良き貨幣15デナリウスを遅滞なく聖誕祭に支払うように」という言葉で, クリスマスまでに15デナリウスを支払うという負担で契約が結ばれている[34]。これらの定額地代の型の契約事例は, 119件のうち70件以上を占め, 契約中に占める割合は時代が下るにつれて増加し, 特に1189年から1193年の5年間については, 19件の契約のうち, 定額地代のものが18件を占めている（類型別のトゥルトーザ司教座の地代契約の増減については, グラフ2を参照）。

---

[34] "ego, Poncius, Dei dignacione Dertusensis episcopus,...donamus ad censum in presenciarum vobis Moratoni et uxori vestre Arsendis vestrisque successoribus in perpetuum illas duas pecias terre...et donetis nobis et nostris annuatim in perpetuum pro censu inde XV denarios bone monete in Dertosa curribile sine enganno in festivitate Natale Domini", *DCT*, doc. 356.

以上，司教座と入植者が結んだ契約を分析し，内容から大きく4つの類型にそれらを分類し，その数を調べることができた。入植の初期段階こそ，土地の返却を義務づける内容や，収穫の3割前後の定率地代といった負担が課されているが，次第に定額の地代の割合が高くなっている。当時の土地取引文書には，土地の面積や土壌，開発状況などに関する情報がほとんど記載されていないため，地代の額から，それが実際にどの程度重い負担であったのかを判断することは困難である。しかし，開墾（農地への転用）に要する最初の数年間は定率の地代が設定され，農地として開発された後に定額地代に切り替わるのは，農地に関する契約ではしばしば見られる現象であり，定額地代が占める割合が上昇していく状況からは，年代が下るにつれ，農地への転用が進行しつつあったこと，土地保有関係が安定しつつあったことが理解される。

(2) テンプル騎士修道会と入植者の保有契約

　この傾向は，テンプル騎士修道会領においても同様であった。テンプル騎士修道会と入植者の間の保有契約は，『トゥルトーザのテンプル騎士修道会領──初期の時代（1148-1213）──』において，1148年から1213年の間に9件が記録されている。このうち2件では，死後における土地の返却が義務づけられている[35]。その他の7件の契約では，土地を保有させる際に定額もしくは定率の負担が課されている。

　定率地代での契約は3点であり，それぞれ収穫の4分の1と十分の一税，収穫の3分の1と十分の一税，収穫の5分の1という地代が課されている[36]。また4件では，年に3ソリドゥスと十分の一税，2ソリドゥス，12ソリドゥス，1マスムディヌスとガチョウ1羽と，定額の地代が課されている[37]。なお，定率地代での契約は1163年，1174年，1193年に，定額地代での契約は1180年，1193年，1197年，1207年に結ばれており，やはり時代が下ると定額地代が増えてくることがわかる[38]。

---

35) *CTT*, doc. 106, 111.
36) *CTT*, doc. 19, 53, 100.
37) *CTT*, doc. 73, 102, 113, 129.

このようにテンプル騎士修道会の土地でもトゥルトーザ司教座の土地でも，定額地代が中心となっていく傾向，農地への転用が進展し，土地保有関係が安定しつつあったことが読み取れるのである。

ここで問題となるのは，残されていた史料の信頼性や残存状況である。たまたま低い負担を記した文書が多く残されるか，あるいは内容の改竄によってそれらの史料が作り出された可能性もあるためである。

ただし，史料の保管者であるテンプル騎士修道会や司教座は，自己の利益のためには，高い地代が記された契約を優先的に保存するか，ないしは偽造するはずである。少なくとも，低い地代を記した契約の保存を優先するとは考えられない。従って，入植者に有利な内容の契約の方が多かったということは，信頼してよいであろう。

また，年代が後になるほど史料が残存しやすいために，後の年代に数が増加する，定額地代の契約が数多く残っているということも，当然考えられる。しかしその場合も，1180年代以降の契約事例では定額地代が大部分を占める，という結論には影響はないであろう。また，比較的史料が多く残るはずの1180年代や1190年代についても，土地の返却や分割などの重い負担が課された契約は残されていないのであり，やはりそれらの負担を課した契約事例は稀であったと考えてよいであろう。

なお，地代の率や額については，契約文書からは旧カタルーニャの事例とそれほど大きな差違は見出せない。しかし，新カタルーニャでは，バルセロナ伯の入植許可状に記載されているように，通行税や輸送税，軍役奉仕などの負担が免除されている。かつ，旧カタルーニャでは12世紀後半以降，農民に対する領主の収奪が強化され，トルタ tolta やクエスティア questia などの名称で知られる恣意的課税や，悪慣習 malos usos と呼ばれる，移住制

---

38) なお，12ソリドゥスや1マスムディヌスは，一見かなり高額と思われる。しかし，この時代の契約文書には土地の広さなどが示されないのが普通であり，どの程度の土地に対してこの地代なのかがわからないため，負担が重いのか軽いのかは判断しがたい。ここでは，定額地代による契約が増えつつあったことだけを確認するに留めたい。

第6章　辺境社会の成長過程

限を含む新たな経済的・経済外的負担が生じ，固定しつつあったことがフリードマンらの研究で明らかになっている[39]。新カタルーニャ，少なくともトゥルトーザの入植者の負担は，旧カタルーニャの農民のそれに比べ，軽いものであったと言えよう。

　以上，同時代史料の分析から，トゥルトーザの入植者の経済的負担については，次のように要約できる。まず，第5章で述べたように，恣意的課税や軍役についての義務は，1149年の入植許可状において免除が記され，1182年の都市の譲渡文書でもそれが確認されている。さらにテンプル騎士修道会やトゥルトーザ司教座などの教会領主が入植者と結んだ農地の保有契約においても，耕作者は多くの場合，定額地代のみを課されている。全体として，トゥルトーザで入植者が課されていた経済的負担は，旧カタルーニャに比べて，相対的に軽いものであったことが理解される。

　このようなトゥルトーザ周辺，トゥルトーザ司教座やテンプル騎士修道会の所領における入植者の経済的負担の軽さは，他の教会所領にもあてはまるものだったのであろうか。

(3) タラゴーナ周辺の教会領主と入植者の保有契約

　タラゴーナ周辺の教会領主，シトー会のポブレット修道院，サンタス・クレウス修道院，テンプル騎士修道会バルベラ支部の文書にも，入植者との保有契約が複数存在している[40]。表3・表4は，それぞれポブレット修道院と

---

39) これらの農民の負担については，Freedman, *The Origins of Peasant Servitude.* なお，アラゴン連合王国におけるテンプル騎士修道会についての研究者であるアラン・フォレイも，テンプル騎士修道会が新カタルーニャで課した負担は，彼らが旧カタルーニャ等で課したものより軽かったことを指摘している。Forey, *The Templars*, pp. 207-211. また，バルセロナ伯は旧カタルーニャで農民を領主の収奪から保護するよう試みたが，ペラ1世の治世には彼らに譲歩し，ius maltractandi（悪く扱う権利）と呼ばれる彼らの既得権益を承認せざるをえなかった。Th. N. Bisson, *The Crisis of the Twelfth Century: Power, Loadship, and the Origins of European Government*, Princeton University Press, pp. 511-512.

40) サンタス・クレウス修道院については，A. Carreras, *El Monestir de Santes Creus (1150-1200)*, Valls, 1992.

表3 ポブレット修道院と入植者の保有契約

番号	年	保有者	地代	備考
202	1155	ベルトランドゥス	油6カンタル	
172	1176	ペトルス・ピルス・デ・アベラ	14ソリドゥス	死後に返却
173	1180	ライムンドゥス・ルベイ・デ・ガルシア	9マラベティヌス	10年契約
208	1183	バルトロメウスと妻	収穫の1/3	
49	1189	ギレルムス	ガラス2キンタル	
117	1189	アルナルドゥス・デ・ワルフラオサ	3ソリドゥス	
114	1192	ヨハンネス・デ・ガバ	15ソリドゥス	
139	1192	ライムドゥス・デズ・モール	3ソリドゥス	
176	1194	ペトルス・デ・カスタナリアと妻	10マラベティヌス	もしくは75ソリドゥス
101	1197	ペトルス・ネボットと妻	3ソリドゥス	
107	1197	ベルナルダと息子たち	2ソリドゥス	入植料20ソリドゥス
118	1197	アルナルドゥス・デ・ワルフラオサ	4ソリドゥス	入植料30ソリドゥス
119	1197	アルナルドゥス・フステル	3ソリドゥス	入植料4ソリドゥス
120	1197	ペトルス・デ・セルウォラス	3ソリドゥス	入植料24ソリドゥス
127	1197	ペトルス・ログ	18デナリウス	入植料12ソリドゥス
128	1199	A. デズカンプス	12デナリウス	
141	1199	ベルナルドゥス・ドミニクス	収穫の1/4, 1/10, 初穂	
165	1200	ライムンドゥス・デズ・メルカダル	1/10, 初穂	
129	1202	A. デズカンプス	12デナリウス	
242	1202	エルメセンディス・デ・ルビオと息子	15ソリドゥス	
249	1204	ベルナルドゥス・デ・モンテオリーウォ	収穫の1/4	
115	1205	マルティヌス・アラゴネスと妻	18デナリウス	入植料100ソリドゥス
116	1205	アルナルドゥス・デ・ワルフラオサ	2ソリドゥス	入植料30ソリドゥス

出典) CPより作成。「1/11」はタスカ、「1/10」は十分の一税を示す。

表4 サンタス・クレウス修道院と入植者の保有契約

番号	年	保有者	地代
64	1156	ベルトランドゥス・デ・トローサと妻子	油5カンタル
78	1158	ベルトランドゥス・デ・ケサラウグスタ	油9カンタル
82	1159	ギレルムス・デ・トルイトと妻	油6カンタルとイチジク
109	1164	ライムドゥス・デ・ケラルト	油12カンタル
126	1167	ペトルス・デ・エスピデリスと妻	3ソリドゥス
138	1170	ギレルムス・デ・サルバニエコ	油14カンタル
175	1174	ヨハンネス・アングリクス	収穫の1/2＋死後返却
176	1174	ヨハンネス・アングリクス	48ソリドゥス
177	1174	ペトルス・デ・レリダと妻	1マラベティヌス
178	1174	ペトルス・ガレグ	油8カンタル
188	1175	ドメニクス・デ・アルドベルと息子	40マラベティヌス
228	1180	ライムドゥス・デ・バイエスと妻	ロウ3リブラ
233	1180	ベレンガリウス・ラファルディスと妻	油0.5カンタル
286	1187	ヨハンネス・アングリクスと妻	油8カンタル
301	1188	ライムドゥス・デ・マルカ	収穫の1/11, 1/10, 初穂
305	1188	ベルナルドゥス・アマノス	ブドウ3ソマテ
313	1188	ベルナルドゥス・コンパン他	収穫の1/2
333	1190	ヨハンネス・アングリクス	13マラベティヌス
334	1190	ライムドゥス・デ・ブイオル	定量の小麦，油，1/10
346	1192	ベレンガリウス・ラファルディスと妻	油3カンタル
354	1192	ライムドゥス・マギステルと妻	収穫の1/5
368	1194	ペトルス・デ・トゥーレと妻	収穫の1/2
370	1194	ベルナルドゥス・ペッラ	収穫の1/2
371	1194	アルナルドゥス・ペッラ	収穫の1/2
443	1204	ベレンガリウス・ベルトランドゥス	12デナリウス（在命中）
464	1207	ライムンドゥス・ヨハンネスと妻	50ソリドゥス
472	1207	バルトロメウス・デ・セガラ	50ソリドゥス
506	1211	ペトルス・ムレトゥスと妻	20ソリドゥスと死後返却

出典）*DMSC* より作成。

サンタス・クレウス修道院の入植者との保有契約を一覧としてまとめたものである。

まず,ポブレット修道院と入植者の保有契約は,『ポブレット修道院カルチュレール集』に,1155年から1205年にかけ,23通が記録されている。このうち,土地の返還を求めているのは2通のみである。1通は1176年の保有契約で,保有者が死亡した際に返還することが求められている[41]。他の1通は1180年のもので,10年後の返還が求められている[42]。その他の契約では,土地の返還は求められていない。

残りの21通のうち,4通では定率地代が課され,17通では定額地代が課されている。定率地代は,それぞれ収穫の3分の1,4分の1と十分の一税と初穂税,十分の一税と初穂税,4分の1となっており,トゥルトーザの場合と同じ程度の率となっている[43]。

また契約の8割近くを占める定額地代の場合でも,1189年の事例で「ガラス2キンタル」という記述がある以外は,地代の内容は主として現金,ときに農作物であるという点でトゥルトーザの場合に近い[44]。

ただし,1190年代末より,保有地に入植する時点でまとまった金額を支払い,その後は毎年,比較的安価な定額地代を支払うという契約が7点現れており,この点がトゥルトーザと異なる点である[45]。例えば,1197年の契約には,年2ソリドゥスという地代が示された後,「入植に際し汝らより20ソリドゥスを受け取る」という言葉が示されている[46]。おそらく,トゥルトーザに比べ,キリスト教支配圏の内部にあり,入植が早期に進展したポブレット周辺では,12世紀末の時点で土地の耕地化が一通り完成しており,土地の保有がより直接的に生産手段の確保を意味したため,土地保有を開始する時点での多額の支払いが求められたのであろう[47]。

---

41) *CP*, doc. 172.
42) *CP*, doc. 173.
43) *CP*, doc. 208, 141, 165, 249.
44) *CP*, doc. 49.
45) *CP*, doc. 107, 118, 119, 120, 127, 115, 116.
46) "ab introitu autem accipimus a vobis xx. solidos", *CP*, doc. 107.

ポブレットにつぐカタルーニャのシトー会修道院であるサンタス・クレウス修道院の『サンタス・クレウス修道院証書集』に記録された入植者との保有契約も，ポブレット修道院のものと類似した傾向を示している。ここでは1156年から1211年にかけ，28件の土地保有契約が結ばれている。ここでも，土地の死後の返還を示す契約は2件のみである[48]。残りの26件のうち，20件以上が定額地代，残りが定率地代となっている。

　ここでは，ポブレットに比べ現物地代の割合が高く，また入植時に特別な徴収を行う契約の事例は存在しない。また，土地保有契約とは別に，牛などの家畜の飼育に関する契約が数点残されているといった特徴も存在する[49]。しかし，土地保有に関しては，定額地代の保有契約が中心であるという点で，ポブレットの事例，またトゥルトーザの事例と共通している。

　これらのシトー会修道院と入植者の保有契約は，トゥルトーザ司教座の場合に比べ，絶対数が少ない。おそらくこれは，シトー会修道院の場合には，修道士や助修士など，修道院内部の労働力が耕作を行う事例も多かったためであろう。

　他方，テンプル騎士修道会バルベラ支部にも，1157年から1212年にかけ，7件の保有契約が伝来している。ここでは，死後の土地の返還を義務づけた契約は存在しない。7件の契約のうち，定率地代のものは1157年，1178年，1182年に各1件，計3件が記録されており，地代はそれぞれ収穫量の5分の1，5分の1，4分の1である[50]。残りの4件は，定額地代が占めている[51]。

---

47) 耕作にあたる農民側が最初にまとまった金を支払い，その後は半永久的に土地を保有する形態はアンフィテウジ emfiteusi と呼ばれ，中世後期にはカタルーニャの多くの土地でその存在が確認されている。Freedman, *The Origins of Peasant Servitude*, pp. 145-149.
48) *DMSC*, doc. 175, 506.
49) *DMSC*, doc. 302, 312, 316.
50) 定率地代での契約は，*CDCTB*, doc. 43, 96, 114.
51) 定額地代での契約は，*CDCTB*, doc. 68, 75, 115, 238.

以上が、タラゴーナ周辺の教会領主が入植者と結んだ保有契約群を分析した結果である。ここからは、作物や入植条件に多少の差はあるものの、タラゴーナでも入植者たちが教会領主に対し、トゥルトーザの場合と類似した経済的負担を負っていることがわかる。新カタルーニャの教会所領では、全般的に、入植者は教会領主の土地を保有する際、定額の地代のみを負うことが多かったのである。

　さらに、第2節で述べたように、ポブレットやサンタス・クレウス、テンプル騎士修道会バルベラ支部などの周辺地域である、アスプルガ・カルバ、ビネシャ、ビンブディなどに対して王（バルセロナ伯）から発給された入植許可状にも、入植者を恣意的な経済的徴収から保護する規定が含まれている[52]。これらの点から、タラゴーナ周辺地域でも、入植者の経済的負担には制限があったと考えてよいであろう。

　それでは、このような入植者の負担の少なさにはどのような背景があったのであろうか。

(4) 経済的負担の背景

　入植者の負担が低く抑えられている背景としては、当時の辺境地域における労働力の不足がまず考えられる。無論、この時代には戸籍などはなく、人口に関する統計的データを得ることはできないが、当時の土地売買文書には、入植者の置かれた経済的苦境がたびたび記述されており、彼らが入植地に定着するのは容易ではなかったこと、また彼らに重い地代を課すのはほぼ不可能であっただろうことが理解されるのである。

　例えば、1154年10月のトゥルトーザ司教座の土地売買文書では、「しかしアデマリウスがイスパニアにおいて死に、その妻サウリナがアデマリウスによる息子たちとともに遺され、多くの不幸と非常な欠乏が生じ…予、アデマリウスの未亡人サウリナは、汝ベルナルドゥス・デ・サンクトゥス・ポンキウスに、予の夫アデマリウスが伯の贈与によって得たトゥルトーザとその領域にある家屋を付属するすべての土地とともに、355マラベティヌスで売

---

52) これらの集落の入植許可状は、*CPFC*, doc. 67, 86, 88, 90.

る」と記されており，売却の理由として「多くの不幸と非常な欠乏」という言葉が示されている[53]。

また1156年11月のトゥルトーザ司教座の文書では，「予，ペトルス・バダと我が妻マルケサと我々の息子イオハンネス・サンキウスは，汝ギレルム・デ・コポンスに，別々に位置する4区画の土地を6マラベティヌスで売る。すなわち我々に伯の贈与により分与された固有の世襲地で，トゥルトーザの領域のアングレロサと呼ばれる場にある…そして我々は汝にそれを，飢えと寒さによる必要のために売却する」と記されており，「飢えと寒さ」のために土地を売却することが述べられているのである[54]。

また，1167年12月1日の土地売却文書では，土地の対価の一部として食料が提示されている。「そして汝よりその野の売却により，20マラベティヌスと大麦1カフィスと油1カンタルを受け取る」[55]。

さらに，売却理由として「負債のため」という言葉が示されることもある。1174年1月11日の土地売却文書では，「ステファヌス・コレゲールとその妻の遺言執行人である予ペトルス・デ・ギネステルとトゥールーズのベルトランドゥスは，彼らの負っていた負債のため，汝ドメネクと汝の者たちに，トゥルトーザの領域のペトロラと呼ばれるところのブドウ畑を，トゥルトーザとその周辺で流通している良き貨幣で，74ソリドゥスで売却する」という言葉で，故人の土地が，その生前の借金返済のために売却されているのである[56]。これらの文書からは，当時の辺境地域の入植者が置かれた生活

---

53) "Mortuo autem Ademario in Ispania, uxor eius Saurina remansit cum filiis suis ex Ademario procreatis in multa miseria et gravissima paupertate...Ego Saurina, condam uxor Ademarii,vendo tibi Barnardo de Sancto Poncio...illas domos...cum omni honore eis pertinente quem Ademarius vir meus tenuit et habuit per donum comitis in omnibus locis in Tortosa et in terminio eius pro CCC. L. V morabetinos", *DCT*, doc. 45.

54) "ego, P [ere] Bada et uxor mea March [esa et] Iohannes Sancius filius eius, vendimus [tibi] Guillem de Copons,quatuor petias terre separatim positas per VI morabetinos. Adveniunt namque nobis dono comitis et propria hereditate et sunt in termino Tortose in loco [sic] vocatur Anglerosa...Et hoc vendimus tibi necessitate fame et nuditate", *DCT*, doc. 78.

55) "Et accipimus a vobis pro vendicione huius campi XX morabetinos et unum cafiz de ordeo et unum cantar de oleo", *DCT*, doc. 182.

状況の厳しさが明瞭に理解される。

　また1167年9月の文書では、「予ガレスと我が妻アロイスは、主なる神とトゥルトーザに座するサンタ・マリア教会と、副院長のゲラルドゥスとそこで神に仕える参事会員に、ティベンクスの前の2つの河の間にあるアルゲジラ［＊水車用の中州］の4分の1を売る…前述の、我々が汝らに売るアルゲジラは、我々がガウテリウス・デ・カサルからの購入と贈与によって所有するものであり、彼は伯の贈与によって固有の世襲地としてこれを所有していて、彼にはティベンクスのエシャーリクであるアブナルガーラを通じて与えられた」という言葉が記されている[57]。すなわちここでは、伯、ガウテリウス、ガレス、司教座と、征服後20年足らずの間という短期間に、すでに4人の人物が土地の所有者となっていることが記されているのである。これと同様の文書は複数存在しており、それらの内容からは、征服後の土地の流動性が高く、入植者の生活が安定していなかったことが推測される。

　このように、入植者が必ずしも順調に辺境地域に定着することができず、土地の流動性も高かったことが、征服後数十年を経た時点の文書においても記されており、入植活動の困難さを窺うことができるのである。これらの入植者の生活の苦しさ、入植活動の困難や入植者の不足といった事情が、先述のような入植者の経済的負担の軽さの原因となったのであろう。ビルジリも

---

56) "ego Petri de Ginestar et Bertrandus de Tolosa, qui fuimus manumissores Stephani Correger et de uxori sue, pro debitis quas illis debebant, vendimus vobis Domenec et vestries et omni proieniei vestre atque posteritati unam vineam quem est in termino Tortose in loco vocitato Petrola, per LXXIIII solidos denariorum bonis recipientibus monete curribile in Tortosa et in terminis eius", *DCT*, doc. 771.

57) "ego, Gales et uxor mea Aloys,vendimus Domino Deo et ecclesie Sancte Marie sedis Dertuse et Geraldo priori t canonicus eiusdem loci Deo in ibi servientibus, quartam partem algezire que est inter ambas aquas ante Tibenx...predicta algezira vendimus vobis hoc totum integriter sicut nos habemus per compram et donum quam fecimus de Gauterio de Casal et ille habuerit dono comitis et propria hereditate et advenit ei per Abnalgaram suum exaric de Tivenx", *DCT*, doc. 177.

これらの入植者の困難な状況は認識しているが，彼はそれを，教会領主による土地集積の原因としてのみ捉えている。しかしこれらの経済的苦境は，辺境地域における入植者の経済的負担を低く抑える方向にも必然的に作用したと考えるべきであろう。

第3節　入植者の社会的上昇の可能性と具体例

(1) 土地集積による社会的上昇

このような経済的負担の軽さに代表される有利な条件は，一部の入植者には，社会的上昇の機会をもたらしたことが予想される。実際，トゥルトーザ司教座やテンプル騎士修道会，シトー会修道院によって保管されていた同時代史料からは，土地の集積などをもとに社会的上昇を果たしている人物の姿も複数確認されるのである。

土地集積を通じて社会的上昇を果たした人物の例として，トゥルトーザのアルナルドゥス・ダレンチなる人物が挙げられる。彼が記録の上に初めて現れるのは，1169年5月29日の土地売買文書においてである。その文書において彼は，トゥルトーザの新街区の土地を13ソリドゥスで購入している。「予，ライムンドゥス・デ・サロウォイラと予の妻ライムンダと予の者たちは，汝アルナルドゥス・デ・アレンチと汝のすべての子孫たちに，アルファンデクと呼ばれるトゥルトーザの市壁外の新街区に持つ家屋を売却する。我らは汝からこの売却により，バルセロナの紛れのない良貨で13ソリドゥスを受け取る」[58]。

彼は1178年から1180年にかけ4通の文書で土地購入者として現れ，アレンチという場所の土地をそれぞれ11マラベティヌス，5マラベティヌス，5

---

[58] "ego, Raimundus de Sarovoira et uxor mea Raimunda et nostris vendimus vobis Arnaldo d'Arencz et omni prolix vestre atque posteritati illas nostras domos quas habemus extra civitatem Tortose in burgo nove qui vocatur Alfandec.....Accepimus a vobis pro hac venditione XIII solidos monete Barchinonensis bonos et est manifestum", *DCT*, doc. 198.

マラベティヌス，20ソリドゥスで購入し，当該地区において土地を集積している[59]。

その後，1180年代から，彼は土地を保有させる側に転じる。1180年12月29日の文書では「予，アルナルドゥス・デ・アレンチと予の妻グイラと予の者たちは，汝アレグレトゥスと汝の妻エルメンセディスと汝の後継者たちに永代に，トゥルトーザの市壁外のアルファンデクという地に持つそれらの家屋を，地代を払うよう与える。汝らは予と予の子孫に以後毎年，地代として聖誕祭に，一切の違反や遅延なく，トゥルトーザに流通している良質のハカのデナリウス貨で2ソリドゥスを支払う」という言葉で，土地を他の入植者に保有させている[60]。

1180年代には5通，1190年代には4通，1200年代にも4通の文書，彼が他の人物に土地を保有させ，地代を課している契約文書が伝来している[61]。

また1190年代には，他の人物に対する金の貸付も行っている[62]。「予，ラウレンシウス・セラトールと予の妻マリアと予の子孫は，ここにあるように，汝アルナルドゥス・デ・アレンチと汝の子孫に，アルフォンデクにおいて汝らより保有している家屋の内，2つの工房を抵当とする…ここにあるように，我々は40ソリドゥスのためにそれらを汝らに対し抵当とする」[63]。

また，1209年のある保有地の売却文書では，当該の土地にアルナルドゥスの未亡人が領主権を有するという言及がなされている。「予，亡きアルナ

---

59) *DCT*, doc. 293, 297, 305, 316.
60) "ego, Arnaldus de Arens et uxor mea Guila et nostri, donamus ad censum in perpetuum vobis Alegreto et uxori vestre Ermensedis et vestries successoribus, illam domum nostrum quam habemus foris murum Dertuse in loco dicto Alfandech...donetis nobis et nostris annuatim inde pro censu in festum Natale Domini II solidos denariorum iaccensium bone monete in Dertosa curribile sine omni contrarietate et dilacione.", *DCT*, doc. 321. この事例では，「ソリドゥス」が実際にはデナリウス銀貨で支払われていることが明記されている。
61) *DCT*, doc. 321, 322, 399, 417, 418, 478, 491, 536, 543, 590, 601, 609, 610, 637.
62) *DCT*, doc. 478, 541.
63) "ego, Laurencius Serrator et uxor mea Maria et nostril, inpignoramus modo in presenti vobis Arnaldo de Areins et vestris, duos operatorios de illas domibus quas tenemus per vos in Alfondico ad censum...sic in presenti inpignoramus illos vobis et vestris per XL solidos vestros", *DCT*, doc. 478.

ルドゥス・デ・アレンチの妻であり，予の地代と領主権を除いて，永代に保証し，確認するグイアが署名する」[64]。このように，1169年頃にトゥルトーザに現れたアルナルドゥスは，土地を購入によって集積し，それを他の入植者に保有させて地代を徴収し，さらに金の貸付などを行って富を蓄積して，1200年代には領主権と呼ばれるものを有するに至っていたことがわかる。

無論，アルナルドゥスとは対照的に，土地を司教座などに売却し，次第に姿を消していく家系も存在する。例えばギレルムス・デ・クポンスなる人物は，1149年頃にトゥルトーザにおいて伯の所領を管理する役人であるバイウルスを務め，1150年代から1160年代にかけて，さらに彼またはその親族によってトゥルトーザの土地が4度購入されている[65]。しかし，1160年代末から1190年代初頭にかけ，同家の人物によって6度に渡り土地が売却されており，その後，この家系はトゥルトーザの文書に現れなくなっていく[66]。クポンス家ほど大規模でなくても，土地売却文書を残してその後の記録に現れなくなる人物は数多く存在する。しかしその一方で，アルナルドゥスのように土地を購入し，集積して台頭する人物も存在したのである。

(2) 役職購入による社会的上昇

土地の集積と並び，金銭と引き換えに司教座聖堂参事会員の地位やバイウルス管区の購入によって社会的上昇を果たす事例も存在した。

寄進と引き換えに参事会への参加を行っている例としては，1206年のペトルス・デ・タイアノなる人物が挙げられる。彼はトゥルトーザ司教と参事会長などを執行人に指名した遺言状を作成し，そこで「まず予の体と魂を，主なる神とトゥルトーザ（司教）座の尊き聖マリアに，参事会員として委ねる。そして予の参事会員の地位のため，120マスムディヌスとオマールという名の捕虜を与える」という言葉で，寄進を行いつつ参事会入りを求めてい

---

64) "S + num mei Guie, uxoris que fui Arnaldi de Arenis, qui hoc laudo et firmo salvum ubique meum censum et senioraticum omni tempore", *DCT*, doc. 719.
65) *DCT*, doc. 78, 80, 163, 168.
66) *DCT*, doc. 173, 210, 338, 367, 422, 461.

る67)。その他にも複数の文書に，寄進と引き換えの参事会への参加が記録されている68)。

　また，バルベラのテンプル騎士修道会の文書では，1202年にギレルムス・ルベオなる人物が，伯のバイウルスからバイウルス管区を購入していることが，記録されている。「予，ライムンドゥス・デ・ボルデルと予の子孫は，汝ギレルムス・ルベオと汝の妻オリーブと汝の子と子孫たちすべてを，予が汝になしていたすべての要求から解放し，汝と予が交互に保持していたそのバイウルス管区すべての売却に関して，汝から予に良く支払われたことを認め，今日この日より，予は汝らにいかなる要求をする権利も持たないと認める」69)。ギレルムスは，初め1180年の文書にポブレット修道院の保有農として現れ，その後，1180年代半ばから次第に土地を購入によって集積していた人物であった70)。ここには，一代の間に保有農からバイウルスに上りつめた，社会的上昇の顕著な事例を見て取ることができる。

　さらに，土地を何度も購入し，集積している人物が，同時代の文書において紛争の仲裁者や遺言執行人として現れる事例も複数存在し，彼らが地域社会において一定の影響力を保持している様子が理解される。一例として，1186年から1198年にかけ，4度に渡り土地を購入しているホモ・デ・デウなる人物は，1193年3月1日の俗人間の紛争調停に参加し，1211年のテンプル騎士修道会と俗人の土地紛争に調停者として現れている71)。

---

67) "Primo dimito et offero et reddo corpus meum et animam meam Domino Deo et venerabili Beate Marie sedis Dertuse per canonicum, et do, pro mea canonica, C^m XX^{ti} mazmutinas et unum captivum nomine Omar.", *DCT*, doc. 677.
68) *DCT*, doc. 60, 243, 286, 292, 463, 513, 522, 537, 567, 617, 632, 656, 677.
69) "ego Raimundus de Bordel et per omnes meos dimito et absolvo tibi Guillelmo Rubeo et uxori tue Olive et filiabus vestris et omni vestre posteritati ab omni illa peticione quam faciebam vobis, et confiteor me esse bene pagatum a vobis de tota illa baiulia et vendicione que invicem habuimus ego et vos usque in hunc diem et deinceps non abeam licenciam vobis aliquid interrogandi...", *CDCTB*, doc. 211.
70) *CP*, doc. 173, 127 ; *CDCTB*, doc. 117, 174, 175, 176, 177, 179, 194, 196, 197, 199.
71) *CCT*, doc. 135 ; *DCT*, doc. 363.

これらの事実からは，教会領主の支配下にあっても，困難な入植環境のため，入植者に対する教会領主による経済的負担が低く抑えられていた状況を活かし，土地の集積や役職の購入を通じて社会的上昇を果たす入植者たちも存在したことがわかる。13世紀以降に顕在化するトゥルトーザの都市共同体の発展も，このような入植者たちの成長を踏まえることでより明確にその背景が理解されるのである。

第4節　教会の役割と社会の安定

(1) 教会領主による入植者への支援
　また同時代の文書からは，上述のような，少なくとも一部の入植者が社会的成功を築いていった背景として，教会領主の役割も小さくなかったことが推測される。
　無論，教会はキリスト教社会を形成していく上で，当然地域の宗教的必要を担う存在であった。テンプル騎士修道会などは，当然近接するイスラーム勢力に対する防衛的機能も担っていたであろう。また，入植活動を進める上で必要な農具や日用品を提供するための小規模な商工業も，おそらくは教会の周辺に展開されたであろう。
　他方，このような通常予想される機能だけではなく，いわば「社会保障」的な機能をも教会領主が担っていたことが，複数の文書から理解される。例えば，1167年の文書において，書記ポンキウスなる人物が，トゥルトーザ司教座に土地を寄進し，その際，自分が老後を司教座において過ごす権利を留保している[72]。また，1199年にはヨハンネス・オリバリイなる人物が，死ぬまで司教座から衣食を提供されるという条件を付けて，土地を司教座に売却している。「予，神の恩寵によりトゥルトーザの司教であるゴンバルドゥスは，予と予の後継者たちの資格で，神の配慮と予の罪の赦しのため，汝ヨハンネス・オリバリイに，予の住まいにおいて，汝の存命中，食事と衣服を与える。そして予，前記のヨハンネス・オリバリイと予の子孫は，良き

---
72) *DCT*, doc. 183.

心と自発的意思により，汝，神の恩寵によりトゥルトーザの司教であるゴンバルドゥスと汝の後継者たちに永代に，トゥルトーザの領域のビテムと呼ばれる場所に，収穫の5分の1を支払う条件で汝らから保有していたその領有地すべてを，返還し，放棄する」[73]。1209 年にはバレステルの未亡人マリアなる人物が，子のギレルムスとともに土地の寄進の引き換えに司教座に迎え入れられている。この際，司教座は彼らに対し，死ぬまで衣食を提供することを約束している[74]。

これらの文書からは，入植活動に失敗し貧困化した入植者や，移住先で身内を失い，労働力を失うかあるいは老境に至った入植者が，土地の寄進と引き換えに司教座によって扶養される事態が一度ならず存在したことが理解されるのである。文書が伝来していないだけで，同様の状況はさらに多く存在したであろう。また，その他のトゥルトーザ司教座の文書では，土地を司教座に寄進し，その際，収益の一部を寄進者が留保する事例や，存命中は寄進した土地の用益権を留保している事例が複数存在している[75]。

同様の事例はシトー会修道院の文書やテンプル騎士修道会のバルベラ支部の文書にも記録されている。例えば，1197 年 7 月のバルベラ支部の文書には「そしてこの譲渡により，予はバルベラ支部の喜捨部から良貨で 50 ソリドゥスと馬 1 頭を，250 ソリドゥスとして受け取る。そして前述の支部と騎士修道会士たちに予の死後に引き渡す。そして汝らに保有のゆえに，年 12 デナリウスを与える」という記述が見られる[76]。ここでは，入植者が土地を

---

73) "ego Gombaldus, Dei gratia Dertusensis episcopus, per me et per successores meos, divino intuitu et ob remissionem meorum excessuum, dono et assigno tibi Iohanni Olivarii omnibus diebus vite tue intus in domo mea, victum et vestitum...Et ego Iohannes Olivarii prescriptus et mei, bono animo et spontanea voluntate,...reddimus et diffinimus et absolvimus vobis domno Gombaldo, Dei gratia Dertusensi episcopo, et successoribus vestris per secula cuncta totum illum honorem quem per vos tenemus ad quintum in termino Dertose in loco vocato Bitem", *DCT*, doc. 587.
74) *DCT*, doc. 717.
75) *DCT*, doc. 81, 83.
76) "Et per istud donum capio de elemosinis domus Barberani L solidos bone monete et unum equm per CCL solidos. Et adhuc dono predicte domuy et fratribus ad obitum meum...Et dono vobis per tenedonem annuatim XII denarios", *CDCTB*, doc. 189.

売却した際，現金や家畜をすぐに入手できる一方で，死ぬまでは一定の地代を払うのみで土地を実際に引き渡さなくてもよいという，入植者に有利な状況が存在しているのである。

これらの事例からは，辺境地帯において，教会が入植者の「社会保障」の上で重要な機能を有し，その結果，入植者の誘致を促進していたであろうことが推測される。

(2) 教会領主による投資活動

また，入植者の経済活動に対し，教会領主が出資を行う事例も存在している。例えば1207年のトゥルトーザ司教座の文書ではペトルス・デ・トゥルトーザなる人物が，トゥルトーザ司教座から720ソリドゥスを借り，そのうち600ソリドゥスをタラゴーナの家屋の購入に，120ソリドゥスを当該家屋の改修にあてる旨が記されている。「予トゥルトーザのペトルスは，汝，神の恩寵によりトゥルトーザ司教であるゴンバルドゥス殿と，その教会の参事会長であるポンキウスに，汝らから，銀40マルクに相当する，バルセロナ貨で720ソリドゥスを受け取ったことを認める。汝らは予に，600ソリドゥスはギレルムス・デ・ロラコとその妻で亡きグアルドゥスの娘であるサウラがタラゴーナの市壁内に持つ家屋の購入のために，120ソリドゥスはその家屋の改修のため貸す」[77]。またペトルスが借金を返せなかった場合は，購入した家屋を司教座に引き渡すことが約束されている。ペトルスにすれば，購入した家屋を司教座に引き渡す羽目になったとしても，いわば元の状態に戻るだけである。この契約は，大きなリスクを負わずに不動産の取得が可能となり，事業に乗り出すことができるという点でペトルスにとって利点の大きなものであり，司教座も少なくとも購入手続きと改修も済んだ家屋を確保で

---

77) "ego Petrus de Tortosa confiteor et recognosco vobis domino Gombaldo, Dei gratia Dertusensi episcopo, et Poncio, priori eiusdem ecclesie, me recipisse a vobis mutuo DCCXX solidos barchinonenses monete de quam valet marcha argenti XLIIII solidos. Sexcentos solidos mutuastis mihi ad emendas domos Guillelmi de Loracho et Saure, uxoris eius, que fuit filia Guaaldi olim defuncti, quas domos habeo in Terrachona infra muros eiusdem civitatis et triliam contiguuam (sic) ipsis domibus ; et CXX solidos mutuastis mihi ad refeccionem zafarigii ipsarum domorum", *DCT*, doc. 682.

きるという点で、双方に利益のあるものであったと考えられる。

またサンタス・クレウス修道院の文書中には、おそらく回収できなくなった債権1000ソリドゥスを、修道院が600ソリドゥスで購入する内容の契約が見られる[78]。この事例は、修道院側の資産形成活動の一環でもあったであろうが、債権者である入植者にとっても、少なくとも債権の半分以上を回収できるという点でメリットがあったと考えられる。

これらの事例からは、教会領主が入植者の経済活動を下支えする局面も存在していたことが理解されるのである。

(3) 教会領主による入植指導

また、これらの教会領主が入植許可状を発給し、入植活動を推進している事例も複数確認できる。特にトゥルトーザ周辺では、テンプル騎士修道会やトゥルトーザ司教といった教会領主が発給した入植許可状が伝来しているのである。幾つかの地点では、王によって入植許可状が発給された数十年後に改めて教会が入植許可状を発給している。

一例として、トゥルトーザ西北の国境近くに位置するオルタについては、王が1165年に、テンプル騎士修道会が1192年に入植許可状を発給している[79]。またそのオルタの北方のバテアには、王が1181年に、テンプル騎士修道会が1205年に入植許可状を発給している[80]。このことは、王権による一度目の植民活動がうまくいかず、地域の中核都市であるトゥルトーザの社会が発展した後、教会領主が再度、入植を組織する必要があったことを示している。

無論これらの教会領主が入植活動を推し進めたのは、入植者を支援するためというより、自らの勢力範囲と経済的収益の増大を図るためであった。また入植許可状の発給も、当該地域が自己の勢力範囲に属するものであると主張する手段でもあった。いずれにせよ、12世紀後半以降、教会領主が辺境地域の入植活動の組織に積極的に関わっていたことが理解されるのである。

---

78) *CDCTB*, doc. 588.
79) *CPFC*, doc. 126, 190.
80) *CPFC*, doc. 165, 219.

ただし，教会領主による植民活動がすべてうまくいったわけではないようである。例えばオルタの東北，バテアの東南に位置するガンデサでは，1192年と1194年にテンプル騎士修道会が入植許可状を発給しており，一度目の入植が不調に終わったことが推測される[81]。また，ピネイでは同じくテンプル騎士修道会が1198年と1207年に入植許可状を発給している[82]。さらにレドでは，1209年にテンプル騎士修道会が，翌1210年にトゥルトーザ司教が入植許可状を発給している[83]。その後，13世紀にも多くの入植許可状が発給されている。結局，トゥルトーザ周辺で入植許可状が発給されなくなり，入植活動の完了が看取されるのは，13世紀半ばに南方のバレンシアが征服され，この地域がイスラーム勢力による攻撃の不安から解放されてからであった。

このように，テンプル騎士修道会を含む新カタルーニャの教会領主は，入植者の経済活動に投資し，入植活動の組織にも積極的に関与しているのである。ここからは，教会領主と入植者が必ずしも対立する存在ではなく，むしろ利害関係が一致し，この面で協力的な関係にあったことが理解される。第3節で示された入植者の社会的上昇も，背景にある両者のこのような関係を踏まえた上でより良く理解できるのである。

ここまでの分析からは，入植者に社会的上昇の可能性があり，実際に上昇を果たす人々もいたこと，また教会領主が，ときに貧窮した入植者の生活を保障し，かつ投資活動や入植活動に関与していたという状況が明らかになった。このような状況によって，辺境地域の社会は順調な発展を示したのではないだろうか。

結 論

12世紀にイスラーム勢力から征服され，植民が行われたバルセロナ伯領

---

81) *CPFC*, doc. 191, 196.
82) *CPFC*, doc. 208, 222.
83) *CPFC*, doc. 229, 232.

の辺境地域に関しては，これまで，教会領主による入植者への強固な支配と収奪が強調される傾向にあった。

しかし同時代の保有契約文書の分析からは，司教座の土地にあってもまたテンプル騎士修道会の土地にあっても，またシトー会修道院の土地にあっても，入植者の払う地代が次第に定率から定額のものに移行し，負担が比較的軽いものに留まっていたことが明らかとなった。同じ時期に，入植地の厳しい環境や入植活動の困難さを示す文書群も伝来しており，そのような厳しい社会状況が入植者に対する領主の収奪を抑制したと考えられる。

またこのような状況下で，入植者の中には，土地を領主に売却して姿を消していく者がある一方で，土地を集積して他の入植者に保有させる者や，蓄えた財産の寄進を通じて司教座の参事会に加わる者，また地方役人であるバイウルスの管区を購入する者など，社会的上昇を果たしていく者が存在したことが明らかとなった。

さらに教会領主も，入植者の活動を支える役割を果たしていた。騎士修道会や司教座の文書には，入植者が所有地を寄進する代わりに死ぬまで食事と衣服を与えてもらうといった内容の契約がしばしば存在し，これらの教会組織が，入植地におけるいわばセーフティネットの役割を果たしていたことがわかる。また，教会領主が入植者の経済活動に出資している事例や，入植許可状を発給して入植活動を指揮する事例も存在しており，この時期の辺境地域では教会領主と入植者は対立的な存在ではなく，双方の利害の上に，むしろ相互に協力して入植地の発展に関わっていたことが理解されるのである。

この結果，キリスト教勢力による征服後に入植が進められたトゥルトーザ周辺の社会が，順調にキリスト教社会として組織され，発展を示したことが幾つかの指標から理解される。

指標の一つは，トゥルトーザ周辺で使用される通貨の変化である[84]。入植の初期，1150年代頃では，テンプル騎士修道会やトゥルトーザ司教座の文

---

84) 当時のカタルーニャの通貨や貨幣については，Th. N. Bisson, *Conservation of coinage : monetary exploitation and its restraint in France, Catalonia, and Aragon (c. A. D. 1000-c. 1225)*, Oxford/New York, 1979 ; M. Crusafont i Sabater, *Història de la moneda catalana*, Barcelona, 1996.

書に現れる貨幣単位の多くは，マラベティヌス（ムラービト貨），またマスムディヌス（ムワッヒド貨）などイスラーム地域の通貨であった。しかし，年代が下るにつれ，次第にバルセロナのデナリウス貨，ハカのデナリウス貨など，キリスト教圏の貨幣単位の割合が高くなってくるのである。

　この傾向は，トゥルトーザ司教座による土地取得文書などに明瞭である。1150年代には，寄進や交換を除き，トゥルトーザ司教座による土地購入が6件記録されているが，いずれの場合も土地の対価はマラベティヌスで示されている[85]。1160年代でも，17件の土地購入のうち15件でマラベティヌス貨による支払いが行われている[86]。キリスト教圏の貨幣の使用はわずかに2件で，それも1件ではマラベティヌスと併用されている[87]。

　しかし1190年代には，15件の購入のうち，マラベティヌスによる支払いは4件のみとなっている[88]。マスムディヌスでの支払いも1件のみである[89]。かわってソリドゥスを単位とした支払いの記載が増加している。バルセロナの貨幣でのソリドゥスによる支払いが3件，ハカの貨幣でのソリドゥスによる支払いが7件記録されているのである[90]。1200年代では，9件の土地購入のうち，ハカの貨幣でのソリドゥスによる支払いが5件，マラベティヌスやマスムディヌスによる支払いは合わせて4件となっている。

　この時代ではソリドゥス金貨は製造されていないため，ソリドゥスは計算単位であり，実際の支払いは売却額に相当するデナリウス銀貨（1ソリドゥス＝12デナリウス）で行われたであろうが，通貨面ではキリスト教圏の貨幣が基準となりつつあることが理解される[91]。

　もう一つの指標として，第1節で指摘したような，奇妙な人名の消失が見

---

85) *DCT*, doc. 37, 56, 79, 83, 104, 105.
86) *DCT*, doc. 121, 130, 135, 143, 150, 157, 162, 171, 173, 174, 176, 177, 179, 181, 182, 193, 195.
87) *DCT*, doc. 162, 195.
88) *DCT*, doc. 496, 497, 501, 580.
89) *DCT*, doc. 569.
90) バルセロナ貨を用いた，ソリドゥスを単位とした支払いが記載されている事例は，*DCT*, doc. 509, 540, 544. ハカ貨での支払いが記載されている事例は，*DCT*, doc. 526, 546, 547, 554, 573, 582, 587.

られる。12世紀末には、地名をそのまま個人名として使用する人物や、普通名詞をそのまま個人名として使用している例は見られなくなってくるのである[92]。このことも、辺境地域が開拓初期の混沌とした状況から抜け出し、より秩序だった社会へ移行していったことを示していると言えよう。上記のような状況を背景に、次第にトゥルトーザのキリスト教徒社会が発展していった様子が窺える。

同時代文書が示す内容からは、トゥルトーザでは入植開始当初、イスラーム貨幣が主に流通していて、文書の作成はその多くを聖職者に依存しており、入植者の名前にも本名とは思われない名前が散見されるなど、発展途上にあった辺境地帯の社会状況が窺える。しかし、数十年の間には、キリスト教圏の貨幣が中心となり、住民の名前も、バルセロナ伯領の他の地域のものと同様になってくる。このような明らかな社会の発展と充実は、上記のような教会領主と入植者の協調関係、そしてその上での入植者の成長によるものであったと結論づけることができよう。13紀以降の新カタルーニャの政治体制も、このような入植者層の成長の上に築かれたものであると考えることができる。

---

91) なお、カタルーニャ地方では10世紀末頃からイスラーム勢力圏との交易が行われており、同地域は西欧でも例外的に早い時期から貴金属の蓄積や貨幣の流通量が多かった地域とされている。このため、これらの貨幣の多くは計算貨幣ではなく、実際の貨幣であったと考えられる。Th. N. Bisson, *The Medieval Crown of Aragon*, pp. 23-24; J. Mª. Salrach, *Història de Catalunya*, vol. 2: *El procés de feudalizació (segles III-XIII)*, Barcelona, 1987, pp. 271-276.「バルセロナの紛れのない良貨13ソリドゥス XIII solidos monete Barchinonensis bonos et est manifestum」「新しく、信頼できる、良質な黄金の正しく量った良貨1マスムディヌス unam mazmudina, bonam, novam, iucifiam, boni auri et iusti ponderis」といった表現で、貨幣の質や造幣地にしばしば言及が行われていることも、それを裏付けていよう。*DCT*, doc. 198; *CTT*, doc. 129. また、新カタルーニャにおいて、貨幣でなく物で支払いが行われた場合には「20マラベティヌスと大麦1カフィスと油1カンタル XX morabetinos et unum cafiz de ordeo et unum cantar de oleo」「250ソリドゥスとして、良貨50ソリドゥスと馬一頭を受け取る capio...L solidos bone monete et unum equm per CCL solidos」のように対価となった物が明記されている。*DCT*, doc. 182; *CDCTB*, doc. 189. この点からも、貨幣は計算貨幣でなく実際の貨幣であったと考えられる。*FAC*, pp. 304-305. ただし、本文中でも述べたように、「ソリドゥス」とある場合は、相当額のデナリウス銀貨で支払われたと考えられる。註58）を参照。

以上の分析から，辺境地帯における統治構造の背景にある，社会の状況とその発展過程が明らかとなった。ただしトゥルトーザなどの地域には，キリスト教社会の領主や農民以外にも，政治的・社会的な影響を及ぼしうる集団が存在していた。イスラーム時代からの流れを汲む，イスラーム教徒住民，またユダヤ人である。彼らはこれまでに論じられてきた統治構造や社会の中で，どのように位置づけられ，どのような役割を担っていたのであろうか。

次章では，辺境地域の統治構造や社会に対する理解を深めるため，これら異教徒集団の社会的位置づけやその推移の分析を試みる。この作業を通じ，キリスト教社会自体についても，より深い理解が可能となるであろう。

---

92) 個人名の変化は，家族形態の変化によるものではなく，社会的状況の変化によるものであろう。なお，この時期のトゥルトーザに関して，特に家族形態の変化を指摘する研究はない。一般に辺境地域の入植者は，当初，単身の男性や若い夫婦が中心であったとされる。この時期のトゥルトーザでは，先述したような労働力が不足していた社会状況から，多くの場合，入植者の次男以下の男子も——土地を取得するなり，領主の保有農となるなり，市壁内外の商工業者となるなりして——独立して一家を建て，一組の夫婦とその子供たちという家族形態が継続したと考えられる。中世ヨーロッパ，またアラゴン連合王国の人名については，B. T. Beech, M. Bourin, P. Chareille (eds.), *Personal Names : Studies of Medieval Europe : Social Identity and Familial Structures*, Western Michigan University, 2002 ; E. Guinot Rodríguez, "La antroponimia come indicador de la repoblación en el sur de la Corona de Aragón (siglo XIII)", M. Bourin & P. Martínez Sopeña (eds.), *Anthroponymie et Migrations dans la Chrétienté Médiévale*, Madrid, 2010, pp. 195-211 ; P. Martínez Sopeña, " L'anthroponymie de l'Espagne chrétienne entre le IXe et le XIIe siècle " *L'Anthroponymie : Document de l'histoire sociale des mondes méditerranéens médiévaux*, Rome, 1996, pp. 68-85.

第 7 章

ムデハルとユダヤ人の境遇
――異教徒集団の社会的統合プロセス――

はじめに

　イベリア半島においては，中世を通じ，各地でキリスト教諸王国によって南方のイスラーム勢力の支配地域に対する征服活動，いわゆるレコンキスタが展開されたが，キリスト教国家によって征服された後のイスラーム教徒の扱いは地域によって異なった。カスティーリャ王国では，しばしばイスラーム教徒は征服後早期にイスラーム支配地域に移動したのに対し，アラゴン連合王国に属する諸地域では，征服後もかなりの数のムスリム（イスラーム教徒）住民が残存し続けたのである。ある試算によれば，15 世紀末の段階で，カスティーリャではムスリムの人口は総人口の 1% に満たなかった。同じ頃，アラゴン連合王国を構成していた諸地域，例えばカタルーニャではムスリム人口が全体の 1.5%，アラゴンでは 10%，バレンシアに至っては 30% 以上を占めていたとされる[1]。むろん，それぞれの国家の内部でも地域や時期によって偏差は存在したものの，人口に占めるムデハル（残存したイスラーム教徒住民）の割合という点で両王国は極めて対照的であったと言える[2]。
　しかし，アラゴン連合王国においてなぜムデハル集団が存在し続けること

---

[1] 林邦夫「中世スペインのマイノリティ――ムデハル――」，『ヨーロッパの成長　岩波講座　世界歴史第 8 巻』岩波書店，1998 年，125-143 頁。
[2] ムデハルとは，キリスト教徒の支配下に置かれたイスラーム教徒を指す呼称である。アラビア語のムダッジャン（残留したもの）が語源とされる。林邦夫「イスラームと向き合うヨーロッパ」，小澤実・薩摩秀登・林邦夫『辺境のダイナミズム（ヨーロッパの中世③）』岩波書店，2009 年，250 頁。

ができたのか,その理由についてこれまで活発な議論は行われてこなかった。例えば,アラゴン連合王国の中核地域であったカタルーニャ(バルセロナ伯領)におけるムデハルについての研究は,当該地域でムデハルが発生した12世紀ではなく,14世紀以降の時期に集中している[3]。直接ムデハルに関する情報を扱ったまとまった史料が,直接税フガッチャ fogatge 徴収のための戸口調査など,14世紀の財務行政文書を待たねばならないためである。この段階,14世紀には,ムデハル集団は財政面で王権(バルセロナ伯権)の支柱となる重要な存在として財政文書の中に現れており,すでにキリスト教国家であるアラゴン連合王国において社会的構成要素の一つとなっていた様子が見て取れる[4]。

とはいえ,実際には,イスラーム支配下でムスリムが集中していたエブロ河流域,特にその主要都市であるリェイダやトゥルトーザがバルセロナ伯に征服され,カタルーニャにおいて初めて大規模なムデハル集団が発生したのは,12世紀半ばである[5]。上記の諸研究からだけでは,12世紀の征服時に実際にどのような現象が生じたのかはわからない。

キリスト教側による征服後の支配体制の手がかりとなる,最も早期の史料は,キリスト教側の指導者が,征服時にムスリム側と交わした降伏協定である。12世紀の降伏協定の多くは,断片的にしか伝わっていないが,トゥルトーザなどでの降伏協定に関しては身体の安全や財産の保障が約束されていたことが伝えられている[6]。このため,史料から見る限り,ムスリム住民は

---

3) 近年の例として,M. T. Ferrer, *Els sarrains de la corona Catalano-Aragonesa en el segle XIV : segregació i discriminació*, Barcelona, 1987 ; P. Ortega, *Musulmanes en Cataluña : Las comunidades musulmanas de las encomiendas templarias y hospitalarias de Ascó y Miravet (siglos XII-XIV)*, Barcelona, 2000.

4) J. Boswell, *The royal treasure : Muslim communities under the crown of Aragon in the fourteenth century*, Yale University Press, 1977.

5) 11世紀前半の後ウマイヤ朝滅亡後,また12世紀前半のムラービト朝滅亡後のイスラーム小王国(タイファ Taifa)分立時代には,リェイダやトゥルトーザを首都とした小王国が形成されるなど,これらの都市はムスリム住民の拠点であった。

6) J. Mª. Font i Rius, "La carta de seguridad de Ramón Berenguer IV a las morerías de Ascó y ribera del Ebro (siglo XII)", *Homenaje a D. José María Laccara de Miguel*, I, Zaragoza, 1977, pp. 261-284.

12世紀の降伏協定によって、キリスト教側から身体の安全や財産の保障を約束されており、時代が下った14世紀の財政文書には、王権の財政的な支柱となって現れているということになる。そしてこの間の時期に関しては、キリスト教徒間の文書で偶発的に言及されることはあっても、他にムデハルを主体として扱った文書は、全くと言ってよいほど伝来していない。このような史料状況の結果、中世後期を対象とする研究者にあっては、ムデハルがキリスト教徒による征服後も——あくまで比較的、相対的にではあるにせよ——社会的に排斥されることなく残留し続け、そのまま中世後期に至ったというようなイメージが、しばしば持たれている。

　しかしながら、「身体の安全や財産の保障」「信仰の自由」といった事柄は、キリスト教勢力がイスラーム勢力に降伏を求める際の常套句であり、それが常に守られたわけではない。例えば、11世紀末にカスティーリャ王国によってトレドが征服された際にも、同様の協定がムスリム住民と結ばれたが、ほどなくこの協定は反故にされている[7]。また、当然ながら、14世紀においてムデハルが王国の重要な構成要素となっているからといって、12世紀の征服時からその状況が生じていたと遡及的に結論することはできないのである。

　他方で、キリスト教徒側がイスラーム勢力を征服した12世紀前後の時期を対象とする研究者は、ムデハルに対するより厳しい対応を想定することが多い。特に近年、ムデハルが主として残留していたエブロ河流域地帯の中心都市、トゥルトーザの司教座文書を分析したアントニ・ビルジリは、キリスト教徒による征服後、むしろ戦略的にムデハルが排除されたとする見解を示している。彼は、キリスト教徒によるトゥルトーザの征服後、キリスト教徒の間でトゥルトーザ近辺の土地が盛んに売買ないし贈与され、その多くに「（以前）イスラーム教徒…のものであった」という語句が付されていることから、キリスト教徒による征服後、イスラーム教徒の土地の多くがキリスト教徒の手に渡っていることを指摘している。さらに史料上にキリスト教徒の土地を耕作する農民となったイスラーム教徒が現れていることなどから、彼

---

7) 林「イスラームと向き合うヨーロッパ」、251-252頁。

らの置かれた社会的状況の悪化を主張しているのである[8]。

このビルジリの主張は，それまで改めて検討を受けることがなかった伝統的イメージに，一次史料の分析を通じて反論しているという点で大きな意義を有している。また，12世紀の段階で，征服者が異教徒の被征服者に対し，寛大な内容の降伏協定を紳士的に遵守したというような，無条件では納得しがたい事象に対し，改めて検証を行うというその研究姿勢も首肯されるべきであろう。さらに，キリスト教徒間の土地取引文書という，それまでムデハル研究では念頭に置かれてこなかった文書を活用している点も評価できる。

とはいえ，上記のビルジリの主張にも，問題となる部分が幾つか存在する。第一に，征服直後のキリスト教勢力による土地の奪取という点に力点を置いたことによる，中世後期以降の並存の時代につながるような，キリスト教社会がムスリム住民を許容していく過程への意識の欠如である。売買や贈与の記録における文言から，イスラーム教徒からキリスト教徒への大規模な土地所有権の移動は確かに起きたのであろう。しかし，それならば13世紀以降もムスリム共同体が強固に存続したという事実と，この事象はどのように整合性を持つのであろうか。土地所有権の移動に続いて，ムスリム共同体の存続を可能とするような何らかの状況の変化が生じたはずである。この点について，ビルジリは検討を行っていない。おそらく，征服直後の時期と，それに続く社会が相対的に落ち着いた時期とでは，キリスト教側の置かれた状況も異なり，当然ながらムスリム住民への対応にも変化が見られるはずである。土地所有権の広範な移動に象徴される征服直後の変動期と，その後の相対的安定期の状況とを分けて分析し，社会の変容を把握するべきであろう。

第二に，キリスト教勢力を主体とした征服と社会の再編に力点を置くあまり，イスラーム教徒がキリスト教社会において果たした役割に関心が向けられていない点である。多くの研究同様，ビルジリの研究にあっても，キリスト教徒住民とムデハル集団とは別個の対立的な存在として，切り離して考え

---

8) A. Virgili, *Ad detrimentum Yspanie : La conquesta de Ṭurṭūša i la formació de la societat feudal (1148-1200)*, Barcelona/Valencia, 2001, pp. 103-130.

第7章 ムデハルとユダヤ人の境遇　　　251

られている。しかし，両者が同一の地域社会の有機的な構成要素である以上，必ずや相互に影響を与えつつ，その中で住み分けないし役割の分担が生じたはずであろう。またキリスト教社会における役割に焦点をあてて分析することで，キリスト教側の同時代史料を用いてイスラーム教徒の状況に関する情報を引き出すことが可能となり，イスラーム教徒を主体とした史料の欠如を多少とも補うことができるであろう。

　以上のような従来の研究の問題点を踏まえ，本章では，以下のような手順で，トゥルトーザ周辺地域を対象に，キリスト教勢力による征服後に実際にムデハルが置かれた状況，およびその変容を分析し，解明していく。
　まずキリスト教徒による征服とそれに続く時期，いわば混乱期におけるキリスト教徒側の政策や社会的状況を分析し，当該地域に形成されたキリスト教社会の政治的・社会的枠組みの特徴を把握する。続いてその分析を踏まえつつ，同時期に当該地域でムデハルが置かれた状況を明らかにしていく。次に征服後しばらく時間が経過し，社会が相対的に安定した時期におけるキリスト教徒側の社会的変化を分析し，その成果を踏まえつつ，同時期にムデハルの置かれた状況に生じた変化を解明していく。このようにキリスト教社会形成プロセスとの関連において，征服後のムデハルの社会的位置の実際の推移を解明していく。
　対象とする都市トゥルトーザは，キリスト教徒による征服以前にはイスラーム小王国の首都とされるなど，この地域の中心都市であったため，征服後もカタルーニャのムデハルの多くがその付近に集中していた。他方，第5章で述べたように，1148年のキリスト教徒による征服後，1151年には司教座が置かれ，1182年以降はテンプル騎士修道会の所領となった都市でもある。司教座都市でなおかつ騎士修道会の所領であったというこの状況は，キリスト教徒側のムデハルへの対応，また両勢力の接触・衝突・交流の諸相が最も顕在的に現れる事例を提供するであろう。対象とする時期は，トゥルトーザがキリスト教徒側に征服された年から3代のバルセロナ伯（アラゴン王）の治世，すなわち1148年から1213年までの65年間とする[9]。続くジャウマ1世の治世（1213-1276年）には，バレアレス諸島やバレンシアの

征服が行われる。本書では,このようなムスリム支配地域の大規模な征服に先行する時期に,アラゴン連合王国の中核地域であるカタルーニャにおいて,ムデハルがキリスト教社会の中でどのような対応を受け,どのような過程を経て,どのような社会的位置を確保していたのかを明らかにしたい。

先述のように,アラゴン連合王国のムデハルについて従来の研究では,異教徒であっても人口の不足といった事情があれば特に問題なく残留が可能であったとする見解と,速やかに排除されたとする見解が存在していた。本章ではそれらの先入観を排し,キリスト教徒による征服後に実際に起きた事象を同時代史料から読み取りつつ,寛容か不寛容かといった単純な議論に陥らずに,それまで敵対していた異集団が新たな社会の中でどのようにその地位を確保していったのか,その実際の変化の一事例を提示したい。

なお,当時のキリスト教勢力の征服により生じたと考えられる被支配者集団としては,イスラーム教徒(ムデハル)の他に,ユダヤ人とモサラベ(イスラーム教徒の支配下に存在していたキリスト教徒)が想定される。しかしながら,イスラーム・スペインの多くの地域でユダヤ人人口はムスリム人口に比べてはるかに少なく,トゥルトーザ周辺の史料においてもユダヤ人への言及はごくわずかである。また,モサラベは後ウマイヤ朝の時代にはイベリア半島のかなり広い範囲に存在していたが,10世紀頃には次第にイスラーム教への改宗が進み,さらに11世紀末に宗教的に厳格なムラービト朝がイスラーム・スペインを統一して以降は,他の地域への追放やイスラーム教への改宗が強いられ,減少しつつあった[10]。少なくともトゥルトーザ周辺の史料にはモサラベと目される人物が登場することはなく,トゥルトーザ司教座

---

9) 3代のバルセロナ伯は,ラモン・バランゲー4世(1131-1162年),アルフォンス1世(1162-1196年),ペラ1世(1196-1213年)である。

10) モサラベやその文化については,M. Rincón Álvarez, *Mozárabes y mozarabías*, Salamanca, 2003; C. Aillet, M. Penelas & Ph. Roisse, *¿Existe una identidad mozárabe? Historia, lengua y cultura de los cristianos de al-Andalus (siglos IX-XII)*, Madrid, 2008. C. Aillet, *Les Mozarabes : christianisme, islamisation et arabisation en Péninsule Ibérique (IXe-XIIe siècle)*, Madrid, 2010.

の司教も8世紀頃から記録が絶えている。このような事情から，本章では主たる分析対象をキリスト教勢力とムデハルの関係に置く。ユダヤ人については，史料状況が許す範囲で補足的な分析を行う。

次節では，キリスト教徒によるトゥルトーザの征服と，征服後まもない時期の社会の組織化の過程，またそこでのキリスト教徒とムデハルが置かれた社会状況を解明していく。ここでは征服が行われた1148年から，テンプル騎士修道会がバルセロナ伯からトゥルトーザ周辺の領主権を購入し，同地域の政治的枠組みが一応の安定を見る1182年までを，社会の組織化の時期として分析対象とする。

第1節　キリスト教徒による征服と政治的・社会的枠組みの形成期（1148-1182年）

(1) キリスト教徒側の状況

第5章で述べたように，1148年，トゥルトーザのイスラーム勢力が降伏すると，バルセロナ伯ラモン・バランゲー4世はトゥルトーザをキリスト教徒の社会として組織する措置を次々に取った。第一に，1149年にはキリスト教徒の入植者に対し，入植許可状を発給した[11]。第二に，イスラーム統治時代に消滅していたトゥルトーザ司教座を復興し，管轄範囲を定め，十分の一税徴収権などの権利を与えた[12]。第三に，征服に協力した諸勢力に，事前の約束に基づいて土地の分配が行われた。このように，バルセロナ伯の征服直後には，その主導下でキリスト教徒による入植の基礎が据えられ，司教座が組織され，土地が分配されて，新領土の再編と開発が図られたのである。

ただし，バルセロナ伯による土地の下賜が盛んであったのは征服後10年ほど，1150年代までのことであった。バルセロナ伯による土地の分配が一段落したこの頃から，1180年代にかけては，かわって在地の有力者による

---

11) *CPFC*, doc. 75.
12) *DCT*, doc. 28.

土地集積の動きが現れる。第6章のグラフ1は，トゥルトーザ司教座の文書集に見られる，バルセロナ伯の土地下賜，俗人による土地購入，トゥルトーザ司教座による土地購入の件数の変動を示したものであるが，このグラフからは，バルセロナ伯の土地分配後，実際には直ちに聖俗の有力者，特にトゥルトーザ司教座によって土地が集積されていく様子が，顕著に見て取れる。

なお，ここでいう俗人は，キリスト教徒（キリスト教徒名を持つ人物）に限定される。征服時から1180年頃まで，ムデハルは司教座や騎士修道会，またバルセロナ伯の文書において，土地取引の主体としては一切登場しない。

これらのキリスト教徒間の土地の譲渡文書では，建設や植樹を義務づける表現，例えば「樹を植えるように ad plantandum」「3年のうちにブドウと木々を植え，囲いを作るよう ut bene plantetis eas de vinea et de arboribus et bene claudatis infra istos IIIIor primos annos」「労働と家屋の建設を行うように ad laborandum eam et ad hedificandum domibus」といった表現が多く見られる。これらの言葉からは，征服後間もないこの時期，改めて農地として整備を行う必要のある土地が多かったことが看取される[13]。

司教座に限らず他の教会組織，特にテンプル騎士修道会も土地の購入や集積を進めていた[14]。変化のピークともいうべき，土地購入の最も大きな事例は，1182年のテンプル騎士修道会による，都市トゥルトーザとその周辺領域の，アラゴン連合王国国王（バルセロナ伯）からの購入である[15]。第5章で述べたように，当時の王アルフォンス1世は，南フランスでの勢力下の都市や領主の反抗，またアラゴン南部の征服などで忙殺されていた[16]。この状況は，王に対し，トゥルトーザからの関心の乖離，また慢性的な財政面での困窮といった影響をもたらし，テンプル騎士修道会への都市トゥルトーザの売却を行わせることとなった。

---

13) *DCT*, doc. 55, 145, 149, 192.
14) A. Virgili, "Conquesta, colonització i feudalització de Tortosa (segle XII)", *Formació i expansió del feudalisme català*, Girona, 1985-1986, pp. 275-289.
15) *CTT*, doc. 75 ; *DCT*, doc. 335 ; *LFM*, doc. 466.
16) 彼の治世については，E. Bagué, J. Cabestany & P. E. Schramm, *Els primers comtes-reis*, Barcelona, 1960, pp. 55-99.

以上，バルセロナ伯による1148年の征服から1182年の売却に至るまで，34年間のトゥルトーザ周辺のキリスト教徒社会の状況は，次のようにまとめることができる。まず，征服後から1150年代にかけては，バルセロナ伯の主導下で都市政体の基礎が据えられ，司教座が組織され，土地が分配されて，新領土の再編と開発が図られた。しかし，その後も土地所有権は流動的であり，かつ多くの土地が利用されていない状態に留まっていた。その状況の中でバルセロナ伯の直接介入が減少していくと，土地の売却や譲渡は一層活発化し，領主権はテンプル騎士修道会が取得し，土地所有権も司教座やテンプル騎士修道会をはじめとする聖俗有力者の間で集積されていった。

それでは，キリスト教社会のこのような状況の中で，ムデハルはどのような待遇を受けていたのであろうか。

(2) 征服直後のムデハルの状況

先述のように，従来の多くの研究では降伏協定の内容が鵜呑みにされ，キリスト教徒の支配下でもイスラーム教徒の存在が許容され，彼らが相応に保護されていたかのようなイメージがしばしば前提とされていた。しかしながら，同時代の文書群の内容からは，この時期にキリスト教徒の間で遂行された都市政体の設立，司教座の復興，盛んな土地の移譲といった事象の中で，征服後のムデハルの境遇にも大きな変化が生じていたことがわかる。

第一に，先述のバルセロナ伯が1149年にトゥルトーザへのキリスト教徒の入植者集団に発給した入植許可状では，伯が「汝らトゥルトーザのすべての住民と汝らの相続人すべてに」「邸宅と家屋，畑と菜園，耕地とブドウ畑とを，すべてのその付属物とともに，自由な固有の相続財産として与える」という言葉でキリスト教徒の入植者たちに全面的に土地を付与する旨が宣言されている[17]。ここでは直接的に，先住のイスラーム教徒からの土地の没収を示す文言はないが，彼らの権利に対する保護を示す言葉もまた一切見られ

---

17) "dono vobis omnibus habitatoribus Tortose cunctisque successoribus vestris in perpetuum in civitate Tortosa, domos et casales, ortos et ortales, campos et vineas cultos et heremos cum omnibus earum pertinentiis in hereditate propria libera franca et ingenua", *CPFC*, doc. 75.

ない。同じ文書中で，周辺の広い範囲における各種の用益権なども，キリスト教徒入植者たちに与えられている。さらにここでは「逃亡したサラセン人で，タラゴーナとエブロ河の間で見つけられた者の発見に対しては1マラベティヌスが，エブロ河からウイダクーナ［＊当時のバルセロナ伯領南端にあった，イスラーム勢力圏に最も近い集落］の間での場合は2マラベティヌスが与えられる」という言葉で，イスラーム教徒の逃亡を防ぐ規定が設けられている[18]。イスラーム勢力圏に近い場所まで逃げたイスラーム教徒を見つけたときの方が，報奨金が高く設定されているのは興味深い。この規定からは，イスラーム教徒が隷属的な存在と見なされていた様子が窺える。

　第二に，トゥルトーザ司教座が復興された際の，司教座の権利規定の中で，伯は司教と司教座に対し，「キリスト教徒の労働より，また同様に居住するサラセン人の労働の総収入より得られた，あるいは得られるキリスト教徒のすべての収穫と家畜への十分の一税と初穂税」を与えている。ここには，直接十分の一税を支払うのはキリスト教徒であるとはいえ，イスラーム教徒も間接的に十分の一税を負担する状況にあることが明記されている[19]。
　また，この際，かつてイスラーム教徒のメスキータ（イスラム教寺院）に属した財産が，司教座に属するものとされたことが幾つかの史料における言及から理解される。例えば，少し時代が下るが，1187年4月3日の文書では「予，ライムンドゥス・アデイは，かつてトゥルトーザの市壁内，レモリンスと呼ばれる区域において，以前メスキータに属したものであり，予がそのことを知らなかった広場を，トゥルトーザの領主たちより奪っていたことを公に認める。そして良き心と無償の意思により，神とトゥルトーザ司教座と参事会長ポンキウスに前述の広場を委ねる」という言葉で，俗人が司教座に対し，かつてメスキータに属していたという理由で，土地を司教座に譲渡

---

18) "Pro inventione vero fugitive sarraceni qui inventus sit de Terrachona usque Iberum flumen unum morabetinum accipiatur. Et de Ibero usque ad Uldichona duos", *CPFC*, doc. 75.

19) "omnes decimas et omnes primicias omnium fructuum et animalium quos recipiunt vel recepturi sunt in perpetuum christiani tam de laboracionibus suis quam de redditibus universis quos de laboracionibus sarracenorum habituri sunt", *DCT*, doc. 28.

している[20]。降伏協定では、イスラーム教徒に対し、十分の一税の免除やメスキータの保護が約束されていたが、実際のキリスト教側の行動は、これらの協定が決して尊重されていなかったことを示している[21]。

最後に、キリスト教徒間の土地の分配や取引に際しても、ビルジリが指摘したように「イスラーム教徒…のものであった」といった表現が土地の説明として頻繁に現れる。例として、トゥルトーザ司教座の文書において、1148年以降のラモン・バランゲー4世によるトゥルトーザの土地の下賜は20件が記録されているが、そのうち12件に同様の表現が現れている。例えば征服の翌年、1149年5月のバルセロナ伯の臣下に対する土地の下賜を示した文書では「予、バルセロナ伯、アラゴンの君主、トゥルトーザの侯であるライムンドゥスは、汝、予の臣下であるペトルス・デ・レアデルに、汝が予に対してなし、かつ日々なしている多くの奉仕の故に、トゥルトーザのアブナルゲーネンの家屋を与える」という言葉で、この土地の元の所有者としてムスリムの名前が示されている[22]。

これらの文書では、バルセロナ伯をはじめとするキリスト教徒たちがどうやってムスリムから土地を手に入れたのかということについて説明する記述は見られない。考えられる土地取得の経緯として、一つには、元の所有者であるムスリム住民が、キリスト教徒による征服戦争の前後に戦死や病没し、相続者が明確でなかった場合に、その所有地がキリスト教徒の支配者に没収されたのであろう。次に、都市トゥルトーザの市壁内については、ムスリムがキリスト教側の攻囲に抵抗したことから、1148年12月のバルセロナ伯との間の降伏協定で、ムスリムは市内の特定の地区に移住し、他の土地はキリ

---

20) "ego, Raimundus Adei acaptaveram olim una plaza infra muros civitatis Dertuse in villa qui vocatur Remolins de senioribus Dertuse quem videlicet plazam erat de mezchita et ego nesciabam. Et ideo bono animo et gratuita voluntate difinio et evacuo… ad dominium Deum et ecclesie Beate Marie sedis Dertuse et ad dominium Poncium, priorem eiusden ecclesie,…predictam plazam", *DCT*, doc. 409.

21) Virgili, "Conquesta, colonització i feudalització de Tortosa (segle XII)", pp. 275-289.

22) "ego Raimundus, comes Barchinonensis, princes Aragonensis et Tortose marchio, dono tibi fideli meo Petro de Reiadel propter servicia multa que mihi fecisti et cotidie facis, illas casas in Tortosa de Abnalgenen…", *DCT*, doc. 16.

スト教徒に委ねられることが定められている[23]。そして，協定に反しながらも暴力的な手段で奪われた土地も少なからず存在したことが予測される。例えば，降伏協定ではトゥルトーザ市壁内のムスリム住民には退去までに1年の猶予が与えられていたが，実際には上述の事例のように，トゥルトーザの土地は1年未満でしばしば伯によって下賜されている[24]。さらに降伏協定ではトゥルトーザの周辺部ではムスリムによる不動産の保持が認められていたが，この周辺部でも，「イスラーム教徒のものであった」土地がしばしばキリスト教徒の間で取引されている[25]。伯がイスラーム教徒の土地を下賜している事例では，先述の12件のうち2件で「モーロ人モフェリエグ・アベングアジリのものであった家屋 illas domos in Tortosa que fuerunt de illo mauro Moferieg Abenguaziri」のように「…のものであった土地」という表現が使われている[26]。しかし10件では，先述の事例のように「…の土地」という表現が使われており，いまだイスラーム教徒が所有していた土地を分配している様子が窺えるのである[27]。

さらに，先述したようにこの時期の土地譲渡文書ではムデハルが一切契約主体として登場しないことも，土地に対する彼らの所有権がキリスト教徒の間で重視されていなかった可能性を示している。もしキリスト教徒側がイスラーム教徒から土地を買い取っていたのであれば，権利を証明するものとして購入文書の保管を図ったはずであるが，そのような文書はこの時期には見られない。これらの点に関して史料は沈黙しているが，いずれにせよ事実として，同時期の土地取引文書に現れる土地にしばしば「イスラーム教徒のものであった」といった表現が使われており，イスラーム教徒からキリスト教徒への土地の大規模な移譲が進行していることがわかる。

---

23) Virgili, "Conquesta, colonització i feudalització de Tortosa (segle XII)", pp. 275-289.
24) Font i Rius "La Carta de Seguridad de Ramón Berenguer IV a las morerías", pp. 261-283. 退去期限である1年より前の売却の例として，*DCT*, doc. 12, 16, 17, 22, 23, 24.
25) 郊外での売却の事例として，*DCT*, doc. 97, 98, 118, 126, 168, 201, 202, 295, 307, 360.
26) *DCT*, doc. 21.
27) これらまだ所有している地所の売却の事例として，*DCT*, doc. 12, 14, 16, 17, 22, 23, 24.

なお，土地を奪われたこれらのイスラーム教徒がその後どうなったかについては，文書上では一切言及されていない。土地の元の所有者である彼らの名前は，単に取引対象となる土地を特定するための情報としてしか現れていないのである。ただ，イスラーム教徒からキリスト教徒への土地の委譲を示す文書が都市トゥルトーザに比較的近い地域に集中していることから考えて，おそらく元の所有者であるムデハルたちは，同じエブロ河下流域でもトゥルトーザからやや離れた，いまだキリスト教徒入植者の多くない地域に移住したのではないかと推測される。その上で彼らからキリスト教勢力が取得したトゥルトーザ周辺の土地は，キリスト教徒入植者に与えられ，彼らがそこに居住し，耕作することが意図されたのである。

　なお，13世紀には，キリスト教徒が征服した後のバレンシアでドミニコ会などによってイスラーム教徒に対する改宗活動が行われた[28]。しかしながら，12世紀のトゥルトーザ，また新カタルーニャ全体に関して，同様の布教活動を示す史料は見当たらない。宗教面では，いまだ両者は隔離された存在であり続けていたようである。

　このように1148年の征服後，イスラーム教徒の置かれた環境はキリスト教徒による社会の再編の中で大きな変容を生じていた。トゥルトーザ司教座が復興されると，ムデハルも司教座に対して十分の一税を負担することが義務づけられ，メスキータの財産も司教座に属するものとされた。また，入植許可状の記述にはムスリムの土地所有権や用益権に対する配慮は見られず，実際にも，盛んに取引されるキリスト教徒の土地にはしばしば「イスラーム教徒のものであった」という言及が見られる。このように征服後間もない段階では，権利も不安定な状態に置かれ，新たな負担を課され，またビルジリが述べたごとく多くの土地を手放すなど，ムデハルの置かれた状況は明らかに悪化しているのである。それでは，この状況は，キリスト教社会が安定に

---

28) これらのイスラーム教徒への布教活動については，F. J. Fernández Conde, *La religiosidad medieval en España: plena edad media (siglos XI-XIII)*, Gijón, 2005, pp. 333-447 ; R. Vose, *Dominicans, Muslims and Jews in the Medieval Crown of Aragon*, Cambridge University Press, 2009.

向かうとどのように推移したのであろうか。

第2節　キリスト教社会の安定化とイスラーム教徒住民の状況の変化（1182-1213年）

(1) 土地所有権の安定化

　テンプル騎士修道会がトゥルトーザ周辺の領主権をアルフォンス1世から購入するに至った1182年頃をピークとして，同地域の土地所有権は次第にその移動件数を減らし，安定に向かっている。土地の取引数自体は多いままだが，その内容は，売却や寄進などの土地所有権の譲渡ではなく，地代を課しての保有契約へと変化しているのである。

　第6章に示したグラフ2は，1148年から1213年にかけての，トゥルトーザ司教座の文書における，同司教座による土地の購入数と保有契約数の推移を表すものである。このグラフを見ると，司教座による土地の購入数は，1170年代前後をピークにその後は減少に向かっている。かわって，それと反比例するような形で，司教座が土地を所有したまま，特定の個人に地代と引き換えに土地を保有させ，耕作させるという保有契約の数が増加している。ここからは，土地の所有権が1180年代頃から安定し，土地の争奪の段階から安定した開発を行う段階へと，社会が発展を見せていることが読み取れる。さらには，保有契約数自体も1200年代から減少しており，土地の保有者も確定しつつあったことがわかる。

　むろん，司教座の状況だけから，社会全体の状況を推測することには問題があるが，グラフ3が示す，トゥルトーザ司教座の文書における俗人キリスト教徒間の土地取得数と保有契約数も，同様の傾向を見せている。

　やはり1150年代をピークとして，俗人による土地の取得件数も安定し，また1180年代後半には俗人の間でも他者に耕作を委託する保有契約数が増えている。そして土地取得数も保有契約数も1200年頃から顕著な減少を示している。これらの変化は，おおむね司教座のそれと同じ傾向を示しており，司教座の土地取得数や保有契約数の示す変容，すなわち土地の所有権が

グラフ3 司教座と俗人キリスト教徒による土地取得と保有契約

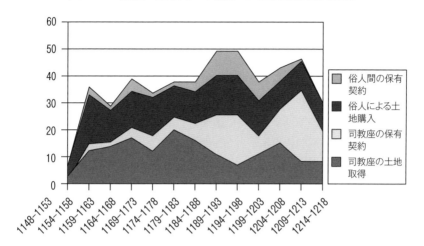

出典）*DCT* より作成。

確定し、次いで保有者も確定しつつあるという安定化傾向が、当時のトゥルトーザ周辺の社会全体の動向を反映するものであったことがわかる。

(2) 土地取得文書、保有契約文書の内容の変化

このような、社会の安定や土地開発の進展といった状況は、土地取引文書の量的変化のみならず、これらの文書の内容からも理解される。複数の指標が、キリスト教側の社会が、次第に安定したものになっていったことを示しているのである。

第一に、取引される土地の場所に変化が見られる。取引される土地の位置について「市壁外 extra muros」という言葉や、さらにビテムやセルタといった、郊外の地名を記された取引事例が増加していくのである。この事実は、売買や保有契約などの土地取引の中心が、都市の中心部から次第に外部へ移行していることを示している[29]。

第二に、取引対象とされる土地が、すでに農地や住宅地として利用されている事例が増えてくる。第1節で示したような、建設や植樹を義務づける表

現が減少しているのである。また，取引される土地が，すでに第三者との保有契約下に置かれている事例も現れている。1181年6月7日の文書では「汝ベルナルドゥス・デ・サラに，ビテムにおいてトゥルトーザ司教座教会およびその参事会員たちより保有する，予のブドウ畑全体を売却する」という言葉で，司教座から保有している土地が売却されている[30]。これらの事象は，農地の開発が前の時期に比べて進展を見せていることを示している。また，土地開発が進んでいる状況は，第6章で述べたように，次第に定額地代が増加する，保有契約の内容からも推理できる。

第三に，「元イスラーム教徒の土地」という表現が目立って減少しており，多くの土地が，長らくキリスト教徒の手中にあったものとして認知され始めていることが看取される。

このように，同時代の土地取引文書群からは，征服から半世紀ほどを経る間に，キリスト教社会にあって，土地が安定した財産となりつつあったことがわかる。この事実は，トゥルトーザ周辺のキリスト教社会の成熟と安定化を示すものであると言えよう。

(3) 社会の安定とイスラーム教徒の状況の変容

それでは，このようなキリスト教側による社会の安定は，ムデハルの境遇に何らかの影響を及ぼしたのであろうか。同時代史料からは，ムデハルの置かれた状況について幾つかの変化が読み取れる。第一に，上記のキリスト教社会の変化に対応するように，1180年頃からムデハルに関する新しいタイプの文書が現れるのである。キリスト教徒とイスラーム教徒の間の保有契約文書がそれである。一例として，1184年9月27日には，司教座とイスラーム教徒の間で保有契約が結ばれている[31]。「トゥルトーザ（司教座）の聖具係である予ニコラウスは，参事会員たちと参事会長ポンキウスの同意を得て，予と予の後継者すべてによりここに，汝サラセン人アビノレと汝の子孫

---

29) なお，取引される対象は，都市の中心部ではしばしば家屋であったが，郊外では土地の割合が増加している。

30) "vendimus vobis Bernardo de Zara..., illam nostrum vineam totam ab integro quam per sedem Dertuse et per canonicos habemus et tenemus in Bitem.", *DCT*, doc. 328.

に，アルドベスタにある3つの領有地の半分を与える」[32]。アルドベスタは，トゥルトーザ近郊の土地である。この契約では，地代として油1カンタルを払うことが義務づけられている。つまり，ここでは地域のキリスト教徒の宗教的指導者である他ならぬトゥルトーザ司教座が，イスラーム教徒に所有地の耕作を委託しているのである。同様の契約事例は，1180年頃から複数存在する。それをまとめたものが，表5である。この表からは，トゥルトーザ司教座によって，またテンプル騎士修道会や俗人キリスト教徒によっても，イスラーム教徒との間に保有契約が結ばれるという新しい状況が現れていることがわかる。

　これらの土地はアルドベスタやセルタなどを中心に，イスラーム教徒居住地域と思しい特定の場所に集中している。例えば先の1184年の文書では，耕作を委ねられた3つの土地の場所について，以下のように記されている。「一つの場所は東がアビネクスの領有地に，南がアビンタリクの領有地に，西がエブロ河，北西は汝の領有地に接している。他の場所は東が山に，南がアビンフォレラの領有地に，西がアビゼクリの領有地に接している…3番目の場所は，東が山に，南はアビンネザの領有地に，西が公道に，北がアビンザクリの領有地に接している」という言葉が記されており，周囲をイスラーム教徒の土地に囲まれた位置にあったことが読み取れる[33]。社会が安定する中で，イスラーム色の強い地域では，イスラーム教徒に耕作を委ねる傾向が

---

31) "ego Nicholaus, sacrista Dertuse, cum voluntate et assensu Poncii prioris et canonicorum, dono in presenti per me et per omnes successors meos vobis Avinole sarraceno vestrisque successoribus in perpetuum, medietatem ab integro de illis tribus locis honoris qui sunt in Aldovesta", *DCT*, doc. 371.

32) "ego Nicholaus, sacrista Dertuse, cum voluntate et assensu Poncii prioris et canonicorum, dono in presenti per me et per omnes successores meos vobis Avinole sarraceno vestrisque successoribus in perpetuum, medietatem ab integro de illis tribus locis honoris qui sunt in Aldovesta", *DCT*, doc. 371.

33) "Et terminatur unus locus ab oriente in honore Abinaix, a meridie in honore Avintaric, ab occiduo in flumen Yberi, de circio in honore vestro. Alius locus terminatur ab oriente in Montana, a meridie in honore Avinforerra, ab occiduo in honore Avizecri,... Tercius locus terminatur ab oriente in montana, a meridie in honore Abinneza, ab occiduo in via publica, de circio in honore Avinzacri.", *DCT*, doc. 371.

表5 キリスト教徒とイスラーム教徒の間の地代契約

文書	年	土地貸与者	土地耕作者	場所	地代
DCT, 237	1173-88	トゥルトーザ司教座	アビノーレ	アルドベスタなど	(収穫の) 2/3
DCT, 238	1173-93	トゥルトーザ司教座	アビノーレ	アルドベスタ	油9カンタル
DCT, 311	1180	トゥルトーザ司教座	イアフィア・モール	リェイダ近郊	6ソリドゥス
DCT, 371	1184	トゥルトーザ司教座	アビノーレ	アルドベスタ	油1カンタル
DCT, 414	1187	トゥルトーザ司教座	マホメト・アルファネク	セルタ	(収穫の) 1/4
DCT, 507	1194	トゥルトーザ司教座	モフェリクス・アルモラウホイクス	モレ	(収穫の) 1/3 + 植樹
DCT, 605	1201	トゥルトーザ司教座	アビノーレ	アルドベスタ	油7カンタル
DCT, 609	1201	アルナウ・ダレンチ	アリ・アビナアレと息子達	アルドベスタ	5ソリドゥス
DCT, 649	1205	トゥルトーザ司教座	イウセフ・イブン・アリ	セルタ	2マスムディヌス
DCT, 652	1205	トゥルトーザ司教座	アリ・モアファク	セルタ	(収穫の) 1/4 + 植樹
DCT, 670	1206	トゥルトーザ司教座	アビノーレ	アルドベスタなど	(収穫の) 2/3
DCT, 703	1208	トゥルトーザ司教座	アスメット・アルベロと妻子	ティベン	(収穫の) 1/2 + 植樹
CTT, 130	1209	テンプル騎士修道会	ミラベットのムスリム		

出典) DCT, CTTより作成。

現れてきたことが理解されるのである[34]。

　その傾向を特に明瞭に示しているのが，1209年6月8日の，テンプル騎士修道会によるミラベットのイスラーム教徒集団の保護を示す文書である。この文書では，トゥルトーザ周辺の領主である同修道会が「ここにこの文書

---

34) なお，それらの土地が，イスラーム支配時代にイスラーム教徒に耕作され，その後放棄されていた土地なのか，それとも全くの未開墾地なのか，史料は明示していない。

により永代に汝らミラベットのサラセン人たちとその子孫たちに，そのレゲムとモレドのアルゲジラ［＊水車用の中州］のすべてと，久しくサラセン人の時代に汝らの祖先たちが保有ないし所有していなかったすべての荒蕪地と耕地とにおいて得，また得るべきすべての法的権利を委ねる…そして予，ギレルムス・デ・セルワリア［＊テンプル騎士修道会の所領監督者］とライムンドゥス・デ・モンテカターノ［＊ムンカダ］は，我ら自身と王の支配において汝ら上述のサラセン人とその子孫たちに，前述のすべてを，我らがすべての者どもから保護し，永久に良き平和のうちに所有し，保ち，また支配することを約束する」という言葉で，ミラベットのムデハルに特定の領域を委ね，保護下に置いている[35]。ミラベットは，テンプル騎士修道会が1182年にトゥルトーザとともにバルセロナ伯から購入した，エブロ河上流，トゥルトーザの北方約25キロの集落であり，エブロ河下流地域での同騎士修道会の拠点であった。購入後およそ30年を経て，テンプル騎士修道会はトゥルトーザの3分の1の領主であるムンカダ家とともに，ムデハル集団に新たにこの地域の開発を委ねているのである。これらの事例から，征服後の混乱期には多くの土地をキリスト教徒に奪われていたムデハルが，キリスト教社会が安定に向かうと，その保護のもとで，一定地域で新たに耕作者となり，開発を担っている様子がわかる。なおこのミラベットは，14世紀初めにはアラゴン連合王国内のテンプル騎士修道会の所領の中で，最も多くの収益をもたらす地域となっている[36]。また，教会とムデハルの間でも契約が結ばれえた以上，おそらく伝来している記録以外にも，俗人とムデハルの間の保有契

---

35) "damus et tradimus et reddimus modo in presenti cum hac presenti instrumento per omnem tempus vobis hominibus sarracenis de Mirabeto et omni vestra proienie atque posteritati, scilicet omnium illum directum et racionem quem vos habetis et habere ullo modo debetis...in omnem illam algeziram de Legem et de Moled cum omnes terras heremas et populates quas unquam vos neque antecessors vestries tenuistis et possidistis olim tempore sarracenorum...Et ego Guillelmus de Cervaria et Raymundus de Montecatano quisque nostrum per nos et per dominum regem convenimus vobis supradictis sarracenis et vestris supradicta omnia et singula salvare et defendere et garire ab omnibus personis et facere, tenere et habere in bona pace in perpetuum.", *CTT*, doc. 130.

36) C. Biarnés, *Moros i Moriscos a la Ribera de l'Ebre (710-1615)*, Barcelona, 1972, p. 37.

約も数多く存在したであろう。

　第二に，土地が売却される際に，その土地のイスラーム教徒耕作者であるエシャーリクに言及される事例がしばしば現れる。例えば1174年の文書では「予，ゲラルドゥス・デ・シルビニアコと予の妻ライムンダと予の者たちは，我々と親族の魂の救いのため，神とトゥルトーザ司教座の聖マリア教会の聖具係，テオバルドゥスの手に，セルタにある我々の，我らのエシャーリクのマホメト・アルファネクの地所を，土地，オリーブ，そこに植えられたすべての種類の木々とともに，またそこに出入する権利とともに与える」と記されている[37]。なおこの土地に関して1187年，司教座は同じマホメト・アルファネクと改めて保有契約を結んでいる[38]。司教座が耕作者としてのイスラーム教徒の役割，またその有用さを認識していたことが窺えよう。

　ビルジリはこれらイスラーム教徒保有農の存在から，イスラーム教徒のキリスト教徒に対する隷属を主張している[39]。しかし先述の表5に見られるように，保有契約におけるムスリム保有農の負担は定額または定率の地代に限られ，それ以上特別な負担が課されてはいない。つまり，先述した保有契約の諸事例でキリスト教徒保有農が負担していたもの以外の負担は，課されていないのである。中には，収穫の3分の2や半分という極めて高率の負担が課されている事例も存在する。しかし，多くの場合は定額か，また同時期のキリスト教徒保有農と同等の率の負担に留まっている。ムスリム保有農の負担とキリスト教徒保有農の負担に本質的な差異は見出せないのである。ムスリム保有農が史料に初めて現れるのが征服後30年以上を経た後であることや，集団での入植活動を委託されている事例からも，彼らの存在はむしろ，イスラーム教徒に社会的に耕作者としての役割が認知された結果と評価すべ

---

37) "ego, Geraldus de Silviniacho et uxor mea Raimunda et nostri, pro redemptione animarum nostrarum ac parentum nostrarum, donamus et concedimus Domino Deo et sacristie ecclesie Sancte Marie sedis Dertuse in manu domni Teobaldi sacriste, unum nostrum ortum cum terra et cum olivetis et cum omnibus arboribus diversorum generum que in eo fundate sunt, quem habemus in Xerta et cum omnibus ingressibus et egressibus suis et est de nostro exarich Machometo Alfanech.", *DCT*, doc. 260.
38) *DCT*, doc. 414.
39) Virgili, "Conquesta, colonització i feudalització de Tortosa (segle XII)", pp. 279-286.

きであろう。

　第三に，この時期から司教や俗人による，対価を払ってのイスラーム教徒からの土地の購入を示す文書が現れる。それまでの時期には「イスラーム教徒…の（ものであった）土地」が取引される際にも，その土地がどのような経緯で入手されたのかの説明が書かれることはなかった。この点はムデハルからの暴力的な土地の奪取を推測させる要素であったが，土地所有権が安定しつつあった1180年代からは，イスラーム教徒からも対価を支払った上で土地を取得する事例が現れており，土地に対するイスラーム教徒の権利が認識されていることがわかるのである。例として，1187年3月17日のトゥルトーザ司教座の文書では，あるイスラーム教徒が，司教との地代契約のもとにある土地をキリスト教徒に売却している。「アビンペトゥカの息子である予イアフィア・モルと予の妻アジーザは，予と予の者たちにより，汝マギステルのフランクスとその妻エルメセンダと汝の子孫すべてに永久に，予がトゥルトーザ司教への地代のもとに保有していた，すなわちカオールのグリマルドゥスがライムンドゥス・デ・モルネルより得た土地を，売却する」[40]。

　さらに，1216年にはあるキリスト教徒が，自己の支配下のムデハルの霊的救済のため，テンプル騎士修道会に寄進を行った事例も存在する。「予ギレルムス・タラクは，汝，（テンプル騎士修道会の）トゥルトーザの所領監督者に，自分の意思によって，予のサラセン人たちの救済のため，ハカの良貨で100ソリドゥスを与えることを約束する」[41]。ここでは，キリスト教徒入植者とムデハル，テンプル騎士修道会の間で，一定の結びつきが構築されるようになっていたことがわかるのである。

---

40) "ego Iafia Mor, filius de Avinpetuca, et uxor mea Aziza per nos et per nostros vendimus vobis magistro Francho et uxori vestre Ermesendi et vestris omnique vestre posteritati in perpetuum illam petiam terre quam tenebam pro censu de episcopo Dertose illa videlicet quam Grimaldus de Caorz accapatavit de Raimundo de Molnels.", *DCT*, doc. 408.

41) "Ego Guillelmus Tarach, convenio vobis, commendatori domus Dertuse, dare in fine meo C solidos bone monete curibile iacchense pro remisione sarracenorum meorum", *ETTE*, doc. 3.

このように，同時代の史料からは，安定しつつあったキリスト教社会の中で，ムデハルも地代を負担する耕作農民として一定の位置を占めつつあったこと，しかも司教や騎士修道会が彼らを積極的に活用していたことがわかるのである。なお，保有契約は都市トゥルトーザではなく，周辺のイスラーム教徒集住地域と思われる地域を中心に結ばれている。征服直後の時期には都市トゥルトーザ近郊でムデハルの土地喪失が相次いだ一方で，1180年代以降，周辺の農村地帯にムデハルの耕作農民が相次いで現れているこの状況は，ムデハルの都市近郊から農村地帯への移住と，キリスト教社会における農業労働力としての定着を示していると考えられよう。それでは，このようなイスラーム教徒の地位の変化の背景には，当時のキリスト教社会が抱えるどのような事情が存在したのであろうか。

第3節　ムデハル許容の背景とその限界

(1) ムデハル許容への背景

　キリスト教社会におけるムデハルの状況が改善されたのは，一つには数十年の間，バルセロナ伯領においてイスラーム教徒との戦争が小康状態にあったことが理由であろう。特に1147年から1172年にかけては，南方のバレンシアは，ローボ王の名で知られたムハンマド・イブン・サード・イブン・マルダニーシュが支配しており，彼とキリスト教諸国の間ではこの間，一世代にも相当する間，和平が成立していた[42]。

　この外交状況に加え，征服と分配にかわって開発が主たる関心事となりつつあった当時のキリスト教社会の状況を踏まえ，この社会が抱えていた諸問題を明らかにすると，変化の背景が一層よく理解できる。第6章で指摘したように，トゥルトーザ司教座やテンプル騎士修道会の土地売買文書にはしばしば「多くの不幸と非常な欠乏 multa miseria et gravissima paupertate」「飢えと寒さによる必要のため necessitate fame et nuditate」などといった，

---

42) 1140年代から70年代のバレンシアの状況はD. W. ローマックス（林邦夫訳）『レコンキスタ——中世スペインの国土回復運動——』刀水書房，1996年，122-125, 153-155頁。

入植者の困窮を示す理由が記されている[43]。また、同一の土地がごく短期間で繰り返し転売されている事例や、食糧を対価の一部とする土地売却を記した文書、土地の売却利用として借金を挙げる文書、また土地を抵当として借金をする文書なども複数存在し、当時の入植者たちが置かれた状況の困難さを雄弁に示している[44]。

これらの事実からは、トゥルトーザではある程度の入植の進展が確認されるものの、そこに自ずと限界があったことが推測できる。また、イスラーム勢力との国境に近い地理的状況も、開発に不利に働いたであろう。実際にも、13世紀初頭までのトゥルトーザ近辺では、開墾が必ずしも順調に進んではいなかったことがわかっている。エブロ河流域では、13世紀以降も多くの入植許可状が発給されているのである[45]。

このように当時のトゥルトーザ周辺では、征服後、ムスリム住民に由来する土地の多くがキリスト教徒に委ねられ、入植が図られながらも、開墾の進展には一定の限界があり、労働力の不足も顕在化していった状況が、同時代の史料から読み取れるのである。この状況が、ムデハルが郊外の農村地域を中心に耕作農民としてキリスト教社会において一定の位置を確保していくことを助けたのであろう。

(2) 捕虜・奴隷としてのムデハルとキリスト教徒

ただし、キリスト教徒とイスラーム教徒が完全に平和に共存したと考えることには問題がある。イスラーム教徒が、おそらくは対外戦争や商取引の結果として、キリスト教社会において捕虜や奴隷として扱われていることを示す同時期の文書も伝来しているのである。

---

43) *DCT*, doc. 45, 78.
44) 同一の土地が征服後20年足らずの間に4度所有者が変わっているのを示す事例として、*DCT*, doc. 177. 食料を対価の一部とした土地売却の事例として、*DCT*, doc. 182. 借金の事例として、*DCT*, doc. 115.
45) 例えば、1181年にバルセロナ伯が入植許可状を与えたバテアでは、1205年にテンプル騎士修道会によって改めて入植許可状が発給されている。*CPFC*, doc. 165, 219. このように繰り返し入植許可状が発給されている事例も、入植活動の困難を裏付けていよう。

1180年のある人物の遺言では司教座に対し,「捕虜」のイスラーム教徒が寄進されている。「同様に,マホメットという名の予の捕虜と,フォセインにおいて持つ半分と,イアフィアという名の他の捕虜において持つ半分とを委ねる」[46]。1206年にも,イスラーム教徒「捕虜」を寄進する文書が作成されている[47]。他にも,捕虜とは記されていないが,イスラーム教徒を教会に寄進する文書が複数伝来している[48]。

また,逆にキリスト教徒が捕虜となっている事例も記されている。1210年のある人の遺言では,イスラーム勢力の支配地域で捕虜になっている息子に言及されている。「捕虜となっている予の息子,ライムンドゥスに,100マスムディヌスとその他の予の動産・不動産を遺す…もし前述の予の息子ライムンドゥスがイスパニア[＊イスラーム教徒支配地域]から戻らなければ,そのライムンドゥスの母であり,予の妻であるペレタにそれを遺す」[49]。

これらの文書から,地域社会に根付いたイスラーム教徒住民こそ次第にキリスト教社会の中に地歩を築いていったものの,すべてのイスラーム教徒が同様にキリスト教社会において受け入れられていたわけではなかったことがわかる。キリスト教徒にせよイスラーム教徒にせよ,外部から相手の社会に入り込んだ者は捕虜や奴隷として扱われる可能性があったこと,換言すれば,キリスト教徒とイスラーム教徒の並存ないし共存関係には一定の限界が存在したことが理解されるであろう。

---

46) "dimitto ibi similiter illum meum captivum nomine Mafomet et medietatem illam quam habeo in Focein et illam medietatem quam habeo in alio captive nominee Iafia", *DCT*, doc. 312. なお,実際にはフォセイン Focein はフセイン,イアフィア Iafia はヤフヤーではないかと考えられる。
47) *DCT*, doc. 677.
48) *DCT*, doc. 246, 506.
49) "Dimito Raimundo, filio meo, qui est in captivitate, C mazmudinas et omnia alia mea bona mobilia et immobilia,...si filius meus dictus Raimundus non venerit de Ispania, ut omnia et singular que ei dimito, sint Perete, femine mee, matris dicti Raimundi", *DCT*, doc. 729.

第4節　ユダヤ教徒の境遇

(1) 入植許可状における規定

　トゥルトーザにおける異教徒集団としては，イスラーム教徒に加え，ユダヤ教徒も存在していた。直接の交戦相手であったイスラーム教徒に比べ，ユダヤ教徒の扱いは征服直後から多少とも緩やかであったようである。1149年11月にバルセロナ伯によってキリスト教徒に入植許可状が発給されたことは前述したが，早くも同年12月には，ユダヤ教徒に対しても入植許可状が発給されている。「予，バルセロナ伯，アラゴンの君主，トゥルトーザの侯であるであるライムンドゥスは，汝らすべてのトゥルトーザのユダヤ人と汝らの子孫たちに，固有の世襲地として，ダラギナと呼ばれるそのトゥルトーザの場所において，周囲に位置する17の塔とともに，60の住居を建設するよう，与える。汝らがそこで入植してから4年間は，予にも他のトゥルトーザの領主やバイウルスに対しても，労役や慣習的貢納を行う必要はない…またサラセン人が汝らに支配を及ぼすことはない。そして汝らに，バルセロナのユダヤ人たちが保持する良き法とすべての慣習を，汝らが保持するよう与える」[50]。なおこの文書には証人として，テンプル騎士修道会のプロヴァンスとヒスパニア管区長の署名が見られる[51]。

　このようにユダヤ人には，キリスト教徒による征服後，おそらくはキリスト教徒住民との隔離の意味もあったと思われるが，速やかに入植許可状が与

---

50) "ego Raymundus, comes Barchinonensis, princes Aragonensis et Tortose marchio, dono vobis omnibus iudeis de Tortosa et omni vestre proieniei in propia hereditate illum locum in Tortosa que apellatur Daracinam simul cum ipsis turribus in circuitu existentibus que sunt XVII[em] ad construendum et edificandum ibidem LX mansiones." "Postquam autem vos ibi eritis populati per IIII[or] continuos annos non faciatis nullum servitium nec aliquam consuetudinem vel usaticum michi nec alicui seniori Tortose vel baiulo…Et ullus saracenus non habeant super vos ullum districtum vel mandamentum. Et dono vobis ut habeatis illos bonos fueris et omnes consuetudines et usaticos quos habent iudei Barchinonenses", *CPFC*, doc. 76.

51) "Sig+num fratris Berengarii de Avivione, magistri militia Templi in Provincia et in partibus Ispanie qui hoc laudo." *CPFC*, doc. 76.

えられ、特定の街区が与えられ、そこでの建設許可と、4年間の貢納の免除、さらにバルセロナのユダヤ人に与えられていたのと同じ慣習法が与えられているのである。

(2) 社会的境遇の実情——土地売買・土地経営・シナゴーグの扱い——

このように、入植許可状ではユダヤ人がある程度優遇されていることが推測されるが、その他の文書では、ユダヤ人はムデハルに比べて遥かに言及が少なく、彼らの社会生活の実情を知ることは困難である。

例外的に1166年の、ユダヤ人からキリスト教徒への畑の売却文書が伝来している。ここでは、「予、ユダヤ人アイオン・デ・ススと予の妻セボナ、息子マイモンは、汝オスベルトと汝の子孫に、トゥルトーザの領域のビラノバと呼ばれる場所に我らが保持する畑を、55マラベティヌスで売却する」という言葉が記されている[52]。

この文書では、少なくとも1166年の時点でユダヤ人が土地の所有や売買を行うことが可能であったことが理解される。12世紀末からムデハルも土地売買に関与していることから、おそらくその後の時期にも、同様の土地売買に関わることは可能であっただろう。ただし、実際には他にユダヤ人が登場する土地売買文書や保有契約文書はほとんど伝来していないことから、彼らが主として商工業に従事しており、仮に農業を行っていたとしても、彼らの居住する区域でのみ行っていたであろうことが推測される。

また、この文書ではヘブライ文字とアラビア文字による記述も記されている。これは極めて例外的な事例であり、同様の文書はビルジリによるトゥルトーザ司教座の文書集にもパガロラスその他の研究者によるテンプル騎士修道会の文書中にも、他には1点も収められていない。同時代にはそういった文書が他にも作成されていた可能性はあるが、そもそもユダヤ人を主体とした文書自体がほとんどないため、この点に関しては想像の域を出ない。

---

[52] "ego, Haion de Zuz iudeo et uxor mea Cetbona atque filio nostro Maimon, venditores sumus tibi Ozbert angles et tuis, unum nostrum <ortum> quod abemus (sic) in terminio Tortosa in loco vocitato Villa Nova per LV morabetinos", *DCT*, doc. 160.

第7章 ムデハルとユダヤ人の境遇

ユダヤ人に関する情報を記した例外的な史料として，テンプル騎士修道会と並ぶトゥルトーザの領主であったムンカダ家が，テンプル騎士修道会の承認を得て1228年に発給した，ユダヤ人への保護文書が伝来している。ここでは，25家族のユダヤ人に対し，ムンカダ家が次のような約束をしている。「予ライムンドゥス・デ・モンテカターノは，汝らに，前述の鍵の内側では，いかなるときも暴力行為を行わず，また誰にも行わせないこと，そして常に，文書にあるように平和の内に，汝らと汝らの子孫が，文書にあるように自らの意思で行動できることを約束する。また汝らと汝らの子孫が城区と家屋と下水道を市壁の内外において，また塔と小塔と窓と投石器を市壁内また汝らの家屋の内において持ち，また内部ですべての物を自由に輸送し，他の者ではなくユダヤ人に，汝らにとって好ましいやり方で売却し，貸し，またいかなる方法でも譲渡するよう…また市城の門を通り，ブドウとその他汝らが運びたいと思うものを運ぶことができる…また汝らに，そこに竈とシナゴーグを造る許可を与える…また汝らに，上述のすべてのことについていかなる者からも保護し，永代に平和の内に保持せしめることを約束する」[53]。

これらの文言からは，ユダヤ人が領主から保護され，シナゴーグの建設許可や商業活動の自由を保障されていることがわかる。なお，1248年にはトゥルトーザにおいてユダヤ人がムンカダ家のバイウルスとして言及されており，そのように領主にとって有用な存在であったことが保護の理由と考えられる[54]。また，特定の防備された街区において信仰の自由を認められてい

---

53) "Et promito vobis ego, Raymundus de Monteccatano, quod in predicta clavi nullam vim faciam neque fieri permitam aliquot unquam tempore, set simper, ut dictum est, vos et vestri omnes vestras voluntates faciatis, ut dictum est, in pace. Et vos et vestri habeatis Kastrum et domos et cloachas, in muris et extra muros, et turres et besturres, et fenestras et balesterias, in muris et in vestris domibus,et omnia que intus mitetis franche et libere, et vendatis et inpignoretis aut quolibet modo alienetis, ut melius vobis placuerit, iudeis solum modo et non aliis. Et possitis mitere vindemiam per portas Çute et omnia alia que inde mitere volueritis... Et damus vobis licenciam ibi furnum faciendam et sinagogam ibi facere possitis...Et promitimus vobis omnia superius scripta et singula salvare et defendere ab omni persona, et facere tenere et habere in bona pace per secula cuncta", *ETTE*, doc. 32.

54) *ETTE*, doc. 68.

る状況と，また商業的側面の強い特権は，ユダヤ人がムデハルと異なり，都市を中心に居住し，商業活動に従事していたことを示しているのであろう。

ただし，シナゴーグの建設に関しては，キリスト教徒の反感も強かったことが予測される。1260年代の文書には，シナゴーグの建設に関連して，ユダヤ教徒とテンプル騎士修道会の間に紛争が起こり，その調停が図られたことが記されている[55]。

これらの状況からは，ユダヤ教徒がイスラーム教徒とは違った役割で，またイスラーム教徒と同様に一定の限界を有しつつ，キリスト教徒社会の中で一定の位置を確保していた様子が理解されるのである。

結　論

12世紀のバルセロナ伯領では，イスラーム教徒集団がキリスト教徒の支配下に置かれた際，しばしば想定されていたように，彼らは単純にキリスト教徒の人口不足によって問題なくその残留が可能となったわけではなかった。キリスト教徒による入植が組織され，進行していく際に，イスラーム教徒の権利はともすれば重視されず，彼らも教会に十分の一税を支払うことが求められ，メスキータの財産は司教座のものとされた。さらに，イスラーム教徒の土地が大量にキリスト教徒の手にわたっていることが明らかになったのである。ここからは，降伏時の協定がキリスト教側によって遵守されていなかったことがわかる。

しかし，イスラーム教徒は一貫して迫害を受けたわけではない。テンプル騎士修道会や司教座を含むキリスト教入植者の間で土地の所有権が安定し，かつ入植がある段階から難航する中で，ムデハルの置かれた状況にも変化が生じた。1180年頃から，特に教会組織，司教座やテンプル騎士修道会とムデハルの間で耕作契約が結ばれ，彼らが新たに開発を担う事例が現れ始めたのである。さらにキリスト教徒の所有する土地を耕作するイスラーム教徒農民が現れ，ムデハルが土地売買契約の主体としても文書に登場するようにな

---

55) *ETTE*, doc. 97, 99.

るなど，ムデハルがトゥルトーザ周辺において，土地耕作を担い，土地に関して一定の権利を有する存在として現れてきている。すなわち，ムデハルは征服後，都市を中心に一旦排斥を受けたものの，数十年を経ると，キリスト教社会から土地耕作を担う存在として評価されるようになり，農村地域では彼らが新たに，ときにキリスト教徒の領主の指揮を受けつつ入植する事例も現れてくるのである。

　この事実から，バルセロナ伯領においてムデハルが辿った状況は，単なる受容や排斥，寛容と非寛容といった議論では割り切れない，激しい摩擦を生じつつも数十年間に渡る和平と並存また入植活動を通じて社会における有用性が認知され，受容されていったものであったということができよう。

　これに続く時期の史料からも，ムデハルが社会の構成要素としての地位を確保していった様子が窺える。1216年にはテンプル騎士修道会が，ムンカダ家と連名で，ムデハルの共同体（アルハマ aljama）の同意のもとに，アビナオレなる人物をトゥルトーザ周辺のカーディ（イスラーム共同体内の裁判官）に任命している[56]。これはトゥルトーザにおいてアルハマの存在が言及された初めての事例であり，この時期にはムデハル集団が確実に共同体を形成し，かつそれがキリスト教社会の領主より一定の配慮を受ける存在となっていたことがわかる。また1240年代にテンプル騎士修道会とホスピタル騎士修道会，またバルセロナ伯といったトゥルトーザ周辺の領主の間で諸権利について協定が結ばれる際には，イスラーム教徒から徴収を行う権利について言及されており，彼らがすでに支配者層から財源としてあてにされる存在となっている状況が看取されるのである[57]。

　ただし，同時代史料にはイスラーム教徒の捕虜となって帰還できないキリスト教徒の存在や，キリスト教勢力の捕虜や奴隷として扱われるイスラーム教徒の存在も現れている。

　また，キリスト教徒とは別に入植許可状を交付され，土地売買などの経済

---

56) *ETE*, doc. 4.
57) *ETE*, doc. 67.

行為を行い，キリスト教社会から相対的に優遇されていたことが窺えるユダヤ人も，シナゴーグの建設を図った際には，地域社会から強固な反対を受けている。

これらの事象からは，異教徒集団が，一定の限界を有しつつも社会的有用性を評価され，形成過程にあった地域社会の中にその位置を獲得していった状況が理解される。

このようなトゥルトーザの事例は，キリスト教社会にムデハルやユダヤ人の有用性を認識させ，続く時代にアラゴン連合王国がバレンシアやムルシアといったイスラーム支配地域を征服していく際の，イスラーム教徒住民の扱いにも影響を与えたのではないだろうか[58]。この点でトゥルトーザにおけるムデハル集団の社会的統合の過程は，後期中世から近世にかけての，キリスト（カトリック）教徒・イスラーム教徒・ユダヤ教徒，さらにはギリシア正教徒など様々な集団が多様な形態――住民・商人・文化人・捕虜・奴隷・軍事的敵対者など――を取りつつ往来し，相互に刺激を与えつつ社会や国家を発展させていった地中海世界についての研究と理解を深める上でも，重要な事例ということができるであろう。

---

[58] 13世紀のアラゴン連合王国におけるムデハルについて，近年の研究としては，R. I. Burns & P. E. Chevedden, *Negotiating Cultures : Bilingual Surrender Treaties in Muslim-Crusader Spain under James the Conqueror*, Brill, 1999 ; P. Iradiel, (ed.), *Los Mudéjares Valencianos y Peninsulares : Revista d' Història Medieval*, 12 (2001-2002) ; B. A. Catlos, *The victors and the vanquished : Christians and Muslims of Catalonia and Aragon, 1050-1300*, Cambridge University Press, 2004. ユダヤ人については，Y. T. Assis, *Jewish Economy in the Medieval Crown of Aragon, 1213-1327*, E. J. Brill, 1997 ; Id., *The Golden Age of Aragonese Jewry : Community and Society in the Crown of Aragon, 1213-1327*, Littman Library of Jewish, 1997 ; E. Klein, *Hebrew Deeds of Catalan Jews : Documents hebraics de la Catalunya medieval 1117-1316*, Barcelona-Girona, 2004. などを挙げることができる。

結論と展望

　イスラーム勢力との対峙が続いていた中世のイベリア半島では，軍事面での指導者である王が自由農民層や国王都市を基盤として強い権威と権力を持つ，集権的国家が形成されたというイメージが根強く持たれていた。しかし，1960年代以降の研究では，王権だけでなく，俗人領主や教会勢力など，多様な中間権力も戦闘や征服，植民といった活動の中で成長の機会を有していたことが明らかにされた。さらに，その後，封建的主従制度や領主制の研究が進展する中で，イスラーム勢力に対する征服活動の中心であったカスティーリャ王国では，国王がそれらの中間権力に対して強い統制力を有していたが，征服活動の進展が遅れたアラゴン連合王国では，征服活動の進展以前から台頭しつつあった聖俗領主層を王権が統制できず，主として12世紀に征服と植民が行われた辺境地域，新カタルーニャでも，教会をはじめとする領主が台頭して，分権化が進行したと考えられるようになっていた。

　しかし，実際にはバルセロナ伯（アラゴン連合王国国王）は，教会などの領主層の台頭をただ放置していたわけではなく，彼らとの関係を強化し，また彼らの権力を抑制しつつ自己の権力基盤を拡大するべく，様々な措置を取っていた。グレゴリウス改革期以降の教会，特に司教座に対する政策や，12世紀に新たに征服した地域の統治政策の中に，その様々な具体的事例を見出すことができる。

　まず，11世紀半ば，グレゴリウス改革期のバルセロナ伯は，教会改革を積極的に導入し，推進する姿勢を示し，教会改革の推進者として振る舞うことで，教会への影響力と自らの権威の強化を図っていた。この政策は，同時代のイングランドやフランスの国王と共通するものであったが，バルセロナ

伯の場合は，イスラーム教徒に対するキリスト教徒の守護者としての姿勢を示すなど，地域固有の状況をも巧みに利用していた。また，ローマ教会の教会再編政策や，イスラーム勢力に対する征服活動を支援する政策は，バルセロナ伯領とローマや他の西欧世界との結びつきを強め，かつ，カタルーニャ教会のナルボンヌ大司教座のもとからの独立や，地域的一体性の形成，征服活動の促進といった影響を，バルセロナ伯領にもたらした。

しかしこれらの変化は，その後の君主権力と教会の関係に，ポジティヴな影響だけをもたらしたのではなかった。ラモン・バランゲー3世や同4世のような12世紀前半のバルセロナ伯たちは，教会改革が進展する中で，プロヴァンス伯領を巡る南仏でのトゥールーズ伯との抗争や，アラゴン王国との同君連合形成，イスラーム勢力に対する征服活動など，対外政策に自身が忙殺されていたことなどから，次第に教会に対する影響力を低下させていった。各地の司教座はバルセロナ伯と疎遠になる一方で，台頭する地域の領主貴族層と独自に協定を結び，貴族層の権利を確認しつつ自己の権利も確定させていった。そしてその成果を背景に，地域住民の保護や司教区内の秩序維持といった，グレゴリウス改革前に持っていたのと類似した政治的役割を，伯の補助者としてではなく，自律的組織として行使するようになっていった。レコンキスタが一段落した12世紀後半にはバルセロナ伯によって内政における影響力回復が試みられたが，すでに形成されていた聖俗領主の共同による自律的な体制の反発を受け，かつバルセロナ伯が増加する対外戦争などに彼らの助力を必要としたことで，成功を見なかった。

12世紀に新たに征服されたタラゴーナにおいても状況は大きく変わらなかった。バルセロナ伯は，教会勢力を利用しつつ征服や植民を遂行するという伝統的な政策を継続し，ローマ教会やタラゴーナ大司教に頼って征服や植民を進めた。その結果，バルセロナ伯を取り巻く複雑な対外関係やローマ教会の介入といった地中海地域特有の歴史的環境が影響する中で，タラゴーナでも征服地でありながら教会領主中心の分権的支配構造が発展することとなった。これは国王の指導下で都市群が建設され，それらが中世を通じて国王の軍事的・財政的基盤となった，同時代のカスティーリャの辺境地帯と大きく異なる特徴であった。

より南方のトゥルトーザ地方を征服した際には，バルセロナ伯はもはや司教座には政治的な中心としての役割を与えなかった。また，テンプル騎士修道会やジェノヴァといった他の勢力にも大きな権利を与えないよう配慮しつつ，伯自らが土地を入植者に分配し，都市共同体に入植許可状を公布するなど，直轄支配の試みがなされた。とはいえこの地域でも，伯の入植地での活動には時間的・財政的に大きな制約があり，またローマ教皇の介入やアルビジョワ十字軍など，バルセロナ伯領を取り巻く外交的状況が影響して，バルセロナ伯は領主権をテンプル騎士修道会を中心とした教会勢力に委ねていき，結果として教会領主が台頭することになった。

このようなプロセスで，イスラーム勢力との対峙という，一見して君主権力と教会との緊密な関係構築に有利な状況にありながら，バルセロナ伯領では君主権力から自立した教会領主の成長が進行した。ローマ教皇の介入や，資金や活力の消耗を強いられるばかりで利益の少ない南フランス政策に代表される複雑な国際関係といった，集権化に不利な状況の中で，バルセロナ伯は教会に対する影響力を低下させ，旧領と征服地の双方で伯権力に対して自立的な教会領主群が形成されていったのである。同じ時期のイングランドやフランス，カスティーリャといった国々では，教会と結びつきを強めた国王の権威が強化され，13世紀末には国王による教会への課税も行われるようになっていく。しかし，アラゴン連合王国ではそのような動きは弱かった[1]。このような点に，バルセロナ伯領，また同地域を中核としたアラゴン連合王国が，集権的な国家として発展することができなかった理由の一端が理解されるのではないだろうか。

---

1) これらの諸国，特にイベリア半島における王権と教会の関係については，J. Vincke, "Estado e Iglesia en la historia de la Corona de Aragón de los siglos XII, XIII y XIV", *VII Congreso de Historia de la Corona de Aragón*, tomo 1, Barcelona, 1962, pp. 267-288 ; J. Mª. Nieto Soria, *Iglesia y poder real en Castilla : El episcopado. 1250-1350*, Madrid, 1988 ; E. Mitre, "La Iglesia : poder y legitimación del poder en la Europa del Medievo", *El poder a l'Edat Mitjana*, Lleida, 2004, pp. 43-56 ; J. Morelló Baget (ed.), *Financiar el reino terrenal : La contribución de la Iglesia a finales de la Edad Media (siglos XIII-XVI)*, CSIC, 2013.

アラゴン連合王国の事例は，地政学的環境や文化的環境によっては，イスラーム勢力との対峙のような状況が，領主層，特に教会領主を著しく成長させ，結果的に集権化ではなく分権化が促進することもあることを示している。中世盛期の地中海地域には，トゥールーズ伯領やプロヴァンス伯領のような南フランスの大規模な領邦群，またイタリアのシチリア王国など，有力な政治勢力が複数存在したが，長期的にはどの勢力も国家として発展することに成功しなかった。一見集権的な国家の形成に有利な状況にありながら，それに成功しなかったアラゴン連合王国の事例は，上記のような中世の地中海地域の政治的特徴について検討する上でも，一つの参考事例となろう[2]。

とはいえ，これらのバルセロナ伯の教会に対する政策や征服地における活動は，ただ失敗に終わったのではなく，形成期のカタルーニャの政治や社会に多くの影響を与えた。例えば，先述のようにグレゴリウス改革以降のローマ教会との関係強化は，カタルーニャという地域が一体性を獲得する上で，またキリスト教圏で一定の位置を確保する上で，さらにはレコンキスタを進める上で大きな意味を有していた。

また，カタルーニャでは司教座や修道院などの教会勢力が，伯権力から自立する一方で，その後も地域の秩序維持などに一定の役割を果たし，俗人領主層の権力を抑制していた。これは，グレゴリウス改革以前からの地域的特性に加え，バルセロナ伯の支援のもとでの教会改革の推進，また，バルセロナ伯が権限や土地を意識的に教会勢力に譲渡したことが，大きな要因であったと言えよう[3]。

---

2) アラゴン連合王国と同じように，イスラーム勢力に対する征服活動の時期や範囲が限定的であった大西洋岸のポルトガルが，比較的集権的な国家の形成に成功している事実は，比較対象として興味深く思われる。

3) 中世後期のカタルーニャでは，司教座や修道院が差配する土地が全体の3割程度を占めるに至っていたとされる。これは俗人領主の支配地，また国王直轄地にほぼ匹敵する量であり，またそこでは一般に農民に対する賦課租は，俗人領主の支配地に比べ，低く抑えられていて，農民層の成長と，地中海交易の発展と結びついた経済活動の背景となっていた。このような中世後期の状況については，J. N. Hillgarth, *The Problem of catalan medieval empire : 1229-1327*, London, 1975 ; C. Batlle, *Historia de Catalunya ; dirigida per Pierre Vilar. Volum 3 : L'expansió baixmedieval (segles XIII-XV)*, Barcelona, 1988.

辺境地域では，バルセロナ伯にかわって経営主体となった教会領主が，入植活動の指揮，入植者の経済活動への投資，土地を手放した入植者の扶養といった活動を担っており，入植者と協調して社会の発展に努めていた。

さらに，王権と聖俗領主がしのぎを削る状況は，結果として，特に辺境地域では，都市共同体や地域社会の発展にポジティヴな影響を与えた。例えばトゥルトーザでは，王権からの保護や特権を得た都市共同体が，上述のような教会領主との協調のもとで発展し，13世紀後半には王権と協力する形で教会領主の支配下から脱し，自治を獲得するに至っている[4]。また，王権は教会が自己の影響下から脱していく中で，都市共同体に接近する姿勢を示すようになり，12世紀末には，タラゴーナやジローナなどの都市共同体が，王権の支援を受けて，司教の領主権力に対する自立性を強化している[5]。

この後カタルーニャでは，地中海交易の存在や古代からの都市の継続といった地域的特徴もあって，都市が顕著な成長を見せる。中世後期には，都市民が身分制議会などで貴族をしのぐ発言力を持つようになり，カタルーニャはあたかもバルセロナを中心とした都市連合国家のような様相を呈するが，そこには上述のような征服期の状況が大きく影響していると言えよう。

またカタルーニャでは，辺境地帯に多くの所領を形成し，大きな影響力を行使するようになった教会勢力が，自らイスラーム教徒の農民を労働力として使役するなど，異教徒住民をも包含した社会が形成されるに至っている。13世紀以降のアラゴン連合王国では，アラビア語やイスラーム神学をも学んだ上でイスラーム教徒へのキリスト教宣教を試みたラモン・リュイをはじめ，異教徒集団を単純に異質な存在として排斥しない，独自の社会的・文化的風土が形成され，同国はイスラーム世界との経済面や文化圏での交流の舞台となっている。12世紀における辺境での社会形成は，このような風土を醸成する上で大きな影響を与えたであろう。

これらの点から，征服期におけるバルセロナ伯の諸政策は，伯権力の強化

---

4) L. Pagarolas, "La fi del domini de l'orde del Temple a Tortosa. La permuta de 1294", *Anuario de Estudios Medievales*, 28 (1998), pp. 269-292.

5) *CPFC*, doc. 199 ; J. Boada, *Girona Medieval : La claudel regne*, 2015, pp. 19-22.

という本来の目的には必ずしも成功しなかったが，アラゴン連合王国の政治や社会にカスティーリャ王国，また他の西欧諸国と異なる独自の性格を与えたものと評価することができよう。

　以上のアラゴン連合王国に関する検討からは，イスラーム勢力との接触や混在という同一の事象が，西欧でも地域によって——具体的にはカスティーリャ王国とアラゴン連合王国で——，その後の政治や社会の性格に，全く異なる影響を与えたことが明らかとなった。数百年に渡る異教徒との対峙という事態は，ローマ的・カロリング的な政治文化が強く残り，かつ地中海地域の複雑な政治状況に巻き込まれがちであったアラゴン連合王国では，聖俗領主層などの中間権力の台頭にも有利に働き，長期的には集権化にマイナスに作用した。その一方で，世俗権力に対して独立的な教会領主や都市が成長し，イスラーム勢力の集団としての存続を許容する社会風土といった地域的特質が形成されるという影響ももたらした。このようにレコンキスタを通じて形成されたカスティーリャ王国とアラゴン連合王国の相違は，政治構造や経済的性格，政治と宗教の関係，異教徒集団に対する意識と極めて多岐に渡っており，それらの相違は，おそらく国家観や他者認識，ひいては世界観に至るまで差違を生じさせたであろう。

　続く13世紀前半には，アラゴン連合王国でもカスティーリャ王国でも，レコンキスタが飛躍的に進展する。ラス・ナバス・デ・トローサの戦い（1212年）におけるキリスト教諸国の勝利の後，数十年のうちに，グラナダ王国を除いてイベリア半島全域がキリスト教諸国に征服され，この結果，キリスト教諸国は支配下に多くの旧イスラーム地域，イスラーム系住民を抱えることとなった。さらに，特にアラゴン連合王国では，地中海貿易の活発化を受け，北アフリカや中東のイスラーム諸国との交易，社会におけるイスラーム系の商人や奴隷の存在もインパクトを増していった。

　他方で，この時期はキリスト教社会全体の再編期でもあった。インノケンティウス3世（1198-1216年）のもとで最盛期を迎えたローマ教皇庁は，第4ラテラノ公会議（1213年），またインノケンティウス4世（1243-1254年）のもとで第1リヨン公会議（1245年）を開催し，正統信仰の保護と異端の排

除，十字軍の促進，ユダヤ教徒やイスラーム教徒の扱い，また東方から現れたモンゴル勢力への対応などを討議している。西欧全体では教皇を中心に思想的統制，また異教徒や異端に対する，排斥または統合の傾向が強化されているのである。

このような状況下で，アラゴン連合王国やカスティーリャ王国，またポルトガル王国やイタリア諸国など，イスラーム勢力との接触が持たれた地域では，イスラーム教徒をはじめとする，異教徒や他者に対する政策や思想——ひいては，国家や社会の在り方に対する見解——は，他の西欧諸地域に比べ，それぞれどのような特徴を持ったであろうか。またそれは，教皇庁と神聖ローマ皇帝（特にフリードリヒ2世）との対立や，シチリアの晩鐘とそれに続くシチリア王国の継承戦争といった，同時代の様々な政治的問題とどのように影響しあい，どのように変容していったのであろうか。

さらにそれらの思想的特徴は，アジア・アメリカへの進出や宗教改革，国民国家の形成といった一連の近代化の動きの中で，北方ヨーロッパと地中海地域にどのような差異をもたらしたのであろうか。

これらの問題を検討し，イスラーム世界がヨーロッパの形成と発展に与えた影響の新たな側面，特に他者認識や国家観，世界観に与えた影響を総合的に分析していくことは，今後の研究の課題としたい。

年　表

古　代	
前230年頃	カルタゴのバルカ家，イベリア半島東部で植民地経営。
前219年	第2次ポエニ戦争（-前201年）。
前216年	ローマのスキピオ兄弟のイベリア半島進攻。
前206年	カルタゴの勢力，イベリア半島から一掃される。
前197年	ローマ，属州ヒスパニア・キテリオルとヒスパニア・ウルテリオルを設置。
1世紀末頃	タラコに最初のキリスト教共同体。
4世紀	タラコの司教座がイベリア半島の司教座の中で指導的な地位に。
4世紀後半	タラコの司教座が大司教座と見なされる。
西ゴート王国（415-711年）	
415年	トゥールーズを首都として建国される。
507年	ヴィエの戦いでフランク王国のクローヴィスに敗北。以後，王国の中心が次第に南フランスからイベリア半島へ移動。
560年	トレドへ遷都。
589年	レカレド王，第3回トレド教会会議において王国全体のカトリック改宗を宣言。
654年	『西ゴート法典』公布。
673年	タラコネンシスとセプティマニアで貴族による反乱。
710年	ロドリーゴが王に選ばれた際，反対の党派がセプティマニアで対立候補を推戴。
711-714年	ウマイヤ朝によるイベリア半島征服。
イスラームによるカタルーニャ支配（711-801年）	
718年頃	ペラーヨによるアストゥリアス王国の建国。
730年	タラコネンシスとセプティマニアの太守が，コルドバの総督に対して反乱を起こす。

739年	アストゥリアス王アルフォンソ1世（-757年）。ドゥエロ河流域のキリスト教徒住民をアストゥリアス地方に移住させ、ドゥエロ河流域を人口希薄なイスラーム勢力との緩衝地帯とする。
756年	コルドバを首都として後ウマイヤ朝が成立（-1031年）。
777年	バルセロナとウェスカの太守がコルドバの総督に対して反乱を起こし、カロリング朝フランク王国に支援を求める。
778年	フランク国王カール（カール大帝）によるサラゴサへの遠征。
785年	フランク王国、ジローナを攻略。
791年	アストゥリアス王アルフォンソ2世（-842年）。この頃、サンティアゴ・デ・コンポステーラで聖ヤコブの墓地が発見されたとされ、聖地化される。また、フランク王国との間に外交関係が持たれる。
フランク王国によるカタルーニャ支配	
801年	フランク王国、バルセロナ攻略。ヒスパニア辺境領の形成。以降、フランク王国がカタルーニャ北部を支配（-10世紀末）。この頃、バスク人によりパンプローナ王国（ナバラ王国の前身）形成。また、アラゴン地方北部の住民がアラゴン伯領（アラゴン王国の前身）を形成。
826年	カタルーニャ北部でゴート人領主がフランク王国に反乱を起こす。
878年	ギフレ1世、バルセロナ伯をはじめ、ヒスパニア辺境領の6つの伯を兼ねる（-897年）。以後、彼の男系子孫がバルセロナ伯位を世襲（-1410年）。
910年	アストゥリアス王国、レオンに遷都。以後、アストゥリアス・レオン王国またはレオン王国と呼ばれる。
929年	アブド・アッラフマーン3世（-961年）。後ウマイヤ朝の最盛期。
10世紀半ば	レオン王国の東部にカスティーリャ伯領が形成される。
バルセロナ伯領	
985年	後ウマイヤ朝の宰相アル・マンスールの遠征により、一時、都市バルセロナが陥落。以後、バルセロナ伯家は西フランク王権から自立していく。

年　表

10世紀末	南フランスで「神の平和」運動が起こる。後に「神の平和と休戦」運動へ発展。
1004年	ナバラ王サンチョ3世（大王）（-1035年）。カスティーリャ伯の娘と結婚し、カスティーリャ伯領、アラゴン伯領を支配。
11世紀初め	バルセロナ伯ラモン・ブレイによる後ウマイヤ朝首都コルドバへの遠征。
1018年	バルセロナ伯バランゲー・ラモン1世（-1035年）。
1031年	後ウマイヤ朝の分裂と滅亡。
1034年	ナバラ王国のサンチョ3世（大王）死去。長子ガルシアにナバラ王国、次子フェルナンドにカスティーリャ王国、庶子ラミロにアラゴン王国を遺す。カスティーリャ王国とアラゴン王国の成立。
1035年	バルセロナ伯ラモン・バランゲー1世（-1076年）。
1037年	カスティーリャ王フェルナンド1世、レオン王国を支配。カスティーリャ・レオン王国。
1041-1059年	バルセロナ伯領で、伯に対する聖俗諸侯の反乱。
1054年	バルセロナ教会会議。バルセロナ伯によるバルセロナ司教座の保護。
1058年	バルセロナ教会会議。バルセロナ伯、キリスト教徒の守護者と形容される。
1064年	バルセロナ教会会議。バルセロナ伯によるバルセロナ伯領内の教会の保護。
1064年	現在のアラゴン地方東部に位置する、イスラーム勢力支配下の都市バルバストロの攻略戦に、南フランスの諸侯が参加。
1073年	教皇グレゴリウス7世（-1085年）。
1076年	バルセロナ伯ラモン・バランゲー2世（-1082年）。
1077年	カノッサの屈辱。
1082年	バルセロナ伯バランゲー・ラモン2世（-1097年）。
1085年	カスティーリャ・レオン王アルフォンソ6世、イスラーム勢力からトレドを攻略。
1086年	サラカ（サグラハス）の戦い。アルフォンス6世、アフリカから進攻したムラービト朝軍に敗北。
1088年	教皇ウルバヌス2世（-1099年）。

1091年	ムラービト朝，セビーリャとコルドバを攻略する。以後，12世紀初頭まで，イベリア半島南部を支配。
1095年	クレルモン公会議。
1096年	第1回十字軍（-1099年）。
1097年	バルセロナ伯ラモン・バランゲー3世（-1131年）。
1099年	イェルサレム王国成立。
1100年頃	テンプル騎士修道会，聖ヨハネ騎士修道会が成立。
1107年	ムラービト朝，バルセロナ近郊まで侵攻。
1115年	ラモン・バランゲー3世，ピサやジェノヴァと共にマヨルカ島を攻略。1年ほどでムラービト朝に奪回される。
1116年	教皇パスカリス2世，バルセロナ伯ラモン・バランゲー3世の臣従を受け入れる。
1118年	バルセロナ司教ウラゲール，名目上，タラゴーナ大司教となる。ウラゲール，ノルマン人ロベルトゥスにタラゴーナ攻略を委託。
1118年	アラゴン王アルフォンソ1世，イスラーム勢力からサラゴサを攻略。
1121-1124年	教皇パスカリス2世，ウラゲールを教皇特使とする。
1129年	ウラゲール，ノルマン人ロベルトゥスに，タラゴーナのプリンケプスの称号を授ける。
1130年代	ロベルトゥス，この頃タラゴーナを実効支配。
1131年	バルセロナ司教ウラゲールの主宰によるバルセロナ教会会議。
1131年	バルセロナ伯ラモン・バランゲー4世（-1162年）。
1134年	アラゴン王アルフォンソ1世戦死。死に際し，アラゴン王国をテンプル騎士修道会や聖ヨハネ騎士修道会等に遺贈。アラゴンの貴族はこれに反対し，アルフォンソ1世の弟で，修道士であったラミロを還俗させ，王として推戴（ラミロ2世）。
アラゴン連合王国（1137年-）	
1137年	アラゴン王ラミロ2世，娘のペトロニーラにアラゴン王位を譲り，再び修道士となる。ラモン・バランゲー4世，アラゴン女王ペトロニーラと結婚し，バルセロナ伯領とアラゴン王国の同君連合（アラゴン連合王国）が成立。

1139年	ポルトゥカーレ伯アフォンソ・エンリケス，オーリッケの戦いでムラービト朝に大勝。以後，ポルトガル王を名乗る。ポルトガル王国の成立（-1910年）。
1143年	ラモン・バランゲー4世，テンプル騎士修道会と和解。
1147年	ラモン・バランゲー4世，カスティーリャ・レオン王アルフォンソ7世のアリカンテ遠征に参加。
1147年	ムワッヒド朝がムラービト朝を滅ぼす。以後，イベリア半島に進出する。
1148年	ラモン・バランゲー4世，都市トゥルトーザを攻略。
1149年	ラモン・バランゲー4世，都市リェイダを攻略。
	ラモン・バランゲー4世，都市トゥルトーザに入植許可状を発給。
1151年	ラモン・バランゲー4世，都市タラゴーナの権利について，タラゴーナ大司教と協定を結ぶ。また，トゥルトーザ司教座を復興する。
1162年	バルセロナ伯（アラゴン王）アルフォンス1世（-1196年）。
1172年	アルフォンス1世，ポブレット修道院にビンブディの集落を500マラベティヌスで売却する。
1173年	アルフォンス1世，都市タラゴーナの権利について，タラゴーナ大司教と協定を結ぶ。
1182年	アルフォンス1世，都市トゥルトーザとその周辺領域をテンプル騎士修道会に5000マラベティヌスで売却する。
1194年	アルフォンス1世，都市タラゴーナにフランシーズ文書を発給する。
1196年	バルセロナ伯（アラゴン王）ペラ1世（-1213年）。
1198年	アラルコスの戦い。カスティーリャ王アルフォンソ8世，ムワッヒド朝軍に敗北する。
1198年	教皇インノケンティウス3世（-1216年）。
1199年	ペラ1世，トゥルトーザの裁判権に関する布告。
1212年	ラス・ナバス・デ・トロサの戦い。カスティーリャ王アルフォンソ8世，ペラ1世らとともに，ムワッヒド朝軍に勝利する。

1213年	ミュレの戦い。ペラ1世,シモン・ド・モンフォールに敗死する。
	バルセロナ伯（アラゴン王）ジャウマ1世（-1276年）。
1224年	ジャウマ1世,タラゴーナに関し,タラゴーナ大司教に臣従礼を取る。
14世紀初頭	テンプル騎士修道会の解散。

バルセロナ伯系図

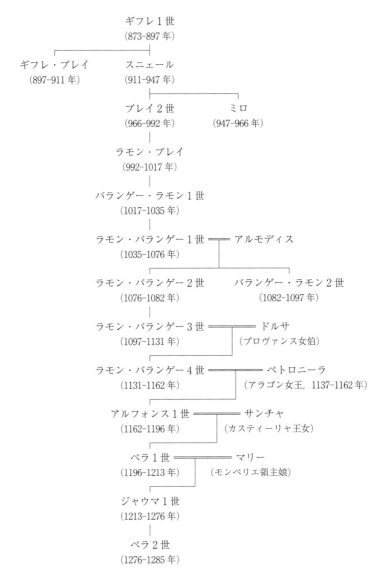

注) ( ) 内の年数は在位を示す。

用 語 集

(1) 官職・役職

伯 comes：中世西欧において，皇帝や王などの上位君主のもとで，特定の地域の行政や軍事，裁判を担った官職。次第に世襲化され，中世盛期には独立した領邦の君主のように振る舞う者も多かった。

副伯 vicecomes：上記の伯を補佐し，多くの場合，伯管区の一部を差配する官職。

ウィカリウス vicarius：元来，ラテン語で「代行者」を意味する。管轄する区域内で裁判や軍事において伯など上位者の権限を分有・代行した役職。

バイウルス baiulus：担当する管区内で，主に所領管理を担った役職。

家令 senescalcus/dapifer：王や伯の重臣として，特に軍事面などを統括した役職。

プリンケプス princeps：本来ラテン語で「長」「指導者」「監督者」などを意味する言葉。中世では実態は時期や地域により多様で，「君主」「侯」などと訳される。英語のプリンス prince の語源。

太守（ワーリー）wālin/al-walī：ウマイヤ朝～後ウマイヤ朝のイスラーム・スペインにおいて，特定の地域の行政や軍事を差配した役人。

総督（アミール）amīr：上記のワーリーたちの上に立ち，より広範囲の地域を統括した役人。

審判人 judex：伯法廷において，裁判を担った役職。

(2) 土地・入植関連

自有地 allodium：何らかの義務のもとに保有する「封 fevum」とは異なる，封建的義務を伴わない所有地。

アプリジオ aprisio：30 年間土地を占有すればそれを自有地とすることができるという，西ゴートに由来する制度。同様の制度をカスティーリャやレオンではプレスーラ presura と呼ぶ。

プレスーラ presura：アプリジオの項目を参照。

入植許可状：入植活動を組織する際に王や伯，領主などが発給する，入植者の権利や義務を定めた文書。その後の入植地の社会的枠組みに大きな影響を与えた。一般に，入植を促進したい時ほど入植者に有利な条件が設定されている。

フランシーズ文書：都市共同体の領主に対する権利や義務を定める文書。一般に，住民を領主の恣意的な徴収や支配から解放する結果となるので，この名（フランシーズは「解放」の意）がある。入植許可状と異なり，既存の共同体に出される。

コンプラン契約：土地の開墾契約の一形態。土地所有者が土地を提供し，農民が労働力を提供してそれを開墾し，開墾が済んだら両者の間でその土地が分配される。

(3) 租税

パーリア parias：イスラーム勢力からキリスト教勢力が徴収した安全保障料。

十分の一税 decima：旧約聖書に由来する，その年の収穫や収入に対し，税率10％で課された教会に納める税。中世，特にグレゴリウス改革以前は，俗人領主が徴収権を専有していることが多かった。

初穂税 primitia：その年の最初の収穫物に課される税。旧約聖書に由来する。時代や地域により差があるが，カタルーニャでは収穫の60分の1から40分の1程度。

タスカ tasca：領主から徴収される経済的負担の一種。収穫や収入の11分の1に相当する。十分の一税を徴収された残りの部分（90％）のさらに10分の1に由来する。

フォルティア fortia，ディストリクトゥム districtum，クエスティア questia，トルタ tolta：領主による恣意的課税。名称も実態も時期や地域により多様であった。

悪慣習 malos usos：農民の所領外への移住を規制するなど，カタルーニャ北部を中心に課された，領主の農民に対する専制的支配を象徴する諸負担の総称。

戦役参加 hostis/ost：比較的長期の軍事遠征に参加する義務。

軍役奉仕 cavalcada：警備や，敵の土地を荒廃させるための襲撃など，比較的短期間の戦闘に参加する義務。

ブバッチャ bovatge (bovaje)：牛 bou に由来。中世のカタルーニャにおいて，身分制議会の承認を経て，財産に応じて課された一般税。

モネダヘ monedaje：貨幣 moneda に由来。中世のアラゴン王国において，身分制議会の承認を経て課された一般税。

フガッチャ fogatge：中世後期にカタルーニャなどで課された戸別の直接税。

(4) 封建制・領主制

領有地（ホノル）honor：西欧では多くの場合，封建的主従制度における「封」（奉仕を義務づけられる代償として，封主から受け取るもの。一般に土地であることが多い）を意味する。が，カタルーニャの封建的主従制度では，ホノルは封土と自有地双方を含む世襲の土地財産を示す。

ベエトゥリーア behetría：自由農民が自ら保護者となる貴族を選択して従属する制度。

誠実宣誓：相手に対し，攻撃や侵害行為を行わず，相互に尊重しあうという誓約。上下関係にある者たちの間に限らず，対等な関係にある者たちの間でも交わされた。

約定（コンウェニエンティア）convenientia：封建的な主従関係を結ぶ際などに交わされた，具体的な奉仕内容と対価を記した契約。

臣従礼（オマージュ）homagium：封臣が封主に対して行う儀礼。明確な上下関係を伴う。

家士：封土を介して臣従した封臣とは異なる，生来の家臣。

(5) 人種・宗教

モサラベ：イスラーム教徒の支配下に存在していたキリスト教徒。「アラブ化したもの」に由来。なお，レコンキスタが進展すると，時にモサラベがキリスト教徒の支配下に入る状況も生じた。

ムデハル：キリスト教徒の支配下に置かれたイスラーム教徒。アラビア語のムダッジャン（残留したもの）が語源とされる。

モリスコ：キリスト教徒に改宗した旧イスラーム教徒。

タイファ：イスラーム小王国。

メスキータ：イスラーム教寺院。モスク。

シナゴーグ：ユダヤ教寺院。

エシャーリク eixaric：新カタルーニャの再植民に際し，エブロ河流域に留まり，農業や手工業に従事していたイスラーム教徒。アラビア語のアッ・シャリーク aš-šarīk（分け合う者，partner）が語源とされる。

(6) 教会・聖職者

教皇特使：教皇が自己の代理として西欧各地に派遣した使者。教皇に次ぐ権威を持つとされた。

司教：司教区内の教会を統括する聖職者。
司祭：司教のもとで，小教区などの司牧にあたる聖職者。
助祭：主に行政や実務面で司教や司祭を補佐する聖職者。
大助祭：司教区全体の行政や実務を統括し，司教を補佐する聖職者。
「神の平和」：10世紀末に南仏から起こった，神の名において，教会や聖職者，また農民や商人への攻撃を禁止し，平和の維持に努めようという教会主導の運動。これから派生し，特定期間の戦闘の禁止を呼びかけたのが「神の休戦」である。

(7) 貨幣

マラベティヌス：西地中海周辺で広く流通していた，ムラービト朝（1056-1147年）の金貨で，金3.85グラムに相当。ムラービト朝分裂後のイスラーム小王国が発行した金貨もこの名称で呼ばれている。なお，後にカスティーリャ王アルフォンソ8世（1158-1213年）がムラービト貨に似せて造幣したマラベディ貨も，ラテン語ではmorabetinosと表記される。カタルーニャで12世紀から13世紀初頭にかけて流通していたマラベティヌスは，イスラーム貨であると考えられている。

マスムディヌス：ムワッヒド朝の金貨で金2.3グラムに相当。

リブラ・ソリドゥス・デナリウス：古代ローマに由来し，中世盛期までの西欧で支配的であった貨幣大系。1リブラ＝20ソリドゥス＝240デナリウス。ソリドゥスは金貨だが，13世紀までの西欧では金貨は発行されていなかったため，実際にはデナリウス銀貨のみが実体貨幣で，リブラとソリドゥスは計算上の概念となっていた。12世紀前後，1マラベティヌスはバルセロナ貨7ソリドゥスと同等の価値があったとされる。

(8) その他

インディクティオー：中世西欧でしばしば使用された15年周期の年代単位であり，15年紀とも呼ばれる。ローマ時代の租税徴収年季に由来する。

市城 Zuda/Suda：主にイスラーム支配地域に普及した，市街全体を囲む城壁とは別に，都市の一角に建てられた城塞。

カフィス：穀物の計量単位。量は時期や地域によって多様。

カンタル：オリーブ油やワインの計量単位。約16リットル。

キンタル：重量単位。時期により変化するが，約43キログラム前後。

ソマテ（スマーダ）：ワイン（ブドウ果汁）の計量単位。約64リットル。

出典）この用語集は，以下の文献を参考にして作成した。

Th. N. Bisson, *Conservation of coinage : monetary exploitation and its restraint in France, Catalonia, and Aragon (c. A. D. 1000-c. 1225)*, Oxford University Press/Clarendon Press, 1979.

Th. N. Bisson, *Fiscal Accounts of Catalonia*, University of California Press, 1984.

M. Crusafont i Sabater, *Història de la moneda catalana*, Barcelona, 1996.

M. Crusafont, A. M. Balaguer & Ph. Grierson, *Medieval European Coinage*, 6 : *The Iberian Peninsula*, Cambridge University Press, 2013.

J. Mestre i Campi (dir.), *Diccionari d'Història de Catalunya*, 6th edition, Barcelona, 2004.

P. Spufford, *Money and Its Use in Medieval Europe*, Cambridge University Press, 1989.

大塚和夫他編『岩波イスラーム辞典』岩波書店，2002年，966頁。

M. ブロック（森本芳樹訳）『西欧中世の自然経済と貨幣経済』創文社，1982年。

J. ル＝ゴフ（井上櫻子訳）『中世と貨幣』藤原書店，2015年。

参考文献

1. 一次史料

(1) バルセロナ伯（アラゴン連合王国国王）文書
Rosell, M. (ed.), *Liber Feudorum Maior*, 2 vols., Barcelona, 1945.
Bisson, Th. N. (ed.), *Fiscal Accounts of Catalonia: under the early count-kings (1151-1213)*, University of California Press, 1984.
Gaspar, F. & Salrach, J. Mª. (dirs.), *Els pergamins de l'Arxiu Comtal de Barcelona de Ramon Borrell a Ramon Berenguer I*, 3 vols., Barcelona, 1999.
Baiges, I. J., Feliu, G. & Salrach, J. Mª. (dirs.), *Els Pergamins de l'Arxiu Comtal de Barcelona, de Ramon Berenguer II a Ramon Berenguer IV*, 4 vols., Barcelona, 2010.
Sánchez Casabón, A. I. (ed.), *Alfonso II Rey de Aragón, Conde de Barcelona y Marques de Provenza. Documentos (1162-1196)*, Zaragoza, 1995.
Alvira Cabrer, A. *Pedro el Católico, Rey de Aragón y Conde de Barcelona (1196-1213): Documentos, Testimonios y Memoria Histórica*, Zaragoza, 2010.
Huici Miranda, A. & Cabanes Pecourt, M. D. (eds.), *Documentos de Jaime I de Aragón*, vol 1.-vol. 4, Zaragoza, 1976-1982.

(2) 教会文書
Alturo, J. (ed.), *L'Arxiu antic de Santa Anna de Barcelona del 942 al 1200*, 3 vols., Barcelona, 1985.
Baucells, J., Fàbrega, À., Riu, M., Batlle, C. & Hernando, J. (eds.), *Diplomatari de la catedral de Barcelona. Pergamins del segle XI*, 5 vols., Barcelona, 2006.
Marquès, J. Mª. (ed.), *Cartoral, dit de Carlemany, del bisbe de Girona (s. IX-XIV)*, 2 vols., Barcelona, 1993.
Marquès, J. P. (ed.), *Cartulari de Poblet*, Barcelona, 1938.
Martí, R. (ed.), *Col.lecció diplomàtica de la seu de Girona (817-1100)*, Barcelona, 1997.
Pagarolas, L. (ed.), *La Comanda del Temple de Tortosa: primer període (1148-1213)*, Tortosa, 1984.
Pagarolas, L. (ed.), *Els Templers de les terres de l'Ebre (Tortosa): De Jaume I fins a l'abolició de l'Orde (1213-1312)*, 2 vols., Tarragona, 1999.
Pardo, M. (ed.), *Mensa Episcopal de Barcelona (878-1299)*, Barcelona, 1994.
Patell, J. (ed.), *Diplomatari del monestir de Santa Maria de Santes Creus (975-1225)*, Barcelona, 2005.
Rius Serra, J. (ed.), *Cartulario de "Sant Cugat" del Vallés*, 4 vols., Barcelona, 1945-1981.
Sans i Travé, J. Mª. (dir.), *Col.lecció Diplomàtica de la Casa del Temple de Barberà (945-1212)*, Barcelona, 1997.

Virgili, A. (ed.), *Diplomatari de la cathedral de Tortosa (1062-1193)*, Barcelona, 1997.
Virgili, A. (ed.), *Diplomatari de la cathedral de Tortosa (1193-1212) : Episcopat de Gombau de Santa Oliva*, Barcelona, 2001.

(3) 教会会議録

Gonzalvo i Bou, G. (ed.), *Les Constitucions de Pau i Treva de Catalunya (segles XI-XIII)*, Barcelona, 1994.
Mansi, J. D. (ed.), *Sacrorum Conciliorum Nova et Amplissima Collectio*, vol. 19-22, Akademische Druck-u. Verlagsanstalt, 1960-1961.

(4) 教皇文書

Kehr, P. (ed.), *Papsturkunden in Spanien, Vorarbeiten zur Hispania pontificia : I. Katalanien, I. Archivberichte*, Vandenhoeck & Ruprecht, 1926.
Mansilla, D. (ed.), *La documentación pontificia hasta Inocencio III (965-1216)*, Roma, 1955.

(5) 植民関連文書

Font i Rius, J. Ma. (ed.), *Cartas de Población y franquicia de Cataluña*, 2 vols. 3 tomos, Madrid-Barcelona, 1969-1983.

(6) 年代記・聖人伝・事績録

Blanch, J. *Arxiepiscopologi de la Santa Església Metropolitana i Primada de Tarragona*, 2 vols., Tarragona, 1985.
Dihigo, L. B. & Torrents, J. M. (eds.), *Gesta Comitum Barcinonensium : Textos llatí i català. Cròniques Catalanes II*, Barcelona, 1925.
Marca, Pierre de (ed.), *Marca Hispanica*, 1688, Paris.
Vida de Sant Oleguer, escrita pel canonge Renall, contemporani del sant, translated by Belles i Sallent, J. in Marti Bonet, J. M. *Oleguer : servent de les església de Barcelona i Tarragona*, Barcelona, 2003, pp. 317-338.

2. 欧文二次研究文献

(1) 歴史学辞典

Mestre i Campi, J. (dir.), *Diccionari d'Història de Catalunya*, 6th edition, Barcelona, 2004.
Rodón Binué, E. *El lenguaje técnico del feudalismo en el siglo XI en Cataluña*, Barcelona, 1957.

(2) 中世イベリア半島の通史・研究動向

Callaghan, J. F. *A History of medieval Spain*, Cornell University Press, 1975.
Collins, R. *Visigothic Spain, 409-711 : History of Spain III*, Blackwell, 2004.
Kosto, A. J. "What about Spain ? Iberia in the Historiography of Medieval European

Feudalism ", Bagge, S., Gelting M. H. & Lindkvist, Th. (eds.), *Feudalism : New Landscapes of Debate*, Brepols, 2011, pp. 135-158.
La época de la monarquía asturiana : Actas del simposio celebrado en Covadonga (8-10 de octubre de 2001), Oviedo, 2002.
La Historia Medieval en España : Un balance historiografico (1968-1998) : XXV Semana de Estudios Medievales, Estella-Lizarra, 14-18 julio 1998, Pamplona, 1999.
Linehan, P. *Spain, 1157-1300 : A partible inheritance : History of Spain VI*, Blackwell, 2008.
Martínez Diez, G., *El condado de Castilla (711-1038) : La historia frente a la leyenda*, 2 vols., Valladolid, 2005.
Mínguez, J. Mª. *La España de los siglos VI al XIII : Guerra, expansión y transformaciones*, San Sebastián, 1994.
Reilly, B. F. *The contest of Christian and Muslim Spain 1031-1157 : History of Spain V*, Blackwell, 1992.
Ruiz, T. F. *Spain's centuries of Crisis 1300-1474 : History of Spain VII*, Blackwell, 2007.
Vicens Vives, J. *An Economic History of Spain*, Princeton University Press, 1969.

(3) カスティーリャ・レオン・アストゥリアスの統治構造・国王の伝記

Ayala Martínez, C. de. *Las órdenes militares hispánicas en la Edad Media (siglos XII-XV)*, Madrid, 2007.
Barbero, A. & Vigil, M. "Sobre los orígenes socials de la Reconquista : cántabros y vascones desde fines del Imperio Romano hasta la invasión musulmana", *Boletin de la Real Academia de la Historia*, 156 (1965), pp. 271-339.
Barton, S. *The aristocracy in twelfth-century León and Castile*, Cambridge University Press, 1997.
Calderón Medina, I. *Cum magnatibus regni mei : La nobleza y la monarquía leonesas durante los reinados de Fernando II y Alfonso IX (1157-1230)*, CSIC, 2011.
Estepa Díez, C., Álvarez Borge, I. & Santamarta Luegos, J. Mª. *Poder real y sociedad : estudios sobre el reinado de Alfonso VIII (1158-1214)*, León, 2011.
Foronda, F. & Carrasco Manchado, A. I. (dirs.), *El contrato político en la Corona de Castilla : Cultura y sociedad políticas entre los siglos X al XVI*, Dykinson, 2008.
García de Cortázar, J. A., Aguirre, R. & Díez Herrera, C. *La formación de la sociedad hispano-cristiana del Cantábrico al Ebro en los siglos VIII a XI : planteamiento de una hipótesis y análisis del caso de Liébana, Asturias de Santillana y Trasmiera*, Santander, 1982.
Gautier Dalché, J. *Historia urbana de León y Castilla en la Edad Media (siglos IX-XIII)*, Madrid, 1979.
González Mingues, C. *Poder real y poder nobiliar en la Corona de Castilla (1252-1369)*, Bilbao, 2012.
Guichard, P. "Le problème de l'existence de structures de type «féodale» dans la société

d'al-Andalus (L'exemple de la région valencienne)", *Structures féodales et féodalisme dans l'Occident méditerranéen (Xe-XIIIe siècles)*, École française de Rome, 1980, pp. 699-718.

Josserand, P. "«*In servitio Dei et domini regis*». Les Ordres Militaires du royaume de Castille et la défensa de la Chrétienté latine : frontières et enjeux de pouvoir (XIIe-XIVe siècles)", Ayala, C. de, Buresi, P. & Josserand, Ph. (eds.), *Identidad y representación de la frontera en la España medieval (siglos XI-XIV)*, Madrid, 2001, pp. 89-111.

Ladero Quesada, M. A. *Fiscalidad y poder real en Castilla, 1252-1369*, Madrid, 1993.

Lourie, E. "A Society Organized for War : Medieval Spain", *Past and Present*, 35 (1966), pp. 54-76.

Mínguez, J. M^a. "Antecedentes y primeras manifestaciones del feudalismo Astur-Leones", *En Torno al Feudalismo Hispánico : I Congreso de Estudios Medievales*, Avila, 1989, pp. 85-120.

Morelló Baget, J. (ed.), *Financiar el reino terrenal : La contribución de la Iglesia a finales de la Edad Media (siglos XIII-XVI)*, CSIC, 2013.

Moxo, S. de. *Repoblación y Sociedad en la España Cristiana Medieval*, Madrid, 1979.

Nieto Soria, J. M. *Fundamentos ideolóegicos del poder real en Castilla (siglos XIII-XVI)*, Madrid, 1988.

Nieto Soria, J. M. *Iglesia poder real en Castilla : El espiscopado 1250-1350*, Madrid, 1988.

Pérez-Alfaro, C. J. & Estepa Diez, C. (eds.), *Land, Power, and Society in Medieval Castille : A Study of Behetría Lordship*, Brepols, 2009.

Powers, J. F. *A Society Organized for War : The Iberian Municipal Militias in the Central Middle Ages, 1000-1284*, University of California Press, 1988.

Quintanilla Raso, M^a. C. *La nobleza señorial en la Corona de Castilla*, Granada, 2008.

Ruiz Domeneç, J. E. *España, una nueva historia*, Barcelona, 2010.

Todesca, J. J. *The Emergence of León-Castile c. 1065-1500*, Ashgate, 2015.

Valdeavellano, L. G. de. *Curso de historia de las instituciones españolas*, Madrid, 1973.

Zeno Conedera, S. *The Ecclesiastical Knights : The Military Orders in Castile, 1150-1330*, Fordham University Press, 2015.

(4) バルセロナ伯領の通史および伯の伝記

Abadal, R. d'. *Els Primers Comtes Catalans*, Barcelona, 1958.

Abulafia, D. *The Western Mediterranean Kingdoms 1200-1500 : The struggle for dominion*, Longman, 1997.

Aventín, M. & Salrach, J. M^a. *Història medieval de Catalunya*, Barcelona, 2004.

Bagué, E., Cabestany, J. & Schramm, P. E. *Els Primers Comtes-Reis*, Barcelona, 1960.

Battle, C. *Historia de Catalunya : dirigida per Pierre Vilar. Volum 3 : L'expansió baixmedieval (segles XIII-XV)*, Barcelona, 1988.

Bisson, Th. N. *The Medieval Crown of Aragon*, Oxford University Press/Clarendon Press,

1986.
Cabestany, J. F. *Jaume I : Conqueridor i home de govern 1208-1276*, Barcelona, 2014.
Els testaments dels comtes de Barcelona i reis de la Corona d'Aragó, Barcelona, 2010.
Lewis, A. *The Development of Southern France and Catalan Society*, University of Texas, 1965.
Lewis, A. *Medieval Society in Southern France and Catalonia*, Variorum reprints, 1984.
Sabaté, F. *La Feudalitzación de la Sociedad Catalana*, Barcelona, 2007.
Salrach, J. Mª. *Història de Catalunya*, Vol. 2 : *El procès de feudalització (segles III-XII)*, Barcelona, 1987.
Salrach, J. Mª. *Catalunya a la fi del primer mil.lenni*, Vic-Lleida, 2004.
Sobrequés Vidal, S. *Els Grans Comtes de Barcelona*, Barcelona, 1961.
Soldevila, F. *Jaume I. Pere el Gran*, Barcelona, 1955.
Vilar, P. *La Catalogne dans l'Espagne moderne : recherches sur les fondements économiques des structures nationales*, Editions de L'E. H. E. S. S., 1962.
Zimmermann, M. "La presa de Barcelona per Al-Mansur i el naixement de la historiografia catalana", *En els orígens de Catalunya : Emancipació política i afirmació cultural*, Barcelona, 1989, pp. 71-96.

(5) バルセロナ伯権力と統治機構
Bensch, S. P. *Barcelona and its Rulers, 1096-1291*, Cambridge University Press, 1995.
Bisson, Th. N. "The Organized Peace in Southern France and Catalonia (*c.* 1140-*c.* 1233)", *American Historical Review*, 82 (1977), pp. 290-311.
Bisson, Th. N. "The Rise of Catalonia : Identity, Power, and Ideology in a Twelfth-Century Society", *Annales : Economies, Sociétés, Civilisations*, 39 (1984), pp. 454-479.
Bisson, Th. N. *Medieval France and here Pyrenean neighbours*, Hambledon Press, 1989.
Fluvià, A. de. *Els primitius comtats i vescomtats de Catalunya*, Barcelona, 1989.
Miret y Sans, J. "Itinerario del rey Alfonso I de Cataluña y II en Aragón." *Boletín de la Academia de Buenas Letras de Barcelona 2*, 1903-1904, pp. 257-278, 389-423, 437-474.
Orti Gost, P. "La primera articulación del estado feudal en Cataluña a través de un impuesto : el bovaje (ss. XII-XIII)", *Hispania*, 61-3 (n. 209) (2001), pp. 967-998.
Sánchez Martínez, M. *El naixement de la fiscalitat d'Estat a Catalunya (segles XII-XIV)*, Vic/Girona, 1998.
VanLandingham, M. *Transforming the State : King, Court and Political Culture in the Realms of Aragon (1213-1387)*, Brill, 2002.

(6) バルセロナ伯領における封建的主従制度・領主制度関連
Abe, T. "Del obispado condal al obispado autónomo : el desarrollo de la relación entre el conde de Barcelona y la Iglesia como sistema de poder en el siglo XII", *Acta Historica et Archaologica Mediavalia*, 31 (2011-2013), pp. 163-188.
Altisent, A. "Cataluña : la sociedad y la economía (1035-1213)", *História de España de*

Menéndez Pidal, X, Madrid-Barcelona, 1992, pp. 449-604.

Barceló, M., Feliu, G., Furió, A., Miquel, M. & Sobrequés, J. (eds.), *El Feudalisme Comptat i Debatut : Formació i expansió del feudalisme català*, Valencia, 2003.

Bisson, Th. N. "The problem of feudal monarchy: Aragon, Catalonia and France ", *Speculum*, 53 (1978), pp. 460-478.

Bisson, Th. N. "Feudalisme in Twelfth-Century Catalonia ", *Structures Féodales et Féodalisme dans l'Occident Méditerranéen (Xe-XIIIe siècles). Bilan et Perspectives de Recherches*, École française de Rome, 1980, pp. 173-192.

Bisson, Th. N. *The Crisis of the Twelfth Century : Power, Lordship, and the Origins of European Gouvernment*, Princeton University Press, 2009.

Boadas i Raset, J. (dir.), *Girona Medieval : La clau del regne*, Girona, 2015.

Bonnassie, P. "Les conventions féodales dans la Catalogne du XIe siècle", *Annales du Midi*, 80 (1968), pp. 529-550.

Bonnassie, P. *La Catalogne du milieu du Xe à la fin du XIe siècle, croissance et mutation d'une société*, 2 vols., Université Toulouse-Le Mirail, 1975-1976.

Bonnassie, P. "Du Rhône à la Galice: genèse et modalités du régime féodal", *Structures féodales et féodalisme dans l'Occident méditerranéen (X^e -XIIIe siècles). Bilan et perspectives de recherches*, École française de Rome, 1980, pp. 17-84.

Bonnassie, P. & Guichard, P. "Rural communities in Catalonia and Valencia (from the ninth to the mid-fourteenth centuries)", *Les communautés villageoises en Europe occidentale du Moyen Age aux Temps modernes*, Presses Universitaires du Mirail, 1984, pp. 79-115.

Canal, J., Canal, E., Nolla, J. M. & Sagrera, J. *Girona Comtal i Feudal (1000-1190)*, Girona, 1996.

Freedman, P. H."La condition des paysans dans un village catalan du XIIIe siècle", *Annales du Midi*, 94 (1982), pp. 231-244.

Freedman, P. H. "The enserfment process in medieval Catalonia: evidence from ecclesiastical sources", *Viator*, 13 (1982), pp. 225-244.

Freedman, P. H. *The Diocese of Vic : tradition and regeneration in medieval Catalonia*, New Brunswick, 1983.

Freedman, P. H. *The Origins of Peasant Servitude in Medieval Catalonia*, Cambridge University Press, 1991.

Freedman, P. H. "Another Look at the Uprising of the Townsmen of Vic (1181-1183)", *Acta Historica Arquaeologica et Mediaevalia*, 20-21 (1999-2000), pp. 177-186.

Garí, B."Las *querimoniae* feudales en la documentación catalana del siglo XII(1131-1178)", *Medievalia*, 5 (1981), pp. 7-49.

Gillard, X. *Hispani et Aprisionnaires dans l'empire Carolingien (VIIIe-Xe siècles)*, Université Toulouse-Le Mirail, 2008.

Riu, M. "El feudalism en Cataluña", *En Torno al Feudalismo Hispánico : I Congreso de Estudios Medievales*, Ávila, 1989, pp. 373-400.

Sabaté, F. "La feudalització de la societat catalana", *El Temps i l'Espai del Feudalisme*,

Lleida, 2004, pp. 221-406.

Sabaté, F. "Església, religió i poder a l'edat mitjana", *Església, societat i poder a les terres de parla catalane : Actes del IV Congrés de la Coordinadora de Centres d'Estudis de Parla Catalana*, Valls, 2005, pp. 17-53.

Salrach, J. Mª. "La renta feudal en Cataluña en el siglo XII : estudio de los honores, censos, usos y dominios de la Casa de Barcelona", *Estudios sobre renta, fiscalidad y finanzas en la Cataluña bajomedieval*, Barcelona, 1993, pp. 29-70.

Salrach, J. Mª. "Disputes i compromisos entre l'església de Girona i la noblesa : Notes d'unes dificils relacions (segles XI i XIII)", *Anuario de Estudios Medievales*, 29 (1999), pp. 927-957.

Shideler, J. *A Medieval Catalan noble family : the Montcadas (1000-1230)*, University of California Press, 1983.

Sobrequés i Vidal, S. *Els Barons de Catalunya*, Barcelona, 1957.

Udina Martorell, F. "Cataluña", *História de España de Menéndez Pidal*, IX, Madrid-Barcelona, 1998, pp. 327-406.

Zimmermann, M. "Naissance d'une principauté : Barcelona et les autres comtés Catalans aux alentours de l'an mil", *Catalunya i França meridional a l'entorn de l'any mil*, Barcelona, 1991, pp. 11-135.

(7) 12世紀の辺境地帯
A. トゥルトーザ

Fabregat Galcerà, E. *Burgesos contra senyors : La lluita per la terra a Tortosa (1148-1299)* : *Quaderns de recerca*, 3 (2006).

Font i Rius, J. Mª. "La comarca de Tortosa a raíz de la conquista cristiana (1148). Notas sobre su fisonomía politico-social", *Cuadernos de Historia de España*, 19 (1953), pp. 104-128.

Font i Rius, J. Mª. "La carta de seguridad de Ramón Berenguer IV a las morerías de Ascó y ribera del Ebro (siglo XII)", *Homenaje a D. José María Laccara de Miguel, I*, Zaragoza, 1977, pp. 261-284.

Iglesies, J. *La conquesta de Tortosa*, Barcelona, 1961.

Serrano Daura, J. *Senyoriu i Municipi a la Catalunya Nova (segles XII-XIX)*, 2 tomos, Barcelona, 2000.

Virgili, A. "Conquesta, colonització i feudalització de Tortosa (segle XII)", *Formació i expansió del feudalisme català*, Girona, 1985-1986, pp. 275-289.

Virgili, A. "Les relacions entre la Catedral de Tortosa i els Ordes religioso-militars durant el segle XII, segons el 'Cartulari de la Catedral de Tortosa'", *Jornadas sobre els ordres religioso-militars als paisos catalans ss. XII-XIX*, Tarragona, 1994, pp. 67-79.

Virgili, A. *Ad Detrimentum Yspanie : La Conquesta de Ṭurṭūša i la Formació de la Societat Feudal (1148-1200)*, Barcelona/Valencia, 2001.

Virgili, A. "Els Conqueridors de mitjan segle XII : Com aprenen a ser-ho", Barceló, M.,

Feliu, G., Furió, A., Miquel, M., Sobrequés, J. (eds.), *El Feudalisme : Comptat i Debatut : Formació i expansió del feudalisme català*, Valencia, 2003, pp. 253-292.

B. その他の地域

Abe, T. "The ecclesiastical policy of the Counts of Barcelona in a conquered region : The relationship between the Counts and the Archbishopric of Tarragona in the 12th and 13th centuries", Sabaté, F. (ed.), *Life and Religion in the Middle Ages*, Cambridge Scholars Publishing, 2015, pp. 67-102.

Bonet, M. "La Feudalització de Tarragona (segle XII)", *Butlletí Arqueològic*, 16 (1994), pp. 211-239.

Busqueta, J. "Sobre la Carta de poblament de Lleida (1150) : l'herència de Tortosa", *Les Cartes de població cristiana i de seguretat de jueus i sarraïns de Tortosa (1148/1149)*, Barcelona, 2000, pp. 199-212.

Ferreiro, A. "The siege of Barbastro : A Reassessment", *Journal of Medieval History*, 9 (1983), pp. 129-144.

Font i Rius, J. M^a. "La reconquesta de Lleida de y su proyección en el orden jurídico", *Ilerda*, 8 (1949), pp. 5-31.

Font i Rius, J. M^a. "Entorn de la restauració cristiana de Tarragona. Esquema de la seva ordenació jurídica inicial", *Boletin Arqueológico*, 66 (1966), pp. 83-105.

Font i Rius, J. M^a. "Chartes de peuplement et de franchises de la Catalogne", *Federation Historique du Languedoc-Mediterranéen et du Roussillon. XXXIXe Congrès*, Montpellier, 1967, pp. 103-109.

Iglesies, J. *La Restauració de Tarragona*, Barcelona, 1963.

Jordà Fernández, A. *Història de la ciutat de Tarragona*, Valls, 2006.

McCrank, L. M. "The foundation of the confraternity of Tarragona by Archbishop Oleguer Bonestruga, 1126-1129", *Viator*, 9 (1976), pp. 157-177.

McCrank, L. M. "Norman crusaders in the Catalan reconquest. Robert Burdet and the principality of Tarragona, 1129-1155", *Journal of Medieval History* , 7 (1980), pp. 67-82."

Morera, E. *Tarragona Christiana : Historia del Arzobispado de Tarragona (Cataluña la Nueva)*, tomo 1, Tarragona, 1897 : reprinted, 1981, apéndices.

Zimmermann, M. "Le role de la Frontiere dans la formation de la Catalogne (IX-XIIe siècle)", *Las Sociedades de frontera en la España medieval*, Zaragoza, 1993, pp. 7-29.

(8) バルセロナ伯領におけるテンプル騎士修道会

Forey, A. J. *The Templars in the Corona de Aragón*, Oxford University Press, 1973.

Lema Pueyo, J. A. "Las confradías y la introducción del Temple en los reinos de Aragón y Pamplona : Guerra, intereses y piedad religiosa", *Anuario de Estudios Medievales*, 28 (1998), pp. 311-332.

Pagarolas, L. *La Comanda Temple de Tortosa : primer periode (1148-1213)*, Tortosa,

1984.
Pagarolas, L. "La fi del domini de l'orde del Temple a Tortosa. La permuta de 1294", *Anuario de Estudios Medievales*, 28 (1998), pp. 269-292.
Sans i Travé, J. Mª. "L'Orde del Temple als Països Catalans: la seva introducció i organització (segles XII-XIV)", *Jornadas sobre els ordres religioso-militars als paisos catalans ss. XII-XIX*, Tarragona, 1994, pp. 17-42.
Sans i Travé, J. Mª. *La Colonització de la Conca de Barcerà després de la conquesta feudal: El cas de Vimbodí (1149?/ 1151-1200)*, Valls, 2002.

(9) 12世紀イベリア半島における教会
A. 教会史概説
Fernandez Conde, F. J. (dir.), *Historia de la Iglesia en España*, II-1 : *La Iglesia en la España de los siglos VIII al XIV*, Madrid, 1979.
Fernández Conde, F. J. *La religiosidad medieval en España : Plena Edad Media (siglos XI-XIII)*, Gijón, 2005.
Pladevall, A. *Història de l'Església a Catalunya*, Barcelona, 2007.

B. シトー会修道院
Altisent, A. *Història de Poblet*, Poblet, 1974.
Carreras, A. *El Monestir de Santes Creus (1150-1200)*, Valls, 1992.
Santacana Tort, J. *El Monasterio de Poblet (1151-1181)*, Barcelona, 1974.

C. 神の平和
Farías, V., Martí, R. & Catafau, A. *Las Sagreres a la Catalunya Medieval*, Girona, 2007.
Gonzalvo, G. *La Pau i Treva a Catalunya. Origen de les Corts Catalanes*, Barcelona, 1986.

D. グレゴリウス改革とその政治的影響
Abe, T. "La reforma gregoriana y Catalunya. Las relaciones entre la Iglesia y el poder secular, siglos XI y XII. De Ramon Berenguer I a Ramon Berenguer III", *Acta historica et archæologica Mediaevalia*, 27/28 (2006-2007), pp. 9-35.
Bishko, C. "Fernando I y los origenes de la alianza castellano-leonesa con Cluny", *Cuadernos de Historia de España*, 49-50 (1969), pp. 31-135.
De la Calzada, L. "Gregorio VII y los reinos de Castilla y León", *Studi Gregoriani*, 3 (1948), pp. 1-87.
Fliche, A. & Martin, V. *Reforma Gregoriana y Reconquista : Historia de la Iglesia VIII*, Valencia, 1976.
Freedman, P. "Archbishop Berenguer Seniofred de Lluçà and the Gregorian reform in Catalonia", *Studi Gregoriani*, 14 (1991), pp. 153-159.
Garcia-Guijarro Ramos, L. "El Papado y el reino de Aragón en la segunda mitad del siglo XI", *Aragón en la Edad Media*, XVIII, (2004), pp. 245-264.

Jedin, H (dir.), *Manual de Historia de la Iglesia, III, De la Iglesia de la primitiva Edad Media a la reforma gregoriana*, Barcelona, 1987.

Linehan, P. "The Church and Feudalism in the Spanish Kingdoms in the Eleventh and Twelfth Centuries", *The Processes of politics and the rule of law : studies on the Iberian kingdoms and papal Rome in the Middle Ages*, Aldershot, 2002, pp. 303-331.

E. その他

Baucells, J. "Les Dignitats Eclesiastiques de Barcelona als segles IX-XI", *Acta historica et archaeologica Mediaevalia*, 26 (2005), pp. 69-79.

Boadas J. (dir.), *Girona Medieval : La clau del regne*, Girona, 2015.

Engels, O. "Privilegios de Pedro el Católico en favor de obispos catalanes", *VII Congreso de Historia de la Corona de Aragón*, tomo 2, Barcelona, 1962, pp. 22-40.

Freedman, P. "Le pouvoir épiscopal en Catalogne au Xe siècle", *Le Catalogne et la France Méridionale autour de l'an Mil*, Barcelona, 1991, pp. 174-180.

Gonzalvo, G. *Sant Oleguer (1060-1137) : Església i Poder a la Catalunya naixent*, Barcelona, 1998.

Martí Bonet, J. M. "De la Reforma Gregoriana a la Protestant : El concordat de Worms. Conseqüència de la Reforma Gregoriana", *Historia de l'Església, segles IX-XVI*, Barcelona, 1999, pp. 53-107.

Martí Bonet, J. M. *Oleguer : servent de les esglésies de Barcelona i Tarragona*, Barcelona, 2003.

Mitre, E. "La Iglesia : poder y legitimación del poder en la Europa del Medievo", *El poder a l'Edat Mitjana*, Lleida, 2004, pp. 43-56.

Mundó, A. M. "Moissac, Cluny et les mouvements monastiques de l'est des Pyrénées", *Annales du Midi*, 75 (1963), pp. 551-570.

Riu, M. "La organización eclesiástica", *Historia de España de Menéndez Pidal*, VII-2, Madrid-Barcelona, 1999, pp. 615-648.

Salrach, J. M^a. "Contribució dels monjos de Ripoll als orígens de la historiografia catalana : els primers cronicons", *Art i cultura als monestirs del Ripolles*, Montserrat, 1995.

Vincke, J. "Estado e Iglesia en la historia de la Corona de Aragón de los siglos XII, XIII y XIV", VII Congreso de Historia de la Corona de Aragón, tomo 1, Barcelona, 1962, pp. 267-288.

Vose, R. *Dominicans, Muslims and Jews in the Medieval Crown of Aragon*, Cambridge University Press, 2009.

Zimmermann, M. "El bisbe català durant els segles X-XII", *En els orígens de Catalunya : Emancipació política i afirmació cultural*, Barcelona, 1989, pp. 136-165.

(10) バルセロナ伯領の外交関係
A. 南フランスとの関係

d'Abadal, R. "À propos de la domination de la maison comtale de Barcelona sur le Midi

français", *Annales du Midi*, 76 (1964), pp. 315-345.
Aurell, M. "Le personnel politique catalan et aragonais en Provence sous Alphonse Ier (1162-1196)", *Annales du Midi*, 93 (1981), pp. 121-139.
Aurell, M. *Les noces du comte. Mariage et pouvoir en Catalogne (785-1213)*, Publication de la Sorbonne, 1995.
Laliena Corbera, C. "Larga stipendia et optima praedia : les nobles francos en Aragon au service d' Alphonse le Batailleur", *Annales du Midi*, 230 (2000), pp. 149-169.

B. ローマ教会との関係
Kehr, P. *El Papat i el Principat de Catalunya a fins a la unió amb Aragó : traducció de R. D'Abadal i Vinyals*, Barcelona, 1931.
Smith, D. J. "Pope Innocent III and the minority of James I", *Anuario de Estudios Medievales*, 30/1 (2000), pp. 19-50.
Smith, D. J. "Motivo y significado de la coronación de Pedro II de Aragón", *Hispania*, 60-1 (n. 204), 2000, pp. 163-179.
Smith, D. J. *Innocent III and the crown of Aragon : The limits of papal authority*, Aldershot, 2004.

(11) 封建制と識字文化
Kosto, A. J. *Making Agreements in Medieval Catalonia : Power, order, and the Written Word, 1000-1200*, Cambridge University Press, 2001.
Zimmermann, M. *Écrire et lire en Catalogne (IXe-XIIe siècle)*, 2 tomes, Madrid, 2003.

(12) 人名学
Beech, B. T., Bourin, M. & Chareille, P. (eds.), *Personal Names : Studies of Medieval Europe : Social Identity and Familial Structures*, Western Michigan University, 2002.
Guinot Rodríguez, E. "La antroponimia como indicador de la repoblación en el sur de la Corona de Aragón (siglo XIII)", Bourin, M. & Martínez Sopeña, P. (eds.), *Anthroponymie et Migrations dans la Chrétienté Médiévale*, Madrid, 2010, pp. 195-211.
Martínez Sopeña, P. "L'anthroponymie de l'Espagne chrétienne entre le IXe et le XIIe siècle", *L'Anthroponymie : Document de l'histoire sociale des mondes méditerranéens médiévaux*, Rome, 1996, pp. 63-85.

(13) 商業・貨幣
Bisson, Th. N. *Conservation of Coinage : Monetary Exploitation and its Resteaint in France, Catalonia, and Aragon (c. A. D. 1000-c. 1225)*, 2 vols., Oxford University Press/ Clarendon Press, 1979.
Constable, O. R. *Trade and traders in Muslim Spain : The commercial realignment of the Iberian Peninsula, 900-1500*, Cambridge University Press, 1994.
Crusafont, M. *Història de la moneda catalana*, Barcelona, 1996.

Crusafont, M., Balague, A. M. & Grierson, Ph. *Medieval European Coinage*, vol. 6 : *The Iberian Peninsula*, Cambridge University Press., 2013.
Spufford, P. *Money and its use in medieval Europe*, Cambridge University Press., 1988.
Vicens Vives, J. *An Economic History of Spain*, Princeton University Press, 1969.

(14) イスラーム教徒の状況

Balaña i Abadia, P. *Bibliografia comentada de l'Islam a Catalunya : Del 713 al 1153*, Lleida, 1998.
Barceló, M. (ed.), *Musulmans i Catalunya*, Barcelona, 1999.
Biarnés, C. *Moros i Moriscos a la Ribera de l'Ebre (710-1615)*, Barcelona, 1972.
Boswell, J. *The royal treasure : Muslim communities under the Crown of Aragon in the fourteenth century*, Yale University Press, 1977.
Burns, R. I. & Chevedden, P. E. *Negotiating Cultures : Bilingual Surrender Treaties in Muslim-Crusader Spain under James the Conqueror*, E. J. Brill, 1999.
Catlos, B. A. *The victors and the vanquished : Christians and Muslims of Catalonia and Aragon, 1050-1300*, Cambridge University Press, 2004.
Ferrer, M. T. *Els sarrains de la corona catalano-aragonesa en el segle XIV : segregació i discriminació*, Barcelona, 1987.
Guichard, P. *Al-Andalus 711-1492 : une histoire de l'Andalousie arabe*, Hachette Littératures, 2000.
Guinot, E. "The expansion of a European feudal monarchy during the 13th Century : the Catalan-Aragonese Crown and the consequences of the conquest of the kingdoms of Majorca and Valencia", *Catalan Historical Review*, 2 (2009), pp. 33-47.
Iradiel, P. (ed.), *Los Mudéjares Valencianos y Peninsulares : Revista d'Història Medieval*, 12 (2001-2002).
Molina, J. R. *La Vida de Moros y Cristianos en la Frontera*, Jaén, 2007.
Ortega, P. *Musulmanes en Cataluña : Las comunidades musulmanas de las encomiendas Templarias y Hospitalarias de Ascó y Miravet (siglos XII-XIV)*, Barcelona, 2000.
Wasserstein, D. *The rise and fall of the party-kings : politics and society in Islamic Spain*, Princeton University Press, 1985.

(15) ユダヤ人の状況

Assis, Y. T. *Jewish Economy in the Medieval Crown of Aragon, 1213-1327*, E. J. Brill, 1997.
Assis, Y. T. *The Golden Age of Aragonese Jewry : Community and Society in the Crown of Aragon, 1213-1327*, Littman Library of Jewish, 1997.
Klein, E. *Hebrew Deeds of Catalan Jews : Documents hebraics de la Catalunya medieval 1117-1316*, Barcelona-Girona, 2004.

(16) モサラベの状況

Aillet, C. *Les Mozarabes : christianisme, islamisation et arabisation en Péninsule Ibérique*

(IXe-XIIe siècle), Madrid, 2010.
Aillet, C. Penelas, M. & Roisse, Ph. ¿Existe una identidad mozárabe? Historia, lengua y cultura de los cristianos de al-Andalus (siglos IX-XII), Madrid, 2008.
Rincón Álvarez, M. Mozárabes y mozarabías, Salamanca, 2003.

(17) 南フランス
Aurell, M., Boyer, J.-P. & Coulet, N. La Provence au Moyen Âge, Publications de l'Université de Provence, 2005.
Cursente, B. "Entre parenté et fidélité : les «amis» dans la Gascogne des XIe et XIIe siècles", Les sociétés méridionales à l'âge féodal (Espagne, Italie et sud de la France Xe-XIIIe s.) : Hommage à Pierre Bonnassie, CNRS, 1999, pp. 285-292.
Débax, H. La féodalite languedocienne XIe-XIIe siècles : Serments, hommages et fiefs dans le Languedoc des Trencavel, Presses Universitaires du Mirail, 2003.
Macé, L. "Amour et fidélité : le comte de Toulouse et ses hommes (XIIe-XIIIe siècles)", Les sociétés méridionales à l'âge féodal (Espagne, Italie et sud de la France Xe-XIIIe s.) : Hommage à Pierre Bonnassie, CNRS, 1999, pp. 299-304.
Macé, L. Les comtes de Toulouse et leur entourage XIIe-XIIIe siècles : rivalités, alliances et jeux de pouvoir, Privat, 2000.
Magnou-Nortier, E. La société laïque et l'église dans la province ecclésiastique de Narbonne (zone cispyrénéenne) de la fin du VIIIe à la fin du XIe siècle, Université Toulouse-Le Mirail, 1974.
Mazel, F. La noblesse et l'Église en Provence, fin X^e-début XIVe siècle : L'exemple des familles d'Agoult-Simiane, de Baux et de Marseille, CTHS, 2002.

3. 日本語二次研究文献

足立孝「中世初期スペイン農村史における大所領と独立農民」,『史学雑誌』114編8号, 2005年, 81-100頁。
足立孝「アラゴン連合王国」, 中塚次郎・立石博高・関哲行編『スペイン史1』, 山川出版社, 2008年, 198-247頁。
伊東俊太郎『近代科学の源流』中央公論新社, 2007年。
印出忠夫「南仏ナルボンヌ大司教座における「グレゴリウス危機」について――E. MAGNOU-NORTIER の業績から――」,『文化紀要』〈弘前大・教養〉1994年, 1-27頁。
印出忠夫「アルビジョワ十字軍開始前後の教皇権と南フランス地方」,『史学雑誌』109編2号, 2000年, 34-54頁。
大塚和夫他編『岩波イスラーム辞典』岩波書店, 2002年。
木谷明人「13世紀後半カスティーリャ王国における地方統治制度の生成――アデランタード・マヨールの導入をめぐって――」,『クリオ』23号, 2009年, 1-15頁。
黒田祐我「アンダルス社会から封建社会へ――農村社会構造研究とレコンキスタの新解

釈——」,『史学雑誌』118編10号, 2009年, 62-86頁.
黒田祐我『レコンキスタの実像——中世後期カスティーリャ・グラナダ間における戦争と平和——』刀水書房, 2016年.
阪本浩「古代のイベリア半島」, 関哲行・立石博高・中塚次郎編『スペイン史1』, 山川出版社, 2008年, 4-33頁.
佐藤健太郎「イスラーム期のスペイン」, 関哲行・立石博高・中塚次郎編『スペイン史1』, 山川出版社, 2008年, 70-135頁.
佐藤彰一「八・九世紀セプティマニア・スペイン辺境領のヒスパニア人をめぐる国制・社会状況1」,『愛知大学法経論集(法律篇)』92号, 1980年, 1-35頁.
佐藤彰一「八・九世紀セプティマニア・スペイン辺境領のヒスパニア人をめぐる国制・社会状況2」,『愛知大学法経論集(法律篇)』94号, 1980年, 45-79頁.
佐藤彰一『ポスト・ローマ期フランク史の研究』岩波書店, 2000年.
芝修身『真説レコンキスタ——(イスラームVSキリスト教) 史観をこえて』書肆心水, 2007年.
杉谷綾子「アストゥーリアス王国における「守護聖者」ヤコブの登場」,『スペイン史研究』5, 1989年, 1-13頁.
杉谷綾子『神の御業の物語——スペイン中世の人・聖者・奇跡——』現代書館, 2003年.
関哲行「サンチェス・アルボルノスの自由小土地所有者テーゼ——南欧封建制研究の展望を含めて」,『土地制度史学』28-4, 1986年, 37-47頁.
関哲行「カスティーリャ王国」, 中塚次郎・立石博高・関哲行編『スペイン史1』, 山川出版社, 2008年, 136-197頁.
関口武彦『教皇改革の研究』南窓社, 2013年.
高山博『中世地中海世界とシチリア王国』東京大学出版会, 1993年.
高山博『ヨーロッパとイスラーム世界』山川出版社, 2007年.
立石博高編『スペイン・ポルトガル史』山川出版社, 2000年.
玉置さよ子『西ゴート王国の君主と法』創研出版, 1996年.
玉置さよ子「西ゴート王国の時代」, 関哲行・立石博高・中塚次郎編『スペイン史1』, 山川出版社, 2008年, 34-69頁.
野口洋二『グレゴリウス改革の研究』創文社, 1978年.
橋口倫介『十字軍騎士団』講談社, 1994年.
林邦夫「中世スペインのマイノリティ——ムデハル」,『ヨーロッパの成長 岩波講座 世界歴史第8巻』, 岩波書店, 1998年, 125-143頁.
林邦夫「イスラームと向き合うヨーロッパ」, 小澤実・薩摩秀登・林邦夫『辺境のダイナミズム (ヨーロッパの中世③)』岩波書店, 2009年, 217-305頁.
宮崎和夫「スペイン帝国隆盛の時代」, 関哲行・立石博高・中塚次郎編『スペイン史1』, 山川出版社, 2008年, 277-331頁.
山代宏道『ノルマン征服と中世イングランド教会』渓水社, 1996年.
山田信彦『スペイン法の歴史』彩流社, 1992年.
山辺規子「ローマ・カトリック秩序の確立」, 江川温・服部良久編『西欧中世史(中)成長と飽和』ミネルヴァ書房, 1995年, 51-76頁.

渡辺節夫『西欧中世社会経済史関係資料集』杉山書店，1987 年．
渡辺節夫『フランス中世政治権力構造の研究』東京大学出版会，1992 年．
渡辺節夫『フランスの中世社会——王と貴族たちの軌跡——』吉川弘文館，2006 年．
E. ヴェルナー（瀬原義生訳）『中世の国家と教会』未来社，1991 年．
J. H. エリオット（藤田一成訳）『スペイン帝国の興亡 1469-1716』岩波書店，1982 年．
D. グタス（山本啓二訳）『ギリシア思想とアラビア文化——初期アッバース朝の翻訳活動——』勁草書房，2002 年．
Ph. コンラ（有田忠郎訳）『レコンキスタの歴史』白水社，2000 年．
R. W. サザーン（森岡敬一郎・池上忠弘訳）『中世の形成』みすず書房，1978 年．
R. W. サザーン（鈴木利章訳）『ヨーロッパとイスラーム世界』岩波書店，1980 年．
C. サンチェス＝アルボルノス（北田よ志子訳）『スペインとイスラム——あるヨーロッパ中世——』八千代出版，1988 年．
M. ジンマーマン・M. ＝ C. ジンマーマン（田澤耕訳）『カタルーニャの歴史と文化』白水社，2006 年．
M. D. ノウルズ（上智大学中世思想研究所編訳／監修）『キリスト教史 3 ——中世キリスト教の成立——』平凡社，1996 年．
C. H. ハスキンズ（別宮貞徳他訳）『十二世紀ルネサンス』みすず書房，2007 年．
G. バラクロウ（藤崎衛訳）『中世教皇史』八坂書房，2012 年．
J. ビセンス＝ビーベス（小林一宏訳）『スペイン——歴史的省察——』岩波書店，1975 年．
R. フォシエ（渡辺節夫訳）『ヨーロッパ中世社会と農民』杉山書店，1987 年．
M. ブロック（森本芳樹訳）『西欧中世の自然経済と貨幣経済』創文社，1982 年．
M. ブロック（井上泰男・渡邊昌美訳）『王の奇跡』刀水書房，1998 年．
M. ブロック（堀米庸三訳）『封建社会』岩波書店，1995 年．
F. ブローデル（浜名優美訳）『地中海』全 5 巻，藤原書店，1991-1995 年．
R. ペルヌー（橋口倫介訳）『テンプル騎士団』白水社，1977 年．
R. メネンデス＝ピダル（佐々木孝訳）『スペイン精神史序説』法政大学出版局，1974 年．
M. R. メノカル（足立孝訳）『寛容の文化——ムスリム，ユダヤ人，キリスト教徒の中世スペイン——』名古屋大学出版会，2005 年．
M. A. ラデロ＝ケサダ（尾崎明夫訳）「スペイン中世史研究（1939-1984）への接近」，『立命館文学』524 号，1992 年，1703-1721 頁．
J. ル＝ゴフ（井上櫻子訳）『中世と貨幣』藤原書店，2015 年．
D. W. ローマックス（林邦夫訳）『レコンキスタ——中世スペインの国土回復運動——』刀水書房，1996 年．
W. M. ワット（三木亘訳）『地中海世界のイスラム』筑摩書房，1984 年．

あとがき

　東京大学の西洋史学研究室の学生だった頃，卒業論文の題材に中世のカタルーニャを選んだのは，遥か昔のことに思われる。動機は正直なところ，それほど明確なものでもなかった。若気の至りというべきか，とにかくまだ日本でよく知られていない地域を研究し，開拓したい，という気持ちだったのだが，アラゴン連合王国の研究はそれにピッタリだった上，カスティーリャやイタリア，南フランスなど，周辺の多くの地域に関わっていて，全体的に研究の少ない，中世の南ヨーロッパについても多くの知見を得られるように思われた。また，政治構造に関心があったので，征服や植民が11-12世紀の短期間に集中的に行われていて，国家の形成過程が把握しやすそう（と思われた）な点も気に入った。海があり，多様な人種が存在していて，商業や文化交流が盛んな地域だったのも好みに合った。要するに，かなり単純な動機だった。地中海地域についての造詣や学殖が深い，樺山紘一先生や高山博先生といった指導教官たちの影響も受けていたのだろう。

　当時，中世のカタルーニャに関する日本語の情報はほとんど無く，今から考えれば相当困難な道を歩くことになるのは明らかだったのだが，当時の私は田舎の高校を出て数年の，のんきな歴史好きの若者だったので深く考えずにそのテーマを選んでしまった。最初の頃は，「カタロニア」「カタルーニャ」「Catalonia」「Catalogne」「Catalunya」などの言葉を CiNii や NACSIS で検索して，ヒットした本にやたらに目を通したりしていたのを覚えている。フランス語の Catalogne で検索すると，まったく関係のない「〜のカタログ」などの文献ばかりがヒットしたりした。

　そのような体たらくから出発して，現在，曲がりなりにも研究職に就けていること，またこうして研究書を出せるようになっていることは，奇跡的にも思える。これはひとえに，これまで研究活動を支えてくださった方々のおかげである。

東京大学では、両指導教官は研究内容に一切干渉せず、自由に研究を行わせてくれた。また、後に博士論文の副査を務めていただいた深沢克己先生、橋場弦先生、池上俊一先生といった方々からも、時に叱咤、時に激励を受けつつ、研究者としての姿勢を学ぶことができた。あまりに大勢なので個別に名前を挙げるのは避けるが、多くの先輩や同級生、後輩と切磋琢磨できる研究室の環境も、得がたいものであった。

　スペイン史学会では、流通経済大学の関哲行氏をはじめとするスペイン史の先達の方々と交流を持つことができた。常に温かい激励の言葉をくださった関先生と、学振の特別研究員として受け入れてくださった東京外国語大学の立石博高先生には、この場を借りて特にお礼を申し上げたい。

　母校やスペイン史学会の外でも、聖心女子大学の印出忠夫先生、名古屋大学の佐藤彰一先生、北海道大学の田口正樹先生、京都女子大学の山田雅彦先生、早稲田大学の甚野尚志先生をはじめ、多くの方々にアドヴァイスや激励の言葉をいただき、研究を進めることができた。やはり、この場を借りて厚くお礼を申し上げたい。

　学習塾鉄緑会の方々にも感謝の念が尽きない。研究には努力と能力と資金が必要である。前の2つは、多くの時間を掛けることでどうにか乏しさを補えたが、問題は3番目である。国立大学の大学院の学費の高さや奨学金の非充実ぶりを鑑みると、院生時代に同会でアルバイトをさせてもらえなかったら、途中で研究の道を断念していた可能性は少なくない。

　また、フェラン・アルノやジェズス・ブルファルをはじめとするバルセロナ大学の院生仲間、セベリ・ビニョラスやアレクシス・サンチョ、シルヴァーナ・ヴェルクやマティアス・グローエル、エレナ・デル・リベロやアントニオ・マルティン、阿部大輔君や熊谷亮平君、吉村有司君といったバルセロナでの友人たちにも感謝の意を示したい。彼らの厚意や協力がなければ、スペインで博士論文を書き上げるまで頑張り続けるのは、相当に困難だっただろう。特に、バルセロナ大学での指導教官であるジュゼップ・エルナンド先生には足を向けて寝られない。スペインへ留学する外国人は、スペイン語習得などの目的での短期留学が多く、特定の分野を除くスペインの大学の先生は、外国人学生の受け入れにそれほど慣れていないし、また積極的

でもないように思われる。そんな中，先生には「アラゴン連合王国の政治構造の研究をしたい」などという奇妙な東洋人の指導を進んで担当していただき，折に触れ，実に的確で有益なアドヴァイスや指導をしていただいた。エルナンド先生のおかげで，スペイン学界に対して一層大きな敬意や関心を抱くことができたと思う。

　お世話になった方々の中には，すでに鬼籍に入られた方もいる。九州大学名誉教授の森本芳樹先生と，東京学芸大学の林邦夫先生である。おふたりの生前に本書を完成させることができなかったのは，慙愧の念に絶えない。改めて感謝とお詫びを念じつつ，ご冥福を祈りたい。

　これもひとえに，私の研究の進展の遅さが原因である。最初にアラゴン連合王国の研究を志してから本書の刊行まで，早くも20年近くが経過している。私が65歳で定年を迎えるまで，残された時間は24年に過ぎない。これまでの歩みの遅さと，残された時間の少なさには唖然とするばかりである。もし本書が，中世のイベリア半島や地中海地域を研究したいという若者にとって，私のようにほとんどすべてを一から学ぶような余計な回り道を省き，迅速に基礎知識を得て研究を進めていく上で少しでも役に立つのなら，これに勝る喜びはない。書誌情報や研究動向に関する部分だけでも役立ててもらえればと思う。

　最後になったが，本書の刊行に際し，「松下正治記念学術賞」を授与し，出版助成を行ってくださった松下幸之助記念財団，本書の担当編集者として尽力してくださった九州大学出版会の尾石理恵氏，また用語などの点で助言をいただいた愛媛大学の森貴子氏，近畿大学の図師宣忠氏，東京経済大学の高津秀之氏，茨城大学の藤崎衛氏にも厚くお礼を申し上げたい。

　　2016年8月

　　　　　　　　　　　　　　　　　　　　　　　　　　　　阿部俊大

索　引

人　名

ア行

アマート（ボルドー大司教）　105, 122
アヤラ゠マルティネス，カルロス・デ　18
アルティゼン，アグスティ　24, 70, 71, 94
アルフォンス1世（アラゴン連合王国国王）　31, 32, 61, 147, 149, 150, 153, 157-160, 162, 167, 177, 182-184, 195, 196, 201, 213, 217, 252, 254, 260
アルフォンス・ジュールダン（トゥールーズ伯）　178
アルフォンソ1世（アストゥリアス王）　53
アルフォンソ1世（アラゴン王）　142, 170, 176, 177
アルフォンソ2世（アストゥリアス王）　51, 54
アルフォンソ2世（アラゴン王）→アルフォンス1世を参照
アルフォンソ6世（カスティーリャ・レオン王）　92
アルフォンソ7世（カスティーリャ・レオン王）　21
アルフォンソ8世（カスティーリャ王）　21
アルフォンソ10世（カスティーリャ・レオン王）　20
アルマセンダ　74, 75
アルモディス　75, 76, 78, 80

アレクサンデル2世（教皇）　73, 92, 103
アレクサンデル3世（教皇）　153, 155, 156
イサベル（カスティーリャ・レオン王）　72
インノケンティウス2世（教皇）　118
インノケンティウス3世（教皇）　36, 87, 156, 162, 164, 165, 172, 198, 199, 282
インノケンティウス4世（教皇）　282
ヴィラール，ピエール　6
ウィリアム1世（イングランド王）　99
ウーゴ（グルノーブル司教）　122
ウーゴ・カンディドゥス　67, 73, 103, 104
ウダラルト　75
ウラゲール（バルセロナ司教・タラゴーナ大司教）　38, 68, 82-84, 92, 94, 119, 127, 141-143, 160
ウルバヌス2世（教皇）　97, 99-102, 111-117, 119-128, 140
ウリバ（ビック司教）　75, 80
エリオット，ジョン゠フクスタブル　9, 22, 39

カ行

カール大帝（フランク王）　8, 33, 45, 46, 50-52, 140
カステルベル，アルベルト・ダ　154
カペー家　48, 57, 85, 182
カリクストゥス2世（教皇）　118, 119

ガルシア＝デ＝コルターサル，ホセ＝アン
　ヘル　　14
ガンスホフ，フランソワ＝ルイ　13
ギシャール，ピエール　　15, 24
ギスラベルト　　74, 75
ギノ，アンリック　　25
ギフレ（サルダーニャ伯）　65
ギフレ1世（多毛伯・バルセロナ伯）
　47, 48, 54, 65
グレゴリウス7世（教皇）　69, 92, 97,
　99-102, 104-108, 110-112, 121, 126
グンサルボ，ジェネル　136, 170, 171
ケーア，パウル　　36, 65, 69, 71, 75,
　95, 101, 104, 111, 124, 133
ゲラシウス2世（教皇）　118
ケレスティヌス3世（教皇）　156, 164
コスト，アダム　58
ゴーティエ＝ダルシェ，ジャン　18

サ行

サザーン，リチャード＝ウィリアム
　4, 67, 107
サバテ，フローセル　135
サルラク，ジュゼップ＝マリア　16,
　32, 49, 51, 133, 134
サンス＝イ＝トラベ，ジュゼップ＝マリア
　172
サンタカナ＝トルト，ハイメ　24
サンチェス＝アルボルノス，クラウディオ
　4, 9, 10, 13, 14, 44
サンチャ（アルフォンス1世夫人）
　162, 195
サンチョ3世（ナバラ王）　91
シェトマール，ラモン（タラゴーナ大司
　教）　160
ジャウマ1世（ハイメ1世，アラゴン連合
　王国国王）　11, 31, 32, 34, 62,
　164, 166-168, 172, 174, 198-200, 251
ジャリベ，ミール　74
シャルル禿頭王（西フランク王）　47,

　50
ジラルド（オスティア司教）　104
シルウェステル2世（教皇）　66
ジンメルマン，ミシェル　133
スキピオ　　40, 41
スニェール（バルセロナ伯）　47, 48
スニフレッド　47
セラーノ＝ダウラ，ジュゼップ　25,
　172

タ行

ダバダル，ラモン　51
ダルマス（ナルボンヌ大司教）　117,
　120-122
タロジャ，ギレム・ダ（タラゴーナ大司
　教）　160, 161
トランカヴェル家　198
ドルサ（プロヴァンス女伯）　83

ナ行

ニコラウス2世（教皇）　112

ハ行

パガロラス，ラウレア　24, 34, 172,
　272
パスカリス2世（教皇）　63, 93, 94,
　117, 127, 141, 142
ハスキンズ，チャールズ＝ホーマー　4
バランゲー（ビック司教）　82, 85,
　102, 105, 108, 112, 114, 115, 117,
　120
バランゲー＝ウンベルト（ジローナ司教）
　82, 86
バランゲー＝ギフレ（ジローナ司教）
　75, 76, 82, 86, 105, 107
バランゲー＝バルナッ（バルセロナ司教）
　82, 83, 123, 124, 127
バランゲー・ラモン1世（バルセロナ伯）
　57, 73
バランゲー・ラモン2世（バルセロナ伯）

索引

31, 61, 69, 106, 107, 109, 140
バルデアベジャーノ, ルイス＝ガルシア・デ　13
バルナッ2世（バザルー伯）　106, 108
バルナッ＝トルト（タラゴーナ大司教）　160
バルベロ＝デ＝アギレラ, アブリオ　14
パワーズ, ジェームズ　18
ビセンス＝ビーベス, ジャウマ　3, 40
ビッソン, トマス　16, 24, 32, 59, 60, 62, 97, 196, 197
ビヒル＝パスクアル, マルセロ　14
ビラデムルス, バランゲー・ダ（タラゴーナ大司教）　160
ビルジリ, アントニ　23-25, 29, 34, 146, 184, 202, 205, 213, 216, 232, 249, 250, 257, 259, 266, 272
フィリップ1世（フランス王）　99
フィリップ4世（フランス王）　171
フェルナンド1世（カスティーリャ・レオン王）　91
フェルナンド2世（フェラン2世, アラゴン連合王国国王）　72
フェルナンド3世（カスティーリャ・レオン王）　10, 19
フォルク2世（バルセロナ司教）　82
フォレイ, アラン　24, 225
フォン＝イ＝リウス, ホセ＝マリア　11-13, 23, 37, 146
ブネット, マルティ　25, 138
プラデバイ, アントニ　133
プランタジネット家　182, 213
フリードマン, ポール　56, 66, 102, 135, 136, 211, 212, 225
フリオ, アントニ　25
ブルンナー, オットー　13
ブレイ2世（バルセロナ伯）　47, 57
ブローデル, フェルナン　6
フロタール　105, 114, 120-124
ブロック, マルク　8, 13, 14

ペトロニーラ　7, 177
ペラ1世（アラゴン連合王国国王）　31, 32, 87, 136, 139, 159, 162-167, 191, 195-200, 225, 252
ペラ2世（ペドロ3世, アラゴン連合王国国王）　11
ペラーヨ　9
ベルトラン（バルセロナ司教）　82-84, 120
ベルナール（トレド大司教）　113
ボナシィ, ピエール　16, 24, 55, 58, 70-73, 95
ホノリウス2世（教皇）　118, 170

マ行

マックランク, ローレンス　138
マティルダ女伯　110
マルトレイ, ジュアン・ダ　149
マンシージャ, ディミトリ　36
マンスール　57
ミッタイス, ハインリヒ　13
ミンゲス, ホセ＝マリア　17, 52
ムンカダ家　85, 156, 178-180, 183-185, 191, 196, 200, 201, 207, 210, 218, 265, 273, 275
メネンデス＝ピダル, ラモン　3
メノカル, マリア＝ロサ　4
モクソ, サルバドール・デ　17
モレラ, エミリオ　138
モンフォール, シモン・ド　165, 198, 199

ラ行

ライネリウス　116
ラデロ＝ケサダ, ミゲル＝アンヘル　35
ラモン（サルダーニャ伯）　75
ラモン・バランゲー1世（バルセロナ伯）　31, 32, 57, 58, 60, 67, 72-77, 87, 89, 90, 95, 97, 108, 109, 133, 134, 136, 137, 140

ラモン・バランゲー2世（バルセロナ伯）
　31, 32, 61, 69, 107, 109, 140
ラモン・バランゲー3世（バルセロナ伯）
　11, 31, 61, 63, 68, 70, 72, 81, 83,
　89, 109, 127, 131, 133, 139-141,
　157, 175, 176, 278
ラモン・バランゲー4世（バルセロナ伯）
　7, 11, 31, 32, 61, 63, 64, 131, 145,
　146, 149, 152, 159, 160, 176-179,
　183, 186, 196, 207, 209, 210, 215,
　216, 218, 252, 253, 257, 278
ラモン・ブレイ（バルセロナ伯）　32,
　47, 57, 61
リウ, マヌエル　33, 135
リシャール　105, 106, 114
リチャード1世（イングランド王）　213
リュイ, ラモン　281

ルイ敬虔帝（フランク王）　52
ルイ6世（フランス王）　141
ルイ9世（フランス王）　8
ルイ13世（フランス王）　37
ルイス＝ドメネク, ホセ＝エンリケ　54
ルカベルティ, ラモン＝ダ　161
レーモン・ベランジェ4世（プロヴァンス伯）　182
レカレド（西ゴート王）　43
ローボ王　268
ローマックス, デレク＝ウィリアム
　18, 21, 47, 50, 52-55, 64, 93, 103,
　141, 142, 148, 170, 171, 175, 176,
　268
ローリー, エレナ　18
ロベルトゥス　142-144

地名，国名

ア行

アキテーヌ　176, 182, 213
アジャル　156
アジャン　122
アスコ　181, 184, 200
アスコルナルバウ　147, 149, 150
アストゥリアス　9, 10, 14, 20, 42,
　45, 49, 53, 54
アストゥリアス・レオン王国　9, 10,
　22, 43, 49, 51, 53-55, 118
アスピナベルサ　147-149, 210
アスプルガ・カルバ　147, 210, 230
アラゴン王国　64, 91, 92, 94, 101,
　131, 140, 142, 170, 176, 177, 201,
　278
アリカンテ　178
アルドベスタ　263, 264
アルビオル　147, 149
アルル　75

アンプリアス　42, 47, 115, 132
アンポスタ　171, 201
イングランド　8, 13, 39, 99, 100,
　160, 170, 171, 182, 213, 214, 277,
　279
ウイダクーナ　180, 208, 256
ウエスカ　45, 181
ウゾーナ　47
ウルジェイ　47, 55, 60, 65, 66, 114,
　115, 132, 146, 153, 156, 163, 176,
　185, 210
ウレルドーラ　88
エブロ河　18, 25, 29, 34, 39, 40,
　42, 52, 132, 147, 171, 172, 174,
　179, 181, 184, 185, 202, 248, 249,
　256, 259, 263, 265, 269
エルヌ　65, 66, 88, 89
オビエド　118
オルタ　181, 184, 240, 241

カ行

ガスコーニュ　13, 59, 176
カスティーリャ　50-56, 63, 69, 91-94, 96, 97, 101, 105, 106, 112, 113, 118, 119, 126, 128, 140, 147, 159, 167, 169, 170, 171, 173, 174, 177, 178, 180, 184, 196, 247, 249, 277-279, 282, 283
ガヤ河　93, 147
カルカッソンヌ　47, 121, 122, 212
カルタゴ　40, 41
ガルデニィ　174, 181, 185, 216
カンタブリア　14, 40, 42, 53
ガンデサ　241
カンブリルス　146, 147, 210
旧カタルーニャ　10, 23, 25, 46, 54, 132-134, 137, 155, 165, 189, 211, 212, 214, 215, 224, 225
ギリシア　40, 42, 276
グアダルキビル河　40, 42, 52
グアルディア・ダ・プラッツ　211
グルノーブル　122
クンスタンティ　147, 148
クンフラン　88, 132
後ウマイヤ朝　48, 52, 57, 91, 93, 140, 248, 252
ゴティア　50
コルシカ　110

サ行

サヴォイア　110
サラゴサ　42, 46, 78, 92, 93, 154, 158, 179, 181, 212
サラマンカ　53
サルダーニャ　47, 60, 65, 74, 75, 82, 88, 106, 115, 131, 132
サルデーニャ　110
サロウ　146, 162, 165
サンティアゴ・デ・コンポステーラ　118, 196
シウラナ　147, 209, 210
ジェノヴァ　141, 145, 175, 178, 180, 182, 207, 212, 279
シチリア　5, 7, 11, 110, 171, 173, 280, 283
シャンパーニュ　170, 176
ジローナ　33, 46, 47, 65, 66, 73-77, 80-86, 90, 103, 105, 107, 132, 134-136, 163, 212, 281
新カタルーニャ　11, 12, 24, 25, 28, 29, 132, 133, 145-147, 152, 155, 156, 158-160, 174, 179, 182, 183, 185, 206, 207, 209-211, 214, 216, 224, 225, 230, 241, 244, 259, 277
神聖ローマ帝国　8, 48, 68, 69, 99, 103, 104, 128, 283
スルソナ　155, 156
セプティマニア　45-47
セルタ　192, 261, 263, 264, 266

タ行

タホ河　18, 40, 53
タラゴーナ（タラコ／タラコネンシス）　11, 25, 29, 35, 41-46, 50, 52, 62, 90, 92, 94, 111-113, 132, 133, 137-168, 174, 175, 199, 200, 209, 216, 225, 230, 239, 256, 278, 281
ダラシーナ　147, 209, 210
デニア　77
テルエル　158
トゥールーズ　6, 16, 55, 59, 110, 136, 157, 160, 162, 165, 173, 178, 182, 197, 198, 212, 213, 231, 278, 280
トゥルトーザ　11, 12, 132, 145
トスカーナ　110, 214
トレド　18, 40, 43-45, 92, 93, 113, 115-119, 124-126, 147, 171, 249

ナ行

ナポリ王国　7
ナルボンヌ　50, 65, 75, 77, 105, 106, 111-114, 116, 117, 119-120, 122, 124-126, 128, 182, 212, 278
ニース　182
西ゴート王国　4, 9, 10, 14, 39, 43-45, 47-49, 51, 53, 54, 66, 92, 99, 113, 119, 137, 140

ハ行

バイス　149
ハカ　234, 243, 267
バスク　14, 42
バテア　240, 241, 269
バルバストロ　64, 92, 176, 212, 220
バルベラ　35, 132, 146, 151, 152, 156, 162, 174, 181, 216, 225, 229, 230, 236, 238
バレアレス諸島　11, 25, 41, 77, 94, 141, 174, 251
バレンシア　7, 11, 12, 25, 42, 77, 171, 181, 241, 247, 251, 259, 268, 276
バレンチ　147, 148
ピサ　141, 175, 212
ヒスパニア　36, 41, 42, 104, 113, 119, 164, 190, 199, 271
ヒスパニア辺境領　46, 47, 48, 50, 140
ビック　47, 66, 74-76, 80-86, 102, 105, 108, 110, 112, 114-117, 120, 124, 125, 127, 132, 135-137, 156, 163
ビテム　238, 261, 262
ピネイ　241
ビネシャ　147, 152, 210, 230
ビンブディ　147, 152, 153, 162, 183, 210, 230
フェニキア　40
フォワ　182, 198
ブラダス　147, 210
フランク王国　10, 38, 44-50, 52, 57, 58, 71, 73, 100, 102, 103
フランクリ河　146, 147
フランス　3, 4, 6-8, 13, 15, 21, 22, 36-39, 45, 48, 50, 62-64, 67-69, 83-85, 90, 92, 99-101, 103, 104, 106-108, 110, 111, 113-115, 120, 124, 126, 128, 131, 136, 141, 160, 165, 171, 173, 175, 177, 182, 183, 198, 212-214, 216, 254, 277, 279, 280
ブルゴーニュ　92, 110, 170, 176
ブルゴス　53, 119
プロヴァンス　11, 32, 52, 83, 88, 110, 131, 141, 157, 164, 173, 182, 190, 271, 278, 282
ベアルン　176, 198
ベルピュッチ　155
ボルドー　122
ポルトガル　7, 69, 92, 94, 169, 171, 282, 284

マ行

マヨルカ　7, 25, 141, 175, 181
マルセイユ　105-107, 110, 114, 122, 158, 182
ミラベット　180, 181, 184, 193, 264, 265
ムラービト朝　18, 88, 92, 109, 113, 141, 171, 175, 177, 243, 248, 252
ムワッヒド朝　164, 196, 243
メルグェイユ　110
モンソン　181, 200
モンペリエ　158, 164, 178, 182, 196, 199, 212
モンロッチ　147, 150

索　引

ヤ行

ユブラガット河　93, 132

ラ行

ラウレイ　147, 148
ラングドック　45, 50, 52, 96, 173
リェイダ　11, 45, 131, 132, 135, 137, 143-147, 155, 156, 174, 178, 179, 185, 187, 201, 207, 209, 210, 215, 216, 248, 264
ルカブルナ　147, 148, 149
レウス　147, 148
レオン　9, 13, 17-21, 40, 48, 53, 56, 91, 118, 169, 213
レド　241
レモリンス　256
ローマ（古代）　5, 8, 14, 39, 40-45, 48, 49, 51-53, 59, 61-63, 67

事　項

ア行

アヴィス騎士修道会　170
アウグスティヌス戒律　105
悪慣習　224
アプリジオ　49
アミール　45
アラリック法典　43
アリウス派　43
アルカンターラ騎士修道会　169
アルケザール教会　220
アルハマ　275
アルビジョワ十字軍　28, 100, 165, 167, 173, 198, 200-202, 279
アンフィテウジ　229
ウィカリウス　16, 31, 49, 54, 56, 73, 86, 88, 96, 158, 191, 193
エシャーリク　232, 266

カ行

カーディ　200, 275
カタリ派　97
「神の平和と休戦」　31, 36, 56, 62, 70, 78-80, 87-90, 96, 135, 155, 159, 183, 196, 211
カラトラーバ騎士修道会　169-171
カリフ　48, 57, 196
騎士修道会　12, 17, 18, 20-26, 31, 34-36, 63, 64, 132, 145, 146, 151, 152, 154-156, 159, 162, 169-181, 183-202, 205-207, 210, 212, 216, 217, 219, 223-225, 229, 230, 233, 236-238, 240, 241, 251, 253-255, 260, 262, 264, 265, 267-269, 271-275, 279
教皇特使　67, 69, 73, 79-81, 94, 103-106, 108, 118-120, 122, 142, 152, 155, 164
クエスティア　224
クリュニー　18, 113, 128
グレゴリウス改革　28, 29, 31, 50, 63-65, 67-75, 79, 82, 84, 87, 89, 95-97, 99, 101-103, 106, 108, 128, 134, 135, 160, 215, 277, 278, 280
コルツ　70
コルベイユ条約　85
コンプラン契約　220

サ行

サン・ヴィクトル修道院　105-107, 110, 114
サン・クガット修道院　33, 76, 107, 120-124, 126, 127, 163
サン・ジュアン騎士修道会　154

サンタス・クレウス修道院　35, 132,
　225, 227-230, 240
サン・タステバ・ダ・バニョラス修道院
　106
サンティアゴ騎士修道会　169
サン・ポンス（サン・トミエ）修道院
　105-107, 114, 116, 120-124, 126
サン・リュフ修道院　83, 84
シトー会　18, 24, 31, 35, 146, 171,
　205, 206, 216, 225, 229, 233, 238,
　242
私有教会制　65, 66, 103, 105
自由農民　10, 13-16, 21, 49, 55, 56,
　58, 63, 73, 74, 277
自由農民テーゼ　10
十分の一税　134, 148-152, 154, 173,
　178, 179, 187, 189, 190, 194, 195,
　200, 202, 221, 223, 228, 253, 256,
　257, 259, 274
叙任権　68-72, 80, 81, 84, 85, 90,
　91, 94, 95, 97, 103
聖職売買　67, 80, 81, 103, 105
聖ヨハネ騎士修道会　22, 34, 64, 155,
　156, 169, 170, 171, 193, 201
セネシャル　85
ソーヴ・マジョール修道院　216

タ行

タイファ　248
タスカ　221
帝国教会制　66
テンプル騎士修道会　12, 22-25, 31,
　34, 35, 64, 145, 151, 152, 155, 156,
　159, 162, 169-172, 174-181, 183-202,
　205-207, 210, 212, 216, 217, 219,
　223-225, 229, 230, 233, 236-238,
　240-242, 251, 253-255, 260, 263-265,
　267-269, 271-275, 279
都市民兵　17-19, 21, 22, 167, 169,
　184

トルタス　224

ナ行

入植許可状　11, 12, 23, 31, 37, 138,
　146-151, 179, 180, 184, 186, 187,
　207-211, 215, 218, 224, 225, 230,
　240, 241, 253, 255, 259, 269, 271,
　272, 275, 279
ノルマン人　110, 138, 142, 175,

ハ行

パーリア　53, 58, 74
バイウルス　31, 96, 144, 158, 235,
　236, 242, 271, 273
初穂税　148, 149, 187, 190, 195,
　221, 226, 228, 256
バルセロナ慣習法典　196
フガッチャ　248
副伯　16, 48, 56, 65, 67, 73-75, 79,
　81, 82, 84-87, 89, 90, 93, 95, 96,
　109, 176, 182, 196, 198
ブバッチャ　159, 160
プレスーラ　56
米西戦争　3
ベニファッサ修道院　201
ベネディクト戒律　50, 122,
ベネディクト系修道院　114
ベルベル人　52
封建革命　73
ポエニ戦争　40, 41
ポブレット修道院　24, 35, 70, 132,
　146, 151-156, 162, 183, 214, 216,
　225, 226, 228-230, 236

マ行

マスムディヌス　192, 223, 224, 235,
　243, 244, 264, 270
マラベティヌス　94, 162, 183, 184,
　200, 226, 227, 230, 231, 233, 234,
　243, 244, 256, 272

ミュレの戦い　165, 198
ムデハル　247-255, 258, 259, 262, 265, 267-269, 272, 274-276
モサラベ　50, 54, 71, 252

ヤ行

ユダヤ　4, 30, 66, 139, 158, 209, 245, 247, 252, 253, 271-274, 276, 283
「良き人々」　153, 187, 191-194, 208

ラ行

ラス・ナバス・デ・トローサの戦い　196, 284
律修参事会　69, 101, 105, 110, 126
リポイ修道院　37, 50, 76, 106, 107, 132
ローマ教会　18, 19, 22, 29, 48, 50, 51, 63, 64, 69, 71, 91, 95-97, 99-113, 115-117, 119, 120, 126-129, 139, 155, 164, 198, 199, 278, 280

ワ行

ワーリー　45

著者紹介

阿部 俊大（あべ　としひろ）

1975 年，静岡県浜松市生まれ。
博士（文学，東京大学）。Ph. D.（バルセロナ大学）。
専門は中世スペイン史，西地中海史。バルセロナ大学への留学（2004-2006 年，2010-2011 年），日本学術振興会特別研究員 PD（2009 年 4 月-2012 年 3 月）を経て，2012 年 4 月より，九州大学大学院言語文化研究院准教授。

レコンキスタと国家形成
――アラゴン連合王国における王権と教会――

2016 年 10 月 20 日　初版発行

著　者　阿　部　俊　大

発行者　五十川　直　行

発行所　一般財団法人　九州大学出版会
　　　　〒814-0001　福岡市早良区百道浜 3-8-34
　　　　九州大学産学官連携イノベーションプラザ 305
　　　　電話　092-833-9150
　　　　URL　http://kup.or.jp/

印刷・製本／大同印刷㈱

Ⓒ Toshihiro ABE 2016　　　　ISBN978-4-7985-0190-1